·国家自然科学基金重点项目“城市交通治理现代化理论研究”(71734004)资助
·同济大学学术专著（自然科学类）出版基金资助项目
·中央高校基本科研业务费专项资金资助项目

面向未来的交通出版工程
城市交通交叉学科系列丛书

城市交通与法治

汪光焘 周继东 沈国明 杨 超 陈小鸿 等 编著

同济大学出版社
TONGJI UNIVERSITY PRESS

图书在版编目（CIP）数据

城市交通与法治 / 汪光焘等编著 . -- 上海 : 同济大学出版社 , 2021.8

（面向未来的交通出版工程 · 城市交通交叉学科系列丛书 / 汪光焘总主编）

ISBN 978-7-5608-8407-3

Ⅰ . ①城… Ⅱ . ①汪… Ⅲ . ①城市交通－交通法－研究－中国 Ⅳ . ① D922.144

中国版本图书馆 CIP 数据核字 (2021) 第 183102 号

面向未来的交通出版工程

城市交通交叉学科系列丛书

城市交通与法治

汪光焘 周继东 沈国明 杨 超 陈小鸿 等 编著

丛书策划 高晓辉
责任编辑 高晓辉
责任校对 徐逢乔
装帧排版 唐思雯

出版发行 同济大学出版社 www.tongjipress.com
（地址：上海市四平路 1239 号 邮编：200092 电话：021-65985622）
经　　销 全国各地新华书店
印　　刷 上海安枫印务有限公司
开　　本 787mm x 1092mm 1/16
印　　张 24.75
字　　数 618 000
版　　次 2021 年 8 月第 1 版 2021 年 8 月第 1 次印刷
书　　号 ISBN 978-7-5608-8407-3
定　　价 108.00 元

内容简介 OVERVIEW

从城市交通的法律制度来认识城市交通，是本书作为城市交通交叉学科教材的重要特征。城市交通法律制度的设计以行政法、社会法为主，在国家层面见之于多部相关法律法规之中，而在地方立法中，法律规范所涉及的内容更为广泛，法治实践也更为丰富。根据建设城市交通交叉学科的要求，本书由在 9 所高校从事法学、城市交通学教学与研究的学者以及中央与地方有立法、执法实践经验的专家共同编写完成，以力图弥补以城市交通为主题的法治书籍和教材的缺失。

全书分为四篇，共十八章。第一篇是全面依法治国导论，包括第一章至第四章，介绍法律的基本知识、国家治理能力现代化与法治建设要求。需要特别指出的是，在本书编写过程中，党中央首次召开全面依法治国工作会议，强调把习近平法治思想确立为全面依法治国的指导思想。因此我们将习近平法治思想的有关内容列入本篇，以利于读者学习与理解。第二篇包括第五章到第十章，系统介绍城市交通与我国法律部门的关系，阐述城市交通法律制度设计知识。第三篇包括第十一章到第十五章，围绕社会关注的有关城市交通问题，介绍城市交通相关行为适用现行法律规定。第四篇是城市交通典型司法案例，包括第十六章到第十八章，介绍、分析、解读若干城市交通民事、行政和刑事司法案例。附录简要介绍了有关国家城市交通法律法规的情况。

本书可作为高校研究生的教材以及政府管理人员的培训、学习用书，本书的内容可以丰富现行管理者和未来管理者的相关法律知识，并为城市交通地方立法，特别是“设区的市”立法提供参考。

编委会　EDITORIAL BOARD

前言 PREFACE

城市交通事关亿万人民的基本需求，是重大的民生问题，对建设宜居城市、提高人民群众生活质量具有重要意义。习近平总书记在 2020 年 11 月第 21 期《求是》杂志上发表的《国家中长期经济社会发展战略若干重大问题》一文中明确指出，要更好推进以人为核心的城镇化，使城市更健康、更安全、更宜居，成为人民群众高品质生活的空间。

城市交通发展要立足城市发展全局，着眼于整个城市群的空间布局和结构，以及建设现代化都市圈要求，把解决交通拥堵问题放在建设宜居城市的重要位置，优化城市交通网络，构建以绿色出行为主导的交通结构，更好服务于城市经济社会发展和人民群众出行。简而言之，城市交通的内涵和目标是：服务于人的需求（包括生活基本需求和就业需求），组织城市高效、安全、低污染地运行；推进城市群和都市圈建设；包容并支持交通新业态发展。

我国全面建成小康社会取得了决定性成就，开启了全面建设社会主义现代化国家的新征程。城市交通的建设成果融入城市发展总体水平，体现在国民经济和社会发展的各个领域，反映了人民生活质量的提高。展望 2035 年，我国经济实力、科技实力和综合国力将大幅跃升，基本实现国家治理体系和治理能力现代化，基本建成法治国家、法治政府和法治社会。城市现代化是现代化国家水平的集中体现。我国已进入城市社会的新时代。发挥中心城市和城市群带动作用，建设现代化都市圈是当今及之后一段时间新型城镇化发展的主要承载空间。促进大中小城市和小城镇协调发展、推进以县城为重要载体作为扩大内需的重要支撑点，是以人为核心的新型城镇化的应有内容。

城市交通问题历来是城市发展的基本要素，也是世界城市面临的共同难题。城市交通既存在通勤时间长、对生存环境污染大等突出问题，又面临着人民生活品质提高、休闲需求增加、活动舒适便利愿望增强等新要求，城市交通服务的不平衡不充分问题更加突出。新业态的发展（如网购配送、网约车、共享单车、共享汽车等）、科技创新与新技术应用（如智能交通技术、智能管理技术、智能交通工具等）、新能源的革命（如电动汽车等）等，给城市交通发展带来了机遇和挑战。城市交通学科已发展成为一门交叉性学科，不仅涉及交通工程，还涵盖社会学、经济学，以及法律制度和公共政策，需要多专业支持和跨学科融合。城市交通的研究要跳出围绕交通工具、基础设施和运行服务三者开展研究的局限，着力于研究创建新型的“政府—企业和社会，法人—公民”协同机制，因此，城市交通治理现代化理论和实践就显得格外重要。

城市交通治理现代化可以概括为以下几点：遵循科学规律，加强法治保障，政府集中决策，落实部门责任，强化道德约束，规范交通行为，调节利益关系，坚持综合治理。国家自然科学基金委支持的课题“新常态下城市交通现代化理论创新和发展对策研究”为城市交通治理现代化提供了先导支撑，城市交通研究的侧重点必须从交通工程的技术研究转向多层次全方位的交通治理，即对“社会—技术系统研究”达成基本共识。提高共建能力和共享水平是城市交通治理现代化的基本思想，信息化、法治化和道德教育是城市交通治理现代化的主要手段。信息化条件下的大数据分析、人工智能、大规模仿真等新技术综合运用，将成为公共资源精细化、精准化配置，实现城市交通治理现代化的技术支撑。法治化环境下的正式规则（法律法规等）是城市交通治理的制度保障；以非正式规则（文化、道德、舆论、教育等）强化自我约束，是城市交通治理现代化不可或缺的基础。

一、《城市交通与法治》的面向对象

我国已进入城市社会发展的新时代。中心城市和城市群发展、培育建设现代化都市圈是当今及往后一段时间新型城镇化发展的趋势。完善城市化战略是我国中长期经济社会发展的重大战略之一。城市发展面临的交通拥堵、交通事故频发、机动车尾气污染等诸多“城市病”，既不是某一种交通工具或某一类基础设施产生的问题，也不是规划、建设或管理上的某一个环节所导致的，而是工程技术与社会问题的综合体现。从事城市规划、建设、管理的人员，需要多专业和跨学科知识的整合。涉及城市交通的法律制度，往往散落在国家的相关法律法规之中，市面上很难找到一本以城市交通为主题的法治教材和书籍，本书的出版可以填补这一方面的空白，以满足无论是城市及城市交通高级管理人才、还是即将从事城市交通工作的学生对法律知识的需求。

城市及城市交通高级管理者不一定是法学科班生，但增强依法治国理念是对其的基本要求。他们的主要工作并非立法，但须熟悉各类行为（行政行为、法人行为和自然人行为）的现行适用法律，做到依法行政。他们还要宣传法律规定，让公民守法；执行监督，让法律有效实施。本书既可以支撑城市交通交叉学科建设需要，还可作为政府管理人员的培训与学习用书，本书的内容可以丰富现行管理者和未来管理者的法律知识，并为城市交通立法，特别是“设区的市”立法提供参考。

二、《城市交通与法治》的内容梗概

本书编写期间，正值党中央召开全面依法治国工作会议（2020 年 11 月），会议首次提出并系统阐述了习近平法治思想，将其确立为全面依法治国的指导思想，明确提出了当前和今后一个时期推进全面依法治国的总体要求。本书编委据此调整了书稿结构，增加了相关内容，强化法治思维，力求让读者了解法律、掌握法律、敬畏法律，不断提高运用法治思维和法治方式治理城市交通的能力和水平。

贯彻习近平法治思想、落实习近平总书记关于解决好各类课程和思政课相互配合的重要指示精神，本书在章节设置上融合了法律和思政内容。

本书章节安排具体如下。第一篇是全面依法治国导论。围绕习近平法治思想，用“十一个坚持”系统阐述了新时代推进全面依法治国的重要思想和战略部署，介绍法律的基本知识、国家治理能力现代化与法治建设要求。第二篇是城市交通与我国法律制度。以介绍城市交通内涵和目标为切入点，系统介绍城市交通与我国法律部门关系，以行政法学来讲解与城市有关的各类交通属性，从公共政策讲城市交通有关法律制度设计，介绍“设区的市”（城市）立法权规定，讲解城市交通法律制度设计知识。第三篇围绕实际社会关注的有关城市交通出现的问题，系统介绍城市交通相关行为适用现行法律规定。第四篇介绍、分析并解读了社会关注、案情复杂、有代表性的城市交通民事、行政和刑事司法典型案例。附录部分简要介绍了有关国家城市交通法律法规的基本情况。

三、《城市交通与法治》的编写思路

（一）强调专业课程与思政课程的融合

习近平法治思想是习近平新时代中国特色社会主义思想的重要组成部分。贯彻习近平法治思想、落实习近平总书记关于“解决好各类课程和思政课相互配合”的重要指示精神，就要在本书编写全过程中强调课程内容和思政内容的融合。

在第一篇全面依法治国导论里，以从马克思主义法治原理到习近平法治思想的理论演变为主线，概要讲述中国特色社会主义法理学，讲述中国特色社会主义法律体系的新任务，讲述中国特色社会主义法治体系。同时强调，要增强全面依法治国的能力和本领，就必须真正学懂弄通习近平法治思想的基本精神、核心要义，还必须了解掌握法的一般原理，包括法和法律的概念、性质、特征、形式等基础知识，以及法律关系、法律责任、法律部门、法律体系等基本概念，从而构建法学知识体系，筑牢法学基础。

习近平总书记指出，“我们要以宪法为最高法律规范，继续完善以宪法为统帅的中国特色社会主义法律体系，把国家各项事业和各项工作纳入法制轨道”。法律是治国之重器，法治是国家治理体系和治理能力的重要依托，是解决党和国家事业发展面临的一系列重大问题，解放和增强社会活力、促进社会公平正义、维护社会和谐稳定、确保党和国家长治久安的根本要求。立足新发展阶段，贯彻新发展理念，全面推进依法治国，建设现代化城市，推进城市交通治理能力现代化，构建城市交通新发展格局，更好服务和满足人民群众美好生活向往的出行需求。

（二）突出城市交通法律制度的系统性和特殊性

城市交通管理事务涉及多个行政管理部门。公安交管主要负责维护城市交通秩序、道路安全管理，住建部门负责交通基础设施建设，交通运输部门负责交通服务供给的行业和市场管理，城管和交警部门负责停车管理。同时应当指出，政府主管部门多元、职能交叉是客观存在的，要明确以哪个部门为主体，反而可能会定位不准确。城市交通治理涉及城市规划、建设、管理多个环节。从基础设施规划、建设、维护和管理到保障交通服务行业健康有序发展和市场公平竞争，从政府配置公共资源到保障公民合法权益以及社会救助问题等，都需要法治发挥规范、引领、推进和保障作用。因此，城市交通的相关行为规范，横向主要散见于多部行政法规里的规定，以及《民商法》《刑法》中的相关法律规定，纵向包括法律、行政法规、地方性法规、规章和规范性文件等。

城市交通法律制度的特殊性，主要体现在城市交通法律制度和交通运输法律制度设计的差异性方面。综合交通运输体系包括铁路、航空、公路、内陆水运和海运、管道运输以及邮政电信业务等，事关国家全局，组织全国或区域的经济社会运行，是支撑城市发展和运行的外部要素。其主体是中央事权，由国家规划和立法并实施建设和运行监督。我国现有的公路法、铁路法、民用航空法、港口法、邮政法、石油天然气管道保护法等法律及行政法规，已经基本涵盖了交通运输的主要门类。城市交通服务于人们的需求，研究对象是城市行政区域范围内城市交通复合网络的构建与运行，其主要是地方事权，依据城市发展和建成区域有机更新要求，由地方政府组织实施。新修订的《中华人民共和国立法法》授予“设区的市”在城乡建设与管理、环境保护、历史文化保护等方面的立法权，为城市交通规划、建设、治理提供了制定地方性法规的法律基础。

应当指出，由于我国行政建制市域范围大，市域内形成建成区与农业、生态用地相间隔并交叉的空间布局，往往是市域部分高速公路与城市快速道路重叠，市郊铁路与城市轨道交通服务衔接，但它们遵循的是不同的法律制度，特别是枢纽城市的国家重点枢纽站地区和枢纽站的衔接，都需要地方城市政府统筹规划、建设和管理，并将其纳入城市交通法治体系来统筹解决。

还应当指出，随着我国已进入以城市群为主体形态的发展阶段，城市交通由城市行政区域内部交通，向外延伸而产生都市圈交通，进而因城市间运输内聚而形成城市群交通。城市交通研究要更加注重对城市、都市圈、城市群等多维空间尺度下的产业分工合作的研究，注重对多维度的人的职住特征、出行与活动特征，以及上述特征的演化规律、发展趋势的研究。由于行政边界在功能上是地方政府公共权力行使的刚性空间边界，在传统的城市考核体系及财税体制下，跨行政区的交通设施建设和服务对接协调难度大。都市圈、城市群交通具有多利益主体、差异化诉求、多模式竞争—合作的特征，需要基于跨区划、跨系统的协调机制来应对利益诉求差异。通过区域协同立法，发挥市场机制配置资源的决定性作用，打破行政分割和区域界限，综合运用政府力量和市场力量推动交通共联、市场共构，实现城市群、都市圈范围内生产要素的高效运转和资源的合理配置。这也是新时代国家和地方立法理论和实践创新的重要方向。

本书第二篇以城市交通多主体行为属性为切入点，结合介绍我国法律体系中各法律部门的立法目的、调整对象和基本原则等，介绍城市交通相关行为的适用法律。同时，从法律制度上将城市交通法律制度与交通运输法律制度的差异进行了清晰阐述。从法律视角讨论了城市交通、都市圈交通、城市群交通在行政建制、财政体制和运行机制等方面存在的问题。从公共资源配置角度研究政策与法律的关系，也为地方立法，特别是“设区的市”就城市交通立法提供参考。这里应当强调，城市交通立法规定的内容，除国家法律有明确授权之外，必须遵守国家所有的法律和行政法规规定，省级以下“设区的市”立法还应该遵守所在省的省级地方性法规要求。

（三）突出依法治国过程中行政权力和公民权利的协调性

在依法治理过程中，行政权力与公民权利是最基本的一对核心要素，二者之间的协调性，贯穿于整个城市交通法治发展的全过程。从这个含义上讲，城市交通治理中法人、非法人组织和自然人的权利与义务，城市政府的权力与责任相互交织在一起。在资源环境约束下逐步解决城市运行中的突出矛盾，正确运用交通需求管理理论制定政策措施，调节纳税人的责任和权益，以及纳税人之间的利益平衡，是政府依据法律法规行使行政权力的基本出发点。

维护公众权益是指维护纳税人具备共性要求的合法权益。纳税人正确对待个人合法权益与遵从针对公众权益的行政决定的关系，也是纳税人的责任。处理好行政权力和公民权益的协调性、处理好权责边界与关系，是城市交通治理的重点，也是难点。行政机关基于公共利益配置公共资源，并具有强制执行力。公民在城市交通方面所享有的最基本权利是出行权，出行权的保障以交通基础设施的存在、维护和使用权分配为前提，涉及城市政府在城市交通的事权确定及如何依法形成财力的问题，本质上是包括税、费、债或公共资源的价格以及转移支付的财税问题。围绕城市公共财政获取与使用的权利、职责的法律，主要由宪法、行政法与财税法所规范，而交通运输领域除基本的行政程序规范外，更多是通过私法性质的民商法来进行规范。这是城市交通与交通运输的本质区别，也是提倡建立城市交通交叉学科的基础。此外，城市交通法治需要立法、执法、守法和法律监督相互协调，在民生保障、行政体制、行政规划、工程建设之间，以及与刑法之间保持协调，同时还要注重法律制度内部实体制度与程序制度的协调、公法与私法的协调等问题。

（四）强化法律理论的实用性和工具性

本书第三篇选用案例分析法（Case Analysis Method）为教育培训方法，第四篇选用以案例为基础的教学法，即案例教学法（Case-based Teaching），这两种方法在现代教学中扮演着越来越重要的角色。区别于传统教学方法，案例分析法和案例教学法是一种创新性的教学方式和教学实践，有利于提升学生参与讨论的积极性，促进教师与学生之间的双向交流；有利于进一步促进理论与法治实践的良好结合，加强法治教育；有利于不断增强未来管理者和现行管理者城市交通治理现代化的能力和水平；有利于不断提升公民法治意识和法治素养，培育办事依法、遇事找法、解决问题用法、化解矛盾靠法的法治环境。本书梳理出的法律、法规、条例等，也是“设区的市”制定地方性法规、规章和规范性文件的依据。

本书第三篇列举城市交通相关行为适应现行法律法规的具体规定，聚焦于如何运用城市交通法律基础知识解决城市交通网络构建和运行中的各类问题，尤其是城市交通中的行政行为、法人行为和自然人行为的矛盾、冲突等现实问题。本篇列举项包括：城市公共交通、慢行交通、公共自行车等绿色出行的法律保障；城市交通基础设施投融资与土地开发，电动自行车、小汽车登记和使用、非标交通工具使用和管理等应当遵守的法律规定；城市交通运行与管控、城市交通安全等行为规范的法律依据；城市交通治理焦点和热点所涉及的法律规定、行政管理职责分工与行政行为适用法律；等等。其为完善城市交通法治建设提供了系统性的参考。

本书第四篇选择社会关注、案情复杂、有代表性的城市交通民事、行政和刑事司法案例，讲述典型城市交通行为的法律适用问题，探讨具体案件中蕴含的基本法治理念、法治思维和法治逻辑，其目的在于通过再现案例情境，提高实际运用所学的能力，也方便社会大众、行政机关、企事业单位和社会组织熟悉法律、运用法律。

最后，感谢国家自然科学基金委管理学部的研究资助。本书是重点项目“城市交通治理现代化理论”的阶段性研究成果之一。

感谢所有参与本书撰写的专家、学者、老师和同学们，写作队伍组成及写作过程体现了法律、城市交通等多学科的交叉交融尝试。希望《城市交通与法治》这本书能成为城市交通交叉学科建设又一新的标志。

本书编写组织具体分工如下。

总审稿人：汪光焘、周继东

第一篇审稿人：周继东、侯晓光

第二篇审稿人：沈国明

第三篇审稿人：刘平

第四篇审稿人：冯玉军

附录审稿人：刘平

具体章节内容编写人员如下。

第一章：郑文阳、郑翔

第二章：冯玉军、卫洪光

第三章、第四章：黄兰松、郑文阳、吴睿佳

第五章：杨超、涂颖菲

第六章：冯玉军、卫洪光

第七章—第九章：刘平

第十章：郑翔、汪光焘

第十一章：吴娇蓉、张斌

第十二章：熊伟、李兴华、高显义

第十三章：张华

第十四章：骆晓、李玮峰、林坦

第十五章：王俊骅、滕靖、黎成民

第十六章—第十八章：顾大松

附录：陈小鸿、李克平、张华

协调人：郑文阳（西南政法大学）

吴娇蓉（同济大学）

高渝斐（北京建筑设计研究院）

涂颖菲（同济大学）

编著者

2021 年 6 月

目 录 CONTENTS

第一篇
全面依法治国导论

第一章　中国特色社会主义法理学概述

第二章　中国特色社会主义法律体系的形成发展与完善

第三章　国家治理体系和治理能力现代化与法治建设

第四章　坚持和完善中国特色社会主义法治体系

全面依法治国是中国特色社会主义的本质要求和重要保障。推进全面依法治国，要全面贯彻落实党的基本理论、基本路线、基本方略，从把握新发展阶段、贯彻新发展理念、构建新发展格局的实际出发，围绕建设中国特色社会主义法治体系、建设社会主义法治国家的总目标，坚持党的领导、人民当家作主、依法治国有机统一，以解决法治领域突出问题为着力点，坚定不移走中国特色社会主义法治道路，在法治轨道上推进国家治理体系和治理能力现代化，为全面建设社会主义现代化国家、实现中华民族伟大复兴的中国梦提供有力法治保障。

我国已进入新发展阶段，建设社会主义强国需要人才，需要具备多方面素质的人才，需要大批具有社会主义法治理念和实践技能结合的人才。本篇首先介绍马克思主义法治理论中国化的最新成果——习近平法治思想和中国特色社会主义法理学的基本知识，介绍中国特色社会主义法律体系，特别系统归纳总结党的十八大以来的法治建设新成果；进而阐释坚持和完善中国特色社会主义法治体系建设、实现国家治理体系和治理能力现代化这一建设社会主义法治国家的本质要求，为进一步学习城市交通法律制度奠定基础。

第一章
中国特色社会主义法理学概述

全面依法治国，就是要把国家各项事业纳入法治轨道，保证广大人民群众在党的领导下，依照宪法和法律规定，通过各种途径和形式管理国家事务，管理经济和文化事务，管理社会事务，保证国家各项工作都依法进行。这就必然带来人们思想理念、思维方式的深刻变化。从事城市交通交叉学科的学习和研究，首先要掌握中国特色社会主义法治原理的最新成果——习近平法治思想及其渊源，了解法的一般原理和普遍性问题，了解我国社会主义法的本质特征、作用形式以及实施等基本知识，进而形成法治思维方式，提高法律理论素养。

第一节 马克思主义法治理论中国化最新成果

一、从马克思主义法治原理到习近平法治思想

建设一个新的法律制度体系是一项艰巨而复杂的任务，建设社会主义法治国家是一项艰巨而伟大的事业。我国自 1949 年建立了工人阶级领导的、以工农联盟为基础的人民民主专政的社会主义国家，建立了与自己政权性质相适应的法律观念和法律制度，这反映和维护了广大人民群众的根本利益。在百余年的革命、建设和改革历程中，我们党不断推进马克思主义中国化，不断推进理论创新，形成了毛泽东思想、邓小平理论、“三个代表”重要思想、科学发展观、习近平新时代中国特色社会主义思想的重大理论成果。这些理论成果也不断丰富和发展了马克思主义法治原理。党的十八大以来，习近平总书记领导全党开展一系列工作实践和理论创新，在新时代中国特色社会主义事业砥砺奋进中，展现出宏阔的战略眼光和非凡的政治定力，应运而生形成了习近平法治思想，明确为全面依法治国的指导思想。

理解习近平法治思想的理论渊源[1]，应当重点把握好以下四方面的资源。

（一）马克思、恩格斯、列宁等创立的马克思主义法治理论

“马克思、恩格斯第一次深刻揭示了法与阶级和阶级斗争的内在联系，法与国家和政权之间的必然联系，法与社会物质生活条件的因果联系，法在不同社会形态和国家形态中的不同功能和价值，透彻分析了法律、法治和法学的基本原理，提出了许多重要的法治思想，创立了科学的法学世界观、方法论和价值论。”[2] 马克思主义法治理论是马克思主义理论体系的重要组成部分，其精髓贯穿在马克思、恩格斯、列宁的系列经典著作当中，是人类法治思想史上弥足珍贵的精神财富。概括起来，这些法治理论主要包括：

法与经济的辩证关系，即法源于物质生活，由经济基础决定，又反作用于经济基础。关于法的阶级属性，法是社会关系的调整器，以社会为基础，对一切有关全社会的公共事务进行管理，它的政治职能与社会职能是同时实现的；人民民主是国家形式，是国家形态的一种，没有人民民主就没有社会主义；人民民主和国家政权需要通过宪法和法律进行巩固和发展，国家意志应该表现为政权机关制定的法律，法必须以国家作为坚强的后盾。

马克思法治理论揭示和阐明了法的本质特征、发展规律、价值功能以及基本关系等根本问题，它服务于无产阶级和广大劳动人民，是中国特色社会主义法治理论的重要理论基础，习近平法治思想的形成和发展体现了马克思主义法治理论既一脉相承又与时俱进的理论逻辑。

（二）马克思主义法治理论的中国化成果

中国共产党把马克思主义普遍原理同中国国情相结合，不断推动创新马克思主义的中国化，形成了毛泽东思想、邓小平理论、“三个代表”重要思想、科学发展观、习近平新时代中国特色社会主义思想，其中都包含着丰富而深刻的法治思想和理论。

毛泽东思想的法治理论的诞生，开启了马克思主义法治理论中国化新进程。以毛泽东同志为主要代表的中国共产党人，把马克思列宁主义关于法治的基本原理同中国革命的具体实践结合起来，深刻阐述了新民主主义法制的基本理论，创造性提出了“党内法规”概念，深刻论述了社会主义国家制度和法律制度的基本原理，精辟论述了关于正确认识和处理两类不同性质矛盾的学说等，提出了一系列重要理论创新，开启了社会主义法治新纪元。

党的十一届三中全会以来，以邓小平同志为主要代表的中国共产党人，结合新中国成立以来正反两方面的经验，实行改革开放，创造性提出了民主制度化法律化、正确处理好法治与人治的关系、法律面前人人平等等一系列重要理论，为开启社会主义法治国家建设奠定了坚实的理论基础。

党的十四大以来，以江泽民同志为主要代表的中国共产党人，在建设中国特色社会主义的实践中，创造性提出了实行依法治国、建设社会主义法治国家、坚持依法治国和以德治国相结合等一系列重要理论，积累了治党治国新经验，推动了社会主义法治理论不断向前发展。

党的十六大以来，以胡锦涛同志为主要代表的中国共产党人，根据新的发展要求，创造性提出了坚持党的领导、人民当家作主、依法治国有机统一，构建和谐社会，依宪执政等一系列重要理论，丰富和发展了中国特色社会主义法治理论，在以人为本，全面、协调、可持续的科学发展观中展现出法治的重要作用和力量。

党的十八大以来，以习近平同志为主要代表的中国共产党人，顺应新时代发展要求，坚持理论与实践相结合，“系统回答了新时代坚持和发展什么样的中国特色社会主义、怎样坚持和发展中国特色社会主义这个重大时代课题，创立了习近平新时代中国特色社会主义思想”[2]，丰富和发展了中国特色社会主义法治的基本理论、基本观点以及全面推进依法治国的基本方略、基本方法，谱写了马克思主义法治理论中国化的新篇章。习近平总书记“深刻回答了新时代全面依法治国的重大理论和实践问题，提出了一系列具有原创性、独创性和集成性意义的全面依法治国新理念新思想新战略，创立了习近平法治思想”[2]，实现了马克思主义法治理论中国化的新飞跃。

从马克思主义法治理论中国化的历史过程可以看出，中国化的马克思主义法治理论是既一脉相承又与时俱进的科学理论。

（三）五千年中华文明不断演进所形成的优秀传统法治文化

中国古代法制蕴含着国人丰富的精神和智慧。春秋战国时期就有了成文法典，秦国以法治国最终强大起来并统一六国，汉唐时期的法典已比较完备，唐朝的《唐律疏议》成就了大唐盛世。中国古代法制彰显了中华法治文明的深厚底蕴。

党的十八大以来，以习近平同志为核心的党中央，深刻总结了我国古代法制传统成败得失，挖掘和传承了中华优秀传统法治文化的精髓，推动了中国古代优秀法治文化的创造性转化和创新性发展，赋予了中华法治文明新的时代内涵，弘扬民为邦本、本固邦宁的民本理念，出礼入刑、隆礼重法的治国策略，天下无讼、以和为贵的价值追求，德主刑辅、明德慎罚的慎刑思想，援法断罪、罚当其罪的平等观念，保护鳏寡孤独、老幼妇残的恤刑原则，继承了优秀的中国传统法治文化，坚持依法治国和以德治国相结合，法治与德治两手抓、两手都要硬，全面推进依法治国，保证法律严格实施，从我国基本国情出发，推进国家治理体系和治理能力现代化，实现良法善治，使中华法治文化焕发出新的生命力。

（四）人类法治文明的有益成果

习近平总书记就世界法治文明发展史指出："从世界历史看，国家强盛往往同法治相伴而生。3000 多年前，古巴比伦国王汉谟拉比即位后，统一全国法令，制定人类历史上第一部成文法《汉谟拉比法典》，并将法典条文刻于石柱，由此推动古巴比伦王国进入上古两河流域的全盛时代。德国著名法学家耶林说，罗马帝国 3 次征服世界，第一次靠武力，第二次靠宗教，第三次靠法律，武力因罗马帝国灭亡而消亡，宗教随民众思想觉悟的提高、科学的发展而缩小了影响，惟有法律征服世界是最为持久的征服。"法治是人类文明的重要成果之一，学习借鉴人类法治文明有益成果，决不能依靠简单的拿来主义，照搬照抄，囫囵吞枣，而应当立足中国基本国情，既要有吸收与借鉴，也要有批判与扬弃，走适合中国的法治道路。中国特色社会主义法治理论是包容开放的理论体系，必然在法治建设实践中不断创新发展，彰显出中国特色社会主义制度的强大优势。

二、全面贯彻习近平法治思想

"法者，治之端也。"在 2020 年中央全面依法治国工作会议上，党中央正式提出了"习近平法治思想"，将其明确为全面依法治国的指导思想。习近平法治思想深刻回答了新时代为什么实行全面依法治国、怎样实行全面依法治国等一系列重大问题，具有深刻的政治和法治价值，是马克思主义法治理论发展史和社会主义法治建设史上的一个里程碑。

习近平法治思想是内涵丰富、论述深刻、逻辑严密、体系完备、博大精深的法治思想体系，其主要内涵如下。

坚持党对全面依法治国的领导。党的领导是中国特色社会主义最本质的特征，是社会主义法治最根本的保证。党的领导是我国社会主义法治之魂，是我国法治同西方资本主义国家法治最大的区别。离开了党的领导，全面依法治国就难以有效推进，社会主义法治国家就建不起来。我们党是世界最大的执政党，领导着世界上人口最多的国家，如何掌好权、执好政，如何更好把 14 亿多人民组织起来、动员起来全面建设社会主义现代化国家，是一个始终需要高度重视的重大课题。正反两方面的经验告诉我们，国际国内环境越是复杂，改革开放和社会主义现代化建设任务越是繁重，越要运用法治思维和法治手段巩固执政地位、改善执政方式、提高执政能力，保证党和国家长治久安。把党的领导贯彻到依法治国全过程和各方面，是我国社会主义法治建设的一条基本经验。党的领导和社会主义法治是一致的，社会主义法治必须坚持党的领导，党的领导必须依靠社会主义法治。全面依法治国决不是要削弱党的领导，而是要加强和改善党的领导。要健全党领导全面依法治国的制度和工作机制，推进党的领导制度化、法治化，通过法治保障党的路线方针政策有效实施。要坚持依法治国和依规治党有机统一，确保党既依据宪法法律治国理政，又依据党内法规管党治党，从严治党。

坚持以人民为中心。全面依法治国最广泛、最深厚的基础是人民，人民是依法治国的主体和力量源泉。必须坚持人民主体地位，坚持法治为了人民、依靠人民、造福人民、保护人民。要把体现人民利益、反映人民愿望、维护人民权益、增进人民福祉落实到全面依法治国各领域全过程，保证人民在党的领导下通过各种途径和形式管理国家事务、管理经济文化事业、管理社会事务，保证人民依法享有广泛的权利和自由、承担应尽的义务。随着我国经济社会持续发展和人民生活水平不断提高，人民群众对民主、法治、公平、正义、安全、环境等方面的要求日益增长，要积极回应人民群众新要求新期待，坚持问题导向、目标导向，树立辩证思维和全局观念，系统研究谋划和解决法治领域人民群众反映强烈的突出问题，不断增强人民群众获得感、幸福感、安全感，用法治保障人民安居乐业。

坚持中国特色社会主义法治道路。方向决定道路，道路决定命运。我们要坚持的中国特色社会主义法治道路，本质上是中国特色社会主义道路在法治领域的具体体现；我们要发展的中国特色社会主义法治理论，本质上是中国特色社会主义理论体系在法治问题上的理论成果；我们要建设的中国特色社会主义法治体系，本质上是中国特色社会主义制度的法律表现形式。走什么样的法治道路、建设什么样的法治体系，是由一个国家的基本国情决定的。全面推进依法治国，必须从我国实际出发，同推进国家治理体系和治理能力现代化相适应，既不能罔顾国情、超越阶段，也不能因循守旧、墨守成规。历史和现实告诉我们，只有传承中华优秀传统法律文化，从我国革命、建设、改革的实践中探索适合自己的法治道路，同时借鉴国外法治有益成果，才能为全面建设社会主义现代化国家、实现中华民族伟大复兴夯实法治基础。我们推进全面依法治国，决不照搬别国模式和做法，决不走西方所谓“宪政”“三权分立”“司法独立”的路子。

坚持依宪治国、依宪执政。宪法是国家的根本法，具有最高的法律效力。宪法是治国安邦的总章程，是全面依法治国的总依据。党领导人民制定宪法法律，领导人民实施宪法法律，党自身要在宪法法律范围内活动。全国各族人民、一切国家机关和武装力量、各政党和各社会团体、各企业事业组织，都必须以宪法为根本的活动准则，并且负有维护宪法尊严、保证宪法实施的职责。任何组织和个人都不得有超越宪法法律的特权，一切违反宪法法律的行为都必须予以追究。坚持依法治国首先要坚持依宪治国，坚持依法执政首先要坚持依宪执政。坚持依宪治国、依宪执政，就包括坚持宪法确定的中国共产党领导地位不动摇，坚持宪法确定的人民民主专政的国体和人民代表大会制度的政体不动摇。我们讲依宪治国、依宪执政，同西方所谓“宪政”有着本质区别，不能把二者混为一谈。全面依法治国，要用科学有效、系统完备的制度体系保证宪法实施，维护宪法尊严。要加强宪法实施和监督，推进合宪性审查工作，对一切违反宪法法律的法规、规范性文件必须坚决予以纠正和撤销。

坚持在法治轨道上推进国家治理体系和治理能力现代化。法治是国家治理体系和治理能力的重要依托。只有全面依法治国才能有效保障国家治理体系的系统性、规范性、协调性，才能最大限度凝聚社会共识。新中国成立 70 多年来，我国之所以创造出经济快速发展、社会长期稳定“两大奇迹”，同我们不断推进社会主义法治建设有着十分紧密的关系。在统筹推进伟大斗争、伟大工程、伟大事业、伟大梦想的实践中，在全面建设社会主义现代化国家新征程上，我们要更加重视法治、厉行法治，更好发挥法治固根本、稳预期、利长远的保障作用，坚持依法应对重大挑战、抵御重大风险、克服重大阻力、解决重大矛盾。

坚持建设中国特色社会主义法治体系。中国特色社会主义法治体系是推进全面依法治国的总抓手。要加快形成完备的法律规范体系、高效的法治实施体系、严密的法治监督体系、有力的法治保障体系，形成完善的党内法规体系。要坚持依法治国和以德治国相结合，实现法治和德治相辅相成、相得益彰。要加快完善中国特色社会主义法律体系，使之更加科学完备、统一权威。要坚持依法治国和依规治党有机统一，完善党内法规制定体制机制，注重党内法规同国家法律的衔接和协调，构建以党章为根本、若干配套党内法规为支撑的党内法规制度体系，提高党内法规执行力。要健全保证宪法全面实施的体制机制，完善立法体制机制，健全社会公平正义法治保障制度，加强对法律实施的监督。

坚持依法治国、依法执政、依法行政共同推进，法治国家、法治政府、法治社会一体建设。全面依法治国是一个系统工程，要整体谋划，更加注重系统性、整体性、协同性。依法治国、依法执政、依法行政是一个有机整体，关键在于党要坚持依法执政、各级政府要坚持依法行政。法治国家、法治政府、法治社会相辅相成，法治国家是法治建设的目标，法治政府是建设法治国家的重点，法治社会是构筑法治国家的基础。推进全面依法治国，法治政府建设是重点任务和主体工程，对法治国家、法治社会建设具有示范带动作用。要用法治给行政权力定规矩、划界限，规范行政决策程序，健全政府守信践诺机制，提高依法行政水平。要根据新发展阶段的特点，围绕推动高质量发展、构建新发展格局，加快转变政府职能，加快打造市场化、法治化、国际化营商环境，打破行业垄断和地方保护，打通经济循环堵点，推动形成全国统一、公平竞争、规范有序的市场体系。要推进严格规范公正文明执法，提高司法公信力。要落实“谁执法谁普法”普法责任制，特别是要加强青少年法治教育，不断提升全体公民法治意识和法治素养，使法治成为社会共识和基本准则。要强化依法治理，培育全社会办事依法、遇事找法、解决问题用法、化解矛盾靠法的法治环境。要推动更多法治力量向引导和疏导端用力，完善预防性法律制度，坚持和发展新时代“枫桥经验”，完善社会矛盾纠纷多元预防调处化解综合机制，更加重视基层基础工作，充分发挥共建共治共享在基层的作用，推进市域社会治理现代化，促进社会和谐稳定。

坚持全面推进科学立法、严格执法、公正司法、全民守法。要推进科学立法、民主立法、依法立法，把公正、公平、公开原则贯穿立法全过程，完善立法体制机制，增强法律法规的及时性、系统性、针对性、有效性。要积极推进国家安全、科技创新、公共卫生、生物安全、生态文明、防范风险、涉外法治等重要领域立法，健全国家治理急需的法律制度、满足人民日益增长的美好生活需要必备的法律制度，填补空白点、补强薄弱点。要继续推进法治领域改革，解决好立法、执法、司法、守法等领域的突出矛盾和问题。公平正义是司法的灵魂和生命。要深化司法责任制综合配套改革，加强司法制约监督，完善人员分类管理，健全司法职业保障，规范司法权力运行，提高司法办案质量和效率。要健全社会公平正义法治保障制度，努力让人民群众在每一个司法案件中感受到公平正义。

要继续完善公益诉讼制度，有效维护社会公共利益。要加快构建规范高效的制约监督体系，坚决破除“关系网”、斩断“利益链”，让“猫腻”“暗门”无处遁形。要继续依法打击破坏社会秩序的违法犯罪行为，特别是要推动扫黑除恶常态化，持之以恒、坚定不移打击黑恶势力及其保护伞，让城乡更安宁、群众更安乐。

坚持统筹推进国内法治和涉外法治。法治是国家核心竞争力的重要内容。要加快涉外法治工作战略布局，协调推进国内治理和国际治理，更好维护国家主权、安全、发展利益。要加快形成系统完备的涉外法律法规体系，提升涉外执法司法效能。要引导企业、公民在走出去过程中更加自觉地遵守当地法律法规和风俗习惯，运用法治和规则维护自身合法权益。要注重培育一批国际一流的仲裁机构、律师事务所，把涉外法治保障和服务工作做得更有成效。要坚定维护以联合国为核心的国际体系，坚定维护以国际法为基础的国际秩序，坚定维护以联合国宪章宗旨和原则为基础的国际法基本原则和国际关系基本准则。对不公正不合理、不符合国际格局演变大势的国际规则、国际机制，要提出改革方案，推动全球治理变革，推动构建人类命运共同体。

坚持建设德才兼备的高素质法治工作队伍。全面推进依法治国，首先要把专门队伍建设好。必须大力提高法治工作队伍思想政治素质、业务工作能力、职业道德水准，加强理想信念教育，深入开展社会主义核心价值观和社会主义法治理念教育，推进法治专门队伍正规化、专业化、职业化，着力建设一支忠于党、忠于国家、忠于人民、忠于法律的社会主义法治工作队伍。

坚持抓住领导干部这个“关键少数”。领导干部具体行使党的执政权和国家立法权、行政权、监察权、司法权，是全面依法治国的关键。各级领导干部要坚决贯彻落实党中央关于全面依法治国的重大决策部署，带头尊崇法治、敬畏法律，了解法律、掌握法律，不断提高运用法治思维和法治方式深化改革、推动发展、化解矛盾、维护稳定、应对风险的能力，做尊法学法守法用法的模范。要把法治素养和依法履职情况纳入考核评价干部的重要内容，让尊法学法守法用法成为领导干部自觉行为和必备素质。

第二节 法律的基本知识

要真正学懂弄通法治思想和精神要义，就必须了解掌握法的一般原理，包括法和法律的概念、性质、特征、形式等基础知识，以及法律关系、法律责任、法律部门、法律体系等基本概念，从而构建法学知识体系，筑牢法学基础。

一、法和法律概念的区分

古今中外对于法的概念的界定并不一致，法作为一种特殊的社会规范，是人类社会发展的产物。一般来说，法是由国家制定或认可，以权利义务为主要内容，由国家强制力保证实施的社会行为规范及其相应的规范性文件的总称。法通常可以理解为是一种既明确社会主体的权利义务范围，又规范社会关系中人们基本行为的规则。

法律一词可从狭义、广义两方面进行理解。狭义的法律专指拥有立法权的国家机关（国家立法机关）依照法定权限和程序制定颁布的规范性文件；广义的法律则指法的整体，即“法”。但在某些场合，“法”又和狭义的法律同义，如《中华人民共和国铁路法》《中华人民共和国公司法》等。

在法学理论中，法和法律有时有严加区分的必要。法指特殊的规范体系整体，法是一系列社会规则、原则以及概念等的结合，与人们的生产生活密切相关而又产生重要影响。而法律则指法的渊源之一或泛指法的表现形式，具有具体性、形象性的特点。但实践中在很多场合下，仍根据约定俗成的原则，把所有的法统称为法律，往往并不做严格区分。

二、法的概念和本质

（一）法的本质与特征

马克思主义认为，法是统治阶级的国家意志的体现，但法所体现的统治阶级的意志，不是随心所欲、凭空产生的，而是由统治阶级的物质生活条件决定的，是社会客观需要的反映。它体现的是统治阶级的整体意志和根本利益，而不是统治阶级每个成员个人意志的简单相加。法体现的也不是一般的统治阶级意志，而是被奉为法律的统治阶级意志，即统治阶级的国家意志，这是法的本质。在当代中国，法律是在党的领导下，保证人民的根本利益，保证人民当家作主的权利，保证人民民主专政国体和人民代表大会制度政体的重要武器，是中国特色社会主义道路、理论、制度、文化在法治上的集中体现。

法作为一种特殊的行为规则和社会规范，不仅具有行为规则、社会规则的一般共性，还具有自己的特征。其基本特征主要有以下四个方面。

（1）法是经过国家制定或认可才得以形成的规范，具有国家意志性。统治阶级意志并不能直接形成为法，它必须通过一定的组织和程序，即通过统治阶级的国家制定或认可，才能形成为法。制定和认可，是国家创制法的两种方式，也是统治阶级把自己的意志变为国家意志的两条途径。社会规范泛指在人类社会生活中调整人们之间交互行为的准则。与其他社会规范相比，如道德规范、宗教规范、礼仪规范、各种职业规范等，法律规范有其显著特征，即由国家制定或认可的普遍适用于一切社会成员的规范。国家制定的法，是由有权创制法律规范的国家机关制定的。国家认可的法一般是指习惯法。习惯法是根据调整社会关系的需要，由国家立法机关或司法机关赋予社会上已有的某些习惯、教义、礼仪等以法律效力而形成的法律规范。

（2）法凭借国家强制力的保证而获得普遍遵行的效力，具有国家强制性。法的强制性是由国家提供和保证的，因而与一般社会规范的强制性不同。其他社会规范虽然也有一定的强制性，如道德主要依靠社会舆论的强制，但这种强制不同于国家的强制。国家强制力是以国家的强制机构（如军队、警察、法庭、监狱）为后盾，和国家制裁相联系的，表现为对违法者采取国家强制措施。

（3）法是确定人们在社会关系中的权利和义务的行为规范，具有规范性。法是调节人们行为的一种社会规范，具有能为人们提供一个行为模式、标准的属性（概括性）。法的主要内容是由规定权利、义务的条文构成的，法律一般规定当某种预设（假定）的条件存在时，某种行为就可以作出（许可）、必须作出（命令）或不得作出（禁止）。通过规定人们的权利和义务来分配利益，从而影响人们的动机和行为，进而影响社会关系，实现统治阶级立法者的意志和要求，维持社会秩序（利益导向性）。

（4）法是明确而普遍适用的规范，具有明确引导性和普遍约束性。法具有明确的内容，能使人们预知自己或他人一定行为的法律后果（可预测性）。法具有普遍适用性，凡是在国家权力管辖和法律调整的范围、期限内，对所有社会成员及其活动都普遍适用。

（二）法的形式和分类

1. 法的形式

法的形式，即法学上所称的法的形式渊源，是指法的具体表现形态，即法是由何种国家机关、依照什么方式或程序创制出来的，并表现为何种形式、具有何种效力等级的规范性法律文件。法的形式的种类，主要是依据创制法的国家机关不同、创制方式的不同而进行划分的。

1）成文法（制定法）

成文法又称制定法，指由法定的国家机关依照一定的程序制定和颁布的，表现为条文形式的规范性法律文件的总称。成文法主要包括宪法、一般规范性法律文件和国际法。

宪法经常被称为“母法”，是国家法律法规和各项制度的总依据，具有最高的法律地位、法律权威、法律效力，在中国特色社会主义法律体系中居于核心地位。

一般规范性法律文件是指一定的国家机关在法定职权范围内，依照法定程序制定的具有约束力的、要求人们普遍遵守的宪法以外的法律文件的总称，是一国法律体系中的重要部分。

作为一个国家法的渊源的国际法，是指该国缔结和参加的国际条约与协定，但是声明保留的条款除外。

2）不成文法（非制定法）

不成文法，泛指由法定的国家机关认可的，具有法律效力、一般不具有文字形式或虽有文字表达但不具有系统性的法律规范的总称。主要包括习惯法、判例法。

习惯法是指由国家机关认可并具有法律约束力的习惯规范的总称。判例法泛指可以作为先例据以裁决的法院判决。判例法的根本原则是“遵循先例”，其含义是指某一判决所依据的法律原则，不仅适用于该案，还作为一种先例适用于该法院及其所属下级法院管辖内的案情基本相同或近似的案件。因此，法院审级越高，其案例的影响就越大。惯例通常指法律上没有明文规定，但过去曾经施行，以后可以仿照办理的做法。如国际贸易中的许多惯例，在实践中都具有约束力。

2. 法的分类

除了成文法和非成文法，根据不同的标准，还可以对法作不同的分类：根本法和普通法，一般法和特别法，实体法和程序法，国际法和国内法，公法和私法。

1）根本法和普通法

这是根据法的内容、效力和制定程序所作的分类。根本法就是宪法，宪法规定国家制度和社会制度的基本原则，具有最高的法律效力，是普通法立法的依据。因此，宪法的制定和修改通常需要经过比普通法更为严格的程序。普通法泛指宪法以外的所有法律，普通法根据宪法确认的原则就某个方面或某些方面的问题作出具体规定，效力低于宪法。

2）一般法和特别法

这是根据法的空间效力、时间效力或对人的效力所作的分类。一般法是指在一国领域内对一般公民、法人、组织和一般事项都普遍适用，而且在它被废除前始终有效的法律，如宪法、刑法等。特别法是指只在一国的特定地域内，或只对特定主体，或在特定时期内，或只对特定事项有效的法律。一般法与特别法的划分是相对的。如《公司法》相对于《民法典》是特别法，而相对于各具体企业法，如《商业银行法》，就是一般法。

3）实体法和程序法

这是根据法的内容所作的分类。实体法是指具体规定主体的权利和义务的法律，如民法、刑法、劳动法、环境保护法等。程序法是指为了保障实体权利和义务的实现而制定的关于程序方面的法律，如刑事诉讼法、民事诉讼法、行政诉讼法等。

4）国际法和国内法

这是根据法的主体、调整对象和渊源所作的分类。国际法的主体主要是国家，调整的对象主要是国家间的相互关系，渊源主要是国际条约和各国公认的国际惯例，实施则以国家单独或集体的强制措施为保证。国内法的主体主要是该国的公民和社会组织，调整对象是一国内部的社会关系，渊源主要是制定国立法机关颁布的规范性文件，实施则以该国的强制力加以保证。

5）公法和私法

这种划分方法始于古罗马法学家，在法学界中得到广泛应用，但划分公法和私法的标准却众说纷纭。比较普遍的说法是以法律运用的目的为划分的依据，即凡是以保护公共利益为目的的法律为公法，如宪法、行政法、刑法、诉讼法；凡是以保护私人利益为目的的法律为私法，如民法、商法。也有按法律所调整的社会关系的状况予以划分的，即凡是调整国家与国家之间关系的法律，国家与公民、国家和法人之间的权力与服从关系的法律，就是公法。凡是调整公民与公民、法人与法人、公民与法人之间关系的，或调整国家与公民或法人之间民事、经济关系，即调整平等主体之间关系的法律，就是私法。

三、法律关系

（一）法律关系的概念

法律关系是法律规范在调整人们的行为过程中所形成的一种特殊的社会关系，即法律上的权利与义务关系。或者说，法律关系是指被法律规范所调整的权利与义务关系。社会关系是多种多样的，但法律并不调整社会生活中的全部关系，如恋爱关系、朋友关系便不属于法律调整的范围。因为调整社会关系的法律规范不同，所形成的法律关系也不一样。如调整平等主体之间的人身关系和财产关系而形成的法律关系，称为民事法律关系，例如合同法律关系、物权法律关系；调整行政管理关系而形成的法律关系，称为行政法律关系，例如行政许可法律关系、行政处罚法律关系；调整因国家对经济活动的管理而产生的社会经济关系，称为经济法律关系，例如反垄断法律关系、财政税收法律关系。法律关系是由法律关系的主体、法律关系的内容和法律关系的客体三个要素构成的。

（二）法律关系的主体

法律关系主体，是指参加法律关系，依法享有权利和承担义务的当事人。例如铁路货运合同关系中，承运人、托运人和收货人就是铁路运输法律关系的主体，各自应承担法定的和约定的权利义务。托运人与承运人签订货物运输合同，承运人在约定的时间内，将货物运送到约定地点交由收货人收货并收取一定运费。在这一法律关系中，托运人享有要求承运人按合同约定的时间安全运输到约定地点的权利，同时负有支付运费和其他有关费用的义务；承运人享有收取运费及符合规定的其他费用的权利，同时负有按期将货物运到指定地点的义务；而收货人享有在发现货物短少或灭失时，请求承运人赔偿的权利，同时又负有及时提货的义务。

什么人或者组织可以成为法律关系主体，是由一国法律规定和确认的。根据我国法律规定，能够参与法律关系的主体包括以下几类。

（1）自然人（公民）。所谓自然人，是指具有生命的个体的人，即生物学上的人，是基于出生而取得民事主体资格的人。既包括中国公民，也包括居住在中国境内或在境内活动的外国公民和无国籍人。公民是各国法律关系的基本主体之一，是指具有一国国籍的自然人。

（2）组织（法人和非法人组织）。法人组织分为营利法人、非营利法人和特别法人。营利法人包括有限责任公司、股份有限公司和其他企业法人等，如中国远洋运输（集团）公司。非营利法人包括事业单位、社会团体、基金会、社会服务机构等，如：公立医院、公立学校便属于非营利法人中的“事业单位”；妇联、红十字会、中国作家协会便属于非营利法人中的“社会团体”。机关法人、农村集体经济组织法人、城镇农村的合作经济组织法人、基层群众性自治组织法人为特别法人。非法人组织包括个人独资企业、合伙企业、不具有法人资格的专业服务机构等，例如合伙类的律师事务所、会计师事务所、税务师事务所等。

（3）国家。在特殊情况下国家可以作为一个整体成为法律关系主体。在国内，国家是国家财产所有权唯一和统一的主体。例如，《中华人民共和国宪法》第九条规定：矿藏、水流、森林、山岭、草原、荒地、滩涂等自然资源，都属于国家所有，即全民所有；由法律规定属于集体所有的森林和山岭、草原、荒地、滩涂除外。在国际上，如国家作为主权者是国际公法关系的主体，也可以成为对外贸易关系中的债权人或债务人。

法律关系的主体资格包括权利能力和行为能力两个方面。

（1）权利能力，是指法律关系主体能够参加某种法律关系，依法享有一定的权利和承担一定的义务的法律资格。或者说，权利能力就是自然人或组织能够成为法律关系主体的资格。它是任何个人或组织参加法律关系的前提条件。

自然人的民事权利能力自出生时享有。自然人权利能力依不同标准可以进行不同的分类。例如根据享有权利能力的主体范围不同，可以分为一般权利能力和特殊权利能力。一般权利能力又称基本的权利能力，是自然人均具有的权利能力，不能被任意剥夺或解除，例如生命健康权、人格尊严权等。后者是自然人在特定条件下具有的法律资格，这种资格并不是每个自然人都可以享有，而只授予某些特定的法律主体。如国家机关及其工作人员行使职权的资格，就是特殊的权利能力。另外，按照法律部门的不同，可以将自然人权利能力分为民事权利能力、政治权利能力、行政权利能力、劳动权利能力、诉讼权利能力等。

相对于组织而言，其所具有的权利能力往往是由组织成立时所确定的宗旨和性质所决定的，例如法人权利能力的范围则由法人成立的宗旨和业务范围决定，法人的权利能力自法人成立时产生，至法人终止时消灭。

（2）行为能力，是指法律关系主体能够通过自己的行为实际取得权利和履行义务的能力。与权利能力主要体现为“享有资格”的特征不同，行为能力更多地体现为“取得”。例如《中华人民共和国民法典》“婚姻家庭编”规定的法定结婚年龄要求旨在表示“男二十二周岁、女二十周岁才具有取得缔结婚姻的资格”。法人的行为能力和权利能力是一致的，同时产生、同时消灭。而自然人的行为能力不同于其权利能力。具有行为能力必须首先具有权利能力，但具有权利能力并不必然具有行为能力。确定自然人有无行为能力，一看能否认识自己行为的性质、意义和后果；二看能否控制自己的行为并对自己的行为负责。

我国法律将自然人民事行为能力划分为三类：

一是完全民事行为能力人，是指达到法定年龄、智力健全、能够对自己行为负完全责任的自然人。在民法上，十八周岁以上的自然人是成年人，具有完全民事行为能力，可以独立实施民事法律行为，是完全民事行为能力人。十六周岁以上的未成年人，以自己的劳动收入为主要生活来源的，视为完全民事行为能力人。

二是限制民事行为能力人，是指行为能力受到一定的限制，只有部分行为能力的自然人。在民法上，八周岁以上的未成年人及不能完全辨认自己行为的成年人为限制民事行为能力人。

三是无民事行为能力人，是指完全不能以自己的行为行使权利、履行义务的公民。在民法上，不满八周岁的未成年人、八周岁以上的未成年人不能辨认自己行为的以及不能辨认自己行为的成年人为无民事行为能力人。

从刑事责任能力分类来看，已满十六周岁的人犯罪，应当负刑事责任。已满十四周岁不满十六周岁的人，犯故意杀人、故意伤害致人重伤或者死亡、强奸、抢劫、贩卖毒品、放火、爆炸、投毒罪的，应当负刑事责任。已满十二周岁不满十四周岁的人，犯故意杀人、故意伤害罪，致人死亡或者以特别残忍手段致人重伤造成严重残疾，情节恶劣，经最高人民检察院核准追诉的，应当负刑事责任。对依照前三款规定追究刑事责任的不满十八周岁的人，应当从轻或者减轻处罚。已满七十五周岁的人故意犯罪的，可以从轻或者减轻处罚；过失犯罪的，应当从轻或者减轻处罚。精神病人在不能辨认或者不能控制自己行为的时候造成危害结果，经法定程序鉴定确认的，不负刑事责任，但是应当责令他的家属或者监护人严加看管和医疗；在必要的时候，由政府强制医疗。间歇性的精神病人在精神正常的时候犯罪，应当负刑事责任。尚未完全丧失辨认或者控制自己行为能力的精神病人犯罪的，应当负刑事责任，但是可以从轻或者减轻处罚。

（三）法律关系的内容

法律关系的内容是指法律关系主体所享有的权利和应承担的义务。

法律权利是指法律关系主体依法享有的权益，表现为权利享有者依照法律规定有权自主决定作出或者不作出某种行为、要求他人作出或者不作出某种行为和权利一旦被侵犯，有权请求国家予以法律保护。依法享有权利的主体称为权利主体或权利人。如所有权人可以自主占有、使用其财产以获得收益，债权人有权请求债务人偿还债务，承运人有权要求旅客支付票款等。

法律义务是指法律关系主体依照法律规定所担负的必须作出某种行为或者不得作出某种行为的负担或约束。依法承担义务的主体称为义务主体或义务人。义务主体必须作出某种行为是指以积极的作为方式去履行义务，称为积极义务，如托运人承担准确说明托运货物的品名、质量等义务。义务主体不得作出某种行为是指以消极的不作为方式去履行义务，称为消极义务，如乘客不得故意损毁交通设施等。

（四）法律关系的客体

法律关系客体是指法律关系主体的权利和义务所指向的对象。客体是确立权利与义务关系性质和具体内容的依据，也是确定权利行使与否和义务是否履行的客观标准。

法律关系客体的内容和范围是由法律规定的。法律关系客体应当具备的特征是：能为人类所控制并对人类有价值。在不同国家与不同历史时期，法律关系客体的具体内容及范围不同，并且随着经济和科技的发展，不断出现新的法律关系客体，如信息、数据、网络虚拟财产等。一般认为，法律关系的客体主要包括物、人身和人格、非物质财富和行为四大类：

（1）物。物指能满足人们需要，具有一定的稀缺性，并能为人们现实支配和控制的各种物质资源。物可以是自然物，如土地、矿藏、水流、森林等；也可以是人造物，如建筑、机器、各种产品等；还可以是财产物品的一般价值表现形式——货币及有价证券。物既可以是有体物，也可以是无体物。有体物既可以是固定形态的，也可以是没有固定形态的，如天然气、电力等。无体物，如权利、信息、数据等，依照相关法律的规定，也都可以作为物权客体。

（2）人身和人格。人身和人格分别代表着人的物质形态和精神权益，是人之为人的两个不可或缺的要素。一方面，人身和人格是生命权、身体权、健康权、姓名权、肖像权、名誉权、荣誉权、隐私权、婚姻自主权等人身权指向的客体。另一方面，人身和人格又是禁止非法拘禁他人、禁止对犯罪嫌疑人刑讯逼供、禁止侮辱或诽谤他人、禁止卖身为奴、禁止卖淫等法律义务所指向的客体。以人身、人格作为法律关系客体的范围，法律有严格的限制。人的整体只能是法律关系的主体，不能作为法律关系的客体。而人的部分是可以作为客体的“物”，如当人的头发、血液、骨髓、精子和其他器官从身体中分离出去，成为与身体相分离的外部之物时，在某些情况下也可视为法律上的“物”。

（3）非物质财富。非物质财富也称精神产品或精神财富，包括知识产品和荣誉产品。知识产品也称智力成果，是指人们通过脑力劳动创造的能够带来经济价值的精神财富，如作品、发明、实用新型、外观设计、商标等。智力成果是一种精神形态的客体，是一种思想或者技术方案，不是物，但通常有物质载体，如书籍、图册、录像、录音等。荣誉产品是指人们在各种社会活动中所取得的物化或非物化的荣誉价值，如荣誉称号、奖章、奖品等。荣誉产品是荣誉权的法律关系客体。

（4）行为。行为作为法律关系的客体不是指人们的一切行为，而是指法律关系的主体为达到一定目的所进行的作为（积极行为）或不作为（消极行为），是人有意识的活动，如提供运输服务的行为等。

随着数据、信息广泛地进入到人们生活实践中，有学者认为，数据、信息也逐步成为法律关系的客体。信息是指有价值的情报或资讯，如商业秘密、个人信息等。随着互联网的普及和数据存储技术的发展，信息在法律关系客体中越来越重要。《中华人民共和国民法典》第一百一十一条规定：“自然人的个人信息受法律保护。任何组织和个人需要获取他人个人信息的，应当依法取得并确保信息安全，不得非法收集、使用、加工、传输他人个人信息，不得非法买卖、提供或者公开他人个人信息。”这说明法律已经把信息作为法律关系的客体予以保护。

（五）法律事实

法律事实是指由法律规范所确定的，能够产生法律后果，即能够直接引起法律关系发生、变更或者消灭的情况。法律规范和法律主体只是法律关系产生抽象的、一般的前提，并不能直接引起法律关系的变化；法律事实则是法律关系产生的具体条件，只有当法律规范规定的法律事实发生时，才会引起法律关系的发生、变更和消灭。法律事实是法律关系发生、变更和消灭的直接原因。按照是否以当事人的意志为转移作标准，可以将法律事实划分为法律事件和法律行为两大类。

1. 法律事件

法律事件是指不以当事人的主观意志为转移的，能够引起法律关系发生、变更和消灭的法定情况或者现象。

事件可以是自然现象，如地震、洪水、台风、森林大火等自然灾害或者生老病死、意外事故等；也可以是某些社会现象，如社会革命、战争、重大政策的改变等。这两种事件对于特定的法律关系主体（当事人）而言，都是不可避免，不以当事人的意志为转移的。自然灾害可引起保险赔偿关系的发生或合同关系的解除；人的出生可引起抚养关系、户籍管理关系的发生；人的死亡可引起抚养关系、婚姻关系、劳动合同关系的消灭，继承关系的发生；重大社会变迁与社会革命可引起整个社会关系状况的全面变革，进而导致国家法律关系的变化。由自然现象引起的事实又称自然事件、绝对事件，由社会现象引起的事实又称社会事件、相对事件。

2. 法律行为

法律行为是指以法律关系主体的意志为转移，能够引起法律后果，即引起法律关系发生、变更和消灭的人们有意识的活动。

根据不同的标准，可以对法律行为作不同的分类：

（1）合法行为与违法行为。这是根据行为是否符合法律规范的要求，即行为的法律性质所作的分类。合法行为是指行为人所实施的符合法律规范要求、能导致合法的法律后果的行为，违法行为是指行为人所实施的违反法律规范的要求、应承担不利的法律后果的行为。

（2）积极行为（作为）与消极行为（不作为）。这是根据行为的表现形式不同，对法律行为所作的分类。积极行为，又称作为，是指以积极、主动作用于客体的形式表现的、具有法律意义的行为，如订立合同、书立遗嘱；消极行为，又称不作为，则是指以消极的、抑制的形式表现的、具有法律意义的行为，如不闯红灯、不破坏交通设施。

（3）意思表示行为与非表示行为。这是根据行为是否通过意思表示所作的分类。意思表示行为，又称表示行为，是指行为人基于意思表示而作出的具有法律意义的行为，如在网上预约出租车服务；非表示行为，是指非经行为者意思表示而是基于某种事实状态即具有法律效果的行为，如拾得遗失物、发现埋藏物等。

（4）单方行为与多方行为。这是根据主体意思表示的形式所作的分类。单方行为，是指由法律主体一方的意思表示即可成立的法律行为，如遗嘱、行政命令等；多方行为，是指由两个或两个以上的多方法律主体意思表示一致而成立的法律行为，如签订运输合同行为等。

（5）要式行为与非要式行为。这是根据行为是否需要特定形式或实质要件所作的分类。要式行为，是指必须具备某种特定形式或程序才能成立的法律行为，例如抵押合同需要经过登记才能设定抵押权；非要式行为，是指无须特定形式或程序即能成立的法律行为，例如订立一些简单的合同可以采取口头形式。

四、法律部门与法律体系

法律部门又称部门法，是指根据一定标准和原则所划定的同类法律规范的总称。法律部门划分的标准首先是法律调整的对象，即法律调整的社会关系。如调整行政主体与行政相对人之间行政管理关系的法律规范的总和构成行政法部门。其次是法律调整的方法。如民法和刑法，都调整人身关系和财产关系，但民法是以自行调节为主要方式，而刑法是以强制干预为主要调整方式；民法要求对损害予以财产赔偿，而刑法则对犯罪人处以严厉的人身惩罚。不过，法律部门的划分也不是绝对的，可以有不同的标准，可以交叉、重合，没有对错之分，只有方便与不方便、合理与不合理之分。

所谓法律体系，是指一个国家的全部现行法律规范，按照一定的原则和要求，根据法律规范调整对象和调整方法的不同，划分为若干法律门类，并由这些法律门类及其所包括的不同法律规范形成相互有机联系的统一整体。一个国家只有一个法律体系。法律体系的建立与完善，是实行依法治国的前提和基础。

法律体系具有以下特征：

（1）法律体系的性质是由社会制度的性质决定的。一国的法律体系通常是由一个国家在一定的历史发展阶段所形成的。由于各国的政治制度、经济制度、历史文化传统等的不同，它们各自的法律体系必然各具特点，尤其是不同社会制度国家的法律制度必然有本质的不同。当代中国的法律体系属于社会主义的法律体系，是产生于社会主义经济基础之上并为之服务的上层建筑。中国特色社会主义法律体系包括的全部法律规范和确立的各项法律制度，以体现人民共同意志、维护人民根本利益、保障人民当家作主为根本特征，这是社会主义法律体系与资本主义法律体系的本质区别。

（2）法律体系的内容是由国家的国情决定的。不同社会形态的法律体系并不相同，同一社会形态的法律体系、同一国家同一社会制度在不同历史时期的法律体系也不完全相同。之所以有这些不同，主要原因在于国情的差异。中国社会主义法制建设的现实基础，就是中国现在处于并将长期处于社会主义初级阶段。我们要建立的是中国特色社会主义法律体系，必须从我国社会主义初级阶段的实际出发，从我国的基本经济、政治、文化和社会制度及历史传统出发，而不能从主观愿望出发，也不能照搬外国模式。

（3）法律体系的发展是由社会实践的发展决定的。社会实践是法律的基础，法律是实践经验的总结，并随着社会实践的发展而不断发展。生产力发展了，生产关系发展了，社会发展了，法也要发展，法律体系也要发展。由此可以看出，实践没有止境，法律体系也要与时俱进、不断创新，它必然是动态的、开放的、发展的，而不是静止的、封闭的、固定的，一定阶段所称的“法律体系”只能是相对的而不是绝对的。我国社会主义制度和市场经济体制还处于自我完善和不断发展的过程中，因而反映和规范这种制度和体制的法律体系就必然具有稳定性与变动性、阶段性与前瞻性相统一的特点。

五、法律责任

法律责任这一概念可以从正反两个方面理解，即积极意义（正面）的法律责任与消极意义（反面）的法律责任。积极意义上的法律责任是指所有组织和个人都有遵守法律的义务，即将法律责任与法律义务含义等同，也称广义的法律责任。现行立法所用的法律责任是一种消极意义上的法律责任，是指法律关系主体由于违反法定的义务而应承受的不利的法律后果，也称狭义的法律责任。根据我国法律的有关规定，可将法律责任分为民事责任、行政责任和刑事责任三种，也有人将民事责任和行政责任中的经济内容部分称为经济责任。

（一）民事责任

民事责任是指民事主体违反了约定或法定的义务所应承担的不利的民事法律后果。根据《中华人民共和国民法典》的规定，承担民事责任的方式主要有以下 11 种：

（1）停止侵害。适用于侵权行为正在进行或仍在延续中，受害人可依法要求侵权人立即停止其侵害行为。

（2）排除妨碍。行为人实施的侵害行为使受害人无法行使或不能正常行使自己的财产权利、人身权利的，受害人有权请求排除妨碍。

（3）消除危险。行为人的行为对他人人身和财产安全造成威胁，或存在着侵害他人人身或者财产的可能，有权要求行为人采取有效措施消除危险。

（4）返还财产。行为人非法占有财产，权利人有权要求其返还。

（5）恢复原状，是指恢复权利被侵害前的原有状态。

（6）修理、重作、更换，是指将被损害的财产通过修理、重新制作或者更换损坏的部分，使财产恢复到原有正常状态。

（7）继续履行，是指行为人不履行或不当履行合同义务，另一方合同当事人有权要求违反合同义务的行为人承担继续履行合同义务的责任。

（8）赔偿损失，是指行为人因违反合同或者侵权行为而给他人造成损害，应以其财产赔偿受害人所受的损失。法律规定惩罚性赔偿的，可以适用惩罚性赔偿金。

（9）支付违约金，是指行为人因违反合同规定的义务，而应按照合同的约定，向权利人支付一定数额的货币作为违约的补偿或惩罚。

（10）消除影响、恢复名誉，是指行为人因其侵害了公民或者法人的人格、名誉而应承担的，在影响所及的范围内消除不良后果、将受害人的名誉恢复到未受侵害时的状态。

（11）赔礼道歉，是指违法行为人向受害人公开认错、表示歉意的责任形式。既可由加害人向受害人口头表示，也可以由加害人以写道歉书等形式进行。

以上承担民事责任的方式，可以单独适用，也可以合并适用。

（二）行政责任

行政责任是指违反法律法规规定的单位和个人所应承受的，由国家行政机关或国家授权单位对其依行政程序所给予的制裁。行政责任包括行政处罚和行政处分。

1. 行政处罚

行政处罚是指行政主体对行政相对人违反行政法律规范但尚未构成犯罪的行为所给

予的法律制裁。行政处罚分为人身自由罚（行政拘留）、行为罚（责令停产停业、吊销暂扣许可证和执照）、财产罚（罚款、没收财物）和声誉罚（警告）等多种形式。根据《中华人民共和国行政处罚法》的规定，行政处罚的具体种类有：

（1）警告、通报批评。这是行政主体对违法者实施的一种书面形式的谴责和告诫。我国行政机关实施的通报批评行为主要有两种：一种是行政机关内部对不依法履行职责的工作人员作出的行政处分，一种是行政机关面向社会，在一定范围内公布违法行为人的违法事实，以导致其声誉和信誉受损害的处罚行为。行政处罚中规定的通报批评主要属于第二种。

（2）罚款、没收违法所得、没收非法财物。罚款是行政主体强制违法相对方承担金钱给付义务的处罚形式。没收违法所得、没收非法财物是由行政主体实施的将行政违法行为人的违法收入、物品或者其他非法占有的财物收归国家所有的处罚方式。

（3）暂扣许可证件、降低资质等级、吊销许可证件。这是禁止违法相对方从事某种特许权利或降低资格的处罚，行政主体依法暂扣或收回违法者已获得的从事某种活动的权利或资格的证书，降低其资质等级。吊销许可证件是对违法者从事某种活动或者其享有的某种资格的彻底取消；而暂扣许可证件，则是中止行为人从事某项活动的资格，待行为人改正以后或经过一定期限后再发还。

（4）限制开展生产经营活动、责令停产停业、责令关闭、限制从业。责令停产停业，是限制违法相对方从事生产、经营活动的处罚形式，一般常附有限期整顿的要求，如果受罚人在限期内纠正了违法行为，则可恢复生产、营业；责令关闭，即命令、禁止违法主体继续经营的行政处罚；限制从业，即因违反行政法律、法规规定和行业规定而限制其不得再从事此行业的行政处罚。

（5）行政拘留。这是对违反治安管理的人，依法在短期内限制其人身自由的处罚。

（6）法律、行政法规规定的其他行政处罚。

2. 行政处分

行政处分是指对违反法律规定的国家机关工作人员或被授权、委托的执法人员所实施的内部制裁措施。在法律中，分别表现为《中华人民共和国公务员法》规定的处分和《中华人民共和国公职人员政务处分法》规定的政务处分，二者并行。公务员因违纪违法应当承担纪律责任的，依照公务员法给予处分或者由监察机关依照公职人员政务处分法给予政务处分。公务员法对因违法违纪应当承担纪律责任的公务员给予的处分种类有警告、记过、记大过、降级、撤职、开除六种，公职人员政务处分法规定的政务处分也是以上六种。

（三）刑事责任

刑事责任是指犯罪人因实施犯罪行为所应承受的由国家审判机关（法院）依照刑事法律给予的制裁后果，是法律责任中最严厉的责任形式。刑事责任主要通过刑罚而实现，刑罚分为主刑和附加刑两类。

1. 主刑

主刑是对犯罪分子适用的主要刑罚方法。主刑的种类有：

（1）管制，是对犯罪分子不实行关押，但是限制其一定的自由，交由公安机关管束和人民群众监督的刑罚方法。期限为三个月以上两年以下。

（2）拘役，是剥夺犯罪分子短期的人身自由的刑罚方法，由公安机关就近执行。期限为一个月以上六个月以下。

（3）有期徒刑，是剥夺犯罪分子一定期限的人身自由，实行劳动改造的刑罚方法。除特殊情况外，有期徒刑的期限为六个月以上十五年以下。

（4）无期徒刑，是剥夺犯罪分子终身自由，实行劳动改造的刑罚方法。

（5）死刑，是剥夺犯罪分子生命的刑罚方法。死刑只适用于罪行极其严重的犯罪分子。对于应当判处死刑的犯罪分子，如果不是必须立即执行的，可以判处死刑，同时宣告缓期二年执行。

2. 附加刑

附加刑是补充、辅助主刑适用的刑罚方法。附加刑可以附加于主刑之后作为主刑的补充，同主刑一起适用，也可以独立适用。附加刑的种类有：

（1）罚金，是强制犯罪分子或者犯罪的单位向国家缴纳一定数额金钱的刑罚方法。

（2）剥夺政治权利，是剥夺犯罪分子参加国家管理和政治活动权利的刑罚方法。剥夺的政治权利内容包括：选举权和被选举权；言论、出版、集会、结社、游行、示威自由的权利；担任国家机关职务的权利；担任国有公司、企业、事业单位和人民团体领导职务的权利。

（3）没收财产，是指将犯罪分子个人所有财产的部分或者全部，强制无偿地收归国有的刑罚方法。

（4）驱逐出境，是强迫犯罪的外国人离开中国国（边）境的刑罚方法。

一人犯数罪的，除判处死刑和无期徒刑的以外，应当在总和刑期以下、数刑中最高刑期以上，酌情决定执行的刑罚。但是管制最高不能超过三年；拘役最高不能超过一年；有期徒刑总和刑期不满三十五年的，最高不能超过二十年；总和刑期在三十五年以上的，最高不能超过二十五年。数罪中有判处附加刑的，附加刑仍须执行，其中附加刑种类相同的，合并执行；种类不同的，分别执行。

· 参考文献 ·

[1] 李林 . 习近平法治思想的理论渊源 [N]. 光明日报 , 2021-01-22(11).
[2] 王晨 . 习近平法治思想是马克思主义法治理论中国化的新发展新飞跃 [EB/OL]. 2021-04-21. http://legal.people.com.cn/n1/2021/0421/c205462-32083260.html.

第二章
中国特色社会主义法律体系的形成发展与完善

本章主要介绍以新中国成立为起点，历经改革开放，中国特色社会主义法律体系形成的历史进程，并总结了党的十八大以来的最新法治发展。到 2011 年十一届全国人大四次会议，党的十五大提出的形成中国特色社会主义法律体系的立法工作目标如期完成。党的十八大以来，继续推进全面依法治国，形成了习近平法治思想等成果，开创了法治中国的新局面。

第一节 中国特色社会主义法律体系的形成与结构

历史早就证明，完备而良善的法律体系是法治国家的基本标志，是政权稳定和社会发展的基本保障。重要的社会关系必须由法律调整；法律规范必须明确、肯定、具体，具有可诉性和可操作性；法律体系应当结构严谨、内部和谐、内容完备，各部门法之间、各种不同渊源的规范性法律文件之间要彼此衔接、和谐一致。习近平在党的十八届四中全会上指出："新中国成立以来特别是改革开放以来，经过长期努力，我国形成了中国特色社会主义法律体系，国家生活和社会生活各方面总体上实现了有法可依，这是一个了不起的重大成就。"我们必须从中华人民共和国成立、发展的整个历史进程中，来全面深刻理解中国特色社会主义法律体系的形成对于完善和发展中国特色社会主义制度、推进实现国家体系和治理能力现代化所发挥的重要作用。

一、中国特色社会主义法律体系的历史概述

新中国成立以来，特别是改革开放 40 多年来，我国立法工作伴随着我们党领导的对社会主义现代化建设事业的曲折探索和伟大实践，走过了极不平凡的历史进程，取得了举世瞩目的巨大成就。2021 年 2 月 24 日开通的国家法律法规数据库，收录了宪法和现行有效法律 275 件，法律解释 25 件，有关法律问题和重大问题的决定 147 件，行政法规 609 件，地方性法规、自治条例和单行条例、经济特区法规 16000 余件，司法解释 637 件，涵盖了中国特色社会主义法律体系最主要的内容[1]。

中国特色社会主义法律体系是在中国共产党领导下，在适应中国特色社会主义建设事业的历史进程中逐步形成的。新中国成立初期，中华人民共和国面临着组建和巩固新生政权、恢复和发展国民经济、实现和保障人民当家作主的艰巨任务。根据政权建设的需要，从 1949 年到 1954 年第一届全国人民代表大会召开前，中国颁布实施了具有临时宪法性质的《中国人民政治协商会议共同纲领》，制定了中央人民政府组织法、工会法、婚姻法、土地改革法、人民法院暂行组织条例、最高人民检察署暂行组织条例、惩治反革命条例、妨害国家货币治罪暂行条例、惩治贪污条例、全国人民代表大会和地方各级人民代表大会选举法以及有关地方各级人民政府和司法机关的组织、民族区域自治和公私企业管理、劳动保护等一系列法律、法令，开启了新中国民主法制建设的历史进程。

1954 年，第一届全国人民代表大会第一次会议召开，通过了新中国第一部宪法，确

立了人民民主和社会主义原则，确立了人民代表大会的根本政治制度，规定了公民的基本权利和义务，同时制定了全国人民代表大会组织法、国务院组织法、地方各级人民代表大会和地方各级人民委员会组织法、人民法院组织法、人民检察院组织法，确立了国家生活的基本原则。1956 年，中国共产党第八次全国代表大会提出，“国家必须根据需要，逐步地系统地制定完备的法律”。此后至 1966 年“文革”前，中国立法机关共制定法律、法令 130 多部。这个时期的民主法制建设，为建设中国特色社会主义法律体系提供了宝贵经验。但在“文革”期间，中国的民主法制建设遭到严重破坏，立法工作几乎陷于停顿。

1978 年，中国共产党十一届三中全会深刻总结新中国成立以来正反两方面的经验教训，作出了把党和国家工作重点转移到经济建设上来、实行改革开放的历史性决策，并提出“为了保障人民民主，必须加强社会主义法制，使民主制度化、法律化，使这种制度和法律具有稳定性、连续性和极大的权威，做到有法可依、有法必依、执法必严、违法必究”。新时期立法工作的重点是，恢复和重建国家秩序，实行和推进改革开放。1979 年，第五届全国人民代表大会第二次会议通过了修改宪法若干规定的决议，规定县和县以上的地方各级人民代表大会设立常务委员会，将县级人民代表大会代表改为由选民直接选举等，同时制定了全国人民代表大会和地方各级人民代表大会选举法、地方各级人民代表大会和地方各级人民政府组织法、人民法院组织法、人民检察院组织法、刑法、刑事诉讼法、中外合资经营企业法等 7 部法律，拉开了新时期中国大规模立法工作的序幕。

1982 年 12 月 4 日，为适应国家经济、政治、文化、社会生活等各方面发生的巨大变化，第五届全国人民代表大会第五次会议通过并公布现行宪法。这部宪法深刻总结了我国社会主义建设正反两方面的经验，在继承 1949 年共同纲领和 1954 年宪法基本精神和主要内容的基础上，确立了党的十一届三中全会之后的路线方针政策，确立了国家的根本制度、根本任务和国家生活的基本原则，把集中力量进行社会主义现代化建设规定为国家的根本任务，就社会主义民主法制建设作出一系列规定，为改革开放和社会主义现代化建设奠定了坚实的法治基础。此后，随着改革开放的深入推进和经济社会的深刻变化，先后于 1988 年、1993 年、1999 年、2004 年对宪法的部分内容进行修改，确认了非公有制经济在国家经济中的重要地位，将国家“实行社会主义市场经济”“实行依法治国，建设社会主义法治国家”“尊重和保障人权”“公民的合法的私有财产不受侵犯”以及“中国共产党领导的多党合作和政治协商制度将长期存在和发展”等内容写入宪法，推动了中国经济、政治、文化和社会等各方面的发展和进步。这个时期，为适应以经济建设为中心、推进改革开放的需要，制定了民法通则、全民所有制工业企业法、中外合作经营企业法、外资企业法、专利法、商标法、著作权法、经济合同法、企业破产法等法律；为贯彻落实“一国两制”方针，制定了香港特别行政区基本法、澳门特别行政区基本法；为加强民族团结、发展社会主义民主、维护公民合法权益，制定了民族区域自治法、村民委员会组织法、刑事诉讼法、民事诉讼法、行政诉讼法等法律；为保护和改善生活环境与生态环境，制定了环境保护法、水污染防治法、大气污染防治法等法律；为促进教育和文化事业发展，制定了义务教育法、文物保护法等法律。这个时期立法工作取得的突出成就，为中国特色社会主义法律体系的形成奠定了重要基础。

1992 年，党的十四大报告提出：“加强立法工作，特别是抓紧制定与完善保障改革开放、加强宏观经济管理、规范微观经济行为的法律和法规，这是建立社会主义市场经济体制的迫切要求。”1993 年 3 月 13 日，江泽民在八届全国人大一次会议、全国政协八届一次会议的党员负责人会议上讲话时指出：“全国人大及其常委会要把加强经济立法作为第一位的任务，放在最重要的位置……在本世纪内，努力把适应社会主义市场经济的法律体系初步建立起来。”[2] 八届全国人大常委会按照建立社会主义市场经济法律体系的要求，把加快经济立法作为第一位的任务，坚持立法同改革发展的进程相适应，制定了公司法、合伙企业法、商业银行法、乡镇企业法、反不正当竞争法、消费者权益保护法、产品质量法、拍卖法、担保法、海商法、保险法、票据法、城市房地产管理法、广告法、注册会计师法、仲裁法、审计法、预算法、中国人民银行法、对外贸易法、劳动法等调整社会主义市场经济的法律。此外，修订刑法，形成了一部统一的、比较完备的刑法；修改刑事诉讼法，完善了刑事诉讼程序；为规范和监督公权力的行使，制定了行政处罚法、国家赔偿法、法官法、检察官法、律师法等法律；为进一步加强对环境和资源的保护，制定了固体废物污染环境防治法等法律，修改了矿产资源法等法律。

1997 年，党的十五大确立了“依法治国、建设社会主义法治国家”的基本方略，提出了“加强立法工作，提高立法质量，到二〇一〇年形成有中国特色社会主义法律体系”。按照这一目标要求，为保障和促进社会主义市场经济的发展，适应加入世界贸易组织的需要，我国继续抓紧开展经济领域立法，制定了证券法、合同法、招标投标法、信托法、个人独资企业法、农村土地承包法、政府采购法等法律，修改了对外贸易法、中外合资经营企业法、中外合作经营企业法、外资企业法、专利法、商标法、著作权法等法律；为规范国家立法活动，健全立法制度，制定了立法法，把实践证明行之有效的立法原则、立法体制、立法权限、立法程序以及法律解释、法律适用和备案等制度系统化、法律化；为发展社会主义民主、繁荣社会主义文化、保护生态环境、发展社会事业，制定了行政复议法、高等教育法、职业病防治法等法律，修改了工会法、文物保护法、海洋环境保护法、药品管理法等法律；为保证法律有效实施，全国人大常委会还对刑法、香港特别行政区基本法等法律的有关规定作出法律解释。2003 年 3 月 10 日，李鹏委员长在全国人大常委会工作报告中指出：“在前几届工作的基础上，经过不懈努力，构成中国特色社会主义法律体系的各个法律部门已经齐全，每个法律部门中主要的法律已经基本制定出来，加上国务院制定的行政法规和地方人大制定的地方性法规，以宪法为核心的中国特色社会主义法律体系已经初步形成。”[3]

2002 年，党的十六大重申了到 2010 年形成中国特色社会主义法律体系的立法工作总目标。十届全国人大常委会把在中国特色社会主义法律体系中起支架作用、现实生活迫切需要、立法条件比较成熟的立法项目作为立法重点，将改革开放和社会主义现代化建设的成功经验以法律形式固定下来，在加强经济领域立法的同时着力加强社会领域立法，在制定新法律的同时注重现行法律的修改完善，一批重要立法项目相继完成，在中国特色社会主义法律体系建设中迈出决定性步伐。共审议宪法修正案草案、法律草案、法律解释草案和有关法律问题的决定草案 106 件，通过了其中的 100 件。

2007 年，党的十七大进一步提出，要坚持科学立法、民主立法，完善中国特色社会主义法律体系。围绕实现这一目标，十一届全国人大常委会在提高立法质量的前提下，抓紧制定经济社会发展迫切需要的重要法律，及时修改与经济社会发展不相适应的法律，集中开展法律清理工作，督促有关方面尽快制定和修改与法律相配套的法规，深入进行中国特色社会主义法律体系理论研究和宣传。

2011 年 3 月 10 日，吴邦国委员长在十一届全国人大四次会议上郑重宣布：“一个立足中国国情和实际、适应改革开放和社会主义现代化建设需要、集中体现党和人民意志的，以宪法为统帅，以宪法相关法、民法商法等多个法律部门的法律为主干，由法律、行政法规、地方性法规等多个层次的法律规范构成的中国特色社会主义法律体系已经形成，国家经济建设、政治建设、文化建设、社会建设以及生态文明建设的各个方面实现有法可依，党的十五大提出到 2010 年形成中国特色社会主义法律体系的立法工作目标如期完成。”[4]

二、中国特色社会主义法律体系的部门

中国特色社会主义法律体系，是以宪法为统帅，以法律为主干，以行政法规、地方性法规为重要组成部分，由宪法相关法、民法商法、行政法、经济法、社会法、刑法、诉讼与非诉讼程序法等多个法律部门组成的有机统一整体。

（一）宪法及其相关法

宪法是国家的根本法，它规定国家的根本制度和根本任务、公民的基本权利和义务、国家生活的基本原则和社会生活的根本准则，在法律体系中居于核心和统帅的地位，具有最高的法律效力。我国现行宪法是 1982 年颁布施行的。这部宪法是中国共产党正确主张和全国人民共同意志的统一，反映了最广大人民群众的根本利益，适应了改革开放和现代化建设发展的需要，是一部适合我国国情的好宪法。1982 年宪法实施以后，根据国家经济社会的不断发展变化，以及改革开放过程中一些新的经验，采取宪法修正案的形式，先后于 1988 年、1993 年、1999 年、2004 年和 2018 年对宪法作了五次修改，充分体现了解放思想、实事求是的思想路线，以及与时俱进的时代要求，对引领和保障我国社会主义现代化建设具有十分重要的意义。宪法相关法是与宪法相配套、直接保障宪法实施的宪法性法律规范的总和，主要包括四个方面的法律：有关国家机构的产生、组织、职权和基本工作制度的法律；有关民族区域自治制度、特别行政区制度、基层群众自治制度的法律；有关维护国家主权、领土完整和国家安全的法律；有关保障公民基本政治权利的法律。

（二）民法商法

民法商法是规范民事、商事活动的法律规范的总称，调整的是自然人、法人和其他组织之间以平等地位而发生的各种社会关系，可以称为横向关系。近代民商法的发展，除了运用横向平权的方法之外，当事人的意思自治不得违背法律、公序良俗和绿色标准等国家干预措施起到越来越大的作用。民法商法部门大体可分为民法、商法和知识产权法三个方面的法律。民法是一个传统的法律门类，它所调整的是平等主体的自然人之间、法人之间、自然人与法人之间的财产关系与人身关系，主要包括物权、债权、婚姻、家庭、收养、继承等方面的法律规范。商法是在民法基本原则的基础上适应现代商事活动的需要逐渐发展起来的，主要包括公司、破产、证券、期货、保险、票据、海商等方面的法律规范。知识产权法是调整知识产权的取得、使用、管理和保护所产生的社会关系的法律规范，由于其调整对象不同于物权，而属于智力成果权，属于民事特别法，包括著作权、专利权、商标权、反不正当竞争等方面的法律规范。

（三）行政法

行政法是规范行政管理活动的法律规范的总和，包括有关行政主体、行政行为、行政程序、行政监督以及国家公务员制度等方面的法律规范。行政法调整的是行政主体与行政管理相对人（公民、法人和其他组织）之间因行政管理活动而发生的法律关系，总体上可以称为纵向关系。在这种管理与被管理的纵向法律关系中，行政主体与行政管理相对人处于不平等的地位，行政行为由行政主体单方面依法作出，不需要双方平等协商。因此，为了正确处理二者关系，保持行政权力与行政管理相对人合法权利的平衡，行政法必须遵循职权法定、程序法定、公开公正、有效监督的基本原则。近代以来行政法的发展除了运用纵向命令式的方法之外，横向协商的方法也起到越来越大的作用。

（四）经济法

经济法是调整因国家从社会整体利益出发对市场经济活动实行干预、管理、调控所产生的社会关系的法律规范的总称。经济法是在国家干预市场活动过程中逐渐发展起来的一个法律门类，一方面与行政法的联系很密切，另一方面又与民法商法的联系很密切，往往在同一个经济法中既有调整纵向关系的法律规范，又有调整横向关系的法律规范，这些法律规范具有相对的独立性，可以单列为一个法律部门。我国经济法部门可分为行业经济管理法和综合职能管理法两方面法律。行业经济管理法包括农业、林业、畜牧业、工业、贸易、交通等各个产业的法律规范。综合职能管理法包括宏观调控的各个领域，如预算、审计、统计、会计、价格、反垄断、银行、反洗钱、税收、产品质量、计量、标准化等方面的法律规范。

（五）社会法

社会法是规范劳动关系、社会保障、社会福利和特殊群体权益保障方面社会关系的法律规范的总称。社会法是在国家干预社会生活过程中逐渐发展起来的一个法律门类，所调整的是政府与社会之间、社会不同部分之间的法律关系。我国社会法部门包括劳动保障法、社会保障法、社会公益和慈善法三个方面的法律。劳动保障法主要包括劳动、劳动合同、工会、就业促进、职业病防治、安全生产等方面的法律规范；社会保障法主要包括社会保险和特殊利益群体权益保障，如残疾人、未成年人、老人、妇女权利保障等方面的法律规范；社会公益和慈善法包括公益事业捐赠、红十字会、社会救助等方面的法律规范。

（六）刑法

刑法是规范犯罪、刑事责任和刑事处罚的法律规范的总称。它是一个传统的法律门类，与其他法律门类相比，具有两个显著特点：一是所调整的社会关系最广泛。不论哪一方面的社会关系，只要发生了构成犯罪的行为，都受刑法调整。二是强制性最突出。所有法律都有强制性，但都没有刑法严厉。从广义说，刑法部门不仅包括规范犯罪和刑罚的刑法，还包括预防犯罪、改造犯罪方面的法律规范，如预防青少年犯罪法、监狱法、社区矫正法等。

（七）诉讼与非诉讼程序法

它是规范解决社会纠纷的诉讼活动与非诉讼活动的法律规范的总称。我国已经制定了刑事诉讼法、民事诉讼法、行政诉讼法，分别对三种诉讼活动进行规范。此外，针对海事诉讼的特殊性，制定了海事诉讼特别程序法，作为对民事诉讼法的补充。为了处理国与国之间的犯罪引渡问题，制定了引渡法，作为对刑事诉讼法的补充。此外，我国还制定了仲裁法、劳动争议调解仲裁法、人民调解法等非诉讼程序法。

应该指出的是，法律部门的划分是发展的、历史的，不应该也不可能一成不变。适应于一个历史时期的法律部门划分不一定适应另一个时代，原有的一些部门在新的时代可能失去原有的意义，可能混合了其他部门的调整方法或调整对象，新出现的部门对社会生活的意义可能更大。随着新的科学技术革命，互联网技术、大数据的发展，新的生活方式和思维方式以及调整它们的行为规范正在兴起，这必然对新时代法律部门划分产生深远的影响。法律部门的划分是一个科学研究问题。中国特色社会主义法律体系的形成为研究这一问题奠定了立法基础，也为进一步深入研究创造了条件。只要贯彻“百花齐放、百家争鸣”的方针，吸取人类法律文化的成果，一定会就这一问题提出符合时代特点、适合中国国情的法律部门划分的理论。

上述七个法律部门，主要是按照调整对象（法律规范所调整的社会关系）和调整方法（作用于一定社会关系的法律手段和方法）标准划分的。值得注意的是，法律体系和法律部门是不断变化和发展的。因为任何一个法律部门的存在都是与一定的社会关系相适应的，社会的发展形成新的社会关系，也就会形成新的法律部门。同时，立法者对某种社会关系的调整方法，也会随着社会的发展而不断变化，原来属于某一法律部门的法律规范，随着调整方法的改变而会属于不同的法律部门。例如，环境资源法传统上属于经济法和行政法的领域，由于调整对象的特殊性和调整方法的综合性，环境对经济和社会发展的重要性日益突出，环境资源法形成一个独立的法律部门的时机已经成熟。再如，军事法是中国特色社会主义法律体系的重要组成部分，包括国防法、兵役法、现役军官法、预备役军官法、军官军衔条例、军事设施保护法等军事法律，国务院和中央军委联合制定的军事行政法规，以及中央军委制定的军事法规等，这些法律法规对于构建系统完备、严密高效的军事法规制度体系与提高国防和军队建设法治化水平，推进依法治军、依法强军，推动国防管理的科学化、法治化有着重要的作用。

第二节 党的十八大以来中国特色社会主义法律体系的最新发展

当今世界正经历百年未有之大变局，我国正处于实现中华民族伟大复兴关键时期，改革发展稳定任务艰巨繁重，全面对外开放深入推进，人民群众在民主、法治、公平、正义、安全、环境等方面的要求日益增长，需要更好地发挥法治固根本、稳预期、利长远的保障作用。在全面建设社会主义现代化国家的新征程上，必须把全面依法治国摆在全局性、战略性、基础性、保障性位置，向着全面建成法治中国不断前进。

党的十八大以来，以习近平同志为核心的党中央从坚持和发展中国特色社会主义的全局和战略高度定位法治、布局法治、厉行法治，将全面依法治国纳入“四个全面”战略布局，加强党对全面依法治国的集中统一领导，全面推进科学立法、严格执法、公正司法、全民守法，形成了习近平法治思想，开创了全面依法治国新局面，为在新的起点上建设法治中国奠定了坚实基础。全国人大常委会坚决贯彻党中央决策部署，紧贴人民群众美好生活对法治建设的呼声期盼，紧扣国家治理体系和治理能力现代化提出的法律需求实际，加强立法工作，努力使各项工作更好地围绕中心和大局、更好地服务国家和人民。立法工作呈现数量多、分量重、节奏快、效果好等特点。从党的十八大以来，截至 2021 年 3 月 31 日，全国人大及其常委会通过宪法修正案 1 件，制定法律 50 件，修改法律 214 件次，作出有关法律问题和重大问题的决定 85 件次，现行有效法律 275 件，决定批准我国与外国缔结的条约、协定以及加入的国际公约 58 件，已提请审议、尚未通过的法律案 22 件。

一、通过宪法修正案，健全保证宪法实施的法律制度

在党中央领导下，十三届全国人大一次会议完成了宪法修改的崇高任务，确立了习近平新时代中国特色社会主义思想在国家政治和社会生活中的指导地位，充实了坚持和加强中国共产党全面领导的内容，完善了宪法确立的国家根本任务、奋斗目标和国家领导体制，确立了国家监察制度，夯实了国家长治久安的制度根基。

健全保证宪法实施的法律制度。在全国人大组织法、全国人大议事规则制定 30 多年后，进行首次修改，全面贯彻坚持党的领导的政治原则，充分吸收人民代表大会制度实

践的新经验、新成果，围绕人大组织制度、工作机制、运行模式，对大会主席团、委员长会议的职权和工作程序进行完善，充分反映党和国家机构改革后机构设置及其职能发生的新变化。设立国家宪法日，加强宪法宣传教育，大力弘扬宪法精神。建立宪法宣誓制度，规定国家工作人员就职时公开进行宪法宣誓，庄严承诺忠于宪法、忠于祖国、忠于人民。实施宪法规定的特赦制度，在中国人民抗日战争暨世界反法西斯战争胜利 70 周年之际，作出对部分服刑罪犯实行特赦的决定。制定国家勋章和国家荣誉称号法，落实宪法规定的国家功勋荣誉表彰制度。修改国旗法、国徽法，制定国歌法，更好维护国家形象、弘扬爱国主义精神，维护宪法确立的国家重要象征和标志的尊严。修改选举法，适当增加县乡两级人大代表名额，夯实人民代表大会制度基础。适应深化国家监察体制改革需要，制定公职人员政务处分法，审议监察官法草案。

坚定维护宪法和基本法确立的特别行政区宪制秩序。行使宪法和基本法赋予的权力，作出关于香港特别行政区行政长官普选问题的决定，明确香港特别行政区循序渐进发展民主的方向和基本制度安排。对香港特别行政区基本法第一百零四条作出解释，坚决遏制和反对“港独”行径，捍卫宪法和基本法权威。批准内地和香港在广深港高铁西九龙站设立口岸实施“一地两检”的合作安排，确认合作安排符合宪法和香港基本法。决定将国歌法列入香港特别行政区基本法附件三、澳门特别行政区基本法附件三，确保该法在香港、澳门得到一体遵循。十三届全国人大三次会议作出关于建立健全香港特别行政区维护国家安全的法律制度和执行机制的决定后，常委会审议通过香港特别行政区维护国家安全法，并决定将其列入香港基本法附件三，由香港特别行政区在当地公布实施，扭转了香港在国家安全领域长期“不设防”的严峻局面。2020 年 8 月、11 月先后通过关于香港第六届立法会继续履行职责的决定、关于香港立法会议员资格问题的决定，十三届全国人大四次会议作出关于完善香港特别行政区选举制度的决定，常委会通过了新修订的《中华人民共和国香港特别行政区基本法附件一香港特别行政区行政长官的产生办法》和新修订的《中华人民共和国香港特别行政区基本法附件二香港特别行政区立法会的产生办法和表决程序》。这些宪制性制度安排，把坚持“一国”原则和尊重“两制”差异、维护中央对特别行政区全面管治权和保障特别行政区高度自治权结合起来，全面落实“爱国者治港”这一根本原则，具有坚实的政治基础、法治基础和民意基础，对于坚持和完善“一国两制”制度体系，维护宪法和香港基本法确定的香港特别行政区宪制秩序，确保“一国两制”方针不会变、不动摇和“一国两制”在香港的实践不走样、不变形，确保香港长治久安和长期繁荣稳定，具有重要意义。

做好合宪性审查和备案审查工作。回应涉及宪法有关问题的关切，确保法律法规和政策举措符合宪法规定、宪法精神。以 2020 年为例，全国人大常委会共收到报送备案的行政法规、地方性法规、自治条例和单行条例、经济特区法规、司法解释、特别行政区法律 1310 件，逐件进行主动审查。围绕疫情防控、野生动物保护、民法典实施、食品药品安全、优化营商环境等五个方面开展专项审查和集中清理，发现需要修改或废止的规范性文件 3372 件，督促有关方面及时予以纠正。做好依申请审查和移送审查，共收到公民、组织提出的审查建议 5146 件，对属于常委会审查范围的 3378 件逐一进行研究，提出处理意见，其他建议分别移送有关机关处理。收到有关部门移送审查的地方性法规 58 件，督促制定机关修改或废止了 27 件。推动地方人大普遍建立听取备案审查工作报告制度。加强备案审查制度和能力建设，正式开通国家法律法规数据库，为立法活动、备案审查提供基础支撑。

二、着力加强重点领域立法，完善以宪法为核心的中国特色社会主义法律体系

加快国家安全法治建设。贯彻落实总体国家安全观，保持政治定力，把握立法时机，相继出台国家安全法、反间谍法、反恐怖主义法、境外非政府组织境内活动管理法、网络安全法、国家情报法、国防交通法、军事设施保护法、核安全法、生物安全法、出口管制法、海上交通安全法等一批重要法律。这些法律涵盖了经济安全、资源安全、核安全、生态安全、信息安全、海外利益保护等领域，既是国家应对风险挑战的重要法律，也是人民群众关心关注的重大问题，为维护国家安全、核心利益和重大利益提供了有力法治保障。

通过实施民法典。编纂民法典是新中国几代立法工作者接续奋斗的艰巨任务，是党的十八届四中全会确定的一项重大政治任务和立法任务，是以习近平同志为核心的党中央作出的重大法治建设部署。2020 年 5 月 28 日，十三届全国人大三次会议表决通过了《中华人民共和国民法典》。民法典共 7 编、1260 条，各编依次为总则、物权、合同、人格权、婚姻家庭、继承、侵权责任和附则，自 2021 年 1 月 1 日起施行，婚姻法、继承法、民法通则、收养法、担保法、合同法、物权法、侵权责任法、民法总则同时废止。民法典是新中国第一部以法典命名的法律，开创了我国法典编纂立法的先河，具有里程碑意义。这部法律通过对我国现行的民事法律制度规范进行系统整合、编订纂修，形成了一部适应新时代中国特色社会主义发展要求，符合我国国情和实际，体例科学、结构严谨、规范合理、内容完整并协调一致的法典。

围绕推进高质量发展和高水平对外开放立法。制定环境保护税法、烟叶税法、船舶吨税法、城市建设税法、契税法，修改企业所得税法。开展产权保护法律清理工作，修

改专利法、著作权法。修改反不正当竞争法、中小企业促进法、农民专业合作社法、促进科技成果转化法、标准化法、商标法、广告法，制定旅游法、资产评估法等。这些立法，涉及财税、金融、知识产权保护、农业农村发展、对外开放等领域，就是要为推动经济发展质量变革、效率变革、动力变革提供法律保障。

加强保障民生和社会治理领域立法。制定老年人权益保障法、反家庭暴力法、境外非政府组织境内活动管理法、退役军人保障法、反食品浪费法等，通过刑法修正案（九）（十）（十一），修改未成年人保护法、预防未成年人犯罪法、行政处罚法，审议反有组织犯罪法草案、法律援助法草案、家庭教育法草案、教育法修正草案等，适应国际国内形势变化，顺应人民对美好生活的向往，为推动形成既生机勃勃又井然有序的良好社会局面提供了法律支撑。全面修订食品安全法，保障人民群众“舌尖上的安全”。还制定了慈善法、中医药法、反家庭暴力法、特种设备安全法，修改了安全生产法、消费者权益保护法。刑法修正案（十一）是近年来社会关注度最高的一次修改，补充修改 47 个条文，涉及安全生产、食品药品、金融秩序、营商环境、公共卫生、生物安全、生态环保等方面，对社会关注的冒名顶替上学就业、抢控公交车方向盘、高空抛物、非法集资、刑事责任年龄等新情况新问题作出直接回应。反食品浪费法草案弘扬中华民族传统美德，倡导文明、健康、理性、绿色消费理念。聚焦特定领域、特殊问题，积极开展“小切口”立法，拓展了立法工作方法和路径，标志着立法工作进一步向专业化、具体化方向发展。

为建设美丽中国提供有力法治保障。贯彻习近平生态文明思想，持续推动生态环保法律制度集成创新，十三届全国人大以来制定和修改长江保护法、土壤污染防治法、固体废物污染环境防治法等 12 部相关法律，作出 1 项决议，正在审议湿地保护法草案，用最严格的制度、最严密的法治划定生态红线，守护绿水青山。

科学立法、民主立法、依法立法取得新进展。加强立法组织协调，充分发挥人大及其常委会在立法工作中的主导作用。自 2015 年起，连续四年提请全国人民代表大会审议重要法律案。建立全国人大专门委员会、常委会工作机构组织起草重要法律草案制度，五年来组织起草或提请审议法律案 70 件次。充分发挥立法机关在表达、平衡、调整社会利益方面的作用，最大限度凝聚立法共识。出台立法项目征集论证、立法重大利益调整论证咨询、重要立法事项引入第三方评估等工作规范。健全立法专家顾问制度，建立基层立法联系点制度，明确常委会初次审议和继续审议的法律草案都及时向社会公布征求意见。从十三届全国人大常委会通过的第一部法律开始，建立并实施法律案通过前评估制度，使立法更加科学缜密，确保法律规定立得住、行得通、真管用。

三、着力发挥立法引领和推动作用，确保重大改革于法有据、顺利实施

十二届全国人大及其常委会及时作出21项授权决定或者有关决定，授权国务院、“两高”或者地方、军队等进行改革试点，涉及国家监察体制改革、行政审批制度改革、农村土地制度改革、金融体制改革、司法体制改革、公务员制度改革、社会保险制度改革、军官制度改革、国家监察体制改革等方面，确保有关改革试点在法治框架内依法有序推进。十三届全国人大及其常委会就关于国务院机构改革涉及法律规定的行政机关职责调整问题、授权国务院在自由贸易试验区暂时调整适用有关法律规定、授权澳门特别行政区对横琴口岸澳方口岸区及相关延伸区实施管辖、延长授权国务院在北京市大兴区等33个试点县（市、区）行政区域暂时调整实施有关法律规定期限、延长授权国务院在部分地方开展药品上市许可持有人制度试点期限、专利等知识产权案件诉讼程序若干问题、国家监察委员会制定监察法规等作出决定，支持相关改革进一步推进，巩固改革成果。

保证国家监察体制改革依法进行。贯彻党中央关于深化国家监察体制改革的重大决策部署，先后作出在北京市、山西省、浙江省开展改革试点和在全国各地推开的决定，为改革试点工作有序推进提供法律支持。

加强涉及改革的法律立改废释工作。对相关法律不适应改革需要的个别条款，采取统筹修改法律的方式一并作出修改。十二届全国人大常委会共审议通过15个统筹修改法律的决定，涉及修改法律95件次，持续推进行政审批、职业资格认定等方面改革，激发市场和社会活力；到2021年4月底十三届全国人大常委会共审议通过10个统筹修改法律的决定，涉及修改法律58件次，涉及“放管服”改革、基层自治等。落实党中央改革调整生育政策的重大部署，及时作出决议，修改人口与计划生育法。决定废止有关劳动教养的法律规定。对刑法、刑事诉讼法的有关条款作出解释。

·参考文献·

[1] 王晨 . 建设好运用好国家法律法规数据库，为人民群众提供权威便利公共法律服务——在国家法律法规数据库开通仪式上的讲话 [N]. 光明日报 , 2021-02-24(03).

[2] 中共中央文献研究室 . 江泽民论有中国特色社会主义（专题摘编）[M]. 北京：中央文献出版社 , 2002: 330.

[3] 中共中央文献研究室 . 十六大以来重要文献选编：上 [M]. 北京：中央文献出版社 , 2005: 195.

[4] 吴邦国在十一届全国人大四次会议上作的常委会工作报告 [N]. 人民日报 , 2011-03-11(02).

第三章
国家治理体系和治理能力现代化与法治建设

党的十九届四中全会对坚持和完善中国特色社会主义制度、推进国家治理体系和治理能力现代化作出战略部署。法律是中国特色社会主义制度的重要载体，立法是推进国家治理体系和治理能力现代化的重要途径。推进国家治理体系和治理能力现代化，必须全面深化改革，要切实做到在法治下推进改革，在改革中完善法治。

第一节 全面实施依法治国方略

一、宪法是治国安邦的总章程

（一）我国宪法诞生和发展

新中国宪法诞生和发展是一个历史的过程，其中经历了多次修改和完善。

在新民主主义革命即将获得全国性胜利之时，为了明确革命胜利后将要建立一个什么样的国家，把革命胜利的成果用法律形式固定下来，并且规定建国后的大政方针，作为全国人民共同遵循的准则，以便团结全国各族人民把革命和建设事业继续进行下去，1949 年 9 月，中国人民政治协商会议第一届全体会议通过了《中国人民政治协商会议共同纲领》。这部纲领规定了政权机关的组成和新政府的军事、经济、文化教育、民族政策、外交政策，具有临时宪法的性质。

1952 年 12 月 1 日，中共中央下发了《关于召开党的全国代表会议的通知》，通知认为召开全国人民代表大会和制定宪法的条件已经具备，应着手准备制宪。1953 年 1 月 13 日，中央人民政府委员会第二十次会议决定由毛泽东等 30 余人组成宪法起草委员会。约有 1.5 亿人参与了首部宪法的讨论，提出意见 138 万多条。另有各省、市、县人民代表大会的 596 万多名代表也发表了意见。根据征求所得的意见，宪法起草委员会对原来的草案作修改后，交中央人民政府委员会举行临时会议讨论通过，形成了宪法送审稿。1954 年 9 月 20 日，在第一届全国人民代表大会第一次会议上，《中华人民共和国宪法》全票通过。

1975 年 1 月 17 日第四届全国人民代表大会第一次会议通过修改后的宪法（因其于 1975 年通过，故称“七五宪法”）。由于其诞生于“文革”后期，带有浓重的“文革”色彩。一般认为，该部宪法坚持“左”的指导思想和“无产阶级专政下继续革命”的错误理论，肯定了“文革”中形成的“大鸣大放大字报”等错误做法，对国家机构的规定极不完备，缩减了公民权利和很多应由宪法明确规定的内容等，而且取消了“公民在法律上一律平等”的规定。

“文革”结束后，国家政治形势再度发生重大变化，重新“修宪”又提上日程。1977 年，中共中央决定成立宪法修改委员会，承担宪法草案的修改工作。宪法草案完成后，1977 年 10 月，中共中央发出通知征求党内外群众对修改宪法的意见。1978 年 3 月 5 日，第五届全国人民代表大会第一次会议通过了经重新修改制定的《中华人民共和国宪法》。1978 年修订的“七八宪法”，恢复了被取消的检察机关，取消了其职权交由公安机关行使的规定，恢复了审判公开和辩护制度，对公民的基本权利和义务作了大量补充，由“七五宪法”的

4条增加到16条。由于当时历史条件的限制，“七八宪法”未能彻底清除“文革”期间“左”的思想影响，还存在一些不正确的政治理论观念和不适应客观实际情况的条文规定。

1980年9月，全国人大成立宪法起草委员会，主任委员是叶剑英委员长，副主任委员是宋庆龄、彭真，实际主持工作的是彭真。经过两年多的讨论、修改，并经过全民讨论，1982年12月4日，第四部宪法在第五届全国人大第五次会议上正式通过并颁布。“八二宪法”继承和发展了“五四宪法”的基本原则，总结了中国社会主义发展的经验，并吸收了国际经验，是一部有中国特色、适应中国社会主义现代化建设需要的根本大法。

党的十一届三中全会以后，我党对“文革”彻底否定，作出把党和国家工作重心转移到社会主义现代化建设上来的重大决策，重新确立了党和国家一系列重要政治、社会生活准则，“八二宪法”具有划时代意义。“八二宪法”颁布后，我国又陆续以修正案的形式对宪法做了五次修改：1988年宪法修正案，主要是对宪法第十条和第十一条作了修改，允许私营经济出现，并准许土地使用权依法转让。1993年宪法修正案，修改了宪法总纲大部分条款、序言以及地方人大代表选举部分，确认了建设有中国特色社会主义理论在国家生活中的指导地位、建设社会主义市场经济的目标等。1999年宪法修正案，最重要的内容是将“依法治国、建设社会主义法治国家”写进了宪法。2004年宪法修正案，主要是完善土地征用制度和对私有财产的保护，增加社会保障制度、尊重和保障人权的规定，完善全国人民代表大会组成的规定和关于紧急状态的规定等。2018年宪法修正案，主要内容有：将习近平新时代中国特色社会主义思想载入宪法、明确中国共产党领导是中国特色社会主义最本质的特征、新增“监察委员会”一节、调整国家主席任期、确立宪法宣誓制度、全国人大宪法和法律委员会更名、增加关于“设区的市”的立法权的相关规定等。

从宪法的结构和内容上可以看出，我国宪法作为治国安邦的总章程，在保持根本性、权威性、稳定性的同时，根据建设、改革和发展的需要，不断适应新的发展形势、积极吸收新的发展经验、确认新的发展成果、作出新的制度规范，从而一直能够保持旺盛的生命力和凝聚力。

（二）宪法全面实施的体制和机制

宪法的生命在于实施，宪法的权威也在于实施。全面实施宪法是全面依法治国的首要任务，是建设社会主义法治国家的基础性工作，必须坚持不懈抓好宪法实施工作。我国宪法实施具有多渠道、多方式、多主体的特点，是一个动态的、持续的、全面的发展进程，还将不断走向并达到更高水平。宪法实施本身并不是目的，根本目的在于将宪法确立的国家制度和国家治理体系的优势充分释放出来，转化为国家治理效能，从而不断满足人民对美好生活的向往，为人民谋幸福、为国家图富强。通过全面有效实施宪法，弘扬法治精神、凝聚社会力量，构建制度体系、完善体制机制，将根本制度、基本制度、重要制度、具体制度、程序办法等协调衔接起来，着力固根基、扬优势、补短板、强弱项，推进国家治理现代化，战胜前进过程中各种风险挑战，确保各项事业兴旺发达、国家长治久安、人民幸福安康。

我国宪法全面实施的体制和机制可以概括为以下五个方面：

一是通过建立健全法律法规和制度体系，推动和保障宪法实施。宪法是国家法律法规和各种制度的总依据。完善以宪法为核心的中国特色社会主义法律体系，加快形成完备的法律规范体系，是宪法实施的内在要求，也是保证宪法全面实施的基本途径。

二是通过发展国家各项事业、推进国家各方面工作，保证宪法规定的大政方针和基本政策得到有效实施和落实，保证在国家各项事业和各方面工作中遵循宪法原则、贯彻宪法要求、体现宪法精神。

三是宪法有关规定的直接适用。宪法中有一些规定具有直接适用的性质，属于有关国家机构的行为和活动规范，不需要通过其他途径和方式。如我国宪法规定了特赦制度，我国于 2015 年、2019 年先后两次对部分服刑罪犯实施特赦。

四是宪法有关规定，必要时需要考虑兼容性和调适性，由有权机关作出合宪性判断和决定，以实现宪法的稳定性和适应性的统一。例如，1990 年 4 月，七届全国人大三次会议通过香港特别行政区基本法，同时作出一个关于香港基本法的决定，其中明确：“香港特别行政区基本法是根据《中华人民共和国宪法》、按照香港的具体情况制定的，是符合宪法的。”

五是对于宪法法律没有明确规定、实践中遇到的新情况新问题，必要时，由有权机关根据宪法精神作出创制性安排。例如，2016 年 9 月，十二届全国人大常委会第二十三次会议根据宪法精神和有关法律原则，采取创制性办法，及时妥善处理有关省拉票贿选案给地方人大工作带来的新问题。

二、依法治国方略的基本要求

党的十八届四中全会审议通过了《中共中央关于全面推进依法治国若干重大问题的决定》，这是我国推进依法治国、加快建设社会主义法治国家的纲领性文件，在法治国家建设进程中具有里程碑意义。

全会明确提出，全面推进依法治国的重大任务是：完善以宪法为核心的中国特色社会主义法律体系，加强宪法实施；深入推进依法行政，加快建设法治政府；保证公正司法，提高司法公信力；增强全民法治观念，推进法治社会建设；加强法治工作队伍建设；加强和改进党对全面推进依法治国的领导。

全面落实依法治国方略，基本要求如下。

（一）科学立法、民主立法、依法立法

科学立法、民主立法、依法立法是良法善治的基础。“立善法于天下，则天下治；立善法于一国，则一国治。”“良法是善治的前提。”立法要坚持以人为本、立法为民理念，把公正、公平、公开原则贯穿于每一部法律法规制定的全过程，使立法充分反映人民的意志和利益。人民对于立法的期盼，不是有没有，而是好不好、管不管用、能不能解决实际问题。不是什么法都能治国、什么法都能治好国。法治，必须强调立法质量，而立法质量则需科学立法与民主立法相结合。民主立法离不开科学精神的引导，科学立法离不开民主制度的培育。民主解决的是多数与少数的问题，强调立法过程，重在多方参与；科学解决的是正确与错误的问题，强调立法结果，要求符合规律。两者相互统一，相互促进。科学立法的核心在于实事求是、尊重和反映客观规律，既要符合法的一般规律和原理，从具体国情和实际情况出发，调查研究现实和历史实际，科学合理地规定权利、义务和责任，注重效益，也要防止“利益部门化”“部门利益化”和地方化倾向。科学立法要坚持以中国特色社会主义理论体系为指导，切实解决实际问题，反对、否定封闭立法和主观立法。民主立法的核心在于为了人民、依靠人民。以民为本、立法为民是提高立法质量的出发点和落脚点，也是衡量立法质量高低的标准。立法要贯彻群众路线，走“从群众中来，到群众中去”的路线，与群众参与相结合，让群众直接参与到立法中，充分表达观点，同时保障立法程序和决策的民主性。坚持依法立法，核心在于严格依照法定权限和程序行使立法权，完善立法体制机制，优化立法职权配置，维护国家法制统一。

（二）严格执法

坚持严格规范公正文明执法，是全面推进依法治国、建设社会主义法治国家的基本要求。它是个有机统一的整体，严格是执法基本要求，规范是执法行为准则，公正是执法价值取向，文明是执法职业素养。行政执法机关担负着贯彻实施宪法和法律的重要职责，是依法治国方略的实施者、推进者、捍卫者，理应带头严格执法，维护公共利益、人民权益和社

会秩序。执法者必须忠于法律，既不能以权压法、以身试法，也不能法外开恩、徇情枉法。行政执法机关的执法能力和执法水平如何，很大程度上反映着政府法治形象，体现着国家法治文明程度，影响着法治中国建设进程。只有坚持严格规范公正文明执法，做到有法必依、执法必严、违法必究，才能确保宪法和法律得到全面正确实施，推进社会主义法治国家建设进程。如果执法不严、执法不公，该处罚的不处罚或者同事不同罚，甚至办关系案、人情案、金钱案，社会就失去了最起码的公平公正，就会引发大量社会矛盾、影响和谐稳定。行政执法应以促进社会公平正义、维护社会和谐稳定为最重要的价值追求所在。

（三）公正司法

公正是法治的生命线。“努力让人民群众在每一个司法案件中都感受到公平正义”是司法工作的基本目标，也是提高司法公信力的必然要求。保证公正司法，提高司法公信力，必须改革司法管理体制和司法权力运行机制，严格规范司法行为，加强对司法活动的监督，确保依法独立公正行使审判权检察权，重点研究和解决影响司法公正和制约司法能力的深层次矛盾和问题。优化司法职权配置，健全司法权力分工负责、互相配合、互相制约机制，加强和规范对司法活动的法律监督和社会监督。保障人民群众参与司法活动，构建开放、动态、透明、便民的阳光司法机制。加强人权司法保障，加强司法活动的监督，进一步完善司法程序和制度，健全冤假错案防止、纠正和责任追究机制。

（四）全民守法

全民守法，就是任何组织或者个人都必须在宪法和法律范围内活动，任何公民、社会组织和国家机关都要以宪法和法律为行为准则，依照宪法和法律行使权利或权力、履行义务或职责。它是建设社会主义法治国家的基础。守法既是人民的责任，也是人民的福祉。虽有良法，要是人民不能全都遵守，仍不能实现法治，法律的权威源自人民的内心拥护和真诚信仰。人民权益要靠法律保障，法律权威要靠人民维护。只有所有组织和公民都树立宪法法律至上、法律面前人人平等的法治理念，社会主义法治意识深入人心，广大人民群众充分信任法律、尊重法律、自觉运用法律，全面推进依法治国才有可能实现。

三、基本实现现代化与法治中国建设规划

中共中央印发的《法治社会建设实施纲要（2020－2025年）》（以下简称《建设纲要》），

提出法治社会是构筑法治国家的基础，法治社会建设是实现国家治理体系和治理能力现代化的重要组成部分，在推进全面依法治国中具有十分重要的地位和作用。

党的十九大提出到 2035 年基本建成法治国家、法治政府、法治社会。党的十九届五中全会审议通过的《中共中央关于制定国民经济和社会发展第十四个五年规划和二〇三五年远景目标的建议》，明确将“基本建成法治国家、法治政府、法治社会”作为到 2035 年基本实现社会主义现代化远景目标的重要内容。《建设纲要》明确了如何加快推进法治社会建设的重点内容，并提出了具体要求，概括如下。

（一）推动全社会增强法治观念

全民守法是法治社会的基础工程，树立宪法法律至上、法律面前人人平等的法治理念，培育全社会法治信仰，增强法治宣传教育性和实效性，引导全体人民做社会主义法治的忠实崇尚者、自守者、坚定捍卫者，使法治成为社会共识和基本原则。维护宪法权威，弘扬宪法精神，增强宪法意识，全面落实宪法宣誓制度。增强全民法治观念，引导全社会尊重司法裁判，维护司法权威，使人民群众自觉尊崇、信仰和遵守法律。健全普法责任制，引导社会各方面广泛参与立法，把立法过程变为宣传法律法规的过程。建设社会主义法治文化，社会主义法治理念、法治思维的培育，离不开法治文化的熏陶。

（二）健全社会领域制度规范

加快建立健全社会领域法律制度，完善多层次多领域社会规范，强化道德规范建设，深入推进诚信建设制度化，以良法促进社会建设、保障社会善治。完善社会重要领域立法，促进社会规范建设，加强道德规范建设，坚持依法治国和以德治国相结合，把法律规范和道德规范结合起来，以道德滋养法治精神，把符合社会主义核心价值观要求的基本道德规范转化为法律规范，推进社会诚信建设。

（三）加强权利保护

切实保障公民基本权利，有效维护各类社会主体合法权益。坚持权利与义务相统一，社会主体要履行法定义务和承担社会责任。健全公众参与重大公共决策的机制，畅通公众参与重大公共决策的渠道；采取多种形式广泛听取群众意见，没有法律和行政法规依据，不得设定减损公民、法人和其他组织权利或者增加其义务的规范。保障行政执法中当事人合法权益，加强人权司法保障，维护司法公正，在司法调解、司法听证等司法活动中保障人民群众参与。为群众提供便捷高效的公共法律服务，引导社会主体履行法定义务承担社会责任，公民、法人和其他组织享有宪法和法律规定的权利，同时必须履行宪法和法律规定的义务。

（四）推进社会治理法治化

全面提升社会治理法治化水平，依法维护社会秩序、解决社会问题、协调利益关系、推动社会事业发展，培育全社会办事依法、遇事找法、解决问题用法、化解矛盾靠法的法治环境，促进社会充满活力又和谐有序。完善社会治理体制机制，推进社会治理制度化、规范化和程序化。推进多层次多领域依法治理，法治应成为市域经济社会发展的核心竞争力。发挥人民团体和社会组织在法治社会建设中的作用，人民团体要在党的领导下，教育和组织团体成员和所联系群众依照宪法和法律的规定，通过各种途径和形式参与管理国家事务，管理经济文化事业，管理社会事务。增强社会安全感，依法有效化解社会矛盾纠纷。

（五）依法治理网络空间

网络空间不是法外之地。推动社会治理从现实社会向网络空间覆盖，建立健全网络综合治理体系，加强依法管网、依法办网、依法上网，全面推进网络空间法治化，营造清朗的网络空间。完善网络法律制度，通过“立、改、废、释”并举等方式，推动现有法律法规延伸适用到网络空间。培育良好的网络法治意识，坚持依法治网和以德治网相结合，弘扬时代主旋律和社会正能量。保障公民依法安全用网，依法防范网络安全风险。

第二节 国家治理能力现代化和法治建设的一般理论

一、国家治理能力现代化的内涵

习近平同志在党的十九大报告中指出：“经过长期努力，中国特色社会主义进入了新时代，这是我国发展新的历史方位。”党的十九届四中全会指出，当今世界正经历百年未有之大变局，我国正处于实现中华民族伟大复兴关键时期，必须要在坚持和完善中国特色社会主义制度、推进国家治理体系和治理能力现代化上下更大功夫。全面依法治国面临着一系列新形势。

（一）我国社会主要矛盾的变化

现阶段，我国还处于体制改革和社会转型时期，这就决定了中国特色社会主义法律体系必然具有稳定性与变动性、阶段性与连续性、现实性与前瞻性相统一的特点，决定了中国特色社会主义法律体系必然是动态的、开放的、发展的，而不是静止的、封闭的、固定的，必将伴随社会主要矛盾的变化、改革开放的进程以及中国特色社会主义伟大实践的发展不断完善，完善以宪法为核心的中国特色社会主义法律体系是一项长期的历史任务。进入新时代，我国社会主要矛盾已经转化为人民日益增长的美好生活需要和不平衡不充分的发展之间的矛盾。在新的历史条件下，人民群众对立法的期盼，已经主要不是有没有的问题，而是好不好、管不管用的问题。法律法规不仅要体现价值理念，规定应然状态，还要能够合理有效地解决现实生活中实际问题，体现公平正义。

（二）我国经济发展方式的转变

我国经济已由高速增长阶段转向高质量发展阶段。实现高质量发展，必须坚定不移贯彻创新、协调、绿色、开放、共享的新发展理念，建设现代化经济体系。要积极适应实现高质量发展的新形势，正确把握国家战略和强国目标对立法工作提出的新要求，通过法治方式使之制度化、规范化，更好发挥立法的积极作用。

（三）全面深化改革深入推进

改革开放是决定当代中国命运的关键一招。在中国特色社会主义法律体系形成并不断完善的情况下，不论是已经确定的还是今后将要推出的重要改革任务和举措，很多都涉及现行法律法规的规定，涉及法治，这同我们过去推进改革有很大不同。必须着力处理好改革和法治的关系。全面深化改革同贯彻新发展理念、构建新发展格局紧密关联，要完整、准确、全面贯彻新发展理念，扭住构建新发展格局目标任务，更加精准地颁布支持改革的法律法规，出台促进改革的制度方案，推动改革向更深层次挺进。

（四）全面依法治国深入实施

全面依法治国是一个系统工程，要整体谋划，更加注重系统性、整体性、协同性。立法是全面依法治国的前提，各项事业、各方面都需要法治的有力支撑和保障，立法任务更加艰巨繁重。必须坚持立法先行，发挥立法的引领和推动、规范和保障作用，抓住提高立法质量这个关键，不断推动中国特色社会主义法律体系与时俱进、完善发展。

（五）推进国家治理体系和治理能力现代化

法律是中国特色社会主义制度的重要载体，立法是推进国家治理体系和治理能力现代化的重要途径，担负重要使命。要聚焦实践提出的问题和立法需求，将立法着力点更多放在解决发展不平衡不充分的制度性突出问题上，弥补相关制度规范的短板和缺项，更好发挥法治固根本、稳预期、利长远的保障作用，坚持依法应对重大挑战、抵御重大风险、克服重大阻力、解决重大矛盾，使国家制度和法律制度更加成熟定型，法律体系更加完备系统协调，法律规范更加有效管用。

国家治理能力是运用国家制度管理社会各方面事务的能力，包括改革发展稳定、内政外交国防、治党治国治军等各个方面。国家治理体系是在党领导下管理国家的制度体系，包括经济、政治、文化、社会、生态文明和党的建设等各领域体制机制、法律法规安排，也就是一整套紧密相连、相互协调的国家制度；国家治理能力和治理体系是一个国家制度和制度执行能力的集中体现。

国家治理能力现代化，是中国共产党领导全国人民不断完善和发展中国特色社会主义制度的题中应有之义。在国内外风险挑战明显增多的复杂局面下，我国的国家治理能力现代化进程，迫切需要从理论和实践两个层面进一步回答“新时代坚持和发展什么样的国家治理能力现代化、怎样坚持和发展中国特色社会主义国家治理能力现代化”的时代课题，迫切需要运用系统完备、科学规范、运行有效的治理手段来应对各种风险与挑战。

二、我国国家治理体系的显著优势

纵观我国在以中国共产党为领导核心的一系列过往治理实践，我国国家治理体系已经呈现出 13 个方面的显著优势，已经在治国理政的全过程中展示出了强大的生命力和巨大的优越性。党的十九届四中全会公报指出，我国国家制度和国家治理体系具有多方面的显著优势，主要是:

（1）坚持党的集中统一领导，坚持党的科学理论，保持政治稳定，确保国家始终沿着社会主义方向前进的显著优势；

（2）坚持人民当家作主，发展人民民主，密切联系群众，紧紧依靠人民推动国家发展的显著优势；

（3）坚持全面依法治国，建设社会主义法治国家，切实保障社会公平正义和人民权利的显著优势；

（4）坚持全国一盘棋，调动各方面积极性，集中力量办大事的显著优势；

（5）坚持各民族一律平等，铸牢中华民族共同体意识，实现共同团结奋斗、共同繁荣发展的显著优势；

（6）坚持公有制为主体、多种所有制经济共同发展和按劳分配为主体、多种分配方式并存，把社会主义制度和市场经济有机结合起来，不断解放和发展社会生产力的显著优势；

（7）坚持共同的理想信念、价值理念、道德观念，弘扬中华优秀传统文化、革命文化、社会主义先进文化，促进全体人民在思想上精神上紧紧团结在一起的显著优势；

（8）坚持以人民为中心的发展思想，不断保障和改善民生、增进人民福祉，走共同富裕道路的显著优势；

（9）坚持改革创新、与时俱进，善于自我完善、自我发展，使社会充满生机活力的显著优势；

（10）坚持德才兼备、选贤任能，聚天下英才而用之，培养造就更多更优秀人才的显著优势；

（11）坚持党指挥枪，确保人民军队绝对忠诚于党和人民，有力保障国家主权、安全、发展利益的显著优势；

（12）坚持“一国两制”，保持香港、澳门长期繁荣稳定，促进祖国和平统一的显著优势；

（13）坚持独立自主和对外开放相统一，积极参与全球治理，为构建人类命运共同体不断作出贡献的显著优势。这些显著优势，是我们坚定中国特色社会主义道路自信、理论自信、制度自信、文化自信的基本依据。

这 13 个方面的显著优势，是党的十九届四中全会对新中国成立 70 年经验的总结与提炼，为推进国家治理体系和治理能力现代化奠定了坚实的实践基础。

我国国家治理体系的显著优势是由我国的社会主义性质以及中国共产党的性质和宗旨所决定的。始终代表最广大人民根本利益，保证人民当家作主，体现人民共同意志，维护人民合法权益，是我国国家制度和国家治理体系的本质属性，也是我国国家制度和国家治理体系有效运行、充满活力的根本所在。从这一视角观察我国国家制度和国家治理体系，可以看清楚很多制度建立和发展的初衷。比如，确保人民依法通过各种途径和形式管理国家事务，管理经济文化事业，管理社会事务；健全社会公平正义法治保障制度，坚持一切行政机关为人民服务、对人民负责、受人民监督，健全人民文化权益保障制度，满足人民多层次多样化需求，使改革发展成果更多更公平惠及全体人民，精准扶贫和解决相对贫困的长效机制；等等。这些都无不体现国家的性质以及中国共产党的性质和宗旨。

三、法治建设的内涵

社会主义法治建设，内在包含了中国特色社会主义法治体系、建设社会主义法治国家两大任务。我国社会主义法治建设的探索，自党的十八大以来进入了一个全新的时期。

2013 年，习近平总书记提出了“建设法治中国”的宏伟目标，由此开始了谋划全局、全面依法治国的顶层设计。2014 年 10 月，中共十八届四中全会专题研究全面依法治国重大问题，并作出《关于全面推进依法治国若干重大问题的决定》，明确了全面依法治国的总目标是建设中国特色社会主义法治体系，建设社会主义法治国家；中国共产党的领导是中国特色社会主义最本质的特征，是社会主义法治最根本的保证；全面推进依法治国的总任务是完善以宪法为核心的中国特色社会主义法律体系，加强宪法实施；深入推进依法行政，加快建设法治政府；保证公正司法，提高司法公信力；增强全民法治观念，推进法治社会建设；加强法治工作队伍建设；加强和改进党对全面推进依法治国的领导。这是中国共产党历史上第一次专门召开、专题研究、专门部署全面依法治国的中央全会，绘就了依法治国的新蓝图。

2017 年，中共十九大对“依法治国”的功能和定位提出了新论断，将“坚持全面依法治国”纳入新时代坚持和发展中国特色社会主义的基本方略，即“全面依法治国是中国特色社会主义的本质要求和重要保障”。将依法治国和中国特色社会主义建设联系起来，充分说明了建设中国特色社会主义，推进国家治理体系和治理能力现代化，全面依法治国不可或缺，国家发展的一切成果都需要法治来保卫。

2019 年召开的中共十九届四中全会明确提出，建设中国特色社会主义法治体系、建设社会主义法治国家是坚持和发展中国特色社会主义的内在要求。必须坚定不移走中国特色社会主义法治道路，全面推进依法治国，坚持依法治国、依法执政、依法行政共同推进，坚持法治国家、法治政府、法治社会一体建设。要健全保证宪法全面实施的体制机制，完善立法体制机制，健全社会公平正义法治保障制度，加强对法律实施的监督。

党的领导是中国特色社会主义最本质的特征，是社会主义法治最根本的保证。全面推进依法治国，绝不是要虚化、弱化甚至动摇、否定党的领导，而是为了进一步巩固党的执政地位、改善党的执政方式、提高党的执政能力，保证党和国家长治久安。根据党的十九大精神，为了推进社会主义法治建设，我们要推进科学立法、民主立法、依法立法，坚持以良法促进发展，保障善治；立足法治政府建设要求，进一步推进依法行政，严格规范公正文明执法；打造共建共治共享的社会治理格局，提高社会治理的社会化、法治化、智能化、专业化水平；加大全民普法力度，建设社会主义法治文化。

第三节 全面深化改革、全面依法治国与国家治理体系和治理能力现代化的关系

一、我国全面深化改革的总目标

党的十八届三中全会公报指出，全面深化改革的总目标是完善和发展中国特色社会主义制度、推进国家治理体系和治理能力现代化。

新中国成立以来，特别是改革开放以来，我们党和国家在实践中逐步形成的中国特色社会主义根本政治制度、基本政治制度和社会主义初级阶段基本经济制度、中国特色社会主义法律体系，以及建立在这些制度基础上的经济体制、政治体制、文化体制、社会体制等各项具体制度，已被实践证明是唯一能够发展中国、发展社会主义、发展马克思主义的制度体系。我们应当不断增强对中国特色社会主义的道路自信、理论自信和制度自信。

完善和发展中国特色社会主义制度，与国家治理体系和治理能力现代化是一体推进的。一个政党、一个国家，即使有再好的制度，也要靠人去执行。如果没有国家治理体系和治理能力的现代化，亦即人的现代化，即便中国特色社会主义各方面制度都更加成熟更加定型了，也不等于就能自然而然地全面建成小康社会，进而建成富强、民主、文明、和谐的社会主义现代化国家，实现中华民族伟大复兴的中国梦。所以，正是努力开拓中国特色社会主义事业更加广阔的发展前景，呼唤着、倒逼着国家治理体系和治理能力尽快实现现代化。

二、改革与国家治理能力现代化的关系

推进国家治理体系和治理能力现代化，必须全面深化改革。党的十八大以来，我们党对全面深化改革作出系统部署，强调坚持和完善基本经济制度、加快完善现代市场体系、加快转变政府职能、深化财税体制改革、健全城乡发展一体化体制机制、构建开放型经济新体制、加强社会主义民主政治制度建设、推进法治中国建设等，推动中国特色社会主义制度更加完善、国家治理体系和治理能力现代化水平明显提高，为政治稳定、经济发展、文化繁荣、民族团结、人民幸福、社会安宁、国家统一提供了有力保障。基于此，党的十九届四中全会把“坚持改革创新、与时俱进，善于自我完善、自我发展，使社会始终充满生机活力”作为我国国家制度和国家治理体系具有的显著优势之一。

习近平总书记在省部级主要领导干部学习贯彻十八届三中全会精神全面深化改革专题

研讨班开班式上的重要讲话中强调，一个国家选择什么样的治理体系，是由这个国家的历史传承、文化传统、经济社会发展水平决定的，是由这个国家的人民决定的。我国今天的国家治理体系，是在我国历史传承、文化传统、经济社会发展的基础上长期发展、渐进改进、内生性演化的结果。我国国家治理体系需要改进和完善，但怎么改、怎么完善，我们要有主张、有定力。中华民族是一个兼容并蓄、海纳百川的民族，在漫长历史进程中，不断学习他人的好东西，把他人的好东西化成我们自己的东西，这才形成我们的民族特色。没有坚定的制度自信就不可能有全面深化改革的勇气，同样，离开不断改革，制度自信也不可能彻底、不可能久远。我们全面深化改革，是要使中国特色社会主义制度更好；我们说坚定制度自信，不是要故步自封，而是要不断革除体制机制弊端，让我们的制度成熟而持久。

三、法治建设与改革的关系

改革既不能突破法律底线，也不能简单以现行法律没有依据为由迟滞改革，要切实做到在法治下推进改革，在改革中完善法治。习近平总书记在 2014 年 2 月 28 日主持召开全面深化改革领导小组第二次会议上再次着重强调，凡属重大改革都要于法有据。要高度重视运用法治思维和法治方式在整个改革过程中的重要作用，发挥法治对改革的引领和推动作用，加强对相关立法工作的协调，确保在法治轨道上推进改革。这一表述非常清晰地界定了法治与改革之间的关系——法治引领改革，也就是在总体发展方式上坚持“法治优先，改革附随”的策略，法治引领改革的方向，改革保障法治目标的实现。法治不仅在大的方向上能够引领改革不走错路、少走弯路，而且能够在具体行为上将改革内容规范在合法的范围内。法律中的平等、公正、合法、程序、权利、义务、权力等概念，都有非常明确而具体的含义，改革中涉及重大社会利益调整时，人们可以通过合法程序表达正当利益诉求。各项改革措施都应围绕着法治中国这一战略目标进行设计，在法治框架下求同存异，减小改革过程中的利益分歧。

四、国家治理能力现代化与法治建设的关系

党的十九届四中全会指出，坚持全面依法治国，建设社会主义法治国家，切实保障社会公平正义和人民权利是我国国家制度和国家治理体系现代化的显著优势之一，要求必须坚定不移走中国特色社会主义法治道路，推进法治中国建设。法治是国家治理、政

府治理、社会治理的基本方式，国家治理体系和国家治理能力现代化的关键是法治化，法治中国建设是推进国家治理体系和治理能力现代化的重要路径。

党的十八大以来，我们坚定不移走中国特色社会主义法治道路，不断建设和完善中国特色社会主义法律规范体系、法治实施体系、法治监督体系、法治保障体系，人民群众切实感受到依法治国在体现人民利益、反映人民愿望、维护人民权益、增进人民福祉中所发挥的重要作用。因此，人民群众对于全面推进依法治国、建设更加公平正义的社会主义现代化国家充满期待，对法治中国建设充满期待。

从宏观层面来看，法治中国建设是国家治理领域一场广泛而深刻的革命，法治是治国理政不可或缺的重要手段，法治兴则国家兴，法治衰则国家乱。从微观层面来看，公平正义是党和人民群众共同追求的崇高价值。因此，对于未来的国家治理，人民群众期待“公平正义”这一法治价值追求能够贯穿到科学立法、严格执法、公正司法、全民守法的全过程和各个方面，并希望在每一项法律制度、每一个执法决定和每一宗司法案件中都能感受到公平正义的无处不在。

一个现代国家，必须是一个法治国家；国家要走向现代化，必须首先走向法治化。全面推进依法治国、建设法治中国，就要从科学立法、严格执法、公正司法、全民守法这四个方面具体贯彻落实，促进国家治理体系和治理能力现代化。科学立法是前提，严格执法是关键，公正司法是保障，全民守法是基础。公平正义是我们党治国理政的一贯主张，也是我国政治文明的重要内涵，体现了社会主义制度的本质要求，符合人民群众的共同愿望。

坚持在法治轨道上推进国家治理体系和治理能力现代化。法治是国家治理体系和治理能力的重要依托。只有全面依法治国才能有效保障国家治理体系的系统性、规范性、协调性，才能最大限度凝聚社会共识。

新中国成立 70 多年来，我国之所以创造出经济快速发展、社会长期稳定“两大奇迹”，同我们不断推进社会主义法治建设有着十分紧密的关系。这次应对新型冠状病毒肺炎疫情，我们坚持在法治轨道上统筹推进疫情防控和经济社会发展工作，依法维护社会大局稳定，有序推进复工复产，我国疫情防控取得重大战略成果，我国成为 2020 年全球唯一恢复经济正增长的主要经济体。在统筹推进伟大斗争、伟大工程、伟大事业、伟大梦想的实践中，在全面建设社会主义现代化国家新征程上，我们要更加重视法治、厉行法治，更好发挥法治固根本、稳预期、利长远的保障作用，坚持依法应对重大挑战、抵御重大风险、克服重大阻力、解决重大矛盾。

第四节 治理体系和治理能力现代化的实现路径

一、加强和完善党的领导

中国共产党的领导，是中国特色社会主义最本质的特征，也是中国特色社会主义制度的最大优势。作为中国特色社会主义事业的领导核心，中国共产党是我国最高政治领导力量："党政军民学，东西南北中，党是领导一切的。"因此，中国共产党在我国治理体系和治理能力现代化的问题上，处于总揽全局、协调各方的地位。加强和完善党的领导，主要体现在以下三个方面。

一是在意识形态上坚定党的领导。正如习近平同志所指出的，"在坚持党的领导这个决定党和国家前途命运的重大原则问题上，全党全国必须保持高度的思想自觉、政治自觉、行动自觉""脑子要特别清醒、眼睛要特别明亮、立场要特别坚定，绝不能有任何含糊和动摇"。坚持和完善党的领导，是党和国家的根本所在、命脉所在，是全国各族人民的利益所在、幸福所在。党的十八大以来，中国共产党领导全国人民的一系列国家治理实践充分证明，在以习近平同志为核心的党中央坚强领导下，在习近平新时代中国特色社会主义思想的科学指引下，党的全面领导贯穿于国家治理的方方面面，取得了一系列令世界瞩目的治理成果。在这一过程中，党把方向、谋大局、定政策、促改革的能力和定力得到极大增强，党总揽全局、协调各方的领导核心作用得到充分发挥，为新时代推进中国特色社会主义伟大事业提供了根本保证。

二是在法制建设上确保党的领导。党的十九大以来，在一系列党内外制度建设中更加明确了党的领导核心地位，尤其是在党章和宪法这两个中国共产党治国理政的总章程，将党的领导确立为国家治理体系的首要核心。党的十九大把"中国共产党的领导是中国特色社会主义最本质的特征，是中国特色社会主义制度的最大优势。党政军民学，东西南北中，党是领导一切的"这一重大政治原则写入党章总纲。十三届全国人大一次会议审议通过的宪法修正案，把"中国共产党领导是中国特色社会主义最本质的特征"载入宪法总纲。这些修改，进一步在全党全国各族人民中强化了党的领导，使党的领导在国家运行机制和各项制度中具有更强的制度约束力和更高的法律效力，为把党的领导贯彻落实到国家政治生活和社会生活的各个领域，确保中国特色社会主义事业始终沿着正确轨道前进，提供了根本保证。

三是在党内监督上贯彻党的领导。"打铁必须自身硬"，完善坚持党的全面领导的体制机制是中国共产党完善治理体系、提高治理能力的题中应有之义。根据“党要管党、从严治党”的方针，习近平总书记先后主持制定或修订了《关于新形势下党内政治生活的若干准则》《中共中央政治局关于加强和维护党中央集中统一领导的若干规定》《中国共产党重大事项请示报告条例》《中共中央关于加强党的政治建设的意见》《中国共产党党组工作条例》等一系列党内法规。这些党内法规的制定和完善，就是为了加强党的自我监督、自我完善、自我治理，全面提高党对于国家的治理能力和治理水平。

维护权威历来是马克思主义政党建设的重大课题。要治理好我们这个大党、治理好我们这个大国，保证党的团结和集中统一至关重要，维护党中央权威、确保党的领导，对于完善治理体系、提高治理能力至关重要。

二、发展社会主义民主政治

社会主义民主政治，是无产阶级掌握国家政权、管理国家的政治制度，其本质是人民当家作主。2019 年 11 月 2 日，习近平总书记在上海长宁区虹桥街道古北市民中心，考察全国人大常委会基层立法联系点工作时指出，“我们走的是一条中国特色社会主义政治发展道路，人民民主是一种全过程的民主。所有的重大立法决策都是依照程序、经过民主酝酿，通过科学决策、民主决策产生的”。党的十八大以来，习近平总书记围绕我国社会主义民主，从民主的目的、意义、形式、路径等方面作出一系列重大而深刻的论述，提出许多新理念新论断，深刻阐明了我国人民民主的理论基础、独特优势、实践功效、发展方向和基本原则，为坚持和发展中国特色社会主义民主政治提供了指引和遵循。习近平总书记这些关于人民民主的重要论述构成了一个系统完备、逻辑严密、内涵深邃的民主理论体系，既阐明了设计和发展国家政治制度的科学规律，又确立了如何衡量和判断政治制度优劣性的标尺，既强调民主的理念和制度设计，又注重民主的具体实践，既注重形式、程序上的民主，也强调实质、结果上的民主。“全过程民主”是习近平总书记关于中国社会主义民主政治理论发展上的最新论述，这一重大论断鲜明指出了我国社会主义民主的重要优势和特点，对发展社会主义民主政治具有重要指导意义。

在中国，发展社会主义民主政治的关键，是要坚持党的领导、人民当家作主、依法治国有机统一。党的领导是人民当家作主和依法治国的根本保证，人民当家作主是社会主义民主政治的本质特征，依法治国是党领导人民治理国家的基本方式，三者统一于我国社会主义民主政治伟大实践。在我国政治生活中，党是居于领导地位的，加强党的集中统一领导，支持人大、政府、政协和法院、检察院依法依章程履行职能、开展工作、发挥作用，这两个方面是统一的。

人民代表大会制度是坚持党的领导、人民当家作主、依法治国有机统一的根本政治制度安排，必须长期坚持、不断完善。要支持和保证人民通过人民代表大会行使国家权力。

发挥社会主义协商民主重要作用。习近平同志指出："人民通过选举、投票行使权利和人民内部各方面在重大决策之前进行充分协商，尽可能就共同性问题取得一致意见，是中国社会主义民主的两种重要形式。"社会主义协商民主是在中国共产党领导下，人民内部各方面围绕改革发展稳定的重大问题和涉及群众切身利益的实际问题，在决策之前和决策实施之中开展广泛协商，努力形成共识的重要民主形式。有事好商量，众人的事情由众人商量，是人民民主的真谛。协商民主是实现党的领导的重要方式，是我国社会主义民主政治的特有形式和独特优势。要推动协商民主广泛、多层、制度化发展，保证人民在日常政治生活中有广泛持续深入参与的权利。

人民政协是具有中国特色的制度安排，是社会主义协商民主的重要渠道和专门协商机构。人民政协工作要聚焦党和国家中心任务，围绕团结和民主两大主题，把协商民主贯穿政治协商、民主监督、参政议政全过程，完善协商议政内容和形式，着力增进共识、促进团结。加强人民政协民主监督，重点监督党和国家重大方针政策和重要决策部署的贯彻落实。增强人民政协界别的代表性，加强委员队伍建设。

深化依法治国实践。全面依法治国是国家治理的一场深刻革命，必须坚持厉行法治，推进科学立法、严格执法、公正司法、全民守法。成立中央全面依法治国领导小组，加强对法治中国建设的统一领导。各级党组织和全体党员要带头尊法、学法、守法、用法，任何组织和个人都不得有超越宪法法律的特权，决不允许以言代法、以权压法、逐利违法、徇私枉法。

加强重要领域立法，确保国家发展、重大改革于法有据，把发展改革决策同立法决策更好结合起来。要坚持问题导向，提高立法的针对性、及时性、系统性、可操作性，发挥立法引领和推动作用。要抓住提高立法质量这个关键，深入推进科学立法、民主立法，完善立法体制和程序，努力使每一项立法都符合宪法精神、反映人民意愿、得到人民拥护。

坚持法律面前人人平等，加快建设社会主义法治国家，不断推进科学立法、严格执法、公正司法、全民守法进程。要深入推进依法行政，加快建设法治政府。各级行政机关必须依法履行职责，坚持法定职责必须为、法无授权不可为，决不允许任何组织或者个人有超越法律的特权。要深入推进公正司法，深化司法体制改革，加快建设公正高效权威的司法制度，完善人权司法保障制度，严肃惩治司法腐败，让人民群众在每一个司法案件中都感受到公平正义。

加强和改进监督工作。人民的眼睛是雪亮的，人民是无所不在的监督力量。只有让人民来监督政府，政府才不会懈怠；只有人人起来负责，才不会人亡政息。人民代表大会制度的重要原则和制度设计的基本要求，就是任何国家机关及其工作人员的权力都要受到制约和监督。

深化机构和行政体制改革。统筹考虑各类机构设置，科学配置党政部门及内设机构权力、明确职责。统筹使用各类编制资源，形成科学合理的管理体制，完善国家机构组织法。转变政府职能，深化简政放权，创新监管方式，增强政府公信力和执行力，建设人民满意的服务型政府。赋予省级及以下政府更多自主权。在省市县对职能相近的党政机关探索合并设立或合署办公。深化事业单位改革，强化公益属性，推进政事分开、事企分开、管办分离。

巩固和发展爱国统一战线。统一战线是党的事业取得胜利的重要法宝，必须长期坚持。要高举爱国主义、社会主义旗帜，牢牢把握大团结大联合的主题，坚持一致性和多样性统一，找到最大公约数，画出最大同心圆。

三、建立健全中国特色社会主义法治体系

新中国成立以后，特别是党的十八大以来，我们党领导人民在不断探索实践中，逐步建立健全中国特色社会主义法治体系，为当代中国的发展进步提供了有力的制度保障。法律是治国之重器，良法是善治之前提。经过长期努力，中国特色社会主义法律体系已经在 2010 年形成，并在党的十八大以来不断完善和发展。当前，中华民族正处在伟大复兴的关键时期，坚持和完善中国特色社会主义法治体系，对不断完善和发展中国特色社会主义国家制度和法律制度，加快推进国家治理体系和治理能力现代化具有重大意义。通过为解决党和国家事业发展面临的一系列问题提供制度化方案，中国特色社会主义法治体系作为中国特色社会主义制度的重要组成部分，发挥了重要的引领、规范和保障作用。中国特色社会主义越向更深层次发展，就越需要中国特色社会主义法治体系发挥更重要的推进和保障作用。习近平总书记明确指出，在我国社会主义实践的后半程，“我们的主要历史任务是完善和发展中国特色社会主义制度，为党和国家事业发展、为人民幸福安康、为社会和谐稳定、为国家长治久安提供一整套更完备、更稳定、更管用的制度体系”。

按照党的十九届四中全会审议通过的《中共中央关于坚持和完善中国特色社会主义

制度、推进国家治理体系和治理能力现代化若干重大问题的决定》，要求从以下五个方面坚持和完善中国特色社会主义法治体系。

一是加快形成完备的法律规范体系。必须抓住提高立法质量这个关键，不断提高立法效率，加快完善法律、行政法规、地方性法规体系，以及与之相配套的制度规定和社会规范体系，不断增强法律规范体系的及时性、系统性、针对性、有效性，为全面依法治国提供基本依据。

二是加快形成高效的法治实施体系。当前法律实施中的问题应当成为厉行法治的聚焦点和发力点，通过严格执法、公正司法、全民守法，确保法律法规全面有效实施，切实把我国制度优势、法治优势转化为治国理政的政治优势和治理效能。

三是加快形成严密的法治监督体系。必须通过有效的制约和监督，确保权力的行使永远体现党和人民意志，接受党和人民监督，始终为人民服务。要抓紧完善立法、执法、司法权力运行的制约和监督机制，加强党内监督、人大监督、民主监督、行政监督、司法监督、审计监督、社会监督和舆论监督制度建设，努力形成科学有效的权力运行制约和监督体系，增强监督合力和实效。

四是加快形成有力的法治保障体系。要切实加强党对全面依法治国的领导，提高依法执政能力和水平，为全面依法治国提供方向引领和政治保障。要着力建设一支忠于党、忠于国家、忠于人民、忠于法律的社会主义法治工作队伍，为全面依法治国提供强有力的组织和人才保障。要充分运用大数据、云计算、人工智能等现代科技手段，全面建设“智慧法治”，为全面依法治国提供科技和信息保障。要加强中国特色社会主义法治理论研究，为全面依法治国提供理论和智库支撑。

五是加快形成完善的党内法规体系。必须始终坚持依法治国与依规治党有机统一，确保到建党 100 周年时形成以党章为根本、若干配套党内法规为支撑的比较完善的党内法规体系。要坚持党规党纪严于国家法律，注重党内法规同国家法律相衔接、相协调，实现管党治党和治国理政相贯通，充分发挥依规治党对依法治国的引领和保障作用，全面提高党依规治党和依法执政的能力和水平。

四、构建职责明确、依法行政的政府治理体系

2019 年 10 月，中国共产党十九届四中全会提出，要“坚持和完善中国特色社会主义行政体制，构建职责明确、依法行政的政府治理体系”。国家治理的首要环节是政府

治理，政府治理体系和治理能力现代化是实现国家治理体系与治理能力现代化的重要环节。行政体制是否完善又成为制约政府治理体系与治理能力现代化的关键因素。中国共产党十九届四中全会提出的《中共中央关于坚持和完善中国特色社会主义制度 推进国家治理体系和治理能力现代化若干重大问题的决定》，既对进一步深化行政体制改革确立了目标、勾勒了蓝图、指明了方向，也为构建人民群众满意的服务型政府提供了正确路径。

坚持和完善中国特色社会主义行政体制，构建职责明确、依法行政的政府治理体系，是一项复杂的系统工程。只有正确处理好各方面的矛盾关系，运用恰当的策略，才能实现预期目标。

一是要处理好顶层设计与基层创新的关系。行政体制改革是政治体制改革的重要内容，兹事体大，需要从全国一盘棋的视野进行整体布局和统一安排，这就要加强顶层设计，进行自上而下的科学谋划。同时，因为中国幅员辽阔，各地经济社会发展程度不一样，面临的问题也不尽相同，需要在服从党中央领导、保证党中央政令畅通的前提下，因地制宜、锐意创新，在实践中找到适合本地发展的科学路子。

二是要处理好系统推进与重点突破的关系。行政体制改革与政治体制改革、经济体制改革密切相关，也涉及中央与地方、政府与市场、政府与社会、政府与公民等诸多关系，影响因素很多，牵涉面很广，需要以系统思维统筹兼顾、协调推进。同时，坚持两点论和重点论的统一，既要讲究“十个指头弹钢琴”的艺术，又要学会抓住“牛鼻子”，注意看到矛盾的主要方面，集中力量解决主要矛盾，对重点领域、关键环节进行攻坚，以重点工作突破带动全局提升。

三是处理好立足国情与借鉴经验的关系。行政体制改革涉及的是行政权力的调整与政府组织的重塑，具有一般性规律和特点，必须在立足国情的基础上，大胆借鉴人类文明的一切优秀成果，不断完善中国特色社会主义行政体制，努力建设人民满意的服务型政府。

五、调动社会主体广泛积极参与法治社会建设

习近平总书记指出，保护人民权益，这是法治的根本目的。坚持以人民为中心是习近平法治思想的根本立场，是落实全面依法治国战略，建设社会主义法治国家、实现国家治理体系和治理能力现代化的重要要求。法治社会建设，要依靠人民。全面依法治国最广泛、最深厚的基础是人民。人民始终是法治社会建设的主体。只有社会主体广泛积极参与到法治社会的建设之中，法治精神和法治文化才能在全社会生根发芽。

2020年12月7日，党中央印发的《法治社会建设实施纲要（2020—2025年）》明确提出，要引导社会各方面广泛参与立法，把立法过程变为宣传法律法规的过程；要坚持法治宣传教育与法治实践相结合，以法治实践促观念革新，以党的依法执政、政府依法行政、社会依法治理和公正司法带动全社会厉行法治的积极性和主动性；要加强对社会热点案（事）件的法治解读评论，传播法治正能量，增强全民法治观念。这就要求我们，将“保障人民权利”作为推进法治社会建设指导思想的重要内容，将“坚持以人民为中心”“坚持权利与义务相统一”作为推进法治社会建设的主要原则，将“加强权利保护”作为推进法治社会建设实施的五大重点工作之一。在保障公民参与权方面，提出健全公众参与重大公共决策机制。在规范执法行为方面，提出在行政执法中完善执法程序，改进执法方式，尊重和维护人民群众合法权益。

第四章
坚持和完善 中国特色社会主义法治体系

党的十九届四中全会对“坚持和完善中国特色社会主义法治体系，提高党依法治国、依法执政能力”提出了明确要求，强调必须坚定不移走中国特色社会主义法治道路，全面推进依法治国，坚持依法治国、依法执政、依法行政共同推进，坚持法治国家、法治政府、法治社会一体建设，全面推进科学立法、严格执法、公正司法、全民守法，要加快形成完备的法律规范体系、高效的法治实施体系、严密的法治监督体系、有力的法治保障体系，加快形成完善的党内法规体系。交通法治是社会主义法治体系的有机组成部分，交通法治的建设和发展必须符合中国特色社会主义法治体系的要求。

第一节 中国特色社会主义法治体系的一般理论

一、中国特色社会主义法治体系的内涵

需要指出的是，“法律体系”与“法治体系”仅一字之差，但是两个不同的概念，不可混淆。虽然中国特色社会主义法律体系已经形成，但法治体系的形成尚需时日。

中国特色社会主义法治体系比中国特色社会主义法律体系的内涵更为丰富，不仅包括中国特色社会主义法律体系的建设与发展，还包括了中国特色社会主义法律实施体系、党内法规体系等方面的内容。

从“法律体系”到“法治体系”的变化，说明法治体系不仅仅是静态的法律文本，也是动态的法的实现过程。法治体系强调科学立法、严格执法、公正司法和全民守法，既要有法律的制定，也要保证法律的落实，不仅有法律规范体系，还包括了法治实施体系、法治监督体系、法治保障体系和党内法规体系。这是在不断实践基础上的法治建设理论的重大提升，标志着中国法治建设实现了跨越，进入了一个新阶段。

法治体系相对于法律体系与法制体系来说，既是一个动态的概念，也是一个内涵更为丰富的概念，它既包括用法律制度来做保障和基础的因素，也包括贯彻实施法律制度的因素，通过运用静态的法律制度来治理国家和社会，实现依法治国与治理的现代化。法治体系是社会制度的法律表现形式，二者具有内在一致性。从根本上说，中国特色社会主义法治体系是基于中国特色社会主义制度的要求而形成的，是中国特色社会主义制度行稳致远的守护者。

中国特色社会主义法治体系是法治诸要素、结构、功能、过程内在协调统一的有机综合体。法治体系是国家治理体系的重要组成部分，它本身就是一个要素众多、结构复杂、功能综合、规模庞大的系统工程。法治体系并非就是这些系统要素的简单相加，而是要对各系统要素进行科学搭配和组织，使其相互联系、作用和促进，形成一个功能完整而又动态发展的有机整体，最大化实现法治结构的科学设置，全面推进依法治国。

二、中国特色社会主义法治体系的基本特征

（一）党的领导

中国特色社会主义最本质的特征是中国共产党领导，中国特色社会主义制度的最大优势是中国共产党领导。党的领导是全面加快依法治国、加快建设社会主义法治国家最根本

的保证。中国特色社会主义制度是中国特色社会主义法治体系的根本制度基础，是全面推进依法治国的根本制度保障。新中国成立 70 多年来的实践充分证明了这一点。

党代表最广大人民的根本利益，党制定的大政方针，提出的立法建议，凝聚了全党全国的集体智慧，体现了最广大人民的共同意愿。坚持党的领导同服从人民利益是一致的。在立法工作中，要善于使党的主张经过法定程序成为国家意志，成为全社会一体遵循的行为规范和准则。建设中国特色社会主义法治体系，离不开党的领导、人民当家作主和依法治国的三者有机统一，一旦削弱、脱离或者放弃党的领导，人民当家作主就失去保证，依法治国就迷失方向。

（二）人民在国家治理中的主体地位

人民在国家治理中的主体地位，是把以人民为中心的发展思想贯穿于推进国家治理体系和治理能力现代化的伟大实践中，激发出中国特色社会主义的强大制度优势，紧紧依靠人民，坚持和完善人民当家作主制度。国家的一切权力属于人民，人民通过人民代表大会行使国家权力，是国家治理的主体，拥有管理国家一切事务的权力。根据我国宪法，人民代表大会制度是我国根本政治制度，人大通过立法和监督法律实施，全面体现人民在国家治理中的主体地位。

坚持人民至上，以人民为中心，立法为民。人民是国家和社会的主人，是依法治国的主体和力量源泉，人民主体地位是全面依法治国的前提和目标，法治建设以保障人民根本利益为出发点和落脚点，体现人民共同意志、保障人民当家作主、维护人民根本利益，是中国特色社会主义法律体系的应有之义。以人为本、立法为民，是民主法制建设、立法工作的根本目的。无论在立法过程中，还是在法律规范上，都要尊重人民主体地位和首创精神，从人民的实践创造中汲取智慧，反映和统筹兼顾不同方面群众的利益，解决人民最关心最直接最现实的利益问题。

公民对立法的有序参与是科学立法、民主立法的表现形式，通过公布法律法规草案和举行立法座谈会、论证会、听证会等多种方式，广泛听取各方面意见，尤其是基层群众的意见，集思广益，凝聚共识，使制定的法律法规充分表达人民群众的共同意愿，是人民在国家治理中主体地位的直接体现。

（三）法律面前人人平等

法律面前人人平等是社会主义法治体系的题中之义，也是我国法治建设坚持的重要原则。全面推进依法治国总目标是建设中国特色社会主义法治体系，建设社会主义法治国家。实现这个总目标，必须坚持法律面前人人平等：一方面应该加大全民普法力度，建设社会主义法治文化，树立宪法法律至上、法律面前人人平等的法治理念；另一方面坚持宪法法律至上，健全法律面前人人平等保障机制，维护国家法制统一、尊严、权威，任何组织或者个人都不得有超越宪法法律的特权，一切违反宪法法律的行为都必须予以追究。

（四）依法治国与以德治国相结合

新时代背景下，实现建设中国特色社会主义法治体系，建设社会主义法治国家的总目标，必须坚持依法治国和以德治国相结合，两者相结合是中国特色社会主义法治道路的特征，有助于将社会主义核心价值观融入法治建设和社会治理中。历史和实践一次次证明，德治与法治并非彼此对立，而是在国家治理中相互补充、相互促进、相得益彰，推进国家治理体系和治理能力现代化。德治的实现离不开法律的坚实保障，法治的实施依赖于道德的伦理支撑。

三、中国特色社会主义法治体系的价值与功能

从法律体系到法治体系的演进可以看出，中国特色社会主义法律制度建设从静态的法律规范层面上升到了动态的法律实施层面，形成了“法律体系”与“法治体系”有机统一的静态与动态相结合的法律制度体系。这反映了中国特色社会主义法律制度不断走向成熟和定型的制度化特点，更加科学地体现中国特色社会主义法律制度体系的各项特征。

中国特色社会主义法治体系概念的提出，丰富了社会主义法治理论，集中表达了习近平新时代中国特色社会主义法治思想，是新时代中国特色社会主义理论体系在法治领域的具体体现，必将对国家治理体系和治理能力现代化以及社会主义法治国家建设产生积极而深远的影响。

第二节 中国特色社会主义法治体系建设的一般要求

一、完善立法体制机制

法律是治国之重器，良法是善治之前提。中国特色社会主义法治体系的建设，须立法先行，发挥立法的引领和推动作用，而立法质量则是关键，要把公正、公平、公开原则贯穿立法全过程，完善立法体制机制，立改废释并举，增强法律法规的及时性、系统性、针对性和有效性，实现立法和改革决策相衔接，做到重大改革于法有据、立法主动适应改革和经济社会发展需要。

首先，在立法工作中，以中国特色社会主义理论体系为指导，并以此统一思想认识、

确定立法思路。在立法的指导思想上，始终把坚持四项基本原则同坚持改革开放结合起来，把坚持社会主义基本制度同发展市场经济结合起来，把推动经济基础变革同推动上层建筑改革结合起来，把提高效率同促进社会公平结合起来，把促进改革发展同保持社会稳定结合起来，把坚持独立自主同参与经济全球化结合起来，保证所制定的法律法规有利于巩固和完善社会主义制度，有利于解放和发展社会生产力，有利于发挥社会主义制度的优越性。

其次，完善中国特色社会主义法律体系，必须继续深入推进科学立法、民主立法，这不仅是人民当家作主的重要体现，也是提高立法质量的重要途径。中国特色社会主义法律体系的形成过程，是科学立法、民主立法不断深化的过程，是发扬社会主义民主的集中体现。改革开放初期，无法可依的问题相当突出，提出“有比没有好”“快搞比慢搞好”，这是必要的，也是合理的。即使在这样的情况下，始终强调立法要坚持走群众路线，充分发扬民主，成熟一个就制定一个。30 多年来，我国在科学立法、民主立法方面积累了许多有益经验，对提高立法质量发挥了十分重要的作用，应当认真总结实践经验，深入推进科学立法、民主立法，着力提高立法质量，不断完善中国特色社会主义法律体系。

最后，积极探索公众有序参与立法的途径和形式。一是充分发挥听证会、论证会、座谈会的作用，广泛征求社会各方面尤其是专家学者、基层群众的意见和建议，立法调研要有针对性，回应社会关切，公众参与立法要讲究实效，使立法过程也成为普法过程。二是完善人大代表参与立法的工作机制，把办理代表议案建议同制定修改法律结合起来，认真研究吸收代表提出的意见和建议，充分发挥人大代表在立法工作中的作用。三是完善法律草案起草过程中的沟通协调机制，充分发挥法律委员会统一审议和专门委员会审议的作用，调动各方面的积极性，共同做好立法工作。四是科学合理地确定立法项目，建立健全立法项目论证制度。五是提高法律草案审议质量，对于法律关系比较复杂、分歧意见较大的法律草案，应采取慎重的态度，需要调研的深入调研，需要协商的反复协商，需要论证的充分论证，在各方面基本取得共识后再提请表决。六是完善立法技术，统一法律的体例、结构、用语，使法律规定更加准确、精练、规范。

二、坚持法治国家、法治政府、法治社会一体建设

党的十八届三中全会通过《中共中央关于全面深化改革若干重大问题的决定》，开创性地提出必须坚持依法治国、依法执政、依法行政共同推进，坚持法治国家、法治政府、法治社会一体建设。十九届四中全会又指出，必须坚定不移走中国特色社会主义法治道路，

全面推进依法治国，坚持依法治国、依法执政、依法行政共同推进，坚持法治国家、法治政府、法治社会一体建设，加快形成完备的法律规范体系、高效的法治实施体系、严密的法治监督体系、有力的法治保障体系，加快形成完善的党内法规体系，全面推进科学立法、严格执法、公正司法、全民守法，推进法治中国建设。

需要注意的是，法治国家、法治政府与法治社会，其中，法治政府侧重于对政府权力的合理限制和约束，强调依法规制政府行为，要求建立起依法行政、依法治官、依法治权、人民监督的法治型政府，严防行政权力的缺失和滥用，进而保证政府能够在完备的法治框架下规范有序运行，并切实落实为人民服务的现代执政理念。

全面推进依法治国是一项庞大的系统工程，必须统筹兼顾、把握重点、整体谋划，在共同推进上着力，在一体建设上用劲。虽然依法治国、依法执政和依法行政的着力点各不相同，但都属于“法治中国”建设。依法治国针对的是国家和社会治理，依法执政针对的是党的建设和执政方式，依法行政针对的是严格执法和建设法治政府。这就要求在“法治中国”目标引导下，做到三者共同推进、协调发展。“一体建设”必须在“一体”上做文章，要一体建设而非分体建设，要同步建设而非分步骤建设，要在理念上把法治国家、法治政府、法治社会当作一个整体来认识，不能割裂三者之间的关系。在建设内容上，三者必须相互协调、相互配合、相互衔接、相互支撑。

三、从基本国情出发

走什么样的法治道路、建设什么样的法治体系，是由一个国家的基本国情决定的。实现全面推进依法治国的总目标，必须坚持从中国实际出发。坚持从我国国情和实际出发，是加强民主法制建设、做好立法工作的客观要求。

我国处于并将长期处于社会主义初级阶段，改革开放和社会主义现代化建设是在人口多、底子薄的基础上进行的。随着现代化建设事业的深入发展，我国经济社会呈现一系列新的阶段性特征，国家不仅要下大气力解决长期积累的深层次矛盾和问题，还要妥善应对发展面临的新情况新课题，改革发展稳定的任务极其繁重而艰巨。对实践经验尚不成熟但现实中又需要法律进行规范的，先规定得原则一些，为引导实践提供规范和保障，并为深化改革留下空间，待条件成熟后再修改补充。对改革开放中遇到的一些新情况新问题，用法律来规范还不具备条件的，先依照法定权限制定行政法规和地方性法规，先行先试，待取得经验、条件成熟时再制定法律。研究借鉴国外的立法经验，从中吸取那些对我们有益有用的东西，但决不照抄照搬。各国的法律体系也不相同，不能用西方某些国家的法律体系来套中国特色社会主义法律体系，外国法律体系中有的法律，不符合我国国情和实际的不搞；外国法律体系中没有的法律，我国现实生活需要的就及时制定。

四、健全保证宪法全面实施的体制机制

依法治国首先要依宪治国，依法执政首先要依宪执政。法治权威的树立，要依靠宪法至高无上的权威，宣传和树立宪法权威是全面依法治国的重大事项，要在宪法实施和监督上下功夫。依宪治国理念是建设法治中国的首要原则，它为新时代背景下坚持和完善中国特色社会主义制度、持续深入推进改革开放、实现国家治理体系和治理能力现代化，提供坚实的宪法基础和宪法保障。应当加强宪法实施和监督，落实宪法解释程序机制，推进合宪性审查工作，加强备案审查制度和能力建设，依法撤销和纠正违宪违法的规范性文件。坚持宪法法律至上，健全法律面前人人平等保障机制，维护国家法制统一、尊严、权威。

第三节 完善中国特色社会主义法治体系

一、完备的法律规范体系

中国特色社会主义法律体系形成后，如何适应经济社会发展和社会主义民主法治建设的需要，继续加强立法工作，提高立法质量，完善中国特色社会主义法律体系，是摆在我们面前的一个重大课题。

（一）完善和发展中国特色社会主义法律体系的总体要求

首先，要注重法律的修改完善工作。随着经济社会的深入发展，现行法律的一些规定可能难以适应新形势要求，甚至可能阻碍经济社会的发展，需要及时修改完善。有的法律规定，当时搞得比较原则，实施一段时间后，经验不断积累，认识不断深化，有条件修改得更具体明确一些、操作性更强一些。另外，不同时期制定的法律所调整的社会关系可能相同或相近，需要在通盘研究的基础上对这些法律进行整合。因此，应当高度重视法律的修改完善工作，这既是完善法律体系的内在要求，也是今后一个时期立法工作的重要任务。同时，要在总结试点经验基础上，积极开展立法后评估工作，通过多种形式，对法律制度的科学性、

法律规定的可操作性、法律执行的有效性等作出客观评价，为修改完善法律、改进立法工作提供重要依据。此外，要加强法律解释以及法律编纂、清理等工作。对法律规定需要进一步明确具体含义的、法律制定后出现新情况需要明确适用法律依据的，可以通过及时作出立法解释，赋予法律条文更加准确、更具针对性的内涵，这也是保证法律有效实施的重要工作。

其次，督促有关方面抓紧法律配套法规的制定工作。行政法规和地方性法规作为中国特色社会主义法律体系的重要组成部分，是对法律的细化和补充，虽然有一些是创制性和先行先试的，但大量的是为法律配套的，应当建立督促制定法律配套法规的工作机制。新制定和新修改的法律，其配套法规要与法律草案同步起草，力争在法律通过后及时出台，以更好保障法律的有效实施。

最后，继续做好立法工作。为适应经济社会发展的需要，要抓紧研究制定推进转变经济发展方式、保障和改善民生、维护社会和谐稳定、促进可持续发展等方面的法律。认真总结行政法规的实施经验，将那些应当用法律规范来调整、立法条件比较成熟、各方面意见比较一致的共识，及时上升为法律。这里要指出的是，调整社会关系的手段是多种多样的，除法律法规外，还有市场机制、社会习惯、道德规范以及管理经验、科学技术等，并不是法律越多越好，能够用其他社会调整手段解决问题的，就不宜也不必通过立法去解决。

（二）当务之急是加强重点领域、新兴领域、涉外领域立法

必须坚持问题导向，以人民群众普遍关心的问题为重点加强立法工作，科学民主地制定关系国计民生的法律。习近平多次强调："我们要加强重要领域立法，确保国家发展、重大改革于法有据，把发展改革决策同立法决策更好结合起来。要坚持问题导向，提高立法的针对性、及时性、系统性、可操作性，发挥立法引领和推动作用。"[1] 结合十八大以来党的立法方针和国家立法的实际进展，"重点领域立法"主要体现在以下几个方面。

1. 完善社会主义市场经济法律制度

社会主义市场经济本质上是法治经济。为了使市场在资源配置中起决定性作用和更好发挥政府作用，必须以保护产权、维护契约、统一市场、平等交换、公平竞争、有效监管为基本导向，完善社会主义市场经济法律制度。健全以公平为核心原则的产权保护制度，加强对各种所有制经济组织和自然人财产权的保护，清理有违公平的法律法规条款。创新适应公有制多种实现形式的产权保护制度，加强对国有、集体资产所有权、经营权和各类企业法人财产权的保护。国家保护企业以法人财产权依法自主经营、自负盈亏，企业有权拒绝任何组织和个人无法律依据的要求。加强企业社会责任立法，完善激励创新的产权制度、知识产权保护制度和促进科技成果转化的体制机制。加强市场法律制度建设，在民法

典颁布后，进一步制定和完善发展规划、投资管理、土地管理、能源和矿产资源、农业、财政税收、金融等方面法律法规，促进商品和要素自由流动、公平交易、平等使用。依法加强和改善宏观调控、市场监管，反对垄断，促进合理竞争，维护公平竞争的市场秩序。

2. 完善社会主义民主政治法律制度

制度化、规范化、程序化是社会主义民主政治的根本保障。以保障人民当家作主为核心，坚持和完善人民代表大会制度，坚持和完善中国共产党领导的多党合作和政治协商制度、民族区域自治制度以及基层群众自治制度，推进社会主义民主政治法治化。加强社会主义协商民主制度建设，推进协商民主广泛多层制度化发展，构建程序合理、环节完整的协商民主体系。完善和发展基层民主制度，依法推进基层民主和行业自律，实行自我管理、自我服务、自我教育、自我监督。完善国家机构组织法，完善选举制度和工作机制。加快推进反腐败国家立法，完善惩治和预防腐败体系，形成不敢腐、不能腐、不想腐的有效机制，坚决遏制和预防腐败现象。完善惩治贪污贿赂犯罪法律制度，把贿赂犯罪对象由财物扩大为财物和其他财产性利益。

3. 完善社会主义文化建设法律制度

建立健全坚持社会主义先进文化前进方向、遵循文化发展规律、有利于激发文化创造活力、保障人民基本文化权益的文化法律制度。制定文化产业促进法，把行之有效的文化经济政策法定化，健全促进社会效益和经济效益有机统一的制度规范。加强互联网领域立法，完善网络信息服务、网络安全保护、网络社会管理等方面的法律法规，依法规范网络行为。

4. 完善社会主义社会建设法律制度

加快保障和改善民生、推进社会治理体制创新法律制度建设。依法加强和规范公共服务，完善教育、就业、收入分配、社会保障、医疗卫生、食品安全、扶贫、慈善、社会救助和妇女儿童、老年人、残疾人合法权益保护等方面的法律法规。加强社会组织立法，规范和引导各类社会组织健康发展。

5. 完善公共安全和国家安全法律制度

贯彻落实总体国家安全观，加快国家安全法治建设，推进公共安全法治化，构建以国家安全法、香港特别行政区维护国家安全法、反恐怖主义法、反分裂国家法等为代表的国家安全法律制度体系。为有效防范应对各类风险挑战，制定生物安全法、出口管制法、密码法，修改档案法等；适应新时代国防和军队建设需要，制定海警法、退役军人保障法，修改国防法、人民武装警察法等。

6. 完善社会主义生态文明建设法律制度

用严格的法律制度保护生态环境，加快建立有效约束开发行为和促进绿色发展、循环发展、低碳发展的生态文明法律制度，强化生产者环境保护的法律责任，大幅度提高违法成本。建立健全自然资源产权法律制度，完善国土空间开发保护方面的法律制度，制定完善生态补偿和土壤、水、大气污染防治及海洋生态环境保护等法律法规，促进生态文明建设。

7. 加强新兴领域法律制度建设

加强信息技术领域立法，及时跟进研究数字经济、互联网金融、人工智能、大数据、云计算等相关法律制度，抓紧补齐短板。随着信息技术的迅猛发展，越来越多的新业态、新模式、新产品不断涌现，也伴随着个人信息遭侵犯、新技术新业态无序发展等问题。伴随着人工智能的快速发展，其“双刃剑”的特性也愈发引人关注。人工智能在深刻改变人类社会生活、改变世界的同时，其发展的不确定性也给个人隐私、经济安全、社会稳定等领域带来前所未有的新挑战。这些问题迫切需要加强法律的规制与保障。

8. 完善涉外领域法律制度

我国宪法对涉外领域和事务作了原则性规定，为涉外立法提供了基础和依据。改革开放后，我国制定了海关法、商检法、对外贸易法、涉外民事关系法律适用法、出境入境管理法、外商投资法等一系列涉外法律法规，为我国企业、公民等深入开展国际交流合作提供了法律保障。然而，面对新发展阶段我国实行高水平对外开放的新要求，我国涉外法律法规还存在一些亟待补齐的短板。比如，一些领域还存在无法可依或法规层级较低的问题，一些领域的法律法规比较笼统、针对性不强等。这就要求我们系统梳理和分析我国涉外法治工作中存在的突出问题，加强涉外领域立法工作。抓紧制定急需的涉外法律法规，及时修订和废止不适应形势发展的法律法规，为适应高水平对外开放工作需要，完善涉外法律和规则体系，补齐短板，提高涉外工作法治化水平。涉外法治建设要加快涉外法治工作战略布局，协调推进国内治理和国际治理，更好维护国家主权、安全、发展利益。积极参与国际规则制定，推动形成公正合理的国际规则体系。加快推进我国法域外适用的法律体系建设。要有步骤、分阶段加快推进涉外领域立法，积极参与对国际法和国际规则、国际机制制定和改革的研究，为应对挑战、防范风险、反制打压提供法治保障。

二、高效的法治实施体系

法令行则国治，法令弛则国乱。高效的法治实施体系是连接良法与善治的桥梁。坚持和完善中国特色社会主义法治体系的重点和难点都在于如何形成高效的法治实施体系。中国特色社会主义法律体系的形成，总体上解决了有法可依的问题。在此情况下，如何依法全面履行法定职责、健全依法决策机制、深化执法体制改革、坚持严格公正文明规范执法等就显得更为突出和紧迫。

建设高效的法治实施体系是法治的核心。但法律实施中依然存在有法不依、执法不严、违法不究等突出问题，一些执法司法机关不作为、乱作为、逐利违法、徇私枉法等问题仍然存在，不仅损害了党和政府的形象，而且影响了法治权威的树立。要科学立法，扩大公众参与渠道，克服部门利益本位；要严格执法，推进机构、职能、程序、权限和责任的法定化，做到各种行政行为有法可依，法无授权不可为；要强化监督问责，确保法律的严肃和公正，回应百姓对司法执法不公和腐败等问题的关切。

因此，在继续加强立法工作的同时，应当采取积极有效措施，切实保障宪法和法律的有效实施。一要维护宪法和法律的权威和尊严。一切国家机关和武装力量、各政党和各社会团体、各企业事业组织都必须遵守宪法和法律，任何组织或者个人都不得有超越宪法和法律的特权。二要坚持依法行政和公正司法。国家行政机关要严格按照法定权限和程序办事，加快建设法治政府。国家审判机关、检察机关要依法独立公正行使审判权、检察权，维护社会公平正义。三要增强全社会的法律意识和法治观念。深入开展社会主义法治理念教育，形成自觉学法守法用法的社会氛围，善于运用法律解决现实生活中的实际问题，让广大人民群众懂得依法按程序表达利益诉求、解决矛盾纠纷，用法律武器维护自身的合法权益。

建设高效的法治实施体系是法治的核心，法律的权威和生命力均在于实施。法律实施中依然存在有法不依、执法不严、违法不究等突出问题，影响了法治权威的树立。要科学立法，扩大公众参与渠道，克服部门利益本位；要严格执法，推进机构、职能、程序、权限和责任的法定化，做到各种行政行为有法可依，法无授权不可为；要强化监督问责，确保法律的严肃和公正，回应百姓对司法执法不公和腐败等问题的关切。

三、严密的法治监督体系

建设严密的法治监督体系，以保证宪法法律的有效实施。严密的法治监督体系，以规范公权力为重点，确保公权力部门时刻在法律框架内行使权力，保证法律的良好实施，防止司法腐败和司法不公，纠正以言代法和徇私枉法等不正之风，形成科学合理有效的权力运行制约和监督体系，全方位增强监督合力和实效。保证行政权、监察权、审判权、检察权得到依法正确行使，保证公民、法人和其他组织合法权益得到切实保障，坚决排除对执法司法活动的干预。拓展公益诉讼案件范围，加大对严重违法行为处罚力度，实行惩罚性赔偿制度，严格刑事责任追究。全民普法增强全民法治观念，完善公共法律服务体系，提高运用法治思维和法治方式深化改革、推动发展、化解矛盾、维护稳定、应对风险的能力。

四、健全社会公平正义法治保障制度

法治保障体系，是由保障法律制定、实施和监督正常运转的各要素构成的结构完整、机制健全的有机整体。建设有力的法治保障体系，是宪法法律得以有效实施的基础，是法治中国建设的必然要求。

健全社会公平正义法治保障制度，要加强党对依法治国的领导，发挥党的领导核心作用；要加快推进省级以下司法管理体制改革，探索建立与行政区划适当分离的司法管辖制度，理顺司法权与司法行政事务权和监督权的关系，推进司法职业化；要形成全社会良好的法治氛围，促进公平正义，持续增进人民福祉。

五、完善的党内法规体系

党内法规既是管党治党的重要依据，也是建设社会主义法治国家的有力保障。党章是最根本的党内法规，全党必须一体严格遵行。党内法规是党的中央组织以及中央纪律检查委员会、中央各部门和省、自治区、直辖市党委制定的规范党组织的工作、活动和党员行为的党内规章制度的总称。完善的党内法规体系，指党内法规覆盖党内生活的方方面面，对内形成以党章为基础和依据的有机整体，对外与宪法法律协调一致，为依规治党提供根本保证，为依法治国提供重要支撑。

建设完善的党内法规体系，是推进党的建设、保持党的先进性的内在要求。要以宪法为一切行动的指导原则，始终贯彻依法执政理念，实现党内法规法治化。中国特色社会主义法治体系以宪法为核心，而党内法规是法治体系不可分割的重要组成部分，要不断提升党的执政能力，遵循管党治党规律，使党的权力结构和行使方式符合国家法治建设的要求和广大人民群众的根本利益。

·参考文献·

[1] 习近平．在庆祝全国人民代表大会成立六十周年大会上的讲话 [M]. 北京：人民出版社，2014: 9.

第二篇
城市交通与我国法律制度

城市交通的综合性和复杂性，决定了涉及城市交通的行为规范散落在国家层面的法律和行政法规里，而从法律的执行和监督讲，主要是由地方城市人民政府实施，因此，具有立法权的直辖市和“设区的市”人民代表大会及其常委会可以按照国家的法律法规的有关规定制定地方性法规，也可以由具有立法权的地方政府制定政府规章来规范。同时，城市交通法律法规的实施，主要是行政法范畴，如《中华人民共和国道路交通安全法》等，但也涉及规范市场行为的经济法等不同的法律部门。因此，理解讨论城市交通的法律制度的设计，要从了解城市交通事务与我国宪法和各法律部门等关系入手，要了解城市交通公共产品属性及由此形成的法律关系，要了解城市交通领域公共政策的法律定位、法理基础和需要处理的关键性法律关系，特别是要了解地方立法权涉及城市交通中的规划、建设、管理等多环节的法律关系。

本篇以城市交通本质属性为切入点，结合我国法律体系中各法律部门的立法目的、调整对象、基本原则等内容，介绍城市交通多主体相关行为的法律属性和法律关系，提出了我国城市交通法律制度框架，法律调节对象变化，面向新技术发展趋势提出了城市交通未来发展所需要回应的法律新议题。

第五章

我国城市交通的发展、目标及治理

本章阐述城市交通的基本概念、定位及对城市生产和居民生活的作用；从中央—地方事权视角切入阐述城市交通与综合交通运输的属性差异和法律体系差异；结合我国城镇化进程和居民生活需求发展，论述我国城市交通所面临的挑战和机遇；结合国家治理现代化发展要求和发展目标，阐述城市交通治理的内涵、模式和体制机制。

第一节 城市交通的内涵

一、城市交通的基本概念

城市纲领性文件《雅典宪章》标志性地提出交通是城市四大基本功能之一，要在城市中建立联系居住、工作、游憩的交通网。《马丘比丘宪章》强调公共交通对于维持城市建设与能源衰竭之间平衡的重要作用，并提出运输系统的设计应随城市发展与变化作动态性调整。美国学者迈克尔·D. 迈耶（Michael D. Meyer）、埃里克·J. 米勒（Eric J. Miller）编著的经典交通规划教材《城市交通规划：有关决策的方法》（*Urban Transportation Planning: A Decision-oriented Approach*）论述到，城市交通是城市系统中的一个子系统，其发展演变与城镇的兴起和发展密切相关。1961 年我国由杨佩昆、徐循初等学者组成的同济大学城市道路与交通运输教研组开始编著《城市道路与交通》《城市运输》等高等院校交通专业教材，其中城市交通被定义为“人与货物在市区或郊区的流通”，城市运输被定义为“研究市内客运与货运的一门科学”。沈志云编著的《交通运输工程学》指出，城市交通为城市居民出行的各种活动提供必要的条件。顾保南、赵鸿铎编著的《交通运输工程导论》定义交通运输系统是由铁路、道路、水路、航空和管道运输方式组成，各种运输方式之间各具特点，各自组成独立的系统。

可见，城市交通与交通运输是两个不同的概念。纵览国内外城市交通和交通运输的起源历程，也会发现二者从古至今就存在着本质性差异。在生产力水平低下时期，没有物资交换活动，也就不存在运输；但只要有人在生活，就有基本的交通需求。社会经济的发展过程中出现了物资交换，从而带来了运输活动的发展；同时，随着城市的兴起和演化，交通需求从活动范围有限的出行逐渐转变为维持城市正常运行和人的职住活动的需求。

可以认为，城市交通是行政市域范围的各种交通。随着我国新型城镇化的快速发展，城市交通的重点是城市行政区域内部交通、城市对外交通的衔接点、以城市建成区为核心的跨行政区域的交通。其研究的具体范畴如下：

（1）城市行政区内部交通研究地面道路交通、快速路、公共交通、停车、物（货）流、交通管理等 6 个子系统及其相互协调，以及与自行车、行人交通组织的协调。

（2）城市对外交通研究公路、铁路、航空、内河航运、海运、管道运输等交通运输系统与城市内部交通的衔接，即场站和交通枢纽等，城市交通研究要处理好城市交通与进入和疏解对外交通枢纽和场站的交通衔接。

（3）跨行政区的都市圈交通研究中心城市与形成的都市圈范围内的城镇和集中居住区域之间同城化通勤交通为主的交通组织与衔接。

在以人为本的新型城镇化发展阶段，城市发展模式从规模扩张向内涵发展转型，城市交通功能从引导城市边界扩张向支持城市可持续的长久运行转变，在满足人和物的移动之外，城市交通的发展更加重视环境影响、公平性、服务品质和可靠性、安全和综合代价等属性。

二、城市交通与交通运输

城市交通和交通运输都是克服地域空间阻隔，实现沟通、交往等需求的行为。当在地域空间上有所重合时，二者便产生了紧密的联系，往往通过设施、管理手段来进行衔接、过渡，相互配合服务于人和货物的需求，尤其当地域空间尺度较大的沟通、需求发生时，整个出行环节由交通运输及城市交通共同完成。随着我国城镇化步伐加快，人的工作、生活活动范围在不断扩大，由城市主城区到整个市域范围，再发展到都市圈。空间尺度的研究边界也在不断蔓延，由仅关注中心城区到研究都市连绵区，进而现在关注城市群范围的交通。

都市圈内的各种人流、物流、资金流、信息流等相互交织在一起，各城市间存在着互相交流的强大作用力，而交流的主要形式之一就是交通运输。城市的发展和都市圈的形成都离不开发达的交通运输，交通系统是都市圈城市间联系的载体，良好的交通系统能引导都市圈体的有序发展。这些交通系统包括圈域内中心城市与功能城市间联系的大运量快速通道、对外联系的交通干线、圈域内城镇体系交通网络骨架以及综合交通枢纽等。可以说，城市群、都市圈的形成，也使得交通运输与城市交通的联系出现新趋势，尤其体现在节点上内外交通的衔接，如北京大兴机场、上海虹桥枢纽等城市大型交通枢纽的规划建设；城市群、都市圈中城市交通与交通运输的相互补充，如北京城市公共交通向河北的延伸、市郊铁路的规划建设等。

但城市交通与交通运输在基础设施、交通工具的提供和运营组织方面存在差异。比如城市交通以地面交通和轨道交通为主，而交通运输则包括公路、铁路、水运、航运等多种方式；城市道路、城市快速路、公路、高速公路等运行规则不同，地铁、城际铁路、高铁在速度、客运能力、制式、座位、站间距、客运服务等方面均有不同。

造成这些不同的根本原因在于，城市交通是城市区划内的一类社会公共服务，依靠公共税制维持并强调外部性；而交通运输则是一种与区域经济发展密切相关的物质生产活动，关注成本效益。因此，二者在法律法规体系、相关标准体系、公共资金、票价政策等方面呈现出明显的差异性。

在法律法规体系方面，我国城市交通涉及的法律法规主要有《中华人民共和国道路交通安全法》（以下简称《道路交通安全法》）、《中华人民共和国城乡规划法》（以下简称《城乡规划法》）、《城市道路管理条例》、《城市公共汽车和电车客运管理规定》等。而综合交通运输法规体系框架包含 6 大系统，即跨运输方式法规系统及铁路法规系统、公路法规系统、水路法规系统、民航法规系统和邮政法规系统。从表 5-1 中可以看出，一方面，城市交通相关的法律法规数量比较有限，综合运输的法律法规体系则相对更为完备；另一方面，只有安全类立法具有相同的规则，把城市交通与交通运输的安全管理衔接起来，其他方面的法律法规，在适用主体、制定规则、涉及内容等方面均具有较大差异，各自为独立体系。

表 5-1 国家层面城市交通和综合运输的法律及行政法规

<table>
<tr><th>法律法规</th><th>城市交通</th><th>综合运输</th></tr>
<tr><td rowspan="2">法律</td><td colspan="2">《中华人民共和国道路交通安全法》</td></tr>
<tr><td>《中华人民共和国城乡规划法》</td><td>《中华人民共和国公路法》
《中华人民共和国铁路法》
《中华人民共和国海商法》《中华人民共和国海上交通安全法》
《中华人民共和国航道法》《中华人民共和国港口法》
《中华人民共和国民用航空法》</td></tr>
<tr><td rowspan="6">行政法规</td><td colspan="2">《中华人民共和国道路交通安全法实施条例》</td></tr>
<tr><td>《城市道路管理条例》</td><td>《中华人民共和国公路管理条例》
《中华人民共和国道路运输条例》《收费公路管理条例》</td></tr>
<tr><td>《城市公共汽车和电车客运管理规定》</td><td>《铁路安全管理条例》《铁路运输安全保护条例》</td></tr>
<tr><td>《城市轨道交通运营管理规定》</td><td>《国内水路运输管理条例》《中华人民共和国国际海运条例》
《中华人民共和国内河交通安全管理条例》</td></tr>
<tr><td>《出租汽车经营服务管理规定》</td><td>《中国民用航空货物国际运输规则》《通用航空飞行管制条例》
《中华人民共和国民用航空安全保卫条例》</td></tr>
</table>

在标准体系方面，我国交通运输标准体系包括涵盖综合运输系统、6 大独立运输系统的 16 大类。《综合交通运输标准体系》定位综合交通运输标准为两种及以上运输方式协调衔接和共同使用的标准。而《城市客运标准体系》主要关注城市客运在技术上、系统模式上的发展与更新，以适应我国城市客运多元化、多层次的发展格局。

在公共资金方面，我国城市交通建设投资主要是以中央及各级地方政府财政投资为主。从融资渠道来看，建设资金来源于专项拨款、土地转让收益、国内银行贷款、外资等。而交通运输采用“政府主导投资、市场运作资本”的多元化筹融资机制和方式。《“十三五”现代综合交通运输体系发展规划》指出：在试点示范的基础上，加快推动政府和社会资本合作（Public-Private Partnership，PPP）模式在交通运输领域的推广应用。美国以颁布联邦层面交通授权法案（如冰茶法案、续茶法案、SAFETEA-LU 法案、美国成长法案）的形式对交通运输基础设施资助资金来源、资助项目、资助额度、管理等作出了明确的规定，其公路建设资金的来源主要是以燃油税和车辆使用税为主的联邦公路信托基金。而美国的公交运营和补贴资金则主要包括地方财政资金、州财政资金、联邦财政资金和直接拨款资金四方面。

在票价政策方面，我国城市公共交通票价政策是基于城市运行要求和公益性事业、考虑大众出行成本的可承担性而制定的，采用早起晚止时段不间断的组织运行方式以吸引客流，实行政府财政（补贴）和企业财务相结合的票价机制。而运输业多实行市场价格机制，存在竞争行为，最终以追求企业利润为主要目标。

基于上述分析可以看出，城市交通与交通运输有着本质上的差异，城市交通具有其特定的边界、范畴，在运作机制上与城市的行政区划有着密切的关系。

三、城市交通的定位和作用

城市交通问题不是任何一种交通工具或交通系统的问题，不能将城市交通视为交通运输的一种方式。城市交通问题与城市的发展、人的理念和行为、政策、制度等都有密切关系。不同的阶段由于环境、文化、科技水平的变化，人们的生活方式也在发生着变化，对城市交通的诉求也产生了相应的变化。城市交通正在从协调人—车—路—环境关系、提供人和物的移动，向满足人的需求，组织城市高效、安全、低耗可持续运行转型。

城市交通系统是城市系统中的一部分，城市交通事关亿万人民的基本需求，是重大的民生问题，对建设宜居城市、提高人民群众生活质量具有重要作用。具体表现在以下三个方面：

一是城市交通以服务人的需求为目的，关键是在城市发展层面上识别、解决问题，从而支撑城市高效、安全、低耗地可持续运行。

二是城市交通是以城市群为主体形态的新型城镇化的重要支撑，带动和培育跨行政区域现代化都市圈。区域性交通枢纽对中心城市辐射带动周边地区发展的作用和影响日益凸显。

三是城市交通是各类交通形式发展的试验田，能够创新驱动、激发培育出新型的服务业态和模式。

《国家新型城镇化规划（2014—2020 年）》提到目前我国正处于城镇化快速发展阶段，已经形成以城市群为主的发展形态。为更好地发挥城市交通在以城市群为主体形态的发展中应起到的重要的引导作用，城市群、都市圈以及城市内的城市交通要体现核心城市在城市群中对区域经济发展的带动作用，要注重中心城市与所辐射城市的职住联系，要满足城市行政区内的公共服务均等化要求。城市交通的发展要立足城市发展全局，着眼整个城市群空间布局和结构，满足建设现代化都市圈的要求，通过构建绿色出行为主导的交通出行格局，优化城市交通网络，衔接好航空、铁路、公路等对外交通体系，从而更好地服务于城市经济社会发展和人民群众出行。

第二节 改革开放以来我国城市交通的发展

1978 年改革开放以来，我国社会经济发展实现了巨大变革，综合国力迈上新的台阶。2020 年 2 月，国家统计局发布的《2020 年国民经济和社会发展统计公报》显示，中国经济规模由 1978 年的 3645 亿元增长到突破 100 万亿元，占全球 17% 以上；2020 年末，我国常住人口城镇化率由 17.9% 提高到超过 60%，我国已由传统农业大国转变为城镇化水平超过全球城镇化平均水平的城市型国家。40 余年的城镇化和城市发展，深刻改变了中国的经济地理和空间组织格局。

一、城市交通的发展历程

在 40 余年的发展过程中，城市交通也发生了翻天覆地的变化。1978—1995 年期间，我国城市化水平增长至改革开放以前的大约 3 倍，尤其进入 20 世纪 80 年代后，不少大城市开始建设环路、大型立交、高架道路、地铁。同时，交通需求也在迅速增长，城市交通拥堵问题开始显现，且日益严重，甚至出现了“路越修越多，车越来越堵”的局面。2000 年之后，由于对我国城市进入机动化的前提条件和面临的具体实际考虑不足，鼓励家庭拥有小汽车的政策导致了交通拥堵成为越来越多城市的“城市病”。于是，北京、上海、广州、天津等大城市纷纷确立优先发展城市公共交通的战略，“以轨道交通为骨干，常规公交为主体，其他公共交通方式为补充”的公共交通发展目标日渐明晰 [1]。

伴随着城市交通问题和理念的变化发展，城市交通规划也在研究和实践中不断创新发展，经历了起步期（1979—1990 年）、成长期（1990—2000 年）[2]，在 2000 年以后，城市交通规划作为城市重大交通基础设施建设的依据在国家相关政策中有了更加明确的规定。城市交通规划的编制开始重视政策导向和实施方面的具体安排。面向城市综合治理的实施性交通规划更加受到各地政府的青睐，停车规划、枢纽规划、公交线网规划、交通设施与管理规划、交通优化设计与交通组织等专业性规划都逐渐被纳入城市交通规划编制体系。

二、城市交通当前面临的机遇与挑战

我国用 40 余年的时间走过了西方 100 余年的城镇化发展历程。2014 年 3 月，《国家新型城镇化规划（2014—2020 年）》正式发布，其中明确提出我国要加快推进中国特色的新型城镇化。新型城镇化对城市交通发展的影响主要体现在需求侧和供给侧，以及由于新的供需模式带来的规划技术体系上的改变[1]。

在需求侧，首先，城市群发展给城市带来了新的交通需求。例如，在京津冀、长三角、粤港澳大湾区等率先发展起来的区域，随着国家运输通道和城市群内部通道的逐步分离，城市群交通已经出现明显的多中心、网络化组织特征，城际交通和城市交通的界限已经模糊，在交通需求分布上表现为“区域交通城市化”和“城市交通区域化”特征。区域中心城市带动城镇群发展的交通需求快速增长，跨行政区划的特大城市都市圈交通正在形成和发展，这是中心城市发展壮大、功能外溢的必然结果。由于不同都市圈内产业结构及布局的差异，跨行政区域的出行分布又呈现不同的特点。一类是以中心城区向心通勤为主导。以北京为例，2018 年工作日周边城镇到中心城区的就业人数为 14.2 万人，以北三县居多[3]。一类是以边界跨城通勤为主导。以上海为例，上海周边城市与上海之间的跨城通勤者数量达 5.7 万余人，其中上海中心城区跨城通勤者仅为 1.4 万人，大多数为市界边缘的跨城通勤，且存在双向联系特征。各城市流入上海通勤人员在外围城区主要分布在相邻郊区的工业园区内[4]。其次，城市交通服务的人口数量和服务方式有了新的需求。大城市居民出行次数增多，出行距离显著增长，出行方式呈现多样化态势。出行目的多样化带来通勤、通学等基本需求所占比例减少，购物、休闲出行等生活需求日益上升。出行目的的多样化要求城市交通服务既要注重能力储备、准时准点，又要注重服务品质和出行体验。交通劣势往往与社会经济劣势具有密切联系，因此保障弱势群体出行实质上是社会包容性发展的需要。交通公平性应是未来城市交通发展的重要课题之一。最后，城乡关系转型带来城乡之间交通联系需求的新变化。大量务工农民居住在农村、工作在城市，城乡之间出现了较强的通勤联系，这种联系需求是搭接在传统城市交通服务上面向农村的延伸，具有鲜明的时代特征、社会属性和政策因素。

在供给侧，主要表现在调整和优化城市交通的方式结构、创新城市交通服务方式，以适应城市居民多元化的出行需求以及制定城市交通发展的顶层战略、完善战略实施保障措施和管理政策等方面。同时，新型城镇化对城市交通规划技术体系也提出新的要求，需要更加人性化的交通设施规划与设计；除了与城市规划、产业规划相协调，还要推进与生态、土地、居住、人口等多项规划和计划的协同，促进多规合一；需要加快城市交通标准规范的增补和修订以及规划研究技术的更新。

当前城市交通发展的外部环境正在发生变化，资源和生态约束凸显。城市交通出行需求结构、内涵等特征正在发生深刻变革。人民生活水平的显著提升使得交通出行消费领域逐步呈现出“马斯洛层次”和市场细分。随着生活水平从生存型、温饱型向发展型、美好型转变，城市交通要从满足基本出行、快捷出行转换到交通出行品质的提升上来，由单一的、固定的、有限的交通供给，转向多元的、定制的、弹性的供给模式，注重品质提升。

信息技术正改变着人的出行需求和行为。信息化、“互联网 +”深刻改变了人的思维模式，使得人们更加强调即时性、开放性、利他性和体验性，对交通信息的需求和交通方式的要求也在逐步提高。信息技术也改变了人的生产生活方式，培养了人们全新的工作、生活、出行习惯等，进而影响了出行需求特征。信息技术将带来超越距离的新工作场景，例如虚拟视觉的办公及会议系统催生新的自由职业，使工作和生活的边界可以逐渐模糊；同时也改变交通供给方式和物理设施空间需求，例如自动驾驶汽车所省下来的空间可以用作卸客车道、人行道或自行车道，从而使得对道路空间、停车空间的需求大幅下降。

在上述机遇与挑战并存的背景下，急需对既有城市交通理论进行反思，通过高质量城市空间资源再分配，为可持续发展城市交通寻找新的出路。总体思路是以我国城市建制的特点为出发点，以城市生态系统理念审视城市交通规划，引领改善城市交通服务，落实生态文明建设任务 [5]。

第三节 《交通强国建设纲要》对城市交通发展目标的要求

党的十八大以来，党中央、国务院对城市和城市交通的发展提出了新要求，先后出台了《国家新型城镇化规划（2014—2020 年）》《关于进一步加强城市规划建设管理工作的若干意见》《中共中央国务院关于建立国土空间规划体系并监督实施的若干意见》等一系列文件，2019 年 9 月又印发了《交通强国建设纲要》（以下简称《纲要》）。

一、对《交通强国建设纲要》的基本认识

《纲要》提出到 2035 年基本建成交通强国，到 21 世纪中叶全面建成交通强国，以及人民满意、保障有力、世界前列的建设目标。《纲要》提出推动发展要求、发展方式、

发展动力的“三个转变”，打造设施、技术、管理、服务“四个一流”，构建安全、便捷、高效、绿色、经济的现代化综合交通体系。《纲要》要求坚持绿色发展、开放共赢、改革创新，提升治理能力。

新中国成立 70 多年来，我国综合交通运输取得长足发展，基础设施规模、客货运输量等均已位居世界前列。对比世界交通强国，综合交通运输业在装备、质量、安全、服务、效率、竞争力方面还存在不小差距。与此同时，伴随着中国城镇化和机动化进程，城市居民出行需求和交通基础设施规模增长十分迅速。然而，城市交通服务品质不高，道路堵、污染高、地铁挤、公交慢、停车乱等问题日益凸显，社会议论广泛，已成为影响城市运行效率和发展活力、影响人居环境和生活质量的突出问题。贯彻落实《交通强国建设纲要》，推进城市交通高质量发展，需要充分理解城市交通与综合交通运输的本质和核心特征[6]。在本章第一节中已对城市交通与交通运输的基本概念及其差异性进行了介绍，二者都涉及载体（基础设施网络）、运载工具、运营组织三个方面的综合，但有着不同的载体、运载工具、运营组织方案，有着不同财政体制和法律制度等的支撑。相比较而言，城市交通更加随机和综合，交通工具运行方式的互补性更强。通勤交通是城市交通的基本要素，出行密度高，组织运行难度高，强调点线面密切结合，地面与地下结合，且不同类型城市间的差异性大，这是城市交通的突出特点。

《纲要》提出建设现代化高质量综合立体交通网络、构建便捷顺畅的城市（群）交通网、形成广覆盖的农村交通基础设施网、构筑多层级一体化的综合交通枢纽体系。这四个网络体系可称为“四个板块”，既是载体又是场景，各有特色，融合互动，体现了交通基础设施建设具有很强的先导作用。《纲要》针对“四个板块”，提出了相关交通设施和服务质量等总体的完善要求，并且要求分工合作，齐心协力推动实施。城市是组织综合交通运输的目的地，城市交通是支撑综合立体交通网络运行和城市群交通网运行的终端环节。交通基础设施“四个板块”在城市行政区范围内相互融合，综合运输组织均离不开城市交通的支撑，它们的建设和运行由城市支撑着，同时又对重塑城市空间结构、引导产业集聚、带动区域发展发挥着重要影响作用。这体现了城市交通在交通强国建设中的特殊地位。

二、推动创新建设现代化城市

从城镇化进程看，我国已进入城市社会。研究城市交通问题要从城市发展、城镇化进程出发，立足于以城市群为主体形态，站在国家参与全球分工合作竞争的高度，在城市发展层面上识别、解决问题，从而支撑城市高效、安全、低耗的可持续运行。

在集聚和扩散的核心动力下，城市竞争力带动区域发展，形成由城市建成区、都市圈、城市（镇）密集地区向城市群发展的过程。国家竞争力反映国家经济社会发展水平，依靠具有国际竞争力的世界级城市群形态来支撑。从全球来看，城市群已成为支撑世界各主要经济体发展的核心区和增长极。2018 年，京津冀、长三角、粤港澳大湾区三大城市群集聚了 29% 的人口，贡献了 42% 的 GDP，成为带动我国经济快速增长和参与国际经济合作与竞争的重要平台。

城市交通是提升城市竞争力和国家竞争力的重要支撑，是城市要素集聚与扩散的重要渠道与载体，高质量的城市交通是推进城市群发展的重要支撑，主要体现如下：一是支撑经济运行，降低城市群空间组织的成本。城市交通是城市群交通的终端环节，将出行和物流的起终点与对外交通枢纽紧密连接在一起，其质量高低直接关系到整个城市群的发展效益和综合水平。二是服务人的流动，支持人口流动与人才集聚。未来城市群之间的竞争，不仅仅关注资本、技术、投资环境或者劳动力成本，更强调对人才的吸引。便捷高效的城市交通支撑下的人力资本集聚，有助于重塑未来经济发展的空间格局。三是推动枢纽经济，优化城市群发展格局。交通枢纽是各种流的空间汇合体，支撑着聚流、引流、驻流和扩散辐射，优化区域经济要素时空配置，重塑产业空间分工体系，推动枢纽与周边地区融合发展，实现从“城市门户”向“城市客厅”的转变，带动城市群运行效率的提升。

城市是满足人民群众美好生活的家园，这是城市最本质的属性。实现人民对美好生活的向往、满足不同人群的需求是城市与城市交通的目标。人口向城市的集聚必然产生人的多样化需求，其中就业需求和生活需求最为核心。城市交通是保障居民获得就业机会和生活服务的支撑，是影响人民生活质量的重要方面。根据马尔凯蒂定律，无论交通系统变得如何四通八达，大约 1 小时平均通勤时间保持基本稳定。北京市 2011—2017 年的地铁刷卡数据也呈现出类似的“45min 定律”，即 45 分钟的地铁内通勤时间（进站点到出站点的时间）已逼近北京居民可忍受通勤时间的极限。将通勤时间控制在合理的范围内，是保证生活质量的重要前提。生活类弹性出行的时长关系到居民生活质量的改善。技术创新和社会进步释放出更多闲暇时间，与通勤交通、生活交通相比，闲暇时间的交通需求更加重视舒适性、安全性、个性化、可达性和体验性等方面交通服务的品质高低。现代化城市的公共服务规划与配置，应充分考虑市政基础、公共服务设施、生活配套等的空间分布与功能优化，为人口流动、产业重构等创造条件，以优质公共服务打造特色磁极。因此，城市交通的本质要求不仅仅是车辆的移动，更是服务于人的需求和组织支持城市的可持续运行。

三、加快实现城市交通治理体系和治理能力现代化

可持续城市交通战略的核心思想是更加关注可达性与生活品质，同时注重交通对经济活力、社会公平、环境质量的影响。应改变当前片面围绕机动车“拥堵指数”开展工作，回归城市交通组织城市可持续运行及满足人民美好生活需要的定位，重塑城市交通发展愿景。

要关注可达性 / 出行时间对生活品质的影响。将通勤时间控制在合理的限度，是保证生活质量的重要体现，打造高质量的 15 分钟社区生活圈是提升居民基本生活服务便利性的需要。国际城市交通发展指标均强调了就业岗位和生活服务设施的可达性，将出行时间作为关键指标。

要关注交通公平、包容性发展。城市交通要通过合理配置各类资源，满足城市社会不同群体的活动需要和由此产生的交通出行需求。公平的交通服务是支撑城市社会包容性发展的重要方面。老年人、残疾人、低收入者等弱势群体有同等权利享受可达、可靠、可支付的城市交通服务，获得满足自身生存、生活和发展的机会。

城市交通学科是一个综合性交叉性学科，不仅涉及交通工程，还涵盖社会学、经济学，以及法律制度和公共政策。尽管交通工程学已经将人、车、路、环境等综合为一体进行研究，但工程学解决问题的逻辑往往基于要素抽象、建立确定性影响关系而给出解决方案，但对密切相关的人的理念、价值观、行为、城市发展政策与制度设计城市的文化传统等，存在诸多未能准确描述的要素，因此难以从根本上解决城市交通拥堵、交通事故频发、机动车尾气污染等“城市病”，尤其是我国城市交通已进入存量优化阶段，问题的核心在于解决城市交通发展当中的供需、资源配置不平衡，资源利用不充分，土地与交通、多交通方式、跨行政区交通系统之间不协同等问题。同时，互联网、车联网等信息化的快速发展对人的理念的影响，直接影响到未来城市交通发展模式。新业态发展普遍面临管理模式滞后于变革创新的共性问题，传统的行业管理思路难以适应新形势的需要。因此，迫切需要城市交通学理论方法的变革和城市交通治理体系的创新和治理能力的提升，以实现城市交通的可持续发展，并支撑城市的可持续发展。

城市交通治理是工程技术与社会问题的综合。城市交通问题应研究政府、市场与社会的基本关系，应关注和研究金融、资本参与设施建设，以及各种信息平台的建立和网

上支付等多种形式的应用，对人们出行交通方式的选择、对交通工具拥有和使用共享的影响，应关注无人驾驶环境下人的出行行为以及交通组织模式可能产生的变化等。

交通信息化是实现城市交通治理现代化的技术支撑，其发展目标不能停留在智能交通技术自身的先进性，而应与城市发展及城市交通的定位和发展目标相融合。信息化条件下的大数据分析、人工智能、大规模仿真等为观测微观个体行为、挖掘出行需求特征与演变规律提供了工具手段，在居民出行机理挖掘的基础上，对不同区域或类别的出行者给予差异化的交通设施配给和供应政策，可实现需求的主动引导，实现公共资源精细化、精准化配置。

法治化是实现城市交通治理现代化的必要条件，法治化与现代化是相互依存、相互促进的关系。城市交通治理的关键是构建“良法”与“善治”的城市交通治理法治体系。根据构建城市交通治理内涵与目标的基本要素，以及城市交通治理的公共治理属性，构建包含不同位阶的法律制度规范的城市交通治理“良法”体系；从城市交通治理的过程入手构建动态的法治实施、监督与救济体系，引导城市交通治理走向“善治”。

第四节 城市交通治理

体制是国家机关、企事业单位的机构设置、隶属关系和权力划分等方面的具体体系和组织制度的总称。治理是处理利益关系、实现共同利益的一套运行机制和一个动态运行过程，这个过程离不开法治的保障。法治是国家治理体系和治理能力的重要依托，没有法治就没有城市治理现代化。城市治理是国家治理体系和治理能力现代化中的重要内容，城市交通治理又是城市治理中的重要组成部分，推进城市交通治理现代化是现实需要也是战略需要。从某种意义上说，建立城市交通治理现代化理论和方法是全面深化改革总目标的要求[7]。

一、城市交通治理内涵

治理，指的是在特定范围内行使权威，隐含着一个政治进程[8]。2017年世界银行将“较好的治理”界定为“国家和非国家群体在一套由权力塑造的正式和非正式规则的框架内运作，通过相互作用来设计和实施政策的过程”[9]。治理强调多主体参与、对协调作用的重视、持续的互动过程而非仅是一套制度或规则[10]。

现代治理体系的核心问题是理顺国家与社会、政府与市场、公共权力与公民权利之间的关系。治理能力现代化的认识和把握包括三个层面[11]：①治理主体强调社会公共事务的多方合作治理；②权力运行要顺应经济社会发展的形势和要求；③有效的治理必须具备科学合理的政府组织结构。国家治理中的重要问题包括：国家治理理念走向现代化、国家治理主体走向多元化、国家治理目标走向人民本位、国家治理方式走向规范化、国家治理手段走向法治化等。中国国情决定了社会治理中政府处于主导地位，在集中行动、统一配置资源、处理危机等方面具有显著优势[12]。

中共十九大继承和发展了十八大以来的国家治理能力和国家治理体系现代化理论。中共十九大报告中对社会主要矛盾转化作出了历史性判断，并且指出人民群众对美好生活需要日益广泛，为了有效回应这些新需要，解决社会的新矛盾，提出要完善党委领导、政府负责、社会协同、公众参与、法治保障的社会治理体制，打造共建、共治、共享的社会治理格局。执政党在治理体系中的核心地位与作用是理解十八大以来中国语境下治理理论内涵的关键，“共治”这一概念在十九大报告中首次被提出，既强调了中国共产党在治理体系中的领导与核心地位，又体现了其他主体参与到治理体系上的路径。

政府、市场与社会的基本关系，是以提供优质公共服务推动政府职能转变，坚持政府主导下的合作协商、共建共享以使不同主体之间达成良好的自愿性合作并形成集体行动等核心治理成果，也是构建城市交通治理内涵与目标的基本要素[12]。

习近平总书记提出要把解决交通问题放在城市发展的重要位置，对大气污染、交通拥堵等突出问题要系统分析、综合施策[13]。提供安全、高效、公平的交通服务以满足人的活动需求是组织城市高效运行的根本目标，对城市交通的认识，必须从提供基础设施向提供均等化的公共服务转变；衡量城市交通的发展，也必须向能否满足人的需求、能否提高交通服务共建共享水平转变。政府包建、包管的交通管理手段，既不能解决旧矛盾，也无法应对新问题。城市交通应去除传统管理的路径依赖，从设施建设管理、系统运行管理和行业管理范畴向公共服务供给和社会治理转型[7]。

城市交通治理的基本思想是提高共建能力和共享水平。面向共建能力和共享水平提升，城市交通治理主要体现在三个层面：①全民参与，构筑新型社会治理主体关系；②共建机制，塑造新型社会治理结构模式；③共享成果，追求新型社会治理目标。新时代城市交通治理应坚持政府主导下的合作协商、共建共享，推动政府职能转变，其实现途径可以归纳为：遵循城市发展的客观规律（包括城市发展规律、城市交通发展规律、交通科技开发应用规律等），建立价值导向的城市及城市群交通治理顶层框架设计理论；应用城市交通治理现代化理论和方法，采取信息化、法治化以及道德教育等手段，构建政府、企业、社会、公众等多元主体间价值—信任—合作新型权责关系；建立政府主导的交通服务提供与市场机制下交通服务生产的合作机制，以及保障服务质量的反馈机制；建立多元价值导向下交通治理绩效评估与公共利益调控、补偿机制。优化资源配置，促进交通服务公平高效，以城市交通服务的均等化引导城市发展，最终构建全民共建共享的治理格局。

二、城市交通治理模式

当前世界正面临着百年未有之大变局，在如此复杂和快速的发展变化形势下，单一的行政管理手段难以面对现实和未来问题的挑战，多主体参与的合作治理势在必行，城市交通治理模式正在由行政管理向合作治理转变[14]。

新型冠状病毒肺炎的全球蔓延给世界经济、社会形态都带来了巨大的影响，同时也影响了人们对世界、对社会的认识。后疫情时代我国将以一个“正常化”和一个“常态化”并存为特征，即经济和社会活动正常化和防疫工作常态化。通过此次疫情可以看到，大到世界范围小到社区范围，无论是“阻断”或“恢复”，都是交通先行。这使得人们对城市交通有了更新的认识，也有了更高的期望，城市交通与人民群众的获得感、幸福感和安全感息息相关。对城市交通发展具有重要引导作用的若干基本观点被重新认识成了建立城市交通“价值—信任—合作”协同治理框架的前提[15]。

第一，对城市交通功能的再认识。城市交通不只是基础设施的提供，更是服务于人的需求，既包括出行需求，也包括对没有出行但有需求的满足，要体现社会公平性。其研究对象不仅是“人—车—路—环境”，应在研究出行需求、出行方式的同时，从更广义的服务人的需求角度研究城市交通问题，更重要的是体现城市整体的综合服务功能与运行效益。

第二，对出行服务目标的再认识。出行服务不仅是将人和物从一点运输到另一点，实现空间上的位移。经过此次疫情，无论是客运还是货运服务，都会对出行服务有更全面的要求。客运方面，乘客对出行服务中安全与健康的保障更加重视，比如，公共交通中的乘客信息是否可溯源可追踪，车站、车厢环境是否满足卫生健康要求，对公共卫生事件的应急响应准备是否充分，等等。货运方面，企业也会更加关注安全及卫生条件，尤其是对环境要求高的食品及危化品等物品的运输服务，同时还有参与提供货运服务的从业人员的安全及健康管理等。

第三，对三大支柱战略的再认识。需要更加坚持三个战略方向，并优化调整战略实施路径。其一，坚持综合协同战略。新型冠状病毒肺炎疫情之后，再次突出了三个协同的重要性，即复合网络多模式交通的协同，城市交通与城市的协同以及城市交通、都市圈交通与城市群交通的协同。其二，坚持城市公交优先战略。要再次思考公交改革、出租车的定位与发展思路等重要问题。其三，坚持需求管理战略。新型冠状病毒肺炎疫情再次验证了出行需求是可感知、可监测、可调控的，因此也要特别重视 5G 时代给解决城市交通、城镇化问题带来的机遇和挑战。

城市交通治理理论体系应聚焦于政府、企业、公众等多元主体间“价值—信任—合作”关系的解析与构建，界定各自权益责任探索交通服务共建共享的路径。

城市交通治理主体间的合作面临以下几方面的要求：其一，在新型城镇化背景下，在人口流动带来的经济发展的同时要注重所可能产生的负向效应，需要形成跨行政区协同的治理机制与“府际之间”的合作模式，来持续支撑城市群的发展、保障劳动力与物资要素的有序流动；其二，考虑到疫情对公共交通的冲击，应更加注重恢复公众对公共交通的信任、完善公共交通的服务质量以及通过以静制动引导小汽车的合理使用，提升公共交通的吸引力，通过“政社之间”的合作来落实公共交通优先发展战略；其三，疫情防控期间交通出行领域中的新技术、新模式得以被更多地应用和接受，共享出行在很多场景下也发挥了重要作用。今后，需要创新能够让新服务模式生存和发展的市场监管机制，通过“政企之间”的合作，既发挥技术创新模式创新给公众带来的便利，又在一定的法律规制下保障公众的基本权益。

此外，我国行政边界在功能上是地方政府公共权力行使的绝对空间边界，在传统的城市考核体系及财税体制下，跨行政区的交通设施建设和服务对接协调难度极大。都市圈、城市群交通具有多利益主体、差异化诉求、多模式竞争—合作的特征，需要基于跨区划、跨系统的协调机制来应对利益诉求差异。应发挥市场逻辑，打破行政分割和方式界限，综合运用政府力量和市场力量推动交通共联、市场共构，实现城市群、都市圈范围内生产要素的高效运转和资源的合理配置。

三、城市交通治理体制

所谓治理体系和治理能力的现代化，就是使治理体系制度化、科学化、规范化、程序化，使治理者善于运用法治思维和法律制度治理国家，从而把中国特色社会主义各方面的制度优势转化为治理国家的效能。习近平总书记指出，要强化依法治理，善于运用法治思维和法治方式解决城市治理顽症难题，让法治成为社会共识和基本准则。

党的十八届三中全会部署全面深化改革，提出了“完善和发展中国特色社会主义制度，推进国家治理体系和治理能力现代化”的总目标，其中明确提出要“统筹党政群机构改革，理顺部门职责关系”。党的十九大提出了要加强和完善“党委领导、政府负责、社会协同、公众参与、法治保障的社会治理体制”以及“统筹考虑各类机构设置，科学配置党政部门及内设机构权力、明确职责”。

城市交通治理体系和治理能力的现代化发展要放在国家发展和治理模式改革，特别是“央地关系”改革的大背景中，优化调整中央和地方的事权划分，建立规范化、法治化的央地权责关系。习近平总书记多次强调指出，要在党中央集中统一领导下，从立法、执法、司法、守法各个环节发力，全面推进治理体系和治理能力的现代化。推行地方各级政府工作部门权力清单制度实质上是通过梳理行政权力，解决政府能做什么、不能做什么的问题，对推动各级政府依法全面履行职能和促进多元主体的合作治理具有重要意义，是国家治理体系和治理能力现代化建设的重要举措。厘清城市交通所涉及的相关主管部门并明确各部门的权力清单，是提高城市交通立法、执法、司法、守法的各环节的质量，推进城市交通治理体系和治理能力现代化提升城市交通治理效能的重要基础。

依据《中华人民共和国宪法》，我国行政区域划分的“市”，包括直辖市、省辖市（称地级市，一般内设区、县）、由地级市代管的省辖县级市（一般内设镇、街道）。对直辖市和所有“设区的市”，法律赋予其立法权、公民保障和行政权力的行使，包括财政体制、公共服务责任等。我国立法框架体系所构建的关于立法权限的法律规范制度，所要解决的一个主要问题便是中央与地方之间的立法权限划分。党的十九届四中全会作出《关于坚持和完善中国特色社会主义制度、推进国家治理体系和治理能力现代化若干重大问题的决定》，明确了健全充分发挥中央和地方积极性的体制机制的要求，包括减少并规范中央和地方共同事权，赋予地方更多自主权、支持地方创造性开展工作，按照权责一致原则规范垂直管理体制和地方分级管理体制等方面。

法治化是城市交通治理的重要保障，是合作治理模式中的重要依据和准则。城市交通治理所涉及的法律法规，一部分自上而下以国家层面作为引领，另一部分则是根据各自城市的实际问题特征进行规制，自下而上推动相关行业的法治化建设。总的来说，国家层面更侧重战略性，地方层面更侧重实施性。国家层面，由交通、建设、发展改革等主管部门进行顶层设计，从行业管理的角度制定相关法律法规，进行国家级、区域级的布局规划和体系设计。比如，国家发展改革主管部门的主要职责中包括负责国家级专项规划、区域规划、空间规划与国家发展规划的统筹衔接，国家交通主管部门负责推进综合交通运输体系建设，统筹规划铁路、公路、水路、民航以及邮政行业发展，建立与综合交通运输体系相适应的制度体制机制，优化交通运输主要通道和重要枢纽节点布局，促进各种交通运输方式融合。对于地方层面的城市交通治理，由于城市交通的重点是城市行政区域内部交通、城市对外交通的衔接点、以城市建成区为核心的跨行政区域的交通，更多涉及的是地方事权，因此，国内很多城市都在地方立法权限范围内制定了城市交通领域的地方性法规或政府规章。表 5-2 梳理了国家发展和改革、交通运输、住房和城乡建设等主管部门的主要职责中涉及城市交通基础设施规划、建设和运营维护以及行业管理的相关内容。在此基础上，表 5-3 梳理了道路交通、常规公交、轨道交通、枢纽、停车等五个业务板块所对应的主管部门。

表 5-2 国家层面城市交通相关部委主要职责

部门	事权		财权
	基础设施规划、建设和运维	行业管理	
国家发展和改革委员会	牵头组织统一规划体系建设。负责国家级专项规划、区域规划、空间规划与国家发展规划的统筹衔接； 组织开展重大战略规划、重大政策、重大工程等评估督导，提出相关调整建议； 推进落实区域协调发展战略、新型城镇化战略和重大政策，组织拟订相关区域规划和政策	—	安排中央财政性建设资金，按国务院规定权限审批、核准、审核重大项目； 规划重大建设项目和生产力布局； 拟订并推动落实鼓励民间投资政策措施
交通运输部	负责推进综合交通运输体系建设，统筹规划铁路、公路、水路、民航以及邮政行业发展，建立与综合交通运输体系相适应的制度体制机制，优化交通运输主要通道和重要枢纽节点布局，促进各种交通运输方式融合	拟订经营性机动车营运安全标准，指导营运车辆综合性能检测管理，参与机动车报废政策、标准制定工作； 承担公路、水路国家重点基本建设项目的绩效监督和管理工作	—
自然资源部	负责建立空间规划体系并监督实施。推进主体功能区战略和制度，组织编制并监督实施国土空间规划和相关专项规划	—	—
住房和城乡建设部	研究拟订城市建设的政策、规划并指导实施，指导城市市政公用设施建设、安全和应急管理	—	—
公安部	—	指导、监督道路交通安全、交通秩序以及机动车辆、驾驶员管理等工作	—

表 5-3 城市交通五个业务板块所涉及的国家相关主管部门

城市交通业务板块	国家发展和改革委员会	交通运输部	自然资源部	住房和城乡建设部	公安部
道路交通	√	√	√		√
常规公交		√			
轨道交通	√	√			
枢纽	√	√	√		
停车				√	

表 5-4 至表 5-7 梳理了以上海为例的直辖市和以苏州为例的地级市政府城市交通相关主管部门的职责，可以看到两个城市相似的主管部门在具体的地方事权上也存在一定的差异，这正体现了城市交通治理因地制宜的特点。

上海城市交通所涉及的政府相关主管部门有上海市发展和改革委员会、上海市交通委员会、上海市道路运输管理局、上海市规划和自然资源局、上海市住房和城乡建设管理委员会、上海市城市管理行政执法局、上海市公安局等。表 5-4 梳理了各部门主要职责中与城市交通相关的内容，并从道路交通、常规公交、轨道交通、枢纽、停车等五个业务板块梳理了所涉及的部门，见表 5-5。

除了上述政府部门，参与上海城市交通建设管理发展的主要大型国有企业包括上海申通地铁股份有限公司、久事集团旗下的上海久事公共交通集团有限公司、上海强生控股股份有限公司、上海申铁投资有限公司、上海公共交通卡股份有限公司以及上海城投（集团）有限公司等。

上海申通地铁股份有限公司是上海轨道交通投资建设和运营的责任主体，是一家融轨道交通投资、建设和运营管理为一体的大型企业公司。久事集团旗下的上海久事公共交通集团有限公司，主要承担公交运营、场站建设管理、机务保障、后勤保障、公交信息化等功能。上海强生控股股份有限公司是久事集团城市交通板块的骨干企业，聚焦出租主业深化改革，形成了以交通营运为引领，强生汽修，观光旅游、强生科技等综合产

表 5-4 上海市城市交通相关部门主要职责

部门	事权	事权	财权
	基础设施规划、建设和运维	行业管理	
上海市发展和改革委员会	拟订并组织实施本市国民经济和社会发展中长期规划及主体功能区规划，负责国民经济和社会发展市级专项规划的立项管理；衔接、平衡城市总体规划、土地利用总体规划及各专项规划和区域规划； 统筹平衡本市城乡建设的发展战略与规划；综合分析基础设施运行状况，协调有关重大问题；组织编制本市基础设施发展规划和年度计划；组织协调重大基础设施项目的前期工作；综合平衡本市综合交通发展战略、规划和相关政策； 研究本市与国内区域经济联动发展的重大问题；推动长江三角洲区域一体化发展；提出本市服务长江三角洲、服务长江流域、服务全国、促进区域协调发展的战略、体制、机制和重大政策建议，参与拟订跨地区合作的中长期规划；综合协调区域经济发展重大事项，推进有关重大项目建设	负责本市行政事业性收费的管理，负责本市经营服务性收费的管理；监督检查价格政策的执行情况	拟订本市全社会固定资产投资总规模和投资结构的调控目标、政策及措施，衔接、平衡需要安排市级政府性资金和涉及重大项目的专项规划；组织提出年度重大项目计划草案，组织编制市级建设财力和政府性建设基金投资计划；按权限审批、核准、备案需要综合平衡的固定资产投资项目；负责审核并上报由国务院或国家发展改革委审批（审核）的投资项目；审批市级建设财力等政府性资金项目。 综合分析本市全社会资金形势，研究提出政府投资的重大项目投融资方案；对全社会资金及相关预算包括财政预算资金、政府性基金资金、社会保障资金和国有资产的平衡协调提出意见；协调指导市级融资平台公司的投融资工作，按照分工做好市级融资平台公司的政府性债务管理
上海市交通委员会	拟订本市综合交通发展战略，优化本市交通运输结构布局，综合平衡全市交通运力，协调公路、水路、铁路和航空等多种交通运输方式衔接，构建综合交通体系；指导本市区县交通运行组织，加强长三角地区区域交通合作；协调推进上海国际航运中心建设相关工作。 组织编制综合交通发展规划和交通专项规划；负责编制交通行业中长期发展规划和年度计划；负责编制轨道交通网络系统规划、选线专项规划和交通配套设施专项规划；负责编制上海港口规划（含洋山深水港区）；负责编制公路和城市道路、公共交通、省际交通、道路货运、枢纽场站、停车场(库)、港口岸线使用、内河航道和运输、水上加油设施等专项规划；组织实施各类交通规划。 负责公路和城市道路、轨道交通、枢纽场站、公交站点、公共停车场（库）、港口、航道、桥梁、隧道等交通基础设施的项目建设管理、工程质量安全监督和运行维护管理；协调铁路、机场等基础设施项目与市内交通运输的衔接配套；负责道路交通标志、标线、护栏、诱导屏等交通设施的建设、管理和维护；负责道路指示牌工作的监督管理和综合协调；对轨道交通、高架道路及越江隧桥、港口、航道、机场等规划控制区域范围内新建、改建、扩建项目进行审核	贯彻执行有关交通方面的法律、法规、规章和方针、政策；研究起草本市交通地方性法规、规章草案和政策，并组织实施有关法规、规章和政策。 组织开展交通运行保障研究，分析评估交通需求和运行状况，制定和组织实施路网优化、运力保障、清障施救和交通组织改善方案，缓解城市道路拥堵，提升通行保障能力；组织实施机动车额度管理工作；组织实施综合交通调查和影响评价等交通管理制度；优化非机动车、人行等慢行交通出行方式与公共交通的衔接。 负责交通行业市场监督管理，制定本市交通行业市场交易规则、服务规范和管理制度，并组织实施；负责交通行业诚信体系建设，维护市场经营秩序，组织实施服务质量监督检查；协调推进交通行业重大改革，促进交通产业健康发展；负责交通行业行政许可和规费征收，参与制定本市交通行业的运价和收费标准，并组织实施；负责地方海事工作；负责上海港引航监督管理。 推进交通行业科技进步，推广新技术、新工艺和新材料在交通行业的应用；指导交通行业环境保护和节能减排工作；负责交通行业信息化管理工作，促进智能交通建设；贯彻国家有关技术标准，起草相关地方技术标准与规范，并监督实施	负责交通行业统计管理、经济运营监测和分析工作，拟订行业发展经济政策和调控措施；负责编制本市交通行业固定资产投资年度计划和交通基础设施维护（养护）年度计划，配合协调市、区县共同投资的交通基础设施项目计划，并监督实施

续表 5-4 上海市城市交通相关部门主要职责

部门	事权 基础设施规划、建设和运维	事权 行业管理	财权
上海市道路运输管理局	参与编制综合交通发展规划和交通行业中长期发展规划，负责编制有关道路运输、交通设施等方面的专项规划、年度计划，并组织实施。负责有关道路运输、交通设施等方面的统计管理工作。 负责公路、城市道路和桥梁隧道等交通设施的运行维护管理，并对市管道路交通设施实行直接管理。负责道路交通标志、标线、护栏、诱导屏等交通设施的建设、管理和维护，负责道路指示牌、道路井盖、道路无障碍设施和人行道设施工作的监督管理和综合协调。负责自行车道等慢行交通系统建设推进工作，负责互联网租赁自行车管理工作	贯彻执行有关道路运输、交通设施等方面的法律、法规、规章和方针、政策。参与起草相关行业地方性法规、规章草案和政策，并组织实施有关法规、规章和政策。 负责路网承载运行分析，组织研究道路交通设施使用管理策略和方案，研究制定交通拥堵治理涉及道路交通设施改善的对策和措施，推进落实配套改造工作。对存在交通安全隐患的道路交通设施进行研究并依法处置。牵头推进交通行业网格化管理工作。牵头推进城乡一体化交通行业工作任务。 负责公共停车场（库）和道路停车行业的监督管理，负责停车场（库）设计审查和竣工验收，并对市管停车场（库）实行直接管理。 负责公共汽车和电车、出租和租赁汽车、网络约租车、省际客运、道路货物运输、机动车驾驶员培训、机动车维修、车辆综合性能检测、道路清障施救牵引等行业的监督管理，并对市中心区域的道路运输行业实行直接管理。 负责协调推进公交优先发展战略，调整优化公交线网布局和道路运输结构，提升道路运输效能。负责经营性车辆额度管理工作。负责“春运”、重大活动、交通战备等交通保障工作。负责有关道路运输、交通设施等行业科技进步、信息化发展、标准化建设、质量管理、诚信体系建设以及环境保护和节能减排等工作。参与相关行业价格决策工作，并组织实施	—
上海市规划和自然资源局	根据国民经济和社会发展规划，组织编制城市总体规划、土地利用总体规划、单元规划、重要地区的详细规划及市政府其他指令性规划，对其他专业系统规划进行综合协调与平衡。指导各区编制职责范围内的各类规划。受市政府委托，依法审核、审批各类规划	—	—
上海市住房和城乡建设管理委员会	—	统筹推进城市管理领域相关工作，指导督促市有关部门以及区政府落实城市管理各项任务和各类标准定额；负责指导城市管理综合执法工作；负责城市网格化综合管理推进协调工作，承担城市网格化管理体系建设、运行和管理工作	—
上海市城市管理行政执法局	—	负责组织实施全市重大城市管理行政执法活动、专项执法活动，组织协调重要节日、重大活动的城市管理行政执法保障工作；负责城市管理行政执法科技和信息化发展工作；负责城市管理行政执法重点科研项目管理、装备建设以及信息化重大项目建设	—
上海市公安局	—	维护道路交通安全和交通秩序，负责机动车辆、驾驶员管理	—

表 5-5 城市交通五个业务板块所涉及的上海市相关主管部门

城市交通业务板块	上海市发展和改革委员会	上海市交通委员会	上海市道路运输管理局	上海市规划和自然资源局	上海市住房和城乡建设管理委员会	上海市城市管理行政执法局	上海市公安局
道路交通	√	√	√	√	√	√	√
常规公交		√	√			√	
轨道交通	√	√				√	
枢纽	√	√		√		√	
停车		√	√		√	√	

业联动发展的新格局。久事集团旗下的上海申铁投资有限公司，重点围绕轨道交通市域线实施主体地位，努力开创上海铁路发展新局面。久事集团旗下的上海公共交通卡股份有限公司是上海市“智慧出行”的先行者，正努力成为优质高效的本市交通支付结算和信息服务运营商。上海城投（集团）有限公司由上海市国有资产监督管理委员会全资持有，是一家专业从事城市基础设施投资、建设、运营管理的国有特大型企业集团。

苏州城市交通涉及的相关主管部门有苏州市发展和改革委员会、苏州市交通委员会、苏州市自然资源局、苏州市住房和城乡建设局、苏州市城市客运交通管理处、苏州市公安局等。表 5-6 梳理了各部门主要职责中与城市交通相关的内容，并从道路交通、常规公交、轨道交通、枢纽、停车等五个业务板块梳理了所涉及的部门，见表 5-7。

参与苏州城市交通建设管理发展的主要大型国有企业包括苏州市轨道交通集团有限公司、苏州城市建设投资发展有限公司、苏州市公共交通有限公司等。

苏州市轨道交通集团有限公司于 2013 年完成合并，形成了轨道交通规划、建设、运营、资源开发及物业管理“五位一体”格局。苏州城市建设投资发展有限公司是经苏州市委、市政府批准成立的资产、资本经营类国有独资有限责任公司，投资领域涵盖机场、港口、高速公路等城市基础设施，燃气天然气、置业开发、城建资产管理以及金融、保险、区域开发等行业。苏州市公共交通有限公司由苏州市公交和巴士公交合并成立，建立了国有主导、统一高效、规范有序的公交发展机制，以加快推进苏州市公交优先战略。

归结起来，地方层面城市交通治理的重点任务主要包括两个部分：

其一是满足《交通强国建设纲要》“四个板块”在城市行政区内融合的相关要求。具体包括：①建设现代化高质量综合立体交通网络。地方相关主管部门应积极落实国家及省的相关法律法规，做好综合交通体系的规划，促进铁路、公路、水运、民航等各种运输方式在行政区域内与城市发展的融合。②构建便捷顺畅的城市（群）交通网。地方发展改革、交通等相关主管部门应积极在区域层面开展立法协作，更好地通过制度设计来协同解决区域交通一体化发展中的问题，促进城市（群）交通网的构建，从而带动区域经济的发展。③形成广覆盖的农村交通基础设施网。地方相关主管部门应从城乡一体化、城乡融合发展的角度出发，统筹处理好行政区域范围内建成区与农村地区设施与服务的衔接并注重公平性，以提升基础设施建设在乡村振兴中所产生的效益。④构筑多层级一体化的综合交通枢纽体系。位于城市行政区域内的区域性交通枢纽，往往涉及多层次行政权力（中央、省级政府和地方政府）、多地域市场主体和社会力量，在这类枢纽体系的形成和发展过程中，需要通过相互之间互动和协作，制定相应的法规、建立相应的管理机构（管委会）来对其进行治理，以充分发挥综合交通枢纽与城市发展相辅相成互相促进的正向互动作用。

其二是根据城市自身发展特点，制定相应的法规保障并提升治理主体间的合作治理效能。地方立法权要在“不抵触”上位法的基本原则下，在行使过程中与地方事权相匹配。值得注意的是，一方面，比如同样是交通治堵问题，不同城市和地区之间由于机动车发展规模、轨道交通的发展阶段、非机动车出行特征等方面的不同而没有统一的“药方”，需有针对性地研究制定相应的法律法规来应对和解决问题；另一方面，城市交通所面临的问题在不断变化和发展，比如网约车、共享单车等新业态也是从城市开始出现，所产生的治理法治化需求往往是中央立法的空白地带，需要地方层面进行先行立法。这对地方的立法能力和水平提出了非常高的要求。

表 5-6 苏州市城市交通相关部门主要职责

部门	事权	事权	财权
	基础设施规划、建设和运维	行业管理	
苏州市发展和改革委员会	承担统一规划体系建设工作，统筹规划编制立项，衔接市级专项规划、区域规划、空间规划与全市发展规划；提出新型城镇化战略、规划和城乡融合发展政策建议。 组织编制铁路、民航、过江通道和综合交通枢纽等专项规划，对公路、水运、城市轨道交通等专项交通规划提出审核意见；统筹交通运输发展规划、各专项交通规划及年度建设投资计划与全市发展规划、计划的衔接平衡；统筹协调航空发展工作；提出统筹综合交通发展有关政策建议。 组织起草有关地方性法规和规章草案；承担本部门依法行政和法治机关建设工作；承担党委机关规范性文件、重大行政决策事项合法性审核工作、报备相关工作；根据法律法规、国家和省有关文件以及江苏省部门行政权力清单部署落实各项工作	—	负责全市固定资产投资宏观管理，提出深化投融资体制改革建议；监测分析全市固定资产投资运行情况，拟订固定资产投资调控目标、任务计划和政策措施，统筹各领域重大固定资产投资规划布局；贯彻落实政府投资项目审批权限和政府核准的固定资产投资项目目录；编制市政府年度投资项目计划，参与协调市政府各类投资资金使用、资金年度规模和投向；负责审核转报政府建设类和城建环保建设类项目以及相应的中央补助资金安排；贯彻落实促进民间投资发展政策；根据职责分工组织推广政府和社会资本合作；指导全市工程咨询业发展；统筹落实国家和省长江经济带发展重大战略。 承担全市工业品、农产品、交通运输、房地产等价格政策及改革方案的实施工作；拟订重要工业品、交通运输等价格的管理办法和具体标准。 承担全市行政事业性收费和政府定价的经营服务性收费政策及改革方案的拟订和实施工作；拟订重要经营服务性收费管理办法和收费标准；负责行政审批中介服务收费的管理工作
苏州市交通委员会	组织编制全市综合交通运输体系规划，组织拟订并监督实施全市公路、航道、港口、民用航空及城市客运和交通物流业等行业发展规划，参与拟订铁路、轨道交通规划；指导交通运输枢纽规划；会同有关部门编制交通运输固定资产投资计划；负责交通运输行业统计和信息发布工作。 组织实施国家、省、市重点和大中型交通运输基础设施建设；负责全市交通运输基础设施建设和维护的行业管理；负责全市交通运输基础设施建设市场的监督和管理，监督交通建设工程的质量与安全；负责港口岸线、陆域、水域交通运输的统一管理工作，指导县级市、区做好相关工作	贯彻执行党和国家有关交通运输的方针政策、法律法规，组织起草交通运输地方性法规、规章草案，拟订交通运输行业有关政策并监督实施，指导全市交通运输行业体制改革工作。 承担全市道路、水路运输市场监管职责；负责城市公共汽车、客运出租汽车和轨道交通运营行业管理工作。 指导交通运输枢纽管理工作；拟订有关交通物流业政策和标准并监督实施。 指导全市交通运输综合行政执法工作。 拟订全市交通运输行业科技与信息化政策、规划和规范并组织实施，组织重大交通运输科技项目攻关；指导协调交通运输行业信息化项目的建设与管理；指导并监督交通运输行业质量、技术、环保、节能减排工作	贯彻落实省关于交通运输行业的投融资政策和规费政策并监督实施；协调并参与交通运输建设资金筹集；负责交通运输预算资金的申请、拨付和监管；指导交通运输行业内部审计、内管干部经济责任审计工作，监督管理局属企业国有资产

续表 5-6 苏州市城市交通相关部门主要职责

部门	事权	事权	财权
	基础设施规划、建设和运维	行业管理	
苏州市自然资源局	负责组织编制控制性详细规划、历史文化名城名镇名村保护规划、城市交通发展战略、城市综合交通规划、风景名胜区规划、镇村布局规划和村庄规划等；负责工程建设项目审批的规划技术审查、规划核实和批后监管工作；按权限审核市域范围内重大建设项目和重要基础设施的选址定点，参与其可行性研究	—	—
苏州市住房和城乡建设局	组织编制市级城市建设年度项目计划，负责下达城市建设项目；负责收取城市建设基础设施配套费等规费，受理建设工程政策性减免费用的审核上报	—	—
苏州市城市客运交通管理处	草拟全市公共汽车、轨道交通、客运出租汽车客运发展规划和年度工作计划并组织实施	负责市区公共汽车、轨道交通、客运出租汽车、人力客运三轮车行业的行业管理和市场监督；受理有关公交车、轨道交通、客运出租汽车、人力客运三轮车违法违规行为的投诉举报，对投诉办理结果实施核查。 依据法律法规和规章的有关规定，对违反客运管理的行为实施处罚。 负责市区公共汽车场站启用、迁移、拆除或停用的监督管理；负责市区公交线路、站点、班次、时间调整的管理；配合做好车站码头、市区主干道客运出租汽车的停车场地或站点的设置；负责市区公共汽车场站和公交、客运出租车辆设置广告的监督和管理。 指导公共汽车、轨道交通、客运出租汽车、人力客运三轮车等行业协会制定行业标准，并监督标准的执行。 负责公共交通信息平台出租车电调平台的运行和管理	—
苏州市公安局	—	维护道路交通安全和交通秩序，负责机动车辆、驾驶员管理	—

表 5-7 城市交通五个业务板块所涉及的苏州市相关主管部门

城市交通业务板块	苏州市发展和改革委员会	苏州市交通委员会	苏州市自然资源局	苏州市住房和城乡建设局	苏州市城市客运交通管理处	苏州市公安局
道路交通	√	√	√	√	√	√
常规公交		√			√	
轨道交通	√	√	√	√	√	
枢纽	√	√	√	√		
停车		√	√	√	√	

·参考文献·

[1] 汪光焘 . 城市交通学导论 [M]. 上海：同济大学出版社 , 2018: 43, 53.
[2] 马林 . 新中国城市交通规划的探索与发展 [J]. 国际城市规划 , 2019, 34(04): 49-53, 71.
[3] 北京市交通发展研究院 . 北京交通年报系列发布——北京市居民出行特征 [EB/OL]. 2019-09-11. https://mp.weixin.qq.com/s/9S4-vyCJvu2NF9mCAuj4Vw.
[4] 同济大学建筑与城市规划学院 . 2019 长三角城市跨城通勤年度报告 [R]. 上海 : 同济大学建筑与城市规划学院 , 2019.
[5] 汪光焘 . 城市：40 年回顾与新时代愿景 [J]. 城市规划学刊 , 2018(06): 7-19.
[6] 汪光焘 . 贯彻《交通强国建设纲要》，推进城市交通高质量发展 [J]. 城市规划 , 2020, 44(03): 31-42.
[7] 林群 , 马小毅 , 於昊 , 等 . 城市交通综合治理现代化：中国城市交通发展论坛 2017 年第 3 次研讨会 [J]. 城市交通 , 2017, 15(05): 1-9.
[8] 乾泉 . 什么是城市治理？ [EB/OL]. 2017-12-08. http://blog.sina.com.cn/s/blog_3ec0e09d0102w5ip.html.
[9] World Bank. World Development Report 2017: Governance and the Law[R]. Washington DC: World Bank, 2017.
[10] Osborne S P. The New Public Governance?: Emerging Perspectives on the Theory and Practice of Public Governance[M]. Oxford: Routledge, 2010.
[11] 张燕玲 . 如何准确理解国家治理体系和治理能力现代化 [J]. 理论导报 , 2014(04): 13-14.
[12] 汪光焘 . 城市交通治理的内涵和目标研究 [J]. 城市交通 , 2018, 16(01): 1-6.
[13] 人民网 . 习近平对北京城市规划建设提出要求 [EB/OL]. 2017-12-08. http://bj.people.com.cn/n2/2017/0225/c82837-29766732.html.
[14] 刘淑妍 , 张斌 . 中国城市交通治理现代化转型的思考 [J]. 城市交通 , 2020, 18(01): 59-64.
[15] 汪光焘 , 涂颖菲 , 叶建红 . 后疫情时代城市交通发展趋势及协同治理研究 [J]. 城市规划学刊 , 2020(05): 25-31.

第六章
城市交通和相关法律部门关系

本章讨论城市交通相关事务与我国法律部门之间的关系；论述宪法、立法法、地方人大和地方政府组织法与城市交通事务的整体关系，重点讲述城市交通事务中多主体行为与行政法、刑法、民商法、程序法、经济法、劳动法等法律部门的关系；针对城市交通未来发展提出城市交通法治化需求和可能前景。

第一节 城市交通和国家法

一、城市交通与宪法

《中华人民共和国宪法》是中华人民共和国的根本大法，规定拥有最高法律效力，其他的部门法都是以宪法为依据来制定和执行的。部门法的制定和执行不能违背宪法的原则和意愿，不然就是无效的法律和法规。一切法律以宪法为依据，落实宪法规定的基本原则和基本制度，城市交通领域的立法亦是如此，城市交通相关的法律法规必须依据宪法的要求制定和执行，符合宪法的原则。例如，与城市交通密切相关的《道路交通安全法》，是为了维护道路交通秩序，预防和减少交通事故，保护人身安全，保护公民、法人和其他组织的财产安全及其他合法权益，提高道路通行效率而制定的法规。

二、城市交通与立法法、地方立法

根据《立法法》及《中华人民共和国地方各级人民代表大会和地方各级人民政府组织法》（以下简称《地方组织法》）的规定，国务院可以颁布行政法规就下列两个方面的事项作出规定：一是为执行法律的规定需要制定行政法规的事项；二是宪法第八十九条规定的国务院行政管理职权的事项。此外，国务院还可以根据实际需要，经全国人大及其常委会授权，对属于全国人大及其常委会专属立法权而尚未制定法律的事项，制定行政法规。省、自治区、直辖市、所有“设区的市”的人民代表大会及其常务委员会根据本行政区域的具体情况和实际需要在不与宪法、法律、行政法规相抵触的前提下可以制定地方性法规，另外，港、澳及民族区域自治地区分别依照《香港特别行政区基本法》《澳门特别行政区基本法》《民族区域自治法》进行相关的立法活动。因此，我国的城市交通相关法律体系由三个部分构成，全国人大及常委会通过的法律、国务院及部门颁布的行政法规与部门规章、各地方颁布的地方性法规与地方性政府规章。首先是在道路交通安全管理领域，在法律层级有全国人大通过的《道路交通安全法》；其次是国务院颁布的行政法规《道路交通安全法实施条例》等，以及国务院下属公安部公布的《机动车登记规定》《道路交通事故处理程序规定》等部门规章；最后是地方人大及其常委会制定的地方性法规与地方政府发布的地方政府规章，如北京市人大制定的《北京市实施〈道路交通安全法〉办法》、云南省人大制定的《云南省道路交通安全条例》等地方性法规，安徽省政府发布的《安徽省道路交通安全管理规定》、扬州市政府发布的《扬州市道路交通安全管理办法》等地方政府规章。在符合《宪法》的要求下，依据《宪法》《立法法》及《地方组织法》的规定，层次清晰地构建了我国城市交通的完整法律体系。

第二节 城市交通和行政法

行政法是调整行政主体在行使行政职权和接受行政法制监督过程中而与行政相对人、行政法制监督主体之间发生的各种关系及行政主体内部发生的各种关系。凡是涉及行政权力的规范性文件，均存在行政法规范，尤其在城市交通问题处理中，涉及重要的行政法律主要有行政处罚法、行政强制法、行政许可法、行政程序法、行政公开法、行政复议法、行政诉讼法、国家赔偿法等。另外，还涉及由国务院及各地方的交通管理部门根据法律制定的具体部门规章及地方性法规，是城市交通行政管理及执法实施具体行政行为的依据。目前涉及我国交通管理的相关具体行政规定分散在 9 部部门规章、200 余个交通管理国家和行业技术标准、30 余部配套的地方性法规及行政规章中，其中涉及行政许可相关法规（如《机动车登记规定》《剧毒化学品购买和公路运输许可证件管理办法》等）、涉及行政处罚相关法规（如《道路交通安全违法行为处理程序规定》《交通事故处理程序规定》等）、涉及行政强制相关法规（如《道路运输条例》《公路安全保护条例》等）；在交通工程领域，从国家现行立法来看，目前我国已经制定了《中华人民共和国公路法》《中华人民共和国港口法》《中华人民共和国航道法》等，但其对于公路、港口、航道的建设管理方面而言，现有的内容是零散的、不系统的，主要是一些原则性的规定。另外，如《中华人民共和国建筑法》《建设工程安全生产管理条例》《建设工程质量管理条例》等有关建设管理的法律法规，则主要针对一般建设工程，对交通建设工程的特殊性未作太多考虑。如以安全生产管理为例，是以通用的《建设安全生产法》来解决交通建设工程的特殊性问题的，但是在交通工程质量管理领域由交通部先后颁布了《水运工程质量监督规定》《公路工程质量监督规定》《公路水运工程安全生产监督管理办法》《公路水运工程试验检测管理办法》等部门规章。

第三节 城市交通与刑法

刑法是规定犯罪、刑事责任和刑罚的法律，属于刑事法律部门。在城市交通领域，管理规范社会关系时必定与刑法的调整领域存在交叉或重合的情况，即在违反了《道路交通安全法》和《公路法》等交通行政法律法规的同时，又违反刑事法律。其中涉及危害公共利益的我国交通安全犯罪主要集中在刑法分则下的危害公共安全罪中，涉及罪名共 9 个，其中：劫持类罪名 3 个，包括劫持航空器罪，劫持船只、汽车罪，暴力危及飞行安全罪；违反交通规则类犯罪 6 个，包括重大飞行事故罪、铁路运营安全事故罪、交通肇事罪、危险驾驶罪、以危险方法危害公共安全罪和过失以危险方法危害公共安全罪。交通犯罪的罪名分布于道路交通犯罪、铁路交通犯罪、空中交通犯罪和水路交通犯罪四个方面，而城市交通则主要涉及道路交通犯罪的部分。除刑法规定的 12 个罪名之外，最高人民法院也出台了与交通安全犯罪相关的司法解释，2000 年 11 月 15 日颁布的《最高人民法院关于审理交通肇事刑事案件具体应用法律若干问题的解释》（法释〔2000〕33 号）中涉及了一些交通肇事案件中难以认定的具体问题，对交通肇事罪的定罪量刑起到了指导性的作用。交通安全犯罪构成要件的客观方面表现为，行为人实施了驾驶交通工具肇事的行为或者其他危及安全驾驶的行为，从而侵害了不特定多数人的生命、健康或者重大公私财产的安全，造成了相应的危险或侵害结果。行为方式主要包括两种，一种是驾驶肇事的行为，一种是其他危及安全驾驶的行为。其中第一种行为方式针对的是驾驶人员，第二种行为方式针对的主要是非驾驶人员。但不管是哪种行为，都必须具备危害公共交通安全的性质。交通安全犯罪的主观构成要件既包括故意，也包括过失，具体的主观要件依所认定的具体罪名而定，如危险驾驶罪要求行为人在主观方面是故意的，而交通肇事罪则是典型的过失犯罪。

第四节 城市交通和民商法

一、城市交通与民法

民法是规定并调整平等主体的公民间、法人间及其他非法人组织之间的财产关系和人身关系的法律规范的总称。民法包括形式上的民法（即《民法典》），单行的民事法律和其他法律法规中的民事法律规范。城市交通道路运输法律体系不仅包含交通行政法律关系，而且包含民事法律关系，如运输合同关系是道路运输民事法律关系的重要组成部分。运输合同法规经历了从《经济合同法》到《合同法》到《民法典》（合同编）的发展过程。其中《民法典》（合同编）的规定对我国运输合同进行了全面规范，既规定了涉及货物贸易的货物运输合同，又对旅客运输合同、多式联运合同进行了全方位的规范和指导。在肯定运输合同法发展成绩的同时，还应该注意到，《合同法》的这些规定只是原则性的、概括性的，作为运输合同法的配套规定，如《汽车旅客运输规则》和《汽车货物运输规则》进行了更为详细的规范，以指导实践。另外，城市交通中民事侵权关系也被较多涉及，除特殊情况外，一般救济法律的适用都是根据特别法优于一般法的原则，适用《道路交通法》《道路交通事故处理办法》等交通法律法规。但在涉及一些比较复杂的情况时，如司机好意搭乘、与乘客的共同侵权行为（如网约车等）等复杂争议，还需要借助于民法中侵权法上的归责原则进行具体调整。最后，对于汽车、摩托车等交通工具，在作为特殊动产的登记、交易、使用、质押中，还要受到《民法典》（物权编）对于特殊动产交易的相关条文及各种管理规定的约束。

二、城市交通与商法

商法是调整平等主体之间商事关系的法律规范的总称，主要包括公司法、保险法、合伙企业法、海商法、破产法、票据法等。商法是与民法并列并互为补充的部门法。我国目前采取了民商合一的模式，民法包含商法，民法是商法的母法，指导和统帅商法，而商法是民法的子法或者特别法。商法本身具有调整行为的营利性特征，又具有商事主体严格法定等原则。而在城市交通中商事主体的营利性商事活动会受到商法的调整，如在公司法领域，我国城市公共交通、一般交通领域的服务主体逐渐由事业单位转型为企业，其必然要按照《公司法》及相关商事法律法规，完善治理结构，落实现代企业制度，依法规范企业日常运营管理。在保险法领域，2007 年修正《保险法》第一百八十六条第二款规定，“强制保险，法律、行政法规另有规定的，适用其规定”，以及第六十五条对于三种责任保险的规定，结合《道路交通安全法》第七十六条、《机动车第三者责任强制保险条例》的规定构成了我国机动车强制保险的基本制度。另外，在城市交通中的水面交通运输中，因为其采用船舶进行水上运输的特殊性，还可能进入商法中特别法海商法的调整范围。

三、城市交通与社会规范

社会规范，是指调整人与人之间社会关系的行为规范。以一定的社会关系为内容，目的是维护一定的社会秩序，包括风俗习惯、宗教规范、道德规范、社团章程、法律规范等。对于我国这样快速发展的国家来说，习惯、道德等法律规范外的社会规范构成了现行交通法律外对于交通行为规范的补充。像许多交通行为实际上是由社会规范进行的，如公共交通中车辆、轨道交通的礼让座位、排队上车、文明等车等，就是典型的社会规范。交通社会规范问题在交通对策中是非常重要的，因为许多行为以习惯、道德等社会规范作为约束。为了研究交通政策对于行为的影响，就需要研究如何形成现在的社会规范：一方面将社会规范逐步形成法律，补充法律的不足；另一方面，法律制定中也应考虑社会一般人的交通习惯等社会规范。比如，在我国新设立的《民法典》中明确将习惯作为法律规范的补充，其中第十条规定："处理民事纠纷，应当依照法律；法律没有规定的，可以适用习惯，但是不得违背公序良俗。"

第五节 城市交通和经济法社会法

一、城市交通与经济法

经济法就是调整现代国家进行宏观调控和市场规制过程中发生的社会关系的法律规范的总称。城市公共交通是关系国计民生的特殊行业，具有自然垄断性和规模经济性，市场结构独特，行业特征显著，属于准公共产品和公共服务的范畴。经济法所具有的社会本位性和公共利益性，使其理所当然地成为城市公共交通规制法律关系的调整工具。实现城市公共交通规制的法治化框架体系，经济法占据重要的位置。以城市公共交通法为核心，包括产业政策法、财税法等宏观调控经济法，反垄断法等具体调整型经济法以及劳动法、环境保护法、社会保障法等社会法为枝干的整体。具体到城市交通领域的经济法法律法规上，针对城市交通服务中的公共利益保护以及采用特许、反垄断等制度进行了调整。比如在行业准入上，《中华人民共和国行政许可法》第十二条第一款第二项规定"有限自然资源开发利用、公共资源配置以及直接关系公共利益的特定行业的市场准入等，需要赋予特定权利的事项"。另外，建设部发布的《市政公用事业特许经营管理办法》规定"市政公用事业特许经营，是指政府按照有关法律、法规规定，通过市场竞争机制选择市政公用事业投资者或者经营者，明确其在一定期限和范围内经营某项市政公用事业产品或者提供某项服务的制度"。其还规定："城市供水、供气、供热、公共交通、污水处理、垃圾处理等行业，依法实施特许经营的，适用本办法。"在服务价格上，《中华人民共和国价格法》明确将城市公共交通等公用事业价格、自然垄断经营的商品价格以及公益性服务价格等，列入政府定价和政府指导价范畴。通过经济法进行政府规制这种干预的形式，维护自然垄断与市场竞争之间的平衡，保持行业健康发展，以更加高效便捷地实现城市交通的管理目标。

二、城市交通与环境法

（一）自然资源及环境保护

环境法，是指关于保护环境和自然资源、防治污染和其他公害的法律规范的总称。环境法的作用，是通过调整人们（包括组织）在生产、生活及其他活动中所产生的同保护和改善环境有关的各种社会关系，协调社会经济发展与环境保护的关系，把人类活动对环境的污染与破坏限制在最小限度内，维护生态平衡，达到人类社会同自然的协调发展。因此在保护环境友好的要求下，提出了土地和能源节约的交通资源节约制度，噪声改进、机动车尾气排放完善、废旧机动车回收健全的交通环境友好制度，需求约束、供给保障、管理优化的城市交通运行通畅制度。在自然资源及环境保护中，2015 年，中共中央政治局会议审议并通过《关于加快推进生态文明建设的意见》，把生态文明纳入社会主义核心价值体系，其对于交通的关注度很高，提出大力推进绿色城镇化，强化城镇化过程中的节能理念，大力发展低碳、便捷的交通体系。与土地资源相关的城市交通立法主要涉及城市交通规划用地，在法律和法规层面，主要是《城乡规划法》（2008 年修订）。在部门规章层面，国家颁布实施了一系列相关制度。包括《关于批准发布〈城市公共停车场工程项目建设标准〉的通知》（住房和城乡建设部、国家发展和改革委员会 2010 年）、《关于发布行业产品标准〈汽车库和停车场车位引导装置〉的公告》（住房和城乡建设部 2013 年）、《关于印发〈城市公共交通规划编制指南〉的通知》（交通运输部 2014 年）、《关于加强城市轨道交通规划建设管理的通知》（国家发展和改革委员会 2015 年）、《关于加强城市停车设施建设的指导意见》（国家发展和改革委员会等 7 部委 2015 年）、《关于进一步加强城市规划建设管理工作的若干意见》（中共中央国务院 2016 年）等。此外，还有大量的地方性法规规章，主要涉及综合交通规划、轨道交通规划、停车场建设规划等方面内容，比如，目前有厦门、济南等 8 个地方城市进行了停车场立法。在节能领域，交通行业一直对交通运输节能减排十分关注，20 世纪 80 年代以来，交通运输部门有计划、有组织地先后颁布了《交通行业节能管理实施条例》《全国在用车船节能产品（技术）推广应用管理办法》《交通行业实施节约能源法细则》；发布《公路、水路交通实施〈中华人民共和国节约能源法〉办法》，继续推动交通行业节能减排工作向深层次发展。此外，工业和信息化部等部门发布了《轻型汽车燃料消耗量标示管理规定》《关于进一步加强轻型汽车燃料消耗量通告管理的通知》《关于节约能源使用新能源车船车船税政策的通知》等部门规章。此外，2016 年全国人大常委会修正了《节约能源法》，专门用一节对“交通运输节能”进行规定，明确国务院有关交通运输主管部门负责节能监督管理工作。为加快培育和发展节能与新能源汽车产业，国务院特制定《节能与新能源汽车产业发展规划（2012—2020 年）》，国务院办公厅出台《关于加快新能源汽车推广应用的指导意见》等，使城市交通节能法规得以真正落实。

（二）污染防治

要达到预防和治理交通环境污染，实现保障城市交通“环境友好”的生态目标，需要有力的交通环境污染防治法律作为支撑。从法律体系看，与城市交通相关的环境污染防治法律规定主要由《环境保护法》《大气污染防治法》等法律、行政法规《规划环境影响评价条例》、地方性法规、行政规章和地方性规章等层次共同构成。法律制度主要包括交通噪声、尾气排放污染和废旧汽车回收等方面。1979 年颁布的《环境保护法（试行）》对防治包括机动车辆和航空器在内的环境噪声污染危害作出了专门性规定。全国人大常委会于 1996 年 10 月通过了《环境噪声污染防治法》，该法第五章“交通运输噪声污染防治”第三十二条到第三十九条对源头的控制、产生过程的控制和其他规定进行了专门规定。这是我国目前防治环境噪声污染的基本法律依据。2008 年，《声环境质量标准》（GB 3096—2008）对《城市区域环境噪声标准》（GB 3096—93）、《城市区域环境噪声测量方法》进行了修订，与原标准相比，主要进行了如下修改：合并了环境质量标准与测量方法标准；界定了交通干线的内涵，调整了交通干线两侧 4 类区的环境噪声限值；要求对声环境功能区和噪声敏感建筑物进行监测。《大气污染防治法》规定了机动车排放污染管理的基本框架，为其他机动车排污控制法规、规章的制定奠定了基础。再者，其他法律法规和规范性文件对机动车尾气污染防治作出了具体性规定。《环境保护法》对机动车尾气污染防治进行了规范。2014 年再次进行了修改，对推进生态文明建设，防治环境污染和其他公害提出了明确要求。2007 年实施的《中国轻型汽车污染物排放限值及测量方法（中国 III、IV 阶段）》分别与欧洲 2000 年实施的《欧 III 轻型汽车排放法规》、2005 年实施的《欧 IV 轻型汽车排放法规》相似。关于报废汽车回收利用，已出台了《报废汽车回收管理办法》等相关法规。对城市交通相关与环境保护法律体系还在持续完善中。

三、城市交通与社会保障法

社会保障法是调整社会保障过程中发生的经济关系的法律规范的总称。社会保障关系可以分为社会保险关系、社会救助关系、社会福利关系和社会优抚关系等。社会保障法实施的基本宗旨在于保障基本人权、保障社会公平和保障社会安全。《中华人民共和国社会保险法》是中国特色社会主义法律体系中起支撑作用的重要法律，是一部着力于保障和改善民生的法律，保证人民可以共享发展成果，促进社会主义和谐社会建设。在城市交通领域，社会保障法具有重要意义。责任保险制度和社会保障目前开始介入交通事故损害赔偿领域，反映了交通事故损害赔偿上的社会化，我国《道路交通安全法》的颁布实施和《机动车交通事故责任强制保险条例》的出台也在一定程度上体现了这一立法趋势。另外，对于城市交通中的工作人员以及弱势群体的保护也应受到社会化的保护。在城市建设中，大量的农村集体土地被征用，农民失去耕地成了失地农民，尽管因为《土地管理法》的规定而获得了补偿，但并不能完全给予其足够的生活、就业上的保障，为失地农民提供生活、就业、养老、医疗、教育上的社会保障政策，尤其是提供相应的法律援助十分重要。另外，作为城市交通实际的参与者、建设者，按照《安全生产法》《社会保障法》《国务院关于完善城镇社会保障体系的试点方案》等法律法规的要求，为城市交通工作人员提供安全的工作环境、完善的社会保障也是应有之义。

四、城市交通与劳动法

劳动法是调整劳动关系以及与劳动关系有密切联系的其他社会关系的法律规范的总称。劳动法是资本主义发展到一定阶段而产生的法律部门，系从民法中分离出来的一种独立的法律部门。它最早属于民法的范围，19 世纪以来，随着工业革命的发展，劳动法在各国的法律体系中日益占有重要的地位，并逐渐脱离民法而成为一个独立的法律部门。早在 1931 年 11 月，中国共产党领导的中华苏维埃工农兵第一次全国代表大会就通过了《中华苏维埃共和国劳动法》。新中国成立后，中国先后制定了《中华人民共和国劳动法》和《劳动合同法》《劳动争议调解仲裁法》《国务院关于职工工作时间的规定》等一系列调整劳动关系的法律法规。而交通领域涉及相关行业人员的劳动关系则更加复杂，尤其在互联网经济下劳动关系的认定变得更加困难。交通运输用人单位与员工之间劳动关系的法律以《劳动法》和配套的《劳动合同法》为主要依据，《劳动合同法》规定：“建立劳动关系，应当订立书面劳动合同。”现实情况是，运输企业由于行业特点大量存在规模小、经营分散的企业，特别是一些私人经营的小型运输公司，在用人上多存在不签劳动合同不为员工购买“五险一金”的情形，个别企业出于成本考虑，对雇佣的临时工也采取不签劳动合同的方式。另外，根据《劳动法》和《劳动合同法》，在交通工程领域对农民工群体权利的保护也受到了极大重视。例如，交通运输部2020年发布了最新的《关于公路水运工程建设领域保障农民工工资支付的意见》，第四项明确规定“完善制度体系”，并落实《保障农民工工资支付条例》相关规定。另外，互联网科技公司进入城市交通领域后，“互联网+”推动了共享经济向纵深领域进一步发展，创新共享的新经济形态催生出各种行业新模式，传统劳动关系的主体和客体发生了深刻变革，互联网新型用工纠纷成为劳动争议的“新常态”，传统的劳动法制度也面临新的挑战，像网约车司机、网络代驾如何进行劳动关系的确定等，将会成为今后城市交通法治在劳动法领域探讨研究的新问题。

第六节 城市交通和程序法与多元化纠纷解决机制

一、城市交通与诉讼程序法

程序法是规定以保证权利和职权得以实现或行使，义务和责任得以履行的有关程序为主要内容的法律，是正确实施实体法的保障；诉讼则是实体法和程序法的综合运用。程序法中，既包括行政诉讼法、刑事诉讼法、民事诉讼法等诉讼程序法，也包括行政程序法、立法程序法和选举规则、议事规则等非诉讼程序法。诉讼程序法适用于诉讼中的各个领域和部门。城市交通领域的相关民事、刑事诉讼都应按照《民事诉讼法》和《刑事诉讼法》相应的规定进行，尤其在行政诉讼领域，2015年修订施行的新《行政诉讼法》对于交通行政管理执法提出了更严格的要求。首先，其加大了对程序合法性的审查力度，新增的第七十四条明确规定了人民法院判决确认违法，但不撤销行政行为的五种情形，其中第二种是“行政行为程序轻微违法，但对原告权利不产生实际影响的”对于行政行为程序违法，即使是轻微的违法，人民法院也可以确认违法。其次，新《行政诉讼法》对取证的规范性也进行了明确的规定。《行政诉讼法》第四十三条第三款规定：“以非法手段取得的证据，不得作为认定案件事实的根据。”这是非法证据排除规则在行政诉讼中的适用，也是此次修订新增的规定。至于非法证据排除的标准，则可以参照相关《刑事诉讼法》的相关规定。此外，行政诉讼的监督功能大大加强，如修订后《行政诉讼法》

第五十三条规定了对规范性文件的附带审查，“公民、法人或者其他组织认为行政行为所依据的国务院部门和地方人民政府及其部门制定的规范性文件不合法，在对行政行为提起诉讼时，可以一并请求对该规范性文件进行审查”。第六十四条规定：“人民法院在审理行政案件中，经审查认为本法第五十三条规定的规范性文件不合法的，不作为认定行政行为合法的依据，并向制定机关提出处理建议。”这在提升公民权利保护的同时也提高了城市交通领域行政管理执法的诉讼风险，对城市交通管理者提出了更高的要求。

二、城市交通与非诉讼程序法

非诉讼程序法是解决非讼案件的程序法。除了程序法上的诉讼法外，国家的人民调解法、仲裁法也属于程序法范围。《交通安全法》将交通管理部门的行政调解和通过人民法院进行的民事诉讼作为解决交通事故损害赔偿争议的两个基本途径。因此，充分利用人民调解法、仲裁法等非诉讼程序解决城市交通中的法律纠纷，也成为程序法在交通领域进行非诉讼解决的法律补充。像涉及交通工程中的劳资纠纷可以采用《劳动法》所规定的劳动仲裁程序、道路交通工程中的土地征收等纠纷，则可以通过民商事仲裁程序、调解程序，相比于法院诉讼能更好地解决问题。

三、城市交通与案件多元化纠纷解决机制

近年来在行政机关的调解及通过法院诉讼之外，交通事故当事人越来越多地选择非官方的仲裁调解快速而有效地解决交通事故损害赔偿争议，主要包括听证、和解等非正式纠纷解决方式。多元化纠纷解决机制是指一个社会中各种纠纷解决方式、程序或制度（包括诉讼与非诉讼两大类）共同存在、相互协调所构成的纠纷解决系统。从我国法律体系来看，《民事诉讼法》《行政诉讼法》《仲裁法》等相关法律初步建立了多元化纠纷解决的框架，2011 年公布的《人民调解法》明确了人民调解的地位。此类非正式纠纷解决方式的广泛适用，能够为行政机关与行政相对人搭建一个充分沟通和有效交流的平台，促使诉讼风险在进入诉讼程序之前便得以解决，既节省了行政机关诉讼成本，也维护了政府的公信力。多元化纠纷解决机制作为诉讼之外的纠纷解决方式，以其灵活、便捷、低成本等优点，为纠纷当事人带来了弱对抗性下解决纠纷的人文关怀，也为交通事故中民事纠纷的高效解决提供了重要契机。

在城市交通领域，通过构建和优化非诉讼程序解决纠纷机制来应对日益多发的城市交通事故中的民事纠纷将是明智之举。在法律依据上，《道路交通安全法》在原有的交通事故纠纷解决方式基础上，仍以公安机关的调解以及民事诉讼作为交通事故损害赔偿纠纷的两种主要救济途径，但规定了调解不再作为诉讼前置程序，而是由当事人的申请来启动公安机关调解，这在一定程度上尊重了当事人的意思自治，并使处理程序更灵活，另外，《道路交通安全法》为增加新的交通事故损害赔偿方式提供了法律依据。其一，规定了当事人自行协商解决交通事故损害赔偿纠纷这一纠纷解决方式。对一些轻微交通事故，当事人无争议的，可即行撤离现场，恢复交通，自行协调处理损害赔偿事宜，体现了以人为本的法治原则。其二，对于交通事故损害赔偿规定了第三者强制保险制度，机动车发生交通事故造成人身伤亡、财产损失的，由保险机构在机动车第三者责任强制保险责任限额内予以赔偿。超出限额的，才按一定方式认定当事人的赔偿责任。国务院出台了《机动车交通事故责任强制保险条例》，将机动车第三者责任强制保险制度正式纳入我国交通事故民事责任认定的法律体系，它还规定了通过设置道路交通事故社会救助基金为纠纷解决方式之一。这些条例促进了我国交通事故民事责任纠纷解决机制的多元化的建立，为我国交通安全管理作出重要贡献。

第七节 我国城市交通现实问题与未来发展

一、城市交通治理的法治化需求

城市化、现代化、网络化、智能化是人类世界当代发展的基本潮流。在全面推进依法治国、加快法治中国建设的进程中，运用法治思维和法治方式推进国家、地区特别是城市管理（治理）现代化，已成为紧迫要务。从法学研究的角度，探求城市法治建设规律，完善城市法治体系（包括法律创制、法治实施、法治保障和法律监督等），更成为法学理论和法治实践的核心课题。

（一）我国城市交通治理的总体水平与现实问题

目前，我国的城市交通治理总体上顺应了我国城市化的发展趋势，满足了城市建设的大致需求，却也面临着前所未有的压力与挑战。总体来讲，机遇与挑战并存，成果与问题相伴。

在城市交通基础设施建设取得长足进步的同时，我国主要城市的交通供给却仍然难以满足常态化或非常态化的交通需求。交通拥堵问题作为目前困扰国内主要城市的通病，刺痛着城市交通治理的敏感神经。“拥堵”问题是目前我国城市交通治理所遇到的复杂与棘手之挑战的一个缩影，“伴随着交通机动化的普及，交通拥堵正在从特大城市迅速扩散到大城市，甚至中等城市”。[1]

与此同时，人们愈加注意到，目前我国城市交通治理领域所面对的问题，实际上是一个具有综合性的问题。“虽然中国进入机动化时期较晚，但城市机动化发展势头却更为凶猛”，“‘摊大饼’式的城市发展格局、严重短缺的道路空间资源和环境容量，以及十分单薄而脆弱的城市公共交通服务体系等，使得中国大城市应对急剧膨胀的小汽车交通需求问题时更为棘手”。“还有许多问题也是国外大城市不曾遇过的。这些特殊性由中国大城市交通发展的特殊背景所决定。”[2]

国内城市“交通需求和交通拥堵受到诸多因素影响，除了机动车增加以外，还有其他重要方面没有引起应有的重视，如城市空间形态、土地利用模式等”[3]。因而，城市交通治理应当是一个复杂而体系化的工作，交通规划与治理的科学性建设则至关重要。而在城市交通规划方面，目前我国主要城市的规划体制的严谨性与规划内容的科学性不足饱受诟病。

基于以上概括的背景介绍，在城市治理普遍面临着新的压力与挑战，传统的“技术治理”面临着发展的制约瓶颈之时，城市交通治理法治化的概念日益受到人们的关注，并展示出巨大的发展潜力。人们愈发希望交通治理问题也能够通过法治化的路径来有效地被解决。

（二）我国城市交通治理法律体系的存在问题

交通治理体系的发展，是我国城市交通法治化建设的基石。目前，我国城市交通立法整体上处于一个飞速发展的阶段，立法数量大大增加，但存在着立法质量有待提高、立法针对不同城市自身特点的现实回应性不足、缺乏中央领域的基础性规范性文件与立法统筹等问题。

以我国目前主要城市交通建设所重点关注的公共交通为例。从我国城市公共交通领域的立法现状来看，存在着以下几个比较显著的问题：一是涉及相关问题的规范性文件数量较少；二是城市公共交通的立法层次普遍较低；三是缺乏专门性的立法。目前，许多地方政府在城市公共交通立法的层面进行了有益尝试，如上海市、苏州市、长春市等城市制定了相关的规范性文件，通过立法的形式规范和促进城市公共交通的发展。而反观中央的立法层面，则进展缓慢，《城市公共交通条例（草案）》（征求意见稿）由国务院法制办于2007年和2010年两次公开征求意见，至今仍未出台。中央层面的立法缺失，导致国内城市发展公共交通缺乏普遍的法律支持与原则性指导，这无疑会影响我国城市公共交通在整体上的发展。而缺乏国家在上位法层面的原则指引，城市交通发展缺乏整体上的资金支持体制与法律杠杆，则是我国城市发展交通事业时所普遍遇到的问题。

我们需要以《标准化法》《城乡规划法》及相关法律法规的相关规定为基础，进一步明确地梳理规划技术标准和规划标准的法律性质。有观点认为，从形式上看，城市规划技术标准大部分不具备《立法法》所规定的“法”的性质。但是在行政机关的具体行政过程中，它们却对规划行政机关的行政行为有着约束的效力，成为行政机关进行事实认定并作出行政行为的依据。同时，在《标准化法》和《城乡规划法》的框架下，我们可以对交通规划与交通技术标准进行行政法意义上的解读，进一步梳理其法律性质，从而有利于交通规划与交通技术标准的制度化与法制化建设。

（三）我国城市交通治理法治化的重要意义

传统的城市管理观念，将交通治理更多地视为一种技术管理，这就忽视了法治化对于交通治理建设的重要意义。依技术管理观念进行的交通治理，也呈现出了许多弊端。技术手段固然可以使治理者能够针对交通治理领域出现的现实问题与挑战作出灵活的应对，却因为缺乏前瞻性、规划性、系统性等原因，使得治理效果大打折扣、治理成本极高，也容易出现“发现问题—治理—新的问题出现—治理—交通环境进一步恶化”的恶性循环。而反观法治化的交通治理模式，则在以下几个方面体现出了其优越性：

（1）“规则之治”有助于增强交通治理的体系性与建构性。在城市交通治理法治化的背景下，交通治理领域的“良法善治”就成了一个重要的前提。城市交通领域越来越依靠立法手段进行治理，这既是交通治理法治化的应有之义，也是必然的发展趋势。

（2）多方主体参与有助于交通治理的民主化与科学化建设。在法治化背景下，“城市治理以人民主权为理论基石”，在治理过程中以行政民主化为核心，“以社会权利制约政府权力，要求让公民及社会组织共同参与城市治理”。

（3）法治思维与法治方法有助于优化交通治理的社会环境。“法治思维与法治方式的运用是一种趋于平等的思维方式，意味着要充分发挥社会组织的作用，意味着文明管理的开始”，同时，“对社会调整来说，法治是全面的，要求政府、政党、公民都必须接受法律的约束”[4]。对于决策者和城市管理者而言，法治思维与法治方法更多地体现在进行决策与管理时，更多的是基于合法性、科学性、民主性的考量而作出相对应的行政行为。对于市民而言，法治思维与法治方法则意味着尊法守法，自觉主动维护交通法规及交通管理秩序、文明规范出行。应力求在管理者与市民的两个维度上共同营造出崇尚法治思维与法治方法的氛围，从而为城市交通法治的建设创造良好的社会环境。

（4）法律治理工具有助于增强治理的权威性与决策的合理性。在法治的框架下，运用法律的方法、手段、机制解决交通治理领域的现实问题，有利于增强法律在现实的城市交通治理当中的现实回应性，将法律的治理工具的应用引入常态化与实用化的轨道。

二、城市交通治理与法律体系的完善

（一）推进城市交通法治化治理

在城市交通建设领域遵行“规则”之治已经成为法治国家普遍的做法。以美国为例，美国在 20 世纪 60 年代掀起了城市公共交通规划与建设的浪潮，对其城市公共交通的建设与完善产生了长远而深刻的影响。其全国范围内的城市公共交通改革，普遍是通过立法手段实现的。《住房法案》（Housing Act of 1961）、《联邦支持高速公路法》（FAHA-1962）、《城市公共交通法》（UMTA-1964）、《交通部法案》（DOTA-1966）、《示范城市和大城市发展法案》（DCMDA-1966）等一系列法案[5]，使得美国对于公共交通领域开始了法治化治理，即通过立法，将公共交通问题纳入法律规制体系，并在公共交通治理领域运用法律进行资金扶持，形成了单一的机构，来领导、管理和解决城市公共交通问题。

由此可见，“规则之治”是法治国家中交通治理领域重大转变。当然需要注意的是，公共交通法治化治理中，在广泛听取社会各方意见、扩大交通治理的参与主体的同时，还必须保证治理的专业性和科学性，这样才能够使得决策能够满足交通发展与建设的科学规律。民主化与专业化、科学化协同发展，才是城市交通法治发展的必然路径。

（二）完善城市交通治理体制

在大部制改革的整体背景下，道路运输管理模式改革贯彻深化改革和调结构转方式的大方针，结合社会发展状态和各地区不同的道路运输业实际情况，合理分配权力，在使管理权力相对集中的同时，有效协调与理顺各交通管理主体的职能，从而才能保障行业管理的效率和流畅度。目前，国内主要城市针对交通管理体制方面出现的问题，尝试着探索一条协调各方、综合治理的模式。在全国的城市交通治理体制建设的领域内，形成了“条条”管理、“块块”管理和“条块”管理三种主要的管理模式。

在现行的道路交通管理体制下，其经济和技术原则上由交通行政部门管理，而安全问题由公安部门管理。但是应该看到的是，目前我国城市交通管理体制仍存在着进一步理顺的空间，立法层级不高、规定分散且混乱、多头监管与执法导致行政效率低下等问题比较突出。目前，我国城市交通治理体制尚未实现从“管理”到“治理”的过渡，社会主体的参与程度不足，尚未将城市交通治理构建为城市各方主体共同的一项事业。

在交通行政执法领域，管理模式单一，计划经济背景下的行政管控模式痕迹浓厚，导致城市交通运输行业在行政执法方面一直存在着僵化、低效等问题。因而，有必要改变我国交通行政执法领域内立法混乱、立法层级欠缺的问题，形成规范严谨的行政执法法律体系。此外，交通执法的行政公开建设、行政执法人员的法治思维与法治方法的培养、行政执法体制的理顺与完善，这些都是我国在城市交通执法领域建设方面所需要重点关注的问题。

（三）建设城市交通法治社会

交通治理的效果关系到每个市民最切身的利益，城市交通治理实现法治化，必定需要创造一个良好的社会环境，这体现在交通法治与规则意识、市民及社会组织参与治理的意愿及能力等多个方面。目前，我国城市交通正在从“管理”到“治理”转型的过程中，暴露出了一系列矛盾及问题。具体来讲，体现在缺乏市民及社会相关主体参与交通治理的渠道及机制、社会整体上的交通规则与交通文明意识仍有待提高等方面。

此外，我国的城市交通治理法治化建设还存在着城市发展程度差异明显、交通法律治理的水平参差不齐、地方交通治理针对性和现实回应性不足等问题。这些都是在全国范围内推行城市交通法治化建设的过程中需要注意的问题。

三、城市交通法治化的可能前景

（一）城市交通治理法治的民主化与科学化

在城市交通的治理由单向式模式走向交互式模式的原则之下，公众参与被提到了前所未有的高度。交通治理关系着每一个个体的生活与出行，与市民的日常生活息息相关。

因而，交通决策必须全面而准确地反映市民的需求与利益诉求。同时，重大交通治理决策与立法广泛听取市民、专家学者、行政管理人员等多方主体的意见与建议，是保证治理科学化与民主化的必要前提。有效提高重大交通立法与决策的公众参与度，有利于使立法与决策更加规范化、符合程序正义的要求，而程序正义也是城市交通治理法治化的必要前提和基本保障。“遵循‘程序正当’原则进行重大交通问题的决策，听取多方意见，关注多方利益，保证决策的公正性，能有效提升决策的可执行性。”[6]

在城市交通治理规划方面，尤其应当注重规划制定的标准性、规范性与科学性。城市必须要有科学并留有余地（发展空间）的规划，强化规划的基础研究和科学编制，建立健全交通法规，加强规划的实施监督，保证规划的法定性和刚性， 在城市总体规划、控制性详细规划的同时，科学编制城市综合交通规划并制订详细的实施计划，决不能随意修改，失去规划的严肃性和刚性。

（二）城市交通治理组织与体制的构建

组织与体制构建，是城市交通治理的一个基础性因素。在这一方面，需要中央在立法与行政层面梳理清楚各个交通治理部门及机构的职能与权限，有效协调各部门机构在交通行政管理体系当中的地位及作用，防止多头行政、权责不清、行政主体之间扯皮推诿等现象的出现。

同时，应当兼顾中央与地方两个层面的灵活性，城市应当结合自身的交通治理具体情况及经验，探索出一种适合自身特点的交通治理体制。

（三）城市交通执法、守法的法治意识的树立

交通执法领域的改革应该侧重于从执法体制完善及执法队伍建设两个方面入手，完善执法规范，加强执法监督，增强交通行政执法的服务意识，培养法治思维，运用法治方法。此外，应当进一步加强交通行政执法相应配套机制的建设，尤其以行政公开和公众参与机制的构建为重中之重。

以南京市交通执法行政公开为例。南京市交通运输局按照政府信息公开和行政执法责任制的有关要求，对交通行政管理工作实施全面公开。对交通执法依据进行梳理，将六个门类的所有的交通法律、法规和规章进行网上公开；对交通行业管理事项全部进行公开；对南京市的交通规划、行业标准和其制定的规范性文件在交通门户网站上进行公开。这便是一个在城市交通治理领域全方位公开信息的典型样本。

在交通法治社会建设方面，应进一步加强交通守法与交通文明的宣传工作，增强市民的交通守法文明出行意识，从而有效地降低城市交通治理的成本。更进一步的是，多种城市交通治理的公众参与机制的构建，有利于从根本上提升市民在城市交通建设领域的主体意识和参与交通治理的热情和素养。

（四）城市交通法律治理方法与其他治理方法的协调

法律治理作为一种治理模式，固然有其独立的价值，但是，法律治理的作用绝不仅限于此，法律治理手段与其他治理手段相衔接，有利于通过法律治理保障其他治理的效果最大化，从而有利于科学的综合治理体系的形成。

城市交通治理的法治化构建，以法律治理为基础和标志，但并不意味着单一的法律治理。有学者认为：“城市治理法治化过程中，法律手段是必不可少的，法律手段是全体公民、社会组织和各级各类国家机关通过制定、实施和遵守各种法律、法规的方式来治理城市，促进城市治理法治化的方法；但是运用法律手段包打天下的做法是行不通的，城市社会生活的调整和规范还需要其他非法律手段，如技术的、行政的、经济的、教育的诸种手段。”[7]

此外，应注重交通规划与城市整体规划相协调、交通治理法治化与城市综合治理法治化相衔接，最大限度地发挥城市法治化综合治理的效果。

·参考文献·

[1] 孔令斌．新形势下中国佳通发展环境变化与可持续发展 [J]. 城市交通，2009(06): 11.
[2] 全永燊，孙明正．中国大城市交通发展值得注意的几个倾向 [J]. 城市交通，2011(02): 1.
[3] 丁成日．城市空间结构和用地模式对城市交通的影响 [J]. 城市交通，2010(05): 28-29.
[4] 陈金钊．“法治思维和法治方式”的意蕴 [J]. 法学论坛，2013(05): 10-11.
[5] 周江评．美国公共交通规划立法及其政策启示 [J]. 城市交通，2006(03): 22-24.
[6] 顾大松．重大交通决策法治化的三个维度 [N]. 中国交通报，2015-02-16(03).
[7] 蒋晓伟，饶龙飞．城市治理法治化：原则与路径 [J]. 甘肃社会科学，2014(04): 9.

第七章
城市交通资源的平衡与地域协作

本章讨论我国城镇化发展历程演进对城市交通公共产品属性的影响，以及由此形成的与地方立法权之间的法律关系；在城乡融合发展、城市群及都市圈等协同发展的新阶段，结合我国行政区划规定和行政体制，阐述城市交通事务中多行政主体之间的行为调节需求和法律关系，讨论城市交通一体化发展的重点方向。

第一节 我国城镇化发展历程

城镇化（urbanization）是自 18 世纪产业革命以来经济社会发展的世界性现象，是各国在实现现代化过程中所经历社会变迁的一种反映。城镇化以农村人口比重下降、城镇人口比重上升为表征，以产业结构从农业经济向工业经济、服务业经济转化为主体，是社会结构从农村社会向城镇社会演进的过程 [1]。同世界上所有国家一样，中国的城镇化进程基本符合世界城镇化发展的阶段性规律。从新中国成立至今，中国城镇化经历了缓慢发展阶段、快速发展阶段、协调发展阶段和高质量发展阶段。

一、新中国成立到改革开放前——城镇化缓慢发展阶段

新中国成立后，随着经济社会发展的逐渐复苏，我国城镇化水平缓慢提高。1953—1957 年“一五”计划的大规模工业化建设和城市建设时期，国家采取“重点前进”的城市发展方针，城镇化得到了稳步推进。1949 年，中国仅有 132 个城市，城市市区人口 3949 万人，城市市区人口占全国总人口比重 7.3%。到 1957 年末，城市增至 176 个，比 1949 年增长了 33.33%，平均每年增长 10%；城市市区人口增加到 7077.27 万人，比 1949 年增长 79.2%，平均每年增长 19.9%。城市市区人口占全国人口的比重提高到 10.9%，比 1949 年增加 3.6 个百分点 [2]。1958—1960 年“大跃进”期间，在人民公社运动的助推下，农村人口大量涌入城市，城镇化人口迅速增长，城镇化水平迅速提高；此后中国进入国民经济调整时期，撤销了一大批城市，大量城镇人口被动员回乡，城镇化水平下降；1966—1976 年“文革”的十年里，国民经济长期徘徊不前，城镇建设不考虑自然和交通等条件，大规模压缩城市基础设施建设投资，同时，城镇知识青年上山下乡，城镇人口向农村流动，出现了逆城镇化发展的情况，城镇化进程继续受阻。据统计，1966 年到 1978 年的 12 年间，全国仅增加 26 个城市，平均每年只增加两个，1978 年城镇人口（居住在城镇地区半年及以上的人口）为 17245 万人，城镇化率（城镇人口占全国总人口的比重）17.92%。而 1958 年人口城镇化率已有 16.8%，20 年间人口城镇化率年平均增长率仅有 0.056%[2]。

二、改革开放到 2001 年——城镇化快速发展阶段

改革开放后，家庭联产承包责任制改革、城镇国有土地使用制度改革等一系列政策的贯

彻执行刺激了经济社会发展，带动了城镇化水平的快速提升，特别是20世纪80年代起国家实施小城镇发展战略，提出“控制大城市规模，合理发展中等城市，积极发展小城镇”的城市化方针，注重发展乡镇企业，解决农村剩余劳动力的就业问题，农村生产力得到了空前解放，农民的生产积极性极大提高，为城镇化发展注入了动力。1992年，邓小平南方谈话和党的十四大的召开，标志着中国进入了全面建设市场经济体制时期，城镇化发展步入了快车道，尤其是在1979年到1991年的12年间，全国共新增加城市286个，相当于前30年增加数的4.7倍，平均每年新增15个城市。到1991年末，城镇人口增加到31203万人，比1978年增长80.9%，平均每年增长5.8%。城市化率达到26.94%，比1978年提高9个百分点[2]。

三、2002—2011年——城镇化协调发展阶段

进入21世纪以来，城乡差距、区域差距以及不同群体之间的收入差距逐渐扩大。区域协调发展战略在重点解决南北平衡和东西平衡问题的同时，也要求城镇化走协调发展的道路，促进城镇化的快速发展与城乡融合[3]。2002年党的十六大明确提出，要“全面繁荣农村经济，加快城镇化进程”。“农村富余劳动力向非农产业和城镇转移，是工业化和现代化的必然趋势。要逐步提高城镇化水平，坚持大中小城市和小城镇协调发展，走中国特色的城镇化道路。”“发展小城镇要以现有的县城和有条件的建制镇为基础，科学规划，合理布局。”至此，“小城镇大战略”终结。2007年，党的十七大进一步提出，要“走中国特色城镇化道路，按照统筹城乡、布局合理、节约土地、功能完善、以大带小的原则，促进大中小城市和小城镇协调发展。以增强综合承载能力为重点，以特大城市为依托，形成辐射作用大的城市群，培育新的经济增长极”。至此，“大城市”和“城市群”成为主流认识。

从城镇化率与城镇人口数来看，2002—2011年城镇化率从39.09%上升至51.27%，正式突破50%的界限，年平均提升1.31%；城镇人口数也从2002年的5.02亿增加到2011年的6.91亿[3]。整体来看，这一阶段基于国家政策的引导和宏观调控，城镇规模不断扩大，交往密度不断增加，分工协作的城市群逐渐形成，如长三角城市群、珠三角城市群、环渤海城市群等。

四、2012年至今——城镇化高质量发展阶段

2012年，党的十八大提出“走中国特色新型城镇化道路”；2013年，中央城镇化

工作会议提出“着力提高城镇化发展质量”；2014 年《国家新型城镇化规划（2014—2020 年）》提出“全面提高城镇化的发展质量”，标志着中国城镇化正式进入高质量发展的新阶段。这一阶段，重点围绕着新型城镇化、乡村振兴战略、都市圈与城市群发展等三大方面，提升城镇化的发展质量。2015 年后，一系列的户籍、土地、财政、教育等配套改革相继出台，大城市管理更加精细，中小城市和特色小城镇加速发展，城市群建设持续推进。截至 2018 年末，中国常住人口城镇化率达到 59.58%，年平均提升 1.17%，增速低于 2001—2011 年的发展水平，这一阶段的城镇化增速放缓。总体来看，在面临经济转型与全面深化改革开放的宏观背景下，这一阶段主要以解决城镇化发展中的关键问题为主要任务，追求城镇化高质量发展的目标。

第二节 城市交通发展的法理基础

城市交通具有公共产品的非竞争性、非排他性属性，且这种非竞争性和非排他性是不充分的，属于准公共产品。基于这一属性，城市公共交通多数情况下应由地方政府来提供。同时，不同城市应基于综合发展的水平及其市民对交通的需求，积极通过地方立法来构建适合本地的城市交通发展模式。

一、城市交通的公共产品属性

美国经济学家萨缪尔森在其《经济学与统计学评论》一书中，对公共产品进行了经典定义，即公共产品是指“能将效用扩展于他人的成本为零，并且无法排除他人参与共享的一种商品”[4]。根据该定义，公共产品具有非竞争性和非排他性两个属性。其中，非排他性，是指公共产品的消费是集体进行、共同使用的，其使用价值在不同的消费者之间不能分割，无法在技术上有效排他，或技术上可行但排他的成本过高；非竞争性，是指某人对公共产品的消费并不会影响他人同时消费该产品，公共产品增加一个人消费的边际社会成本等于零，或者每个消费者的消费都不影响其他消费者的消费数量与质量。经济学家史卓顿和奥查德发展了萨缪尔森的公共产品理论，举例说明了公共产品的三种类型：一是不可排他或排他成本很高以致难以通过市场供给的，如路灯；二是技术上可排他但习惯免费提供的，如道路；三是虽然可以有效排他但国家出于公平、公正等外部性考量而免费提供的，如教育、医疗服务等[5]。

美国经济学家布坎南进一步丰富了公共产品理论。在其《俱乐部的经济理论》一文中，布坎南提出，同时具备以上两个因素的公共产品是纯公共产品（pure public goods），完全由市场来决定的产品是纯私人产品（pure private goods），而现实生活中大量存在的介于纯公共产品与纯私人产品之间的产品，称为准公共产品（quasi public goods）。纯公共产品在消费上不存在“过度使用”，无法通过特定的技术手段进行排他性使用，否则代价十分高昂。纯公共产品的范围较小，国防、国家安全、法律秩序等属于典型的纯公共产品。准公共产品范围十分广泛，其介于纯公共产品和纯私人产品之间，相对于纯公共产品而言，准公共产品不具备完全的非竞争性和非排他性，而是在某些性质方面发生了变化。例如，有一类准公共产品不具有充分的非竞争性，即其虽然是公共的，一个人的使用不能排斥他人的使用，然而，它在消费上却可能存在竞争，可能存在“过度使用”的问题，例如地下水流域与水体资源、牧区、森林、灌溉渠道等。还有另一类准公共产品不具有充分的非排他性，由于消费“拥挤点”的存在，往往必须通过支付费用才能消费，例如有线电视频道、交通、电力等。

从上述对公共产品的分析和表述可见，城市交通具有非竞争性和非排他性的属性，且这种非竞争性和非排他性是不充分的，因此其属于准公共产品。一方面，城市交通具有不充分的非竞争性。例如，公共汽车作为一种公共产品，当超过其额定乘客数量后就会出现拥挤状态，消费者获得的效用就开始减少；再如，城市道路有一定的承载量，一旦过载就会出现拥堵现象。可见，城市交通对消费主体的数量有一定限制，当在其容量范围之内，该公共产品的消费具有非竞争性，而一旦消费主体数量超过了其容量范围，该公共产品的消费就开始产生竞争性。另一方面，城市交通具有不充分的非排他性。例如，目前很多城市的城市中心区停车费往往比城市郊区高，目的就是通过价格手段，局部排除部分车辆停在城市中心区，同时鼓励居民换乘公共交通工具进入城市中心地区，缓解城市停车位紧张和交通压力；再如，受特定的路面宽度限制，某车在使用道路的特定路段时，就排斥其他车辆同时占有这一路段，否则会产生拥挤现象。

亚当·斯密在《国富论》一书中提出“在市场经济条件下，政府的职责是什么”这一问题。在市场这只“看不见的手”之外，他认可了政府这只“看得见的手”对部分领域的干预和产品提供。经济学界对此形成了广泛共识，即“政府机制更适宜于从事公共产品的配置，而市场机制则更适宜从事私人产品的配置”[6]。基于城市交通的准公共产品属性，城市公共交通应由政府免费提供给社会公众享用。

二、城市交通地方立法权的运用

城市交通涉及的土地、税收、财政等重大问题属于中央事权，需要通过国家立法予以明确和规范，而城市交通的发展模式、路径选择、具体管理和治理措施等，属于各城市的地方事权，可以根据自身实际情况，制定相应的地方性法规和政府规章予以明确和规范。整体而言，我国立法框架体系所构建的关于立法权限的法律规范制度，所要解决的一个主要问题便是中央与地方之间的立法权限划分。事实上，国内很多省市都在地方立法权限范围内制定了城市交通领域的地方性法规或政府规章。从《立法法》的规定来看，地方立法权限涉及如下三个方面。

一是实施性立法，地方性法规可以对“为执行法律、行政法规的规定，需要根据本行政区域的实际情况作具体规定的事项”进行立法[①]；地方政府规章可以对“为执行法律、行政法规、地方性法规的规定需要制定规章的事项”进行立法[②]。以道路交通安全为例，2004 年全国人大常委会通过了《中华人民共和国道路交通安全法》，为了贯彻实施该法的内容，各省级地方都根据自身实际情况制定了地方性法规，如上海市人大常委会 1997 年发布了《上海市道路交通管理条例》（2016 年修订），天津市人大常委会 2005 年发布了《天津市道路交通安全管理若干规定》（2017 年修订）等，这些都属于实施性立法。

二是自主性立法，地方性法规可以对“属于地方性事务需要制定地方性法规的事项”进行立法[③]；地方政府规章可以对“属于本行政区域的具体行政管理事项”进行立法[④]。以停车场管理为例，停车场管理属于地方事务，国家层面没有进行专门的立法，各地为了加强停车场（库）的规划、建设和管理，调节停车供需关系，改善交通状况，纷纷出台了相关的地方性法规或政府规章，例如《北京市机动车停车条例》《上海市停车场（库）管理办法》等，都属于自主性立法。

三是先行性立法，对于地方性法规而言，除第八条规定的事项外，对于国家尚未制定法律或者行政法规的其他事项，可以根据本地方的具体情况和实际需要，制定地方性法规。对于地方政府规章而言，应当制定地方性法规但条件尚不成熟的，因行政管理迫切需要，可以先制定地方政府规章。规章实施满两年需要继续实施规章所规定的行政措

① 《立法法》第七十三条第一款第一项。
② 《立法法》第八十二条第二款第一项。
③ 《立法法》第七十三条第一款第二项。
④ 《立法法》第八十二条第二款第二项。

施的，应当提请本级人民代表大会或者其常务委员会制定地方性法规。以道路运输为例，目前规范全国道路运输的全国性立法是2004年颁布的《中华人民共和国道路运输条例》，该条例对道路旅客运输和货物运输作出了明确规定，但是对出租车、公交车、轨道交通等具体的道路运输行为没有进行详细规范。在城市公共交通领域并没有出台法律和行政法规的情况下，一些经济社会发展较快、城市公共交通较先进的地方，先行进行了城市公共交通领域的立法，用以规范城市轨道交通和公共交通管理等相关事务，如《上海市轨道交通管理条例》《天津市客运公共交通管理条例》《广东省城市轨道交通运营安全管理办法》《湖北省城市公共交通发展与管理办法》等，这些属于先行性立法。

城市交通地方立法权在运用过程中，应当注重可操作性和地方特色。

1）可操作性

可以从如下几个视角做到可操作性：

一是实现立法工作的精细化。十八届四中全会《决定》提出了“推进立法精细化”的新要求，这是对过往立法工作经验和教训的总结，是对立法规律最新的认识，也为地方立法的可操作性提供了法理依据。

二是始终着眼于将国家统一的制度在本地落地。地方立法虽然有一部分涉及纯粹的地方性事务，但总体而言是执行国家的统一立法，并结合本地实际加以细化和落地。可操作性从某种角度讲就是将国家较为原则的立法规定进行细化，在本地实施中变得可操作。

三是注重国际惯例的借鉴与扬弃。多年来的立法实践告诉我们：对国际惯例和做法，我们可以参照和借鉴，但全盘照抄的成功范例并不多。我们在立法中要知道同样事项国外制度设计是怎样的，其科学性如何，但不能简单地照搬照抄，需要完成一个本土化的转换才能成功。

四是善待本地的“传统”与“习惯”，传统与习惯是自生自发于当地的社会秩序，更容易被当地民众所认可和遵守。如苏力所言：“国家法律有国家强制力的支持，似乎容易得以有效贯彻；其实，真正能得到有效贯彻执行的法律，恰恰是那些与通行的习惯惯例相一致或相近的规定”。[7]

2）要有地方特色

从内容而言，“地方特色”有三种不同的含义：

一是本地化。在执行国家法律、行政法规时，地方立法根据本地的实际情况作出具体规定。这种本地实际情况主要是各地的差异性状况。

二是独有性。地方自主立法是对地方性事务的调整，地方性事务是指地方特有的事务，一般说来，不需要或者在可预见的时期内不需要由国家立法来统一规定的事务。

三是时代精神。“地方特色应具有时代精神，处于改革的转轨时期和社会转型期的地方立法，在内容上必须反映时代特点。不同改革时期，不同发展阶段，地方立法所要调整的对象不一样，面临的问题不一样，制度安排应该是稳定和创新的协调。”[8]

周旺生强调，地方立法要体现“地方特色”，一是要能够充分反映本地区的经济、政治、法制、文化、风俗、民情等对立法调整的需求程度，能够适合本地区的实际情况；二是要有较强的、具体的针对性，注意解决并能解决本地突出的而中央立法权没有或不宜解决的问题，把制定地方规范性法文件同解决本地的实际问题结合起来[9]。

三、城市交通地方立法权的限制

城市交通地方立法权在行使过程中，首先，需要与地方事权相匹配，“有什么事权，就有什么立法权”[10]。在城市交通领域，关系到全国统一管理规则的事项应为中央事权，如道路交通规则等，此类事项不属于地方立法的权限范围。其次，需要遵守《地方组织法》《立法法》，以及《行政处罚法》《行政许可法》《行政强制法》等法律法规的限制性规定，概括起来就是要遵守“不抵触”原则，即“制定地方性法规、政府规章要与宪法、法律、行政法规不相矛盾、不相冲突、不相违背。它是确立地方立法权限的基本原则”[8]。

郭道晖认为，“不抵触”原则是维护法制统一的最低标准，不抵触既包括直接的不抵触，也包括间接的不抵触。“不抵触”原则的具体标准主要是：①不作出与宪法、法律、行政法规基本精神、原则、具体规定相反或相违背的规定；②不超越法律、行政法规所赋予的有关设定行政处罚、收费、许可行为的权限；③不规定有关分割国内市场，搞地方保护主义的内容；④不规定国家的基本政治制度、经济制度、司法制度及其基本程序[11]。

在城市交通地方立法的具体操作过程中，遵循“不抵触”原则应把握以下几点：

一是要坚持国家法制统一的原则，即对《立法法》第八条所明确的法律保留的立法事项，地方立法不能涉及，或者不能作出与上位法相反的规定。

二是对于不明确属于法律保留的事项，也不明确属于地方性事务的，应认定为是中央与地方共有立法权的领域。在此领域，法律、行政法规已经作出规定的，地方立法可以制定实施性立法，结合本地实际，细化和补充国家规定，使之更具有操作性，但不能与中央立法的目的相违背、相冲突；法律、行政法规尚未作出明确规定的，地方可以先行立法予以规范，进行探索，但也不能违背上位法的立法目的和立法精神，而是要促进中央立法意图的实现。

三是对国家法律、行政法规的实体性的规定（涉及权限和职责），地方立法不能与之相抵触；但对于程序性规定，只要是有利于高效和便民的，可以作出不一致的变通规定，但不能作出不利于相对人的变通。

四是当国家法律、行政法规所规定的事项，在地方客观上难以实施的，地方立法中应当在坚持“法意不抵触”和“法权不抵触”的前提下，按照“可操作”的原则进行补充与完善，这时，简单地遵循“法条不抵触”原则会过于僵化而无法实现立法目标和价值，所以应当慎用“法条不抵触”原则。

第三节 城乡交通资源的平衡——从城市建成区到市域

随着经济社会的快速发展，城市建成区与郊区之间的联系越来越紧密。在市域范围内，城市交通作为实现人流、物流空间移动的载体，与市民生活质量的提升、就业机会的获取等民生问题息息相关，是实现社会共享发展的重要场域。E.W. 伯吉斯在《城市发展：一项研究计划的导言》中明确指出，城市发展、扩大的一般过程，包括两个互相对立而又互为补充的过程，即集中和疏散，或称向心流动和离心流动[12]。而城市交通与过境的外部交通都会向市中心的繁华商业区集中，这种交通的向心流动导致了城市交通问题的产生。从联合国统计的居住人口超过百万的前十大城市看：每个城市的交通体系各有特点、各有所长，但是每个城市的现代化交通体系都遇到了相同的矛盾——交通供给与需求的矛盾。可以毫不夸张地说，任何城市的现代化交通体系都无法回避这个矛盾。从城市建成区到整个市域范围，面临的重要问题就是如何实现城乡交通资源的平衡。

一、我国北京、上海等地的模式考察

美国著名的交通管理工程师安东尼 · 唐斯早在 1962 年就提出了著名的“唐斯定律”，即“新建道路最初固然降低了出行时耗，但同时也诱发和转移了交通需求，即修路越多会导致更多的交通量，这一现象称为诱增交通（induced travel）。因此，增加道路实际上只会使交通情况恶化”[13]。随着汽车产业与消费市场的快速发展，城市道路供给问题面临巨大挑战。北京、上海在 20 世纪八九十年代首先出现交通拥堵问题，尽管两市政府近年来在城市道路建设方面投入巨额资金，但是城市建成区域的扩张与城市道路供应量的增加，远跟不上机动车的增长速度，公众的出行需求仍然无法完全满足，这生动地验

证了“唐斯定律”。可见，采用新建道路的方式难以解决城市交通的供需问题，因为城市道路这一公共产品有其特殊性，它受到城市土地供应量的限制。这就要求政府转变思路和管理理念。于是近年来，国内学者开始关注西方的交通需求理论（Travel Demand Management，TDM）。TDM 是在现有道路资源不变的情况下，通过一系列方式引导公众理性使用道路资源，缓解道路交通压力。实践层面，各地政府开始高度重视城市交通治理问题，应对交通拥堵等“城市病”，特别是特大城市纷纷出台相关政策，主动进行交通需求干预，以达到维持交通系统有效运行的目的。其主要做法就是通过政策导向或经济杠杆等方式，影响交通参与者对出行的方式、路线、时间、地点等进行理性选择，以期维持交通资源的供需平衡。所采取的措施主要包括两大类，一是控制机动车保有量，二是控制既有机动车使用。

在控制机动车保有量方面，目前国家层面没有出台相关法律，只是出台了一系列部门规范性文件。北京和上海等地为了平衡交通资源，缓解交通拥堵状况，从车牌定额配给的角度，分别出台了调控小客车数量的法律文件。例如，北京市 2010 年 12 月颁布施行了《北京市小客车数量调控暂行规定》（2017 年修改），规定小客车配置指标需按照公开、公平、公正的原则，以摇号方式无偿分配；通过摇号获得购买小客车指标的，才能办理车辆登记。上海市 2012 年 9 月发布实施了《关于印发上海市非营业性客车额度拍卖管理规定》（2014 年修改），规定在本市中心城区通行的个人自用、单位公务等之需的非营业性客车需要经过拍卖，取得非营业性客车上牌指标。此外，上海远郊区使用沪 C 牌照，不用通过拍卖即可取得，但是通行范围受限制（不能在外环线内通行）；同时，申请人的户口必须在外环线外或者在外环线外拥有房产。上海推行的这种城市建成区与郊区相区别的车辆号牌制度，符合上海的城乡空间形态和交通需求特征，有助于平衡城乡交通资源。需要指出的是，通过摇号取得小客车指标和通过拍卖方式发放车牌额度的政策，对于控制城市小客车保有量起到了积极作用，但是在学术界也引起了不小的争议。有人认为政府通过摇号或者拍卖形式发放小客车指标，属于行政许可的性质，有违行政法上的平等原则，与《道路交通安全法》和《行政许可法》的规定存在冲突。也有人认为设立道路资源许可并不违法。如何实现地方立法与实践需求的张力平衡，值得进一步探讨。

在控制既有机动车使用方面，目前国家层面也没有出台相关法律，部分地方通过划定区域停车收费的模式，从城市中心区向外划分为从高到低的不同等级的停车收费区，控制城市中心区的汽车保有量，缓解城市中心区的停车压力。例如，北京市 2018 年出台了《北京市机动车停车条例》，对停车设施实行分类分区定位、差别供给，从严控制出行停车需求。

上海市 2012 年发布的《上海市停车场（库）管理办法》（2018 年修订）规定，实行政府指导价、政府定价的停车场（库），应当区别不同区域、不同停车时间，并按照同一区域道路停车高于路外停车的原则，确定停车收费标准。除此之外，国外治理交通拥堵的实践经验显示，拥堵收费是较为有效的治理城市交通拥堵的措施之一，但目前国内暂时没有采用。

二、城市交通资源统筹平衡的域外经验

（一）控制机动车保有量

一是直接限制机动车消费。新加坡早在 1990 年就开始推行“拥车证”制度来调控机动车保有量，具体做法是通过每月举行的公开竞标方式，打算购买机动车者必须先竞买“车辆拥有权”才能购车。“拥车证”价格由政府每月投放的数量与申请者的数量共同决定。

二是通过高额纳税提高机动车购买成本。很多发达国家和地区都通过高额纳税的政策调控机动车的保有量。例如，在丹麦，购买私家车所要缴纳的税款甚至相当于车辆本身价值的 2~3 倍，并根据车辆体积和排量等参数的增加而提高。

（二）控制既有机动车使用

一是限制使用时间。新加坡对不同类型车辆的使用时间进行区别化对待。新加坡汽车牌照分为普通牌照和红色牌照，购买红色牌照的车辆可以享受一系列税费的优惠，但实行“周末车制度”，只能在工作日 19 时至第二天 7 时之间以及周末和公共节假日使用，其他时间需要额外付费。

二是拥挤收费。拥挤收费是迄今为止被证明最有效的缓解交通拥堵的治理对策，因此被很多发达国家和地区所采用。伦敦于 2003 年开始对规定时段内进入中心城区的私人汽车和货运车辆实行交通拥挤收费政策，收费采用电子自动识别技术，运行效率较高。根据伦敦市交通局之后提交的评估报告，推行该政策后收费区域内小汽车流量降低了 31%，平均车速提高 21%，公共巴士速度更是提高了 70%[14]。日本东京都政府颁布的《东京都停车条例》规定，在车流量集中的市中心区域划定区块对机动车进行限制或者限行，并对进入划定区块的车辆进行收费。

（三）重视发展公共交通

随着汽车工业的高速发展，美国联邦政府从 20 世纪 60 年代开始便重视公共交通建设。

国会1961年颁布《住宅与城市发展法》，资助地方政府的公共交通事业。1964年制定了《城市公共交通法》，允许联邦政府援助地方政府的公共交通，其援助金额高达地方固定资产投资的2/3。此后又陆续出台一系列交通法规，支持各州发展公共交通。1970年颁布了《城市公共交通援助法》，对城市公共交通从资金和政策上予以大力支持，鼓励发展公共交通系统，提高人员在市内及过境的流动性。1991年又制定了《地面交通联运效益法》，鼓励公共交通，限制私人汽车。

三、城乡交通资源的统筹平衡发展路径

总结上述域外的城市交通治理的成验，结合我国城市交通治理的实际情况，我们认为需要从立法角度，加强对交通需求管理的法律规制，实现交通资源的统筹平衡。

（一）关于控制城市机动车保有量

正如前述，我国一些城市（如北京、上海）已经开始实施机动车限购政策。但是这些限购政策在社会上存在一定非议，法律上也面临一些障碍。要彻底解决这个问题，有必要由国家层面制定相关法律或者修改《道路交通安全法》等相关法律，授权地方根据各地实际情况出台竞价拍卖、摇号登记等限购政策，为城市合理统筹道路交通资源提供制度保障。

（二）关于控制城市机动车的使用

控制机动车的使用，包括采取机动车限行、征收交通拥堵费等措施。我国2015年修订《大气污染防治法》期间，修订草案中曾经规定授权省、自治区、直辖市人民政府根据需要可以对机动车限行，后由于种种原因没有出现在正式立法文本中。笔者认为，政府在治理交通环境污染方面需要拥有必要的手段和措施，在公民财产权和公民生命健康权出现冲突时，需要立法机关作出价值判断和立法选择。中央立法可以适当授权地方根据当地环境污染治理和道路资源配置的客观需要，在综合评估后对是否实施常态化机动车限行进行决策。

除了机动车限行这一限制性政策外，拥挤收费是发达国家普遍采取的交通治理方案。从经济学来看，当人们的出行收益小于出行成本时，就会主动考虑改变出行方式，进而有助于实现缓解区域交通拥堵状况的目标。目前，基于拥堵收费的合法性、公平性等问题存在争议，我国没有城市实施真正意义上的交通拥挤收费政策。作为一项域外广泛运用的成功方案，建议我国适时进行立法，对交通拥堵费的征收进行明确规定。

（三）关于保障公共交通优先

从发达国家和地区的交通治理的政策和法律可以看出，在交通治理过程中，除了上述限制性手段外，优先发展公共交通的法律和政策尤为重要。优先发展公共交通，可以快速分流人群，减轻道路交通压力。日本东京就构建了以城市轨道交通为主体的交通体系结构，约占 20%供给规模的 2500 余千米的城市轨道交通运营里程，承担着日均 80%以上的居民交通出行[15]。国家发展和改革委发布的《关于培育发展现代化都市圈的指导意见》指出，大力发展城市快速公交、市域（郊）铁路，优先利用既有资源开行市域（郊）列车，将市域（郊）铁路运营纳入城市公共交通系统，加快实现便捷换乘，更好满足公众通勤需求。但是，该指导意见不具备法律的强制性。目前，我国公共交通立法工作比较落后，尽管地方层面存在公共交通立法的实践，但是国家层面的文件只有国务院 2012 年发布的《关于城市优先发展公共交通的指导意见》（国发〔2012〕64 号），原国务院法制办公室早在 2010 年就发布了《城市公共交通条例（征求意见稿）》，但是至今仍没有出台，导致我国公共交通优先战略的推进缺乏法律保障。建议借鉴德国、美国、法国等国家的立法经验加快立法，明确公交经营者和乘客的权利义务，建立完善与公共交通相关的城市规划、财政、土地、路权制度，为城市公共交通优先发展提供法律保障。

第四节 交通领域的地域协作——都市圈与城市群

在区域一体化的背景下，区域内各城市之间的联系加强，形成了京津冀、长三角、珠三角、成渝、北部湾、长江中游城市群等一批区域城市群。而在城市群内部，又形成了以超大特大城市或辐射带动功能强的大城市为中心、以 1 小时通勤圈为基本范围的都市圈。2019 年国家发展和改革委发布的《关于培育发展现代化都市圈的指导意见》①指出，要加快构建都市圈公路和轨道交通网。一方面，要畅通都市圈公路网，增加城市间公路通道，密切城际公路联系，加快构建高速公路、国省干线、县乡公路等都市圈多层次公路网；另一方面，要打造轨道上的都市圈。统筹考虑都市圈轨道交通网络布局，构建以轨道交通为骨干的通勤圈。在有条件地区编制都市圈轨道交通规划，推动干线铁路、城际铁路、

① 《国家发展改革委关于培育发展现代化都市圈的指导意见》（发改规划〔2019〕328 号）明确，城市群是新型城镇化主体形态，是支撑全国经济增长、促进区域协调发展、参与国际竞争合作的重要平台。都市圈是城市群内部以超大特大城市或辐射带动功能强的大城市为中心、以 1 小时通勤圈为基本范围的城镇化空间形态。

市域（郊）铁路、城市轨道交通“四网融合”。交通一体化是都市圈、城市群协同发展的重点领域，是都市圈、城市群协同发展的基础保障。优先推进交通一体化建设，打通都市圈、城市群中不同城市间的联系通道，对于促进区域内产业转型、产业链分工具有重要意义。要实现都市圈、城市群的交通一体化，离不开都市圈、城市群内各城市在规划、管理和执法等层面的协同。

一、规划协同

交通离不开城市，城市是空间的载体、交通的本源。交通要发挥好联系城市各类社会经济活动的纽带作用，需要城市土地规划使用和城市交通建设这两个系统能够相互协调发展。因此，在区域交通一体化发展过程中，首先要求都市圈、城市群内各城市之间进行交通规划的协作与交流。在共享现有的交通规划政策的基础上，交通一体化最重要的是打破区域内各城市间的行政分割和壁垒，在基础设施的规划方面加强协同，有效协调统筹城市与区域利益，努力实现区域交通一体化的规划同图[①]。同时，各城市之间应当共同部署交通规划项目的建设工作，实现交通建设项目的同步建设。为此，可以成立区域交通规划专门机构，负责区域内部的交通规划政策的制定，以及交通规划的设计、协调与实施，促进区域交通一体化的协调快速推进，提升区域内路网的联通程度。

二、管理协同

交通管理领域的事务很多属于地方事权的范畴，所以区域内各城市在交通管理方面或多或少会存在一定的差异。推进区域交通一体化，需要在财政管理、建设管理和交通管理等多个层面开展沟通协作。

一是财政管理协同。在区域一体化发展过程中，项目重复建设的问题仍然存在，表面上看这是由于行政区域分割造成的，但其根源是财政制度的障碍。因此各城市间的财政管理协同十分必要。首先，在管理协调机构的设立方面，基于欧盟等国内外区域经济发展的经验，都市圈、城市群内区域协同由于涉及各城市利益以及区域性交通服务供给等问题，从区域整体发展的角度和各城市公平发展的角度，区域财政协同发展需要设立

① 规划同图是指在某一都市圈或城市群中，跨省（市）的国省干线公路要体现在一张图上，按同路线、同标准规划。

专门的协调管理机构以保障区域协同的长效性。其次，在制度建设方面，建立横向转移支付制度、交通投资与收益分配制度，促进交通一体化财政协同。最后，在机制建立健全方面，应建立健全区域内年度财政联合预算机制、预算绩效评价机制、财政协同激励机制，提高财政协同的有效性。

二是设施建设管理协同。交通一体化的推进离不开基础设施建设，建立互联互通、高效协同的区域一体化交通网络首先需要设施建设管理的协同。例如，《长江三角洲区域一体化发展规划纲要》指出，到 2025 年，长三角基础设施互联互通基本实现，轨道上的长三角基本建成，省际公路通达能力进一步提升，世界级机场群体系基本形成，港口群联动协作成效显著。要实现交通一体化建设的目标，需要区域内各地方对区域交界处铁路、公路进行无缝衔接，协同推进交通设施建设，平衡各地方的交通公共资源布局。

三是交通运输管理协同。区域内交通一体化有序推进的重点领域在于交通运输的跨区管理协同。而区域内不同城市的交通运输管理政策往往是不同的，例如车辆的管理政策（限行限购）、机动车的注册登记政策、交通设施的技术标准、交通工具的燃油排放标准、多种运输方式的互联互通等规定都有可能存在不一致的情况，这将在很大程度上对跨区域的交通运输管理带来难度。这就需要各城市间统一相关的管理政策和技术标准，及时共享交通运输管理的政策和信息，实现交通运输管理的有效协同。

三、执法协同

交通执法是道路交通管理中的常见手段，也是维护道路运输秩序的基本手段。如果交通一体化区域中各城市有关违反道路交通管理的执法依据、执法标准不一致，就会导致同一违法行为在不同城市的交通执法过程中出现不同的执法结果，这明显不利于都市圈、城市群区域交通一体化的发展。为此，可以建立区域交通执法协作平台和执法协同机制，对区域内各城市的交通执法进行统一的沟通和协调，保障一体化区域内交通行政执法的公平公正和执法效率的提高。同时，目前中国交通运输行业基本实行属地化管理，大多数城市的交通执法系统都自成体系，导致交通执法信息难以共享，跨区域交通执法协同难以实现，这已经成为制约交通运输市场监管的瓶颈。为此，建议加快推进区域交通执法信息共享与协同执法平台建设，为实现跨区域交通执法信息共享与联动执法提供技术支撑和保障。

第五节 城市交通管理中的难点问题分析

在传统的城市交通基础设施建设活动中，资金主要由国家和地方政府通过财政拨款提供，而交通基础设施（比如地铁、港口、道路、机场）投资建设的资金数额比较大，单单靠国家地方财政拨款往往是不够的，这就成为制约城市交通一体化建设发展的瓶颈。如何解决交通基础设施建设的资金投入问题，是当前城市发展中所普遍面临的难点问题。

一、《宪法》中关于行政区划的规定与财政预算管理体制

《宪法》第三十条规定："中华人民共和国的行政区域划分如下：（一）全国分为省、自治区、直辖市；（二）省、自治区分为自治州、县、自治县、市；（三）县、自治县分为乡、民族乡、镇。直辖市和较大的市分为区、县。自治州分为县、自治县、市。自治区、自治州、自治县都是民族自治地方。"行政区划的目的是将国土划分为若干层次的行政区域，并相应确立各个行政区域的行政等级，进而设置相应的地方国家机关进行分层管理。我国的行政区划具有多级建制并存的特点，一般的行政区域基本上设有省、县、乡（镇）三级建制，而直辖市为市区两级建制，实行民族区域自治、设立自治州的地方以及实行市管县的地方则是四级建制。

我国现行的财政预算管理体制的核心问题是各级政府之间的收支划分，通过规定中央政府与地方政府之间，以及地方各级政府之间财政预算的管理权限和收支范围，来处理国家各级政府之间的财政分配关系。《预算法》规定："国家实行一级政府一级预算，设立中央，省、自治区、直辖市，设区的市、自治州，县、自治县、不设区的市、市辖区，乡、民族乡、镇五级预算。"①总体而言，地方财政预算管理与行政区划相对应，形成了以行政区域为基本单位的管理格局，地方各级政府编制本级政府预算草案，并由同级人民代表大会批准后执行。

二、城市交通一体化发展的需求与矛盾

城市交通一体化是区域协同发展的基础保障和先行领域，开展交通一体化建设需要投入大量的建设资金，需要一体化区域内各地方政府通过财政协同进行共同投资。理论上，

① 《预算法》第三条第一款。

各地方政府间财政关系的核心问题是财政能力与财政资金支出比例的协调，理想状态是实现各地财政支出的平衡，进而保证一体化区域内各地所提供的交通设施和服务达到均等状态。但是，由于一体化区域内不同城市的经济发展水平存在差异，因此资金投入的来源和分担问题就成为财政协同过程中面临的难题。以京津冀交通一体化发展为例，自 2015 年 12 月国家发展和改革委和交通运输部联合发布《京津冀协同发展交通一体化规划》以来，京津冀交通一体化的战略已经实施 5 年多。京津冀三地中，京津两地在经济发展水平和交通基础设施方面都具有较大优势，而河北省的交通基础设施在京津冀城市群中发展比较落后，其高速公路密度仅为北京的 1/2、天津的 1/3，城市内轨道交通的运营城市仅有省会石家庄。这就意味着要实现一体化建设目标，河北需要投入的财政资金可能最高，这无疑会形成巨大的财政压力。换句话说，囿于财政预算和财政能力，面对交通一体化建设巨大的资金需求，完全由政府财政资金提供支持是远远不够的。总而言之，行政区划的分割与交通一体化的发展需求在经济利益分配的公平性、发展资源的共建共享、问题诉求的一致性等方面都存在难以调和的矛盾。

三、城市交通一体化发展的出路：建立健全投融资制度

如前所述，目前传统的投融资渠道已经无法满足城市交通基础设施建设的需要，社会资本的参与显得尤为迫切。在这种背景下，政府和社会资本合作模式（Public-Private Partnership，PPP）作为一种新的投融资模式，近年来在城市交通一体化发展中备受关注。美国民营化大师萨瓦斯指出，PPP 模式是指政府、私人营利性企业和非营利性企业基于某个项目而形成的相互合作关系的形式，通过这种合作形式，合作各方可以达到与其单独行动相比更为有利的结果[16]。我国学者认为，PPP 模式是指政府公共部门与民营部门在合作过程中，让非公共部门所掌握的资源参与提供公共产品和服务，从而实现政府公共部门的职能并同时也能为民营部门带来利益[17]。其优势在于，一方面，社会资本的引入可以在很大程度上弥补政府财政资金的不足，满足城市交通一体化建设的资金需求；另一方面，社会资本的引入可以打破政府对基础设施领域的垄断地位，同时社会资本往往比公共部门掌握更先进的技术和管理方法，能够提供更高质量的产品与服务，进而促进资本的有效配置。

PPP 投融资模式也存在一定的劣势。城市交通基础设施的建设项目，相对于其他基础设施项目对经济的增长可产生正的空间溢出效应[18]，因此，在此类 PPP 项目中，政府、社会资本和作为使用者的社会公众之间的关系更为复杂，各方主体利益诉求的交织程度

也更深，各方利益的平衡难度更大，特别是在以保护公共利益为目的的利益保障诉求下，社会资本的利益往往处于弱势地位，由此导致实践操作中在项目合作方式、项目回报分配等方面，容易出现社会资本利益无法得到有效保障的情况。以项目合同的履行为例，项目合同是明确城市交通基础设施建设 PPP 项目中各方权利义务关系、均衡保护各方利益的关键依据，但在实践中经常出现政府借用其优势地位干扰项目合同的情况，项目合同中对社会资本的利益诉求缺乏保障最终导致合作的失败[19]。

为了应对这一问题，需要通过法治构建来实现 PPP 模式中各方利益的平衡，这是确保 PPP 模式有效运行的关键。应当基于维持社会资本拥有与政府部门相同经济地位的理念，加快相应领域的法治建设，分别从鼓励灵活多元的项目合作方式、构建合理动态的回报机制、完善公益保障补偿机制等方面，实现对社会资本利益的充分保障，实现城市交通 PPP 项目各方主体的利益平衡[19]，进而促使各方发挥各自的优势，最终实现共担风险、共享收益。

·参考文献·

[1] 徐匡迪 . 中国的城镇化 [J]. 中国发展观察 , 2013(04): 53-56.

[2] 陈彬 . 我国城镇化发展的历史与未来趋势 [EB/OL]. 2016-04-08. http://www.sic.gov.cn/News/455/6167.htm.

[3] 刘秉镰 , 朱俊丰 . 新中国 70 年城镇化发展：历程、问题与展望 [J]. 经济与管理研究 , 2019(11): 3-14.

[4] 保罗·A. 萨缪尔森 , 威廉·D. 诺德豪斯 . 经济学 [M]. 16 版 . 萧琛，等译 . 北京 : 华夏出版社 , 2002: 268.

[5] 许彬 . 公共经济学导论 [M]. 哈尔滨 : 黑龙江人民出版社 , 2003: 105.

[6] 毛连程 . 公共产品理论与公共选择理论关系之辨析 [J]. 财政研究 , 2003(05): 13-15.

[7] 苏力 . 变法：法治建设及其本土资源 [J]. 中国法学 , 1995(03): 1-9.

[8] 谢天放 , 等 . 我国地方立法的演变与展望 [C]// 上海行政法制研究所 . 地方立法的理论与实务：2005—2006 年研究报告集 . 北京：法律出版社 , 2007: 46-58.

[9] 周旺生 . 立法学 [M]. 北京：法律出版社 , 2000: 376.

[10] 张春生 , 林彦 .《立法法》修改前瞻——访中国立法学研究会会长张春生 [J]. 交大法学 , 2014(03): 5-9.

[11] 郭道晖 . 当代中国立法 [M]. 北京：中国民主法制出版社 , 1998: 951-952.

[12] 何玉宏 . 城市交通的社会学分析 [J]. 社会科学家 , 2016 (01): 34-40.

[13] 朱云欢 . "唐斯定律" 对城市道路管理方式的启示——以上海为例 [J]. 上海管理科学 , 2009(02): 68-71.

[14] 赵蕾 . 城市交通拥堵治理：政策比较与借鉴 [J]. 中国行政管理 , 2013(05): 82-85.

[15] 邵春福 . 我国城市交通发展中的关键问题及对策建议 [J]. 北京交通大学学报 , 2016(04): 32-36.

[16] E.S. 萨瓦斯 . 民营化与公私部门的伙伴关系 [M]. 北京：中国人民大学出版社 , 2002: 265.

[17] 贾康 , 孙洁 . 公私伙伴关系（PPP）的概念、起源、特征与功能 [J]. 财政研究 , 2009(10): 12-21.

[18] 张学良 . 中国交通基础设施促进了区域经济增长吗——简论交通基础设施的空间溢出效应 [J]. 中国社会科学 , 2012(03): 60-77, 206.

[19] 周佑勇 , 翟冬 . 城市交通 PPP 模式的利益失衡及其法治构建 [J]. 河南社会科学 , 2017(10): 89-98.

第八章
公共政策与城市交通有关法律制度设计

本章在城市交通其公共产品属性基础上，讨论城市交通领域公共政策的法律定位、法理基础和需要处理的关键性法律关系，包括公共政策与立法规范的衔接、公共政策对市场资源配置的影响、公共政策中关于市场效率与社会公平的处理等议题。

第一节 公共政策在法律体系中的定位

我国传统上是个以“红头文件”治国的国家，在新中国成立以后相当长的一个时期内，公共政策，即红头文件是主要的治国理政的方式。直到十一届三中全会开始现代法治的进程，构建中国特色社会主义法律体系后，文件治国的传统才被依法治国的理念所替代，但作为公共政策载体的“红头文件”自始至终没有退出历史舞台，而是与法律规范相配套，成为治国理政的一种不可或缺的方式。改革开放以后，尤其是 20 世纪 80 年代初，我国社会主义现代化建设进入新时期，要求“党的政策要经过国家的形式而成为国家的政策，并且要把实践中证明是正确的政策用法律的形式固定下来”，“从依靠政策办事，逐步过渡到不仅依靠政策，还要建立、健全法制，依法办事”。[1] 这是当时对政策与法律关系最经典的解读。

一、公共政策的特点

所谓公共政策，是指政府及其部门或者行政机构运用其职能来规范、引导经济法人实体、市场主体和个人行为，以及有效调动和利用社会经济资源，从而实现公平与效率目标的主张或决定。就性质而言，公共政策是一种政治决策，而不是法律规范。

世界各国的历史表明，除了法律规范外，公共政策已成为调控市场经济和社会发展不可或缺的一个重要方面和关键性因素，而且社会经济发展程度愈高，国家宏观调控的重要性愈明显，公共政策的作用和影响就愈大。

非常著名的是 20 世纪 30 年代，面对经济“大萧条”而产生的经济社会问题，美国罗斯福总统制定出台的“罗斯福新政”，是公共政策制定与实施的成功典范。第二次世界大战后，西方各国在城市发展、住宅建设、科技、教育、就业、卫生等方面制定了大量的公共政策措施和计划，以适应战后社会经济高速发展的客观需要。到了 20 世纪 60 至 70 年代，发达国家为了解决当时各种严重的经济和社会问题，又实施了规模空前的公共政策干预，为了提高公共政策干预的有效性，还开展了公共政策评估。到了 20 世纪 80 年代之后，发达国家开展了声势浩大的行政改革运动，其精髓是注重结果和产出、追求效率、实行绩效管理、增强公共部门的责任等，这些改革也都是以公共政策为载体的。

世界经济和社会发展的长期实践充分证明，经济体制类型与公共政策选择之间有着紧密的内在联系，在公共政策的制定和决策过程中必须切实处理好与立法、与市场经济、与社会发展的关系。在市场经济中，一方面是日益成熟、发达的市场运作，另一方面则是日益扩展的政府活动与公共政策效应。这种“共生现象”的产生与发展，以及双向性或双关性，构成了当下世界范围内公共政策的一大特点。

二、公共政策与法律规范的联系与区别

这里有必要介绍一下美国法学家罗纳德·M. 德沃金（Ronald M. Dworkin）的“规则—原则—政策”理论。在他的法律思想中，法律体系中不单有规则，更有“原则”（principles，也可译作原理）和“政策”（policies）。也就是说，政策是法律体系的一个组成部分，它与规则和原则共同构成完整的法律体系。德沃金指出：“当法律工作者就法律权利和义务（特别是疑难案件中最棘手的权利和义务）问题进行推理或辩论时，他们使用的标准不是规则，而是原则、政策和其他。”[2] 在德沃金眼里，“原则”和“政策”与规则同属于一个层次，但两者又有着重要的区别。他所说的“原则”乃源于政治社会生活的道德向度，反映正义和公平的标准，更是关乎个人和团体的权利的。原则“应该得到遵守，并不是因为它将促进或者保证被认为合乎需要的经济、政治或者社会形式，而是因为它是公平、正义的要求，或者是其他道德层面的要求”。[3]“政策”则是涉及社会性、集体性的目标或目的的一种政治决定，“它们规定一个必须实现的目标，一般是关于社会的某些经济、政治或者社会问题的改善”。[3] 可见，德沃金所认知的公共政策与我们基于中国的实践所形成的认知并无二致。

而法律规则、原则和公共政策之间的差别则是十分明显的。公共政策决策的政治性、暂时性、功利性，与法律规则、原则的法理性、长远性和普遍性，是一种明显的互补关系。法律规则和原则要求一律，即要求同样情况适用的一致性，而公共政策更多地承认差别性，立足于解决现实发生的急需化解的矛盾和问题。当然，公共政策经过一段时间的推行，若是被证明是适用的，可以通过立法变成规则，也可以被认定为一种新的原则。也就是说，政策与规则和原则三者在一定条件下是可以相互转换的。

对于公共政策在法律体系中的作用，不少法学家都有共识。最具时代感觉的美国法学家昂格尔（H.M. Unger）就认为，政策导向的法律推理以强调公正性和社会责任性的广义标准为特征，对法律形式主义的反叛似乎是不可避免的并且是有益的[4]。

三、公共政策与法律规范都需要遵循科学立法的规律

科学立法需要尊重和体现法律所调整事项的客观规律，顺应时代发展的要求，不断提高

立法质量。公共政策与法律规范一样，都需要遵循科学立法的规律。具体体现在如下三个方面。

（1）两者都需要正确认识所调整的社会关系发展的客观规律。正是基于这样的前提，《立法法》第六条明确要求："立法应当从实际出发，适应经济社会发展和全面深化改革的要求，科学合理地规定公民、法人和其他组织的权利与义务、国家机关的权力与责任。"杨景宇先生指出："归根结底，实际是母亲，法律是子女，正如恩格斯所说的，是'经济关系反映为法原则'。生产力发展了，生产关系发展了，社会发展了，实际发展了，法也要发展，法的原则、法律体系也要发展。"[5]因为实践是没有止境的，所以法律体系也必须与时俱进，不断创新。法律体系不是静止的、封闭的、固定的，而是动态的、开放的、发展的，是"活"的法律，而不是一堆僵化、凝固的法律概念的堆积。正如社会法学派创始人罗斯科 · 庞德所言："法律必须稳定，但又不能静止不变。因此，所有的法律思想都力图协调稳定必要性与变化必要性这两种彼此冲突的要求。"[6]作为具体的载体，法的稳定性就是法律规范，法的变动性就是公共政策。

（2）两者都要遵循一国法律体系的内在规律。法是一门学科，有自身的逻辑体系和规律。法不仅要随着经济基础的改变而发展变化，而且即使在同一生产关系下，也要适应不同历史时期经济社会发展的新变化而不断地随之发展变化。概括地说，法律体系的内在规律，核心是体现在立法中的符合本国国情的规律。这里的"国情"是个泛指的概念，其包含着一国的国情，也包括一省、一市的特定实际情况，还可指向民族特点、时代特征、地域特性，更离不开了解和反映真实的社情民意，尊重习俗习惯。法律体系受一个国家历史文化传统和民族特点的影响，这是其他上层建筑对法律体系的影响的体现。

（3）两者都要掌握立法的工作规律。立法工作，或者说规则制定工作，取决于国家和地区经济社会发展的客观需要，是紧紧伴随着一国一地经济社会发展和需要而开展的，而且往往是针对经济社会发展的重大领域、事项和矛盾的焦点提出需求的，即所谓"需求导向"和"问题导向"。彭真说："法是在矛盾的焦点上划杠杠。"[7]就是在划一个合理界限作为解决矛盾的准则。作为一个合格的"划杠杠"的人，应当懂得和掌握下列立法工作的自身规律：首先，无论是法律规范还是公共政策，都要把握好立法需求与实现可能的关系。立法需要总是前瞻的，而立法的实现则是十分现实的，甚至是滞后的。因此，在立法前瞻与立法实现之间要寻找到平衡点。如果说法律规范注重一定的前瞻性的话，那么公共政策就更注重实现的可能性。其次，两者都要把握好明确目的与实现手段的关系。在考量实现立法目的的同时，要对可能对行政相对人的正当权益与自由构成限制甚至侵害的手段保持应有的谦抑和理性，要体现目的与手段的平衡性，对限制甚至有侵犯相对人正当权益之嫌的立法措施要论证其必要性，而不是“无所不用其极”，构成对行政相对人自由的不必要限制。最后，还要把握好长远目标与眼前目标的关系。1981 年，彭真同志在听取民事诉讼法起草小组汇报时就说：“法律定了是要执行的，只能把成熟了的写进去，不成熟的暂不定成法。轻率地定成法，制定了又行不通，就不好了。”[7] 因此，法律规范主要是实现长远目标，公共政策则注重眼前目标。这是立法工作规律的一体两面。

四、公共政策与法律规范是“破”与“立”的平衡

从哲学的角度来考察，公共政策与法律规范的关系，其实是一个“破”与“立”的辩证与平衡关系。法律规范是遵循稳定的逻辑，是将现有的或认为是好的秩序固定下来；而公共政策是遵循变化的逻辑，是将现有的秩序废除或者改变。这一“破”一“立”两种相反的张力如何实现结合与平衡？中外学者专家都有相应的研究成果。博登海默关注的是法律稳定与变化的辩证关系：“法律中的许多变化都是缓慢而又渐进发生的。这些变化往往局限于法律制度的一些特殊方面，或局限于一个特定框架中的具体问题。法律秩序中受到影响的部分会在某种程度上发生变化，而其原有结构的大部分则仍保持不变。大多数法律改革都具有非整体的或不完全的性质，而这恰恰解释了下述事实，即稳定与变化在法律生活中趋于互相连接和互相渗透。”[8]

杨景宇先生是这样来理解法律的“定”和“变”的关系的：法律法规的特点是“定”，是在矛盾的焦点上划杠杠，一旦规定下来，全社会都要一体遵守。改革（也可以视为公共政策的另一个代名词）的特点是“变”，是突破原有的体制和规则。特点是“定”的法律法规去适应特点是“变”的改革要求，难度是很大的。总结实践经验，正确的态度是：①立法要体现中央关于改革、发展、稳定的决策。②立法要着重把实践证明是正确的改革成果、改革经验肯定下来；改革经验尚不充分的，如果迫切需要立法，那就先把改革的原则确定下来，并为进一步改革留下余地。③如果实践证明现行法律法规的有些规定已经不能适应形势的变化，成为改革的障碍，那就及时经过法定程序予以修改或者废止[5]。

为何在有法律规范的同时，又要运用公共政策？究其原因，一是法律具有的守成取向，这种倾向根植于法律的性质之中，即法律是一种不可朝令夕改的规则体系，所以，社会变化，从典型意义上说，要比法律变化快；二是源于形式结构中固有的刚性因素，即法律规范框架中所固有的某种僵化性；三是与其控制功能相关的限度，即如果法律制度中的制衡原则过于严厉和僵化，那么一些颇具助益的拓展和尝试也会因此而遭到扼杀[8]。

五、我国公共政策的类型

作为对法律规范的一种补充，公共政策在我国实际上还有很多运用领域，有的是传统的领域，有的则是在依法治国、依法行政背景下新涉及的领域，概括起来有以下五类：

一是调控类公共政策，具有市场型特点。现代市场经济条件下，政府主要是运用法律手段来管理社会经济生活，规范社会经济秩序。但由于法律所涉及的范围总是有限的，其条款也只能是原则性的，因而需要某种更为灵活同时又较为规范的方式来加以弥补或调节，这就为调控类公共经济政策提出了需求，奠定了基础。如为控制房价无序上涨而出台的“国十条”“国八条” “国五条”等，就属于这类公共政策，其制定和实施，既解决了政府在某些无法可依情况下的被动与无奈，又能在变幻莫测的市场、经济变动和某些社会冲突中，大大增强政府的宏观经济调控能力。调控类公共政策涉及市场监管、资源利用与环境保护等事项，主要包括本行政区域内的经济布局、产业结构调整；市场准入条件、特种行业管理、政府定价和调整；土地、矿藏、水流、森林、山岭、荒地、滩涂、海域等自然资源开发利用和生态环境保护政策的制定与调整；产业发展、国企改革、国有资产处置等重大发展战略的确定和调整；等等。

二是公共服务类政策，具有均等化特性。公共服务类政策涉及以下内容：城市基本设施建设、住宅建设、交通管理等城乡建设事项；社会治安、基层民主法制建设、民政、宗教等社会管理事项；劳动就业、社会保障、科技教育、文化卫生等基本公共服务政策；社会分配调节、居民住房、公共交通、旧城区改造、“菜篮子工程”等重大民生项目的确定和调整；科技教育、文化体育、公共卫生、人口计生等社会事业建设方案的确定和调整。这类公共政策决策直接涉及人民群众的切身利益，是社会普遍关注的热点和社会矛盾的焦点。

三是改革类公共政策，具有创制性特点。大的改革类公共政策包括制定国家或者一个行政区域的经济体制改革、行政管理体制改革、财政体制改革等重大政策，小的如高速公路节假日免费政策。公共政策的改革在法治的大背景下，需要以必要的授权为前提。因为改革意味着在此阶段，该领域或者该地区有必要暂时“脱离”现行法律体系，进行“先行先试”，所以拿到“尚方宝剑”是必要的前提。也就是说，我们已经从“自费改革”进入到“授权改革”时代，其实质含义是改革要在法治的大框架内进行，确保改革于法有据。

四是解决历史遗留类问题的公共政策，具有历史性特点。这类公共政策主要是解决历史遗留的问题。这类公共政策在我国一直未中断过，如私房落政、户籍落政等。之所以将其纳入公共政策范畴，是因为对这类政策落实的问题，从未纳入过法治轨道，不属于行政复议和行政诉讼的救济范围，一直是按照“特事特办”的理念单独予以解决的。

五是临时性公共政策，具有探索性特点。这类公共政策的吃螃蟹者是北京市政府。在迎接 2008 年奥运会的过程中，他们面临行政执法手段不够的现实难题，但单独为北京奥运会而专门制定法律或行政法规又不太可能，而地方性法规所拥有的立法权限又难以适应需求。在此背景下，经过专家论证，出台了一种临时性行政管理措施的公共政策，只在北京奥运会期间适用，而规定的内容则超出了地方性法规的立法权限。之后 2010 年的上海世博会、广州亚运会，都参照运用了北京的经验，采取临时性行政管理措施的公共政策。实践证明，这一探索是成功的。

第二节 城市交通领域公共政策的运用

一、城市交通领域运用公共政策的法理基础

城市交通设施的提供是为了保障市民的通行权，这是公民的一种宪法性权利。所以，城市交通资源的配置是政府行使的对公共资源的配置，要体现以人为本的理念，以满足人民群众日益增长的出行需求为目标。另外，交通规则是确保每个公民在行使通行权时权利与义务的平衡，在这种规则面前是人人平等的。我国宪法明确“任何公民享有宪法和法律规定的权利，同时必须履行宪法和法律规定的义务”。所以，对每个公民来说，严格遵守交通规则也是必须遵守的法律义务。

对于一个城市而言，城市交通资源作为一种公共资源，无论是道路资源还是交通工具的拥有量，都有一个极限。对于政府来说，对城市交通资源的配置既是权利更是义务，即努力提供优质、高效、均等的公共产品和公共服务。因为城市道路资源的有限性与市民通行需求的无限性之间的冲突具有恒久性，因此，当这种供需矛盾达到某一临界点以后，就无法简单地用市场机制这只“看不见的手”来调节了，需要用政府这只“看得见的手”进行调控。习近平总书记强调：“在市场作用和政府作用的问题上，要讲辩证法、两点论，‘看不见的手’和‘看得见的手’都要用好，努力形成市场作用和政府作用有机统一、相互补充、相互协调、相互促进的格局，推动经济社会持续健康发展。”[9] 我们应看到，市场的作用并不是万能的，市场在自发运行过程中不可避免会出现诸如垄断、公共产品供给不足、信息不对称（如产品质量问题）、负外部性效应（如污染）、经济周期性波动和失业、收入分配差距扩大等问题，因而需要政府在一定程度上介入，发挥弥补市场失灵的功能。在社会主义市场经济条件下，政府的职能主要是保持宏观经济稳

定，加强市场监管、维护市场秩序、弥补市场失灵、加强和优化公共服务等。整体而言，政府的调控手段主要是立法和公共政策两类，二者有着内在的关系。一般法治国家，在法律规范之外，都还有公共政策的运用，并作为对法律体系的有机补充和延伸。一方面，公共政策必须在国家的法律框架内进行，以法律作为准绳；另一方面，公共政策又必须善于面对不断变化的新情况和新问题，适时提出应对新形势的政策主张，为矫正和修改不合时宜的法律奠定基础。城市交通资源配置与管理属于典型的公共服务领域，政府在这一领域的调控手段主要是法律规范之外的公共政策。

在城市交通资源配置与管理中，政府主要运用三种公共政策：一是公共服务类公共政策，如对交通工具实行总量控制，避免恶性竞争，确保有序、高效使用有限的城市道路资源和人行道资源，许多城市对出租车、共享单车实行总量控制都属于这种性质；二是改革类公共政策，如对城市机动车额度投放进行控制，通过摇号、拍牌等方式限制拥有机动车；三是临时性公共政策，如许多城市都不可避免地要在重大节庆期间，对城市交通进行临时性的调整，通过发布通告，封闭一些城市道路实行交通管制，以确保重大节庆活动的顺利开展。这类通告的法律属性就是临时性公共政策。

二、城市交通资源配置属于重大行政决策范畴

城市交通资源作为一种有限公共资源，其配置权无疑是政府重大行政决策的内容之一。按照 2019 年公布的国务院《重大行政决策程序暂行条例》的规定，重大行政决策应当明确决策事项的承办单位，决策承办单位根据需要对决策事项涉及的人财物投入、资源消耗、环境影响等成本和经济、社会、环境效益进行分析预测；涉及多个部门和单位的，还需要与其他部门充分协商，不能取得一致意见的，应当向决策机关说明争议的主要问题，有关单位的意见以及本单位的意见、理由和依据，由决策机关依法决策。重大行政决策一般要经过公众参与、专家论证、风险评估、合法性审查和集体讨论决定等五个法定程序。

这一重大行政决策程序同样适用于城市交通资源配置与管理。一是城市交通资源配置的决策需要公众参与，采取座谈会、听证会、实地走访、书面征求意见、向社会公开征求意见等多种方式，充分听取社会各方面的意见。决策事项涉及不同群体意见分歧的，还需要通过听证会等方式广泛听取意见，如上海在公交线路停车站点设置的决策过程中，就举行听证会，充分听取沿线居民的意见，让不同意见在听证会上进行博弈，做到兼听则明，避免了事后的社会稳定风险的产生。二是需要专家论证，城市交通资源配置涉及交通、财

政、规划土地、建设、发展改革、公安交通管理等多个部门，无论在哪个领域，都是属于专业性、技术性较强的决策事项，需要承办单位组织专家、专业机构论证其必要性、可行性、科学性等。三是要进行风险评估，城市交通资源的配置会涉及公共财政的风险、公共安全的风险、生态环保的风险以及社会稳定的风险。城市交通虽然属于公共产品，具有公益性，但也会面临与生态环保的冲突、面临“邻避效应”等社会稳定的风险，现实中，经常会发生“最牛钉子户”等难题，需要通过风险评估加以防范。四是要进行合法性审查，城市交通资源的配置与管理，需要依法决策，遵循《城乡规划法》《预算法》《道路交通安全法》《公路法》《城市轨道交通安全法》《道路运输管理条例》等一系列法律、行政法规的相关规定，所以在决策过程中需要由法制部门进行合法性审查，对于不合法的决策草案，不得提交决策机关讨论。五是由集体讨论决定，城市交通资源配置的决策应当经决策机关常务会议或者全体会议讨论，行政首长在集体讨论的基础上作出最终决定。

三、城市交通资源配置领域的公共政策运用

城市交通资源配置中，主要运用公共服务类和改革类两种公共政策。

公共服务类公共政策，如对交通工具实行总量控制，因为城市道路资源的有限性，在许多交通资源的配置中，都实行了总量控制，如许多城市对出租车的数量实行总量控制，包括对新产生的网约车，也是以出租车的性质加以总量控制的，这是建立在供需平衡的市场经济规律基础上的，经过数学模型推算，出租车的空驶率控制在 10% 是比较合理的，比例过低会出现供不应求的情况，比例过高则会因为供过于求而影响出租车司机的收入，从而打击其积极性。这方面，我国许多城市并没有进行精准的数学模型推算，管理上存在着粗放型特点。又如，城市交通倡导公交优先战略和绿色出行，鼓励上下班坐轨道交通工具，也是一种与总量控制相配套的公共政策。再如，对于共享单车，国务院出台的指导意见也明确鼓励实行总量调控，因为共享单车需要占用有限的城市人行道资源，供应过多也会形成恶性竞争，共享单车刚开始的野蛮生长阶段，就暴露出这方面的问题，倒逼政府出手干预，进行必要的总量控制，清理过多的闲置车辆，维护共享单车市场的基本秩序。

改革类公共政策，如对机动车额度进行限制，目前全国有越来越多的城市对机动车车辆额度实行限制性投放，有北京等城市的摇号方式、有上海等城市的拍牌方式，其功能都是对机动车的投放数量实行必要的限制。当然，这种方式超出了法律规范，因此需要通过运用改革类公共政策实现其正当性。对于各城市自主限制机动车额度，法学界一

开始存在着不同声音，有赞同的，也有提出质疑的。但随着城市交通发展的现实问题不断摆上议事日程，越来越多的城市出于现实管理的需要，被迫实施机动车限制拥有的措施，也使法学理论界深度思考相关法理问题。目前的主流观点认为，城市交通道路资源属于城市的有限公共资源，因此，对这类有限资源的配置，自然属于城市管理事项，依据《立法法》第七十三条第二项，“属于地方性事务需要制定地方性法规的事项”。因而属于地方立法事权，这与道路交通规则形成不同的立法事权，后者应当是全国统一规范，统一适用，地方不能各行其是。

四、城市交通管理领域的公共政策运用

在城市交通管理领域，我们则运用了另一种公共政策，即临时性公共政策，或称临时性行政管理措施，具体是通过通告的方式向社会公告。关于通告的法律属性，在行政法的研究中是相对薄弱的，因此没有形成完全统一的认知或者规范。从语义学上来说，通告“适用于在一定范围内公布应当遵守或者周知的事项”。而在行政法上，通告属于行政命令的一种。行政命令可以分为广义和狭义两种: 狭义的行政命令即指一种行政规定，属于抽象行政行为，如政府制定的行政法规和规章，都属于行政命令，其发布也都是以“令”的形式发布的；而广义的行政命令还可指一种行政决定，即具体行政行为，系指行政主体要求可确定的行政相对人履行一定的作为或不作为的意思表示，它是通过指令行政相对人履行义务来达到维护社会秩序的目的。这种行政命令，在域外被称为“职权命令”[10]或者“一般命令”[11]。作为具体行政行为的行政命令具有意思性、限劝性和强制性等法律特征。行政命令还可以分为外部命令与内部命令、临时性命令与常态性命令、作为命令与禁止命令、紧急命令与非紧急命令等几对范畴。

作为行政命令在城市交通管理领域具体运用的典型立法例，是《道路交通安全法》第三十九条。该条明确规定：“公安机关交通管理部门根据道路和交通流量的具体情况，可以对机动车、非机动车、行人采取疏导、限制通行、禁止通行等措施。遇到大型群众性活动、大范围施工等情况，需要采取限制交通的措施，或者作出与公众的道路交通活动直接有关的决定，应当提前向社会公告。”此条款中，授权了公安交通管理部门可以制定发布两种公共政策，也正好印证了通告作为行政命令的两种类型：一种是临时性的行政命令，如遇有大型群众性活动、大范围施工等情况，需要采取限制交通的措施，也包括疫情防控期间所采取的限制通行乃至禁止通行的交通管制。对于这种通告，属于临

时性公共政策，大家是有共识的，并没有异议。另一种则并不是临时性的行政命令，而是根据道路和交通流量的具体情况采取相应措施，发布的是可以较长时间适用的通告，属于常态性命令，如对城市高架道路发布或者调整交通管制措施的限行通告，可在一定时期内延续适用。这种通告，属于公共服务类公共政策。

第三节 城市交通的公共政策需要处理好五个关系

一、坚持以人为本的原则

城市交通建设与管理，都应当始终把满足人民群众日益增长的物质文化需要作为出发点和落脚点。就法理而言，法的终极价值就是实现人的自由。法律需要以每个人的自由为基点，即以自由为其生存的基础；反之，自由需要以法律为尺度和后盾。所以，马克思说："法典是人民自由的圣经。"

城市交通设施设备，作为城市公共产品和公共服务的重要内容，要确立"人民城市人民建，人民城市为人民"的理念，把是否满足人民群众的出行需求，是否为人民群众提供了高效便捷畅通的城市交通设施作为衡量工作的指标。需要建立必要的群众满意度调查机制，及时了解掌握人民群众对城市交通资源配置与管理的意见和建议，作为制定相关公共政策、改进政府工作的重要依据。

二、实现公共政策与立法规范的有机衔接

城市交通领域的公共政策既不同于立法规范，又不能与现行法律规范相冲突。从某种角度来说，公共政策总难免要突破现有法律规范，是对现行法律体系的一种必要的"反叛"（昂格尔语），公共政策也不能背离立法目的和立法原则，不能违背法理，需要守住法治统一的底线。这是公共政策制定中的一个难点，需要把握好分寸，平衡好与现行法律规范之间的关系，使城市交通的公共政策在交通领域法律体系的总体框架内适度自主地运行。例如，法律规范强调绿色出行，强调公交优先，但在目前的社会背景下，无法对这些原则作出严苛的法律责任设定。而通过城市交通领域公共政策的制定，以公共财政补贴等为支撑，对做到绿色出行和公交优先的行为实行优待和激励，就能实现法律规度设定的目标，实现与法律规范的有机衔接。

三、实现公共政策对市场调节的有效弥补

城市交通领域公共政策制定中的一个重要方面，是以市场经济发展为基础制定公共政策，反过来，公共政策又为市场经济发展提供服务。成熟的市场经济国家，一般都是“市场机制+政府调控”的模式，即一方面把市场作为资源配置的基础或立足点，另一方面又因市场作用的局限而不能缺失政府的调控和适度干预，即所谓“看不见的手”和“看得见的手”两手抓。正因此，市场配置与政策调节的关系，成了决定一国经济运行状况和资源配置效率的一个关键性因素。一方面，政府有效、适度的宏观经济调控和公共政策选择，对于保持对城市交通公共产品的有效提供，进而保障社会经济的可持续发展，形成较强的市场竞争能力都是必不可少的；另一方面，公共政策调节始终以弥补市场缺陷为出发点，以市场机制作用的正常、有效发挥为归宿。这意味着，城市交通领域的公共政策是以市场机制作用的正常发挥为底线的，而不能代替市场的效率功能。

四、坚持公共政策以效率与公平为目标

城市交通领域公共政策的制定和实施都应当以效率与公平为目标。从法理上来说，效率与公平都是法的重要价值，效率是法的经济价值，而公平是法的内在价值。

一方面先看效率目标。法的效率或者效益价值主要体现为两个方面：一是实际效果的优化，即通过法律或者公共政策，为人民提供适当的行为模式，争取最优化的实际结果；二是社会代价的减少，即法律或者公共政策通过为人民设定最经济的行为方式，减少不必要的资源浪费，以及人力、时间和知识的无谓支出，以最小的投入获得最高的回报。在现代国家治理中，政府的公共政策对提高效率的作用和影响，从根本上来说，来自市场失灵所造成的效率干扰和效率损失。就城市交通领域而言，社会公共产品、公共服务提供不充分，致使投资者缺乏必要的生产经营环境和基础性条件，或者公共产品不能以营利为目的，导致缺乏必要的利益激励机制，这些都将导致城市交通产品与服务的低效率。而矫正这些弊端的方式，只能发挥政府这只“看得见的手”，用公共政策来调节。城市交通领域的资源配置与管理，既要追求经济效益，不出现无谓地浪费资源的情况，又要注重社会效益，应当实现经济效益与社会效益的高度统一，这是纯市场产品与公共产品的最大区别。

再来看公平目标，诚如亚里士多德所言：公平为百德之总。法治意义上的公平是以承认社会成员间的自然差别为前提，注重缩小社会差距的一种公平。这种公平，既要体

现为权利公平，还要体现机会公平，更要体现规则公平。城市交通作为城市的重要公共产品和公共服务，本身就要求遵循均等化的公平服务原则。自由放任的市场经济，必然会相伴随产生高度不平等的收入和消费差距，其结果自然是不公平的。可见，市场机制主要解决效率问题，而政府行为则要侧重于解决社会公平问题。因为社会公众对不公平的承受能力是有限的，否则就会造成严重的社会对立甚至秩序混乱。因此，在保持效率的同时促进公平，成了城市交通领域公共政策始终要追求的目标。前者是经济运行的基本问题，而后者是社会运行的基本问题，两者共同构成城市交通运行的环境系统，是融为一体的。正如十九大报告所强调的，我们要激发全社会创造力和发展活力，努力实现更高质量、更有效率、更加公平、更可持续的发展。

五、需要平衡公共政策稳定性与动态性的关系

完善而有效的公共政策必须保持政策的连续性、稳定性与动态性、可变性的统一。一方面，公共政策相对于法律规范而言，具有灵活性、动态性、针对性的特性，因而是“可变的”；但另一方面，公共政策也需要保持相对稳定，具有连续性，不能“朝令夕改”。因此，城市交通领域的公共政策制定，主要是解决那些不能由市场或不宜由市场去解决的难题，立足于弥补、矫治市场缺陷乃至失灵的部分，从而实现市场资源配置与政府灵活调控的最佳结合。为此，在城市交通的公共政策制定与实施过程中，面对新老政策过渡阶段的政策适用竞合时，需要遵循“信赖保护原则”，即新的公共政策出台对行政相对人不利的，应当遵循“法不溯及既往”的原则；当新政策对行政相对人有利的，应当遵循“法不溯及既往的例外”原则。这是公共政策稳定性、连续性的具体制度体现。

·参考文献·

[1] 顾昂然．新中国民主法制建设 [M]. 北京：法律出版社，2002: 143.
[2] 张文显．二十世纪西方法哲学思潮研究 [M]. 北京：法律出版社，1996: 381.
[3] 罗纳德·M. 德沃金．认真对待权利 [M]. 信春鹰，吴玉章，译．北京：中国大百科全书出版社，1998: 41.
[4] 哈罗德·J. 伯尔曼．法律与革命——西方法律传统的形成 [M]. 贺卫方，高鸿钧，张志铭，等译．北京：中国大百科全书出版社，1993: 47.

[5] 杨景宇．我国的立法体制、法律体系和立法原则 [M]// 上海市行政法制研究所．依法行政与法治政府．北京：法律出版社，2006: 5, 12.
[6] 罗斯科·庞德．法律史解释 [M]. 邓正来，译．北京：中国法制出版社，2002: 2.
[7] 彭真．论新中国的政法工作 [M]. 北京：中央文献出版社，1992: 298, 403.
[8] E. 博登海默．法理学——法律哲学与法律方法 [M]. 邓正来，译．北京：中国政法大学出版社，1999: 326, 402-404.
[9] 习近平在十八届中央政治局第十五次集体学习时的讲话 [N]. 人民日报，2014-05-26.
[10] 陈新民．行政法学总论 [M]. 8 版 台北：三民书局，2005: 289.
[11] 哈特穆特·毛雷尔．行政法学总论 [M]. 高家伟，译．北京：法律出版社，2000: 33.

第九章
“设区的市”立法权的规定与城市交通立法

“设区的市”是中国城市群发展战略中的关键点。党的十八届四中全会决定提出，明确地方立法权限和范围，依法赋予设区的市地方立法权。2015 年 3 月，十二届全国人大三次会议通过关于修改立法法的决定，“设区的市”第一次从法律意义上普遍性地获得了地方性法规和地方政府规章的制定权，其立法权限涵盖城乡建设与管理、环境保护、历史文化保护等方面。这标志着我国“设区的市”的立法迎来了蓬勃发展的新契机。

第一节 “设区的市”立法权的演变过程

对于中国“设区的市”的立法权，经历了一个从无到有的发展历程。从法律角度上看，中国“设区的市”获得立法权的过程可以分为三个阶段。第一阶段是省会城市和经国务院批准的“较大的市”拥有立法权，第二阶段扩展到更大范围的“较大的市”拥有立法权，第三阶段是所有“设区的市”获得立法权，成为最广泛的地方立法主体。这一系列发展伴随着《地方组织法》《立法法》的修改而展开，也显示了“设区的市”的立法权在不同历史时期的鲜明特征。

一、第一阶段：“较大的市”拥有立法权

从 1982 年《地方组织法》修正后到 2000 年《立法法》实施前的这一时期，是中国“较大的市”获得立法权的初始阶段。

“较大的市”“设区的市”都是中国行政区划制度和立法制度中的核心概念。在 2015 年《立法法》修改前，“较大的市”的概念在法律意义上出现频率较高，早在新中国第一部宪法——1954 年《宪法》中就规定，“较大的市分为区”。此后，1978 年《宪法》第三十三条、1982 年《宪法》第三十条都规定，“直辖市和较大的市分为区、县”。可见，“较大的市”首先是宪法所规定的行政区划制度层面的概念，其规范内涵仅局限于拥有划分区、县的权力。

1982 年《地方组织法》修正，对“较大的市”的地方立法权作了开创性的规定，第一次赋予了“较大的市”另一个层面，即立法制度上的意义，该法第二十七条第二款赋予了“较大的市”人民代表大会常务委员会依法享有拟定地方性法规草案的权力[①]，第三十五条第一项赋予了“较大的市”的人民政府制定政府规章的权力。这是中国城市一级的人大和政府首次获得立法权，可以认为是“设区的市”立法权的起源。

二、第二阶段：拥有立法权的“较大的市”的范围扩展

“较大的市”立法权发展的第二个阶段是从 2000 年《立法法》制定后至 2015 年《立法法》修正前这一时期。

---

① 该法第二十七条第二款规定：“省、自治区的人民政府所在地的市和经国务院批准的较大的市的人民代表大会常务委员会，可以拟定本市需要的地方性法规草案，提请省、自治区的人民代表大会常务委员会审议制定，并报全国人民代表大会常务委员会和国务院备案。”

2000 年国家制定《立法法》，对立法工作进行了全面的规范，标志着中国的立法工作进入了新阶段。《立法法》对“较大的市”的立法权作了更为全面和系统的规定[①]，同时，又赋予了经济特区所在地的市地方立法权，将“较大的市”的外延确定下来，即包括以下三种类型：①省、自治区的人民政府所在地的市；②经济特区所在地的市；③经国务院批准的较大的市[②]。至此，拥有地方立法权的“较大的市”的范围有了一定幅度的扩大，包括 27 个省、自治区人民政府所在地的市，18 个经国务院批准的较大的市[③]，以及 4 个经济特区所在地的市，共计 49 个。

与此形成对比的是，当时行政规划意义上的“较大的市”中，尚没有地方立法权的有 235 个，两者在数量上反差明显。可见，立法制度意义上的“较大的市”，仅仅是行政区划意义上的“较大的市”的特例，两者在外延上并不重合。获得“较大的市”地位意味着拥有地方性法规和地方政府规章的立法权。而在“较大的市”的三种类型中，省会市、经济特区所在地的市的数量相对固定，若要获得“较大的市”的地位，只能通过申请国务院批准这一通道。1993 年之后，国务院再未批准过“较大的市”。可见，这一阶段，地方立法主体资格在“设区的市”的层面是一种稀缺资源。

三、第三阶段：“设区的市”普遍获得立法权

从 2015 年《立法法》修正实施到现在，是中国“设区的市”立法权得到普遍发展的新阶段。

党的十八届四中全会决定提出，明确地方立法权限和范围，依法赋予“设区的市”地方立法权。2015 年 3 月 15 日第十二届全国人民代表大会第三次会议通过《关于修改〈中华人民共和国立法法〉的决定》，删除原条款“本法所称较大的市是指省、自治区的人民政府所在地的市，经济特区所在的市和经国务院批准的较大的市”，第七十二条、八十二条赋予“设区的市”地方立法权。自此，中国“设区的市”作为新的城市立法主

① 该法第六十三条、第六十四条、第六十九条、第七十三条、第八十条、第八十九条中对“较大的市”的人大及其常委会、政府的地方立法权的权限、立法事项范围、效力以及批准、公布、备案等程序性内容作出了系统的规定。

②《立法法》第六十三条第四款规定：“本法所称较大的市是指省、自治区的人民政府所在地的市，经济特区所在的市和经国务院批准的较大的市。”《立法法》第六十五条规定：“经济特区所在地的省、市的人民代表大会及其常务委员会根据全国人民代表大会的授权决定，制定法规，在经济特区范围内实施。”

③ 从 1984 年至 1993 年间，国务院共分四次批准了 19 个“较大的市”，其中，重庆市 1997 年直辖后不再是“较大的市”，目前国内实际存在的经批准的“较大的市”为 18 个。

体首次普遍获得地方立法权。享有地方立法权的城市主体范围从 49 个“较大的市”扩展到了全部的 284 个“设区的市”以及东莞市、中山市、嘉峪关市和三沙市这 4 个不“设区的市”。《立法法》的修正满足了“地方对立法权的迫切需求，进而扩大地方自主权，使地方在进行经济、文化和民主法制建设等方面有更大的自主权”[1]。

2018 年 3 月，党的十九大高票通过《宪法修正案》，赋予“设区的市”制定地方性法规的权力，这是我国首次由根本法赋予“设区的市”立法权①。自此，“设区的市”的概念在《宪法》和《立法法》层面完成了统一。立法主体范围的扩大，有助于“设区的市”因地制宜制定适应改革和地方发展需要的地方性法规、规章，灵活有效地服务于区域经济社会发展和城市建设。

第二节 城市交通立法：地方立法空间相对更充分典型领域

城市交通不仅关系到广大人民群众的生产、生活，还与城市运行和经济社会发展密不可分。出于促进经济社会可持续发展、改善群众居住环境和基本出行权益的考虑，通过立法来推动城市交通的稳步发展，就显得尤其重要了。《立法法》将“设区的市”地方立法权可以规范的事项范围限定在城乡建设与管理、环境保护、历史文化保护三个领域。城市交通属于“城乡建设与管理”事项，因此“设区的市”可以就该事项进行地方立法。

一、“城乡建设与管理”的权威解读

根据《立法法》的规定，“设区的市”的地方立法权范围为城乡建设与管理、环境保护、历史文化保护三个领域。其中，对于“城乡建设与管理”领域的具体范围，全国人大法律委员会《关于立法法修正案（草案）审议结果的报告》进行过说明：“城乡建设与管理、环境保护、历史文化保护等方面的事项，范围是比较宽的。比如，从城乡建设与管理看，就包括城乡规划、基础设施建设、市政管理等；从环境保护看，按照环境保护法的规定，范围包括大气、水、海洋、土地、矿藏、森林、草原、湿地、野生生物、自然遗迹、人文遗迹等；从目前 49 个较大的市已制定的地方性法规涉及的领域看，修正案草案规定的范围基本上都可以涵盖。”[2] 该说明被学界视为是对“城市建设与管理”的权威解读。此外，

① 根据2018年通过的宪法修正案，《宪法》第一百条第二款规定，设区的市的人民代表大会和它们的常务委员会，在不同宪法、法律、行政法规和本省、自治区的地方性法规相抵触的前提下，可以按照法律规定制定地方性法规，报本省、自治区人民代表大会常务委员会批准后施行。

2015 年 12 月 24 日印发的《中共中央国务院关于深入推进城市执法体制改革改进城市管理工作的指导意见》中进一步明确了“城市管理”的范围，该意见指出：“城市管理的主要职责是市政管理、环境管理、交通管理、应急管理和城市规划实施管理等。具体实施范围包括：市政公用设施运行管理、市容环境卫生管理、园林绿化管理等方面的全部工作；市、县政府依法确定的，与城市管理密切相关、需要纳入统一管理的公共空间秩序管理、违法建设治理、环境保护管理、交通管理、应急管理等方面的部分工作。”通过上述文件可以看出，城乡建设与管理的范畴可以涵盖公共设施建设与管理、公共秩序、交通环境、应急管理等事项。

二、地方立法实践中对“城乡建设与管理”的扩大解释

需要引起注意的是，在地方立法实践中，“设区的市”立法对上述三类事项，特别是城乡建设与管理事项，基本上都按照扩大解释的思路进行立法活动，把整个行政法规范的范畴都纳入城市建设和管理事项中。例如，某市人民政府在制定 2017 年政府规章立法计划时，将人口和计划生育、商标认定和保护也归为城市建设和管理事项，属于明显的对“城市建设和管理事项”的扩大解释。立法权限范围的划分，主要目的是为了科学而合理地确定立法事项的不同归属，确定各类立法主体在整个立法体制中的地位和相互关系。《立法法》规定上述三类事项的目的是对“设区的市”的地方立法范围进行适当限制，对于这三类事项之外的事项，应当由法律、行政法规或者省级地方性法规进行立法规范。这种扩大解释是否合理，应当在多大范围内进行扩大解释，直接关系到《立法法》的立法初衷能否实现，也关系到“设区的市”是否能够合法有效地运用好地方立法权。因此，全国人大常委会应当适时对此进行解释，同时列举哪些事项不属于上述三个事项的范畴。

城市交通属于“城乡建设与管理”事项，因此，“设区的市”可以就该事项进行地方立法。随着交通行业的快速发展，城市交通以“设区的市”为立法主体的情况将会是一个普遍现象。同时，随着区域一体化交通运输体系的逐步建立健全，“设区的市”在处理本地区的具体交通管理事务时，将面临更多的新问题，而这些问题往往是中央立法的空白地带，需要各“设区的市”进行先行立法，这对“设区的市”的立法能力和水平提出了非常高的要求。“设区的市”的地方立法权需要经过一个从法律层面授权到实践层面运行的成长过程，为了确保“设区的市”的立法质量，需要做好立法监督工作，防范并控制“设区的市”在行使立法权时可能存在的风险。

第三节 “设区的市”在区域交通一体化中的立法协作

推进区域交通一体化是带动区域经济发展、建设具有国际竞争力的城市群的现实要求，对于推进国家现代化建设进程具有重要意义。从世界范围来看，区域交通一体化已成为当今区域共同发展的重要战略手段之一。区域一体化发展过程中涉及产业结构升级、空间功能统筹、生态环境保护、公共服务协同等诸多方面的问题，由于各城市经济发展水平不同，制度规则的具体内容不同，并且各城市都有自身的利益考量，因此在一体化发展过程中，如何避免因行政过多主导而影响市场配置资源的有效性，如何避免制度规则的冲突而导致的区域协同失调，如何打破地方行政壁垒等一系列问题，就成为区域一体化发展中需要重点关注的问题。而在区域交通一体化领域，这些问题同样存在，甚至矛盾更为突出。要解决上述问题，就需要调动区域内各城市进行立法协作。从现实情况看，区域交通一体化发展中，宜在“设区的市”层面开展立法协作，因为这些城市拥有一定的地方立法权，可以更好地通过制度设计来协同解决区域交通一体化发展中的问题。因此，本节主要围绕“设区的市”在区域交通一体化中的立法协作问题展开探讨。

一、区域交通一体化中立法协作的必要性

（一）实现区域内各地共同利益的需要

习近平总书记强调，“要着力构建现代化交通网络系统，把交通一体化作为先行领域，加快构建快速、便捷、高效、安全、大容量、低成本的互联互通综合交通网络”[3]。互联互通的综合交通网络不仅可以为人们提供方便快捷的出行方式，而且推动城市之间的资源有效配置，优化产业结构，改善城市基础设施建设，因此体现了一体化区域内各城市的共同利益。区域交通一体化发展的核心就是各城市之间的利益平衡问题，要解决好这一问题需要区域内各城市的人大和政府平台上通过立法协作，实现各城市的利益平衡。一方面，各城市需要清理各自阻碍区域交通一体化发展的政策规则；另一方面，各城市通过协作共同建构促进交通一体化协调发展的制度体系，促进区域交通一体化格局的形成。

（二）实现交通一体化改革创新的需要

立法协作既是引导区域交通一体化发展的依据，也是区域交通一体化改革的保障。党的十八届四中全会要求立法要与改革决策相衔接，重大改革应当于法有据，立法也要

主动适应改革和经济社会发展需要，实践证明行之有效的，要及时上升为法律。区域交通一体化的发展需要各城市在多方面进行改革创新，这就需要进行协作立法以确保区域内相关改革有充分的法律依据。从国际范围看，很多国家和地区都将区域发展规划上升到法律层面。例如，英国政府 1946 年制定《新城法》，并在该法的基础上开展新城计划，即在大城市周边建立一系列卫星城，将大城市的部分人口及经济活动安置到卫星城，以缓解大城市的交通、环境等压力；日本 1966 年制定《中部圈整备法》（2005 年修订），规定国土交通大臣对东京都区域及政令规定的周边地区以一体化形式进行规划发展，政府每年要向国会汇报首都圈整顿计划的制定及实施情况，并必须向社会公开[4]。这些法律为区域协调发展提供了强有力的制度保障。在中国的区域交通一体化发展过程中，也需要此类法律进行统筹和支持。这类法律可以由国家层面进行专门立法，也可以由区域内各城市之间通过立法协作进行立法。

二、区域交通一体化中的立法协作的目的

（一）通过立法协作打破区域间的行政壁垒

我国长期实行以行政区划为单位的地方发展模式，区域交通一体化建设涉及多个城市的行政区划问题，有些城市可能属于同一个省级行政区划内，有些城市可能分属于不同的省级行政区划；在涉及直辖市时，还会存在非同级城市的关系，因此呈现出一种错综复杂的关系。各城市基于各自的地方发展需求和维护自身利益的目的而制定不同的法规、规章和政策，这就形成了区域交通一体化发展的行政壁垒。区域交通一体化的立法协作相对于区域内各城市间的管理协同而言，是一个更高层面的协同合作，更加有利于区域交通一体化工作的有效推进。以京津冀协同立法为例，2015 年 3 月，京津冀三地的人大常委会联合制定《关于加强京津冀人大协同立法的若干意见》，明确提出京津冀采取协同立法的模式，以避免不同区域的法规与规章出现冲突。同年 8 月，京津冀交通一体化领导小组通过《关于推进京津冀交通一体化政策协调创新的指导意见》，倡导区域内三地协同创新交通一体化政策，实现交通管理与政策的一致性。2017 年，京津冀三地人大常委会主任会议通过了《京津冀人大立法项目协同办法》，规定京津冀三方围绕有序疏解北京非首都功能这一核心，在交通一体化、生态环保、产业升级转移等重点领域，选择关联度高的重要立法项目进行协作。可见，京津冀交通一体化发展中，已经有了一些协同立法的法律文件和指导意见。

（二）通过立法协作明确交通一体化发展中的重大问题

在交通一体化发展中，需要各城市在交通管理的体制机制等重大问题上达成共识，并通过立法形式固定下来。如果没有立法上的明确规定，就极易导致交通一体化建设过程中缺乏有约束力的协作。目前中国形成了一批跨行政区划的区域，这些区域因功能定位、一体化程度等方面存在差异，在区域一体化发展中形成了各具特色的立法协作模式，但其主要目标是一致的，就是通过立法协作对区域内的重大问题进行综合性统筹设计，通过立法协作予以法律化、制度化。例如，通过立法明确区域交通一体化协调机构的地位和职能，实现各城市交通行政部门的职能协调统一，进而解决组织保障问题；通过立法解决各城市之间标准不统一、规则不一致、平台不衔接等问题，为联合执法监管排除障碍；通过立法明确协同机制，规范区域内各城市的规划协同、管理协同、执法协同的问题。以规划协同的法制化为例，我国 2015 年修订的《城乡规划法》并没有确定跨行政区域的规划制定主体，也没有规定跨行政区域规划实施的相关制度。在这方面，美国的立法经验值得借鉴。美国 1962 年制定《联邦资助公路法》，要求大都市区交通规划中有关机构必须秉承综合性、合作性和连续性的规划原则，以克服过去各种交通方式单独规划，且交通规划与土地利用、经济发展及环境保护脱节，各政府机构缺少合作协调机制，以及由于政府换届导致长期规划所必需的连续性被忽视等问题[5]。

三、区域交通一体化中立法协作的路径选择

（一）区域立法协作的模式选择

交通一体化发展区域的立法选择路径受到其战略定位和跨行政区划等因素的影响。如果其涉及国家整体战略部署，那么其立法协作就不仅仅是地方立法问题，而是需要选择中央立法与地方立法相结合的路径。从国家整体战略的角度来看，如果交通一体化中涉及超越地方立法权限或立法范围的事项，则需要由国家进行授权立法；从跨行政区划的角度看，如果交通一体化的相关事项不涉及中央事权，从节约立法成本和提高立法效率的角度出发，可以优先由区域内市级层面进行协作立法。在区域立法协作中，若交通一体化区域内对相关的机构设置、执法内容等事项存在统一性要求的，就应当进行区域协作立法；若与交通一体化合作发展内容没有关联的领域，则各城市可以维持现有的法律规定，不需要进行区域协作立法。此外，区域立法协作应反映区域交通一体化发展的特点和现实需要，与区域内的执法体制和司法体制的框架相衔接，与执法内容和执法标准的统一性要求相衔接。

（二）区域立法协作的方式选择

协作立法有两种方式：一是文本协作方式，即针对某一交通行政管理领域或具体管理事项，由区域内各城市的人大或政府在协商一致的基础上确定示范性文本，各城市在示范性文本的基础上因地制宜地进行个性化表述，最终形成各自的立法文本；二是条款协作方式，即针对某一交通行政管理事项，由各城市的人大或政府在协商一致确定统一标准的基础上，对各自既有立法中的核心条款进行调整并实现核心条款内容的统一，而其他条款不变。需要指出的是，在区域内各城市开展协作立法的过程中，无论采取文本协作还是条款协作的方式，都应当保持法律文本属性的一致性，即各城市要么都制定地方性法规，要么都制定地方政府规章。

·参考文献·

[1] 蔡定剑 . 宪法精解 [M]. 北京：法律出版社 , 2006: 410.

[2] 第十二届全国人民代表大会法律委员会关于《中华人民共和国立法法修正案（草案）》审议结果的报告 [EB/OL]. 2015-03-12.http://www.npc.gov.cn/wxzl/gongbao/2015-05/07/content_1939079.htm.

[3] 新华社 . 习近平主持召开座谈会听取京津冀协同发展工作汇报 [EB/OL]. 2014-02-27. http://www.gov.cn/ldhd/2014-02/27/content_2624901.htm.

[4] 《东京 2040》系列解读之四：东京的城市交通规划——面向未来、自由出行、促进交流的城市交通规划：下 [EB/OL]. 2019-09-12. https://www.sohu.com/a/340476327_651721.

[5] 程楠 , 荣朝和 , 盛来芳 . 美国交通规划体制中的大都市区规划组织 [J]. 国际城市规划 , 2011(05): 85-89, 108.

第十章
城市交通法律制度设计

城市交通法律制度以服务城市生活和生产活动为基本目标，以改善和维护人居环境为基本要求，以实现通畅、安全、有序的城市交通等为基本内容，以有利于保障公民（主要是指城市居民和城市流动人口，也可统称为城市居民）合法权益、维护良好有序城市交通秩序、推动城市高质量发展等为基本理念。由于城市交通问题的综合性、复杂性和时代性，现代化治理不能够单纯依靠一部法律，而是需要多层次、多方面的法律法规构成的法律体系来实现，而且法律体系要随着城市社会经济发展、交通技术进步不断优化完善。

第一节 城市交通法律制度遵循的宗旨

一、保障城市居民出行与服务的权益

城市居民作为纳税人，享有获得公共服务的权利，也需要履行维护公共利益、遵守公共秩序基本义务。城市交通法律制度设计的首要目标是便利公民出行，通过保障公民权利和限制交通管理公权力滥用，实现公民出行与服务基本权益的保障。公众权益是所有纳税人共同的合法权利，与此同时，纳税人也需要正确对待纳税人个人与遵从维护公众权益的行政管理。

出行权和服务权是公民在城市交通方面享有的最基本权利。出行权是指公民依法在一定空间、一定时间内自由使用通行资源的权利，主要包括出行通行权、出行占用权、出行选择权和出行知情权。服务权是指公民可依法平等、自由享受各类公共交通设施与服务的权利。出行权和服务权是公民的重要权利，也是国家公权力的一项基本义务，向公民提供便捷的出行服务是政府的重要职责之一。新时期政府管理应当坚持“以人为本”的理念，这就要求国家不得非法限制和剥夺公民出行权，并应积极采取措施确保公民能够安全、便捷、自由和有尊严地出行。依法保障公民出行权和服务权不仅是法治问题，更是一个重大的社会问题、民生问题。这是法治精神的重要体现，也是社会文明的重要标志。

城市道路是重要的公共资源，每个城市居民享有平等的共有权利。城市公共社会资源是关系社会公共利益、人民生活质量、国民经济和社会可持续发展的重要资源，城市道路属于城市公共社会资源，具有公共性、外部性、非排他性、社会性等公共性质，应不限地域、贫富程度、社会地位公平公正地提供给公民。

满足人民日益增长的出行需求是建设现代化国家的必然要求。党的十九大报告提出，我国社会主要矛盾已转化为人民日益增长的美好生活需要和不平衡不充分的发展之间的矛盾。在城市交通方面更是如此，近年来人们对交通出行的需求已经从“有没有”向更高层级的“好不好”转变。政府在交通出行服务供给方面，也应在确保安全的基础上更加多样化、个性化、品质化，实现绿色经济和便捷高效。

保障残疾人、老年人、儿童等弱势群体的出行和服务也是政府的重要任务。目前，我国城市无障碍出行系统不健全不完善，对交通弱势群体不友好不便捷，突出表现在慢行系统不连续、公交车站无障碍设计标准不细化、无障碍设施管理维护机制不完善、无障碍出行信息服务不全面等方面。政府应鼓励各地将无障碍出行纳入城市交通设施服务能力改善的任务目标，坚持“以人为本”的服务理念，在全国树立典型示范，打造出更多无障碍出行服务品牌；应指导车辆生产企业按照相关生产标准，在城市公共交通车辆生产时配置无障碍设施，从源头方便无障碍出行。

二、维护城市的日常正常运行

城市交通设施的运行与人们的日常生活息息相关，是组织城市经济和社会活动的基础，是实现城市正常运行，保障城市运行安全、高效、可持续的基本秩序，避免和减少突发公共事件发生对城市整体运行影响的重要环节。城市交通设施运行方式不是以某一种交通方式，而是各种交通设施和不同类型交通工具之间相互贯通的，可由人们自行选择的城市交通复合网络。城市交通复合网络是将分散在城市中的各种生产、生活活动联系起来，是城市系统的重要组成内容，是保证城市各个部分正常发挥作用的基础。

城市交通发展要以构建绿色出行为主导。要优化城市交通复合网络，积极构建以绿色出行为主导的交通结构。既要立足城市发展全局，又要着眼于整个城市群空间布局结构和现代化都市圈建设要求，还要有利于促进交通新业态发展。当前要把解决交通拥堵问题放在宜居城市建设的重要位置。

城市交通法律应把城市交通安全放在突出位置。城市交通复合网络作为动态的开放系统，其安全既受系统内部因素的制约，又受系统外部环境的干扰，并与人、车辆及道路环境等因素密切相关。系统内任何因素的不可靠、不平衡、不稳定，都可能导致冲突与矛盾，产生不安全因素或出现不安全状态。

城市交通法律制度设计中，应坚持实施城市公共交通优先发展战略。城市公共交通优先发展目标是让人们出行优先选择公共交通方式，这需要有以下三方面的法治保障：一是保障土地开发与城市公共交通协同发展。例如，应将相关城市公共交通服务能力评估作为土地开发的前置条件，建立与土地开发相适应的城市公共交通设施配套建设制度。二是保障公共交通发展资金使用和筹集。例如，城市公共交通建设、运行资金，申请、核算、使用筹集的法律制度。三是保障公共交通委托运营—监管考核。例如，城市公共交通特许经营制度内容、实施、调整和监督考核的法律制度。

除上述目标以外，城市交通法律制度建设还应促进城市的韧性建设，既对已出现的城市交通问题做到“既病防变”，又要以“防患未然”为原则，为潜在风险留出“预留空间”，做到“未病先防”。

三、保障综合交通运输体系运行效益的发挥

综合交通运输体系的终端是设在城市内的枢纽或者场站，其发展与城市和城市交通相互依存，其作用是保障各种运输方式之间及方式内部的有机融合。城市交通和综合交通运输体系之间还存在交叉、衔接和设施共享的关系。从综合交通运输基础设施来看，交通枢纽、机场、码头等交通设施的选址直接关系到城市布局和发展方向；对外交通用地布置，如铁路路线走向、港口选址、岸线位置均与城市发展相关联；交通设施与城市交通网络的衔接又关系着城市人流、物流的运行效率。

城市交通法律制度应有利于综合交通运输，服务城市经济社会发展。旅客服务方面，要加强枢纽和场站与城市交通网络的衔接，推动“无缝衔接零换乘”；物流服务方面，要建设与城市协调的生产性和生活性物资配送系统，保障综合运输体系的经济效益和社会效益充分发挥。

城市交通法律制度应有利于促进综合运输体系的形成。重点推动枢纽城市的同一运输方式和不同运输方式的枢纽和场站间的通畅、便捷交通衔接，同时减少对城市日常运行的影响和干扰。

城市交通法律制度应有利于科技创新和人才市场培育。位于城市的航空枢纽和高铁站场应与周边的城市交通形成高效衔接网络，带动周边产业发展和人才交流，推动枢纽经济的发展。

四、贯穿城市规划、建设、管理全过程

城市交通是城市形成和发展的重要条件，城市交通设施的布局直接影响到城市发展方向、布局形态、环境景观。城市交通行为涉及各个方面，既有基础设施规划、建设过程中的行为，也有交通参与人的行为；既有由民事法律加以规范的合同关系，也有由行政法律加以调整的行政行为。所有这些都需要法律制度对其进行规范、引导、约束、保障。总之，城市交通法律制度贯穿城市规划、建设和管理的全过程。城市交通发展与城市发展应统筹协调，城市交通治理应符合城市的价值目标和基本原则，以促进城市高效、有序、安全、可持续运行。具体来讲，一是城市交通规划法律行为规范，包括遵循依据的法律规定，也包括城市交通规划编制、实施等方面要求，主要是法律、行政法规的规定。二是城市交通基础设施建设法律行为规范，包括建设工程设计、施工、质量监管、发包与

承包行为等由企业法人承担的法律责任，企业之间的经济管理、经济协作遵照的法律关系，也涉及国务院部门和地方政府部门，按照职责分工依照相关法律行政法规规定实施管理或者监督的行政关系。三是涉及城市交通中企业经营活动法律行为，包括经营中采用服务收费的企业经营行为和消费者权益保护，也包括劳动用工合同等企业经营活动要遵守的法律规定。这类行为主要由民商法、社会法规范。四是城市交通安全管理法律行为，主要涉及城市交通安全管理，目的是为了维护城市道路交通秩序，预防和减少交通事故，提高城市道路通行效率进行的管理行为。通常是按照国家道路交通安全法，由“设区的市”以上地方人民政府，结合城市实际制定实施细则，确定由公安交通主管部门负责管理；发改委、公安、规划、建设、市政、环境保护、质量技术监督、市场管理、安全生产监督等部门和县、区人民政府等相关部门也应在各自职责范围内，协同做好城市交通安全管理工作。五是城市交通规划、建设、管理的标准制定和实施，标准化法制建设涉及的内容非常多，既有硬件标准，也有包括服务标准在内的软件标准，都需遵守标准化法的规定。这里要指出的是，对保障人身健康和生命财产安全、国家安全、生态环境安全以及满足经济社会管理基本需要的技术要求，应当制定强制性国家标准，必须依法执行。

五、由政府管理，向“政府—社会—公民”协同治理方向发展

我国当代的“社会治理”是指在党的领导下，政府、社会组织、企业和公民等各类主体遵循社会发展规律，秉持“以人为本”理念，坚持公正和人道等原则，为增进公共利益、促进社会系统协调运转和人际和谐，齐心协力对社会系统的组成部分、社会生活的不同领域以及社会发展的各个环节进行组织、协调、服务、监督和控制的过程。城市治理是国家治理体系和治理能力现代化建设的重要组成部分，城市交通治理是城市治理的重要内容。城市交通治理现代化的原则可以概括为：遵循科学规律，加强法制保障，政府集中决策，落实部门责任，强化道德约束，规范交通行为，调节利益关系，坚持综合治理。城市交通治理之所以是政府、社会和公民协同治理，主要因为城市交通既有市场参与，又属于基本公共服务，后一属性可能在更大程度上影响城市交通的走向和模式。

城市交通治理的复杂性在于，不仅涉及公共治理与公民权利之间的矛盾纠结，也关乎各种不同群体的诉求冲突，因此相关政策选择，不能简单以人数多寡、声音高低为标志，而要最大限度地平衡各方利益，兼顾各方公民的交通需求，按照科学性、民主性和可操作性的原则，设计“政府—社会—公民”协同治理方案。

城市交通由“单纯政府管理”向“政府—社会—公民”协同治理转变的格局已经有了好的起步，初步形成了一些好的做法，主要表现为：一是治理目标上的协商共治，要建立针对不同治理议题的发展目标合作协商机制，要从法律、法规、意见等类型文件中实现发展目标的协商共治。例如，城乡规划法中在编制和实施总体规划和专项规划时，不同环节都要求公众参与；城市公共交通发展中建立了公众意见征集机制；交通违法整治中，对突出问题的征集机制。二是治理过程的协同合作。针对不同的治理议题，多方主体的协调共治制度，例如包括：交通安全治理中的公众对交通违法举报机制；交通停车治理中共享停车位合作参与机制；合作共享出行中共享自行车停放用户参与机制。三是治理绩效的合作评估。建立综合不同治理议题、多方参与主体的治理绩效评估保障机制，例如，城市公共交通服务绩效公众参与的途径，公众评估结果的吸纳方法，评估结果反馈机制等。但从整体上来说，城市交通治理能力现代化建设还是当前和今后一段时间的重要任务。

城市交通法律制度的设计应有利于完善城市治理结构，广泛吸纳社会力量参与，实现城市治理多元主体的共建共治共享。具体来讲，建立健全多元主体平等参与、协商合作机制，加强不同主体间的互动与交流，建立新型合作协同关系，促进政府与社会组织、公众之间良性互动，提高多元主体的参与度和活跃度，推动各方主体主动、直接、实时参与城市治理。

六、涉及城市交通行为，往往是多项法律规定间的协同

由于城市交通行为的复杂性、行政主体的多元性，单独立法极为困难。针对某一行为的法律规范，往往散落于不同法律之中；同时，某一具体行为会涉及多部法律，有时因某一法律要求会在其他法律中衍生出来。出于不同目的，多部法律对城市交通行为的规定也存在不同价值目标的考量。总之，城市交通行为一般需要多部法律协同规范，这也是城市交通法律制度的重要特征。

例如，在城市交通的基础性法律法规方面，涉及城市发展全局的城市综合交通规划的制定由《城乡规划法》确定；关于道路交通安全规定，主要由《道路交通安全法》及其各地实施细则作出；关于城市公共交通优先发展作为公共政策，从 1983 年以来国务院以公共政策发布文件 5 次之多，第一次以法律规定确定下来是在 2007 年颁布的《节约能源法》中；在 1996 年由国务院以行政法规方式发布的《城市道路管理条例》中明确城市道路的性质和功能，城市道路是车辆和人行载体，还涉及停车、组织交通秩序等出行服务和其他公共服务的综合性服务功能。

再如，同属于可供机动车行驶的道路，包括城市道路和公路，由于功能和管理上的差异分别由《城市道路管理条例》和《公路法》来规范。二者之间的衔接，突出以汽车作为主要交通工具使用的连贯性，形成了综合交通运输中公路运输和城市交通中机动车交通的贯通，主要是从设施的技术规范建立相衔接的规则。在机动车运行中的安全保障，统一由《道路安全管理法》来规范。该法不仅规范车辆和车辆驾驶人、乘车人，也规范道路交通活动的单位和个人。这就是机动车道路交通和运输，区别铁路、航空、水运与城市交通的衔接方式。这是在不同法律法规规范下协同发展的现实问题。

再如，以交通限制性服务为例，《反恐怖法》规定不得为恐怖活动提供运输服务；《消防法》规定禁止非法携带易燃易爆危险品进入公共场所或者乘坐公共交通工具①；《禁毒法》规定禁止非法运输未经灭活的毒品原植物种子或者幼苗，麻醉药品和精神药品、易制毒化学品运输实行许可和查验制度，禁止非法运输麻醉药品、精神药品和易制毒化学品②；还有法律从环境保护、生物资源保护等角度对运输服务提出了许多限制性规定，例如，垃圾应分类运输，动物运输应有检疫证明；等等。

又如，在实施和解读有关法律条文方面，以行人过街行为为例，《道路交通安全法》第四十四条规定，机动车通过交叉路口，应当按照交通信号灯、交通标志、交通标线或者交通警察的指挥通过；通过没有交通信号灯、交通标志、交通标的线或者交通警察指挥的交叉路口时，应当减速慢行，并让行人和优先通行的车辆先行；第四十七条规定，机动车行经人行横道时，应当减速行驶；遇行人正在通过人行横道，应当停车让行。机动车行经没有交通信号的道路时，遇行人横过道路，应当避让。从这两条规定来看，一方面要考虑机动车通行效率，通过交通信号灯、交通标志、交通标线或者交通警察的指挥以明确机动车的路权；另一方面，考虑机动车应当遵守文明行车、礼让行人的一般交通规则和社会公德。但是机动车在人行横道上礼让行人不仅仅是一种“礼”，更是来自

① 参见《消防法》第十七条：生产、储存、运输、销售、使用、销毁易燃易爆危险品，必须执行消防技术标准和管理规定。进入生产、储存易燃易爆危险品的场所，必须执行消防安全规定。禁止非法携带易燃易爆危险品进入公共场所或者乘坐公共交通工具。

② 参见《禁毒法》第十九条：国家对麻醉药品药用原植物种植实行管制。禁止非法种植罂粟、古柯植物、大麻植物以及国家规定管制的可以用于提炼加工毒品的其他原植物。禁止走私或者非法买卖、运输、携带、持有未经灭活的毒品原植物种子或者幼苗。第二十一条：国家对麻醉药品和精神药品实行管制，对麻醉药品和精神药品的实验研究、生产、经营、使用、储存、运输实行许可和查验制度。国家对易制毒化学品的生产、经营、购买、运输实行许可制度。禁止非法生产、买卖、运输、储存、提供、持有、使用麻醉药品、精神药品和易制毒化学品。

“法”的要求。从敬畏生命的角度讲，这种行为体现了机动车驾驶员对行人生命的尊重；从法律上讲，机动车行经人行道时，遇到行人正在通过人行横道，应当减速让行；从社会公共道德层面上讲，“礼让斑马线”体现出强势一方的车辆对弱势一方的行人最基本、最起码的照顾与关怀。这些例子说明了城市交通行为主体多元化、行为复杂化、目的多样性的特点，相关法律制度对其进行调整往往是多项法律规定间的协同调整。此外，由于民法有关规定和我国实行机动车第三者责任强制保险制度，还需要对不同交通事故情形下造成人身伤亡、财产损失赔偿责任出台具体可操作的规定。

第二节 城市交通法律制度设计应当理顺的若干事项

一、构成城市交通的现行有关法律综述

（一）城市交通行为规范由一般性法律中某些条款来调整

在城市和城市交通发展过程中，法律法规具有重要的引领、规范和保障作用。现代城市交通问题的解决首先是建立在对城市交通问题的重新认识之上：正确处置好资源和环境约束问题是城市发展的重要前提；城市交通需求更加注重以人为本和民生问题；可持续发展理念对城市交通规划和管理的指导作用应受到高度关注；交通政策在政策体系中的总纲地位需要强化；将组织城市高效、安全、低耗能运行的目标转化为政策体系中的各项具体管理指标要求；信息化对城市交通的深刻影响正被逐步认识。因此，城市交通问题的解决需要建立在政府、企业、社会组织、公民等多元主体共同合作下，依托各种交通设施、运输组织、交通政策、信息网络等手段，为人的出行和物的流动提供全过程服务。

截至 2021 年 3 月，我国现行有效的 275 部法律中，除去专门的程序法律，许多实体法律中的具体规定也涉及规范城市交通行为。从规范事项来看，贯穿规划、建设、运营至事故责任活动等全过程，在交通活动的不同阶段都有相关规定；从规则内容来看，既有授权性条款，如赋予地方政府特定的管理职责，也有限制性条款，如对运输物品给予限制性规定；从规制法律效力来看，既有倡导性、原则性的规定，如鼓励公共交通优先发展，也有强制性规制，如禁止生产、进口或者销售大气污染物排放超过标准的机动车船。

需要注意的是，依照立法法授权，直辖市、“设区的市”具有地方立法权，可以根据城市发展的具体需求制定相应的地方性交通法规。具体表现形式也非常多样，从调整的交通方式来看，有对不同交通方式进行的立法，例如城市轨道安全保护法律制度、无

人机管理制度；也有针对城市地方特色的交通方式制定的相应规则。从城市交通法律制度调整内容来看，基本涵盖了城市交通的规划制度、设施建设制度、工具管理制度、运营管理制度、安全管理制度等方面。由于城市财政制度、行政管理等原因，不同城市的交通法律制度侧重点不同，立法主题、立法内容和相应法律制度责任也存在着一些差别。例如有些城市有水运航道，就需要水运管理、港口管理等相关法律制度；再比如有些城市有地铁轨道交通，城市交通法律制度中就会规定相关的轨道建设、轨道交通运营安全管理制度。在具体交通制度规定中，城市管理的需求也会有不同的规定。例如，有些城市会在城市中心区域禁止大客车和（或）摩托车、电动车进入，而有些城市不仅没有限制措施，可能出于交通现实需求，反而会鼓励摩托车或电动车的使用。

（二）城市交通法律制度是地方立法的重要组成部分

保障城市整体健康安全运行，城市管理是重要环节。城市管理法律制度作为地方立法，关注城市的整体发展，主要着眼点在于城乡建设与管理、环境保护、历史文化保护等方面的事项，自然包含城市交通。一般而言，城市交通法律制度主要关注地面道路交通、快速路、公共交通、停车、物（货）流、交通秩序管理等多个系统及其相互协调。城市交通法律制度应与城市发展的目标相一致，为城市发展提供重要的制度保障。具体而言，城市交通规划制度通常影响着城市土地规划、城市发展规划等内容，往往也对城市布局和形态产生实际影响；城市交通设施建设制度须与城市财政管理、城市行政管理等制度相衔接，确保得到必要的资金、土地等；交通工具管理制度，如限购限行、停车收费等制度与城市居民切身利益密切相关，要与城市管理其他制度，如弹性时间工作制度、住宅设计建设制度相衔接；城市交通运营以及安全管理制度必须和城市街道管理、社区管理、公共安全管理等制度相配套协调。

二、城市交通法律制度的一般特点和规律、要求

（一）城市交通法律制度的共性特征和规律

城市交通法律制度的调整对象是服务于城市居民需求，组织城市高效、安全、低污染可持续性运行，在城市交通复合网络运行和管理中产生的社会关系，主要包括为城市居民出行服务所产生的经营性行为和非经营性行为，也包括由此而派生的社会问题的规范。基于调整对象和调整方法的实际情况，城市交通法律制度具有以下特征。

（1）城市交通法律制度调整对象具有综合性、复杂性的特征。城市交通的社会关系涉及内容复杂，总体来讲，既具有经济等利益关系特点，又具有人与人之间的非利益的特定社会关系。这种社会关系发生在提供城市居民出行享用的服务里，既有商业化服务的经营性企业，又有非营利为目的的收费服务的经营单位，还有使用政府提供的各项公用设施。由此引申出，比如城市公共交通经营企业、司乘服务人员与乘客关系；比如城市交通运行中的人与人，机动车驾驶员、非机动车驾驶员、行人等责任关系；比如政府和政府相关城市交通管理部门的职责分工和协同关系，有关法律法规制订和运行规则的制定，城市居民交通行为是否违法的裁决和政府部门行政责任的落实；还比如重要社会安全和治理方面防治环境污染、危险品安全运输等，涉及城市交通的场景和行为，提出法律制度的规定和要求；还比如城市生产性货运组织方式，需要法律制度促进改革来完善，尤其是新业态的发展，生活性物流配送已经成为居民生活的重要方式，迫切需要法律制度的规范；如此等等。这就决定了城市交通不可能简单用一部或者几部法律法规来规范，而是相关行为规范往往散落在国家几十部法律法规之中。这就是如何理解，以国家已经颁布的法律和行政法规为基础，推进城市为主体的城市交通立法，是城市交通法律制度设计的基本特征和重要规律。

（2）城市交通法律制度兼有公法和私法性质。城市交通法律关系既有公法性质的社会关系，如城市交通规划、城市交通管理和运行、服务规则制定，以及违规行为裁决和处罚等行政性质的关系；也包括私法性质的社会关系，如经营性服务收费等社会关系；还包括公私交融的交通经济关系，如城市交通与城市经济发展之间相适应的交通投融资关系、城市交通服务领域的竞争规则关系。

（3）城市交通法律制度内容往往具有强制性。城市交通法律法规的规定代表国家管理城市和城市交通的意志，涉及城市交通的经济活动秩序和城市居民行为准则，在法律制度设计中体现出政府主导性和较强的强制性。政府的主导性，主要表现为对城市交通的规划、投资、竞争规制、价格管制和政府提供的社会服务等方面。政府对城市交通经济活动管理的强制性，主要表现为对市场准入和许可、市场秩序监管，以及展开需求分析并制定宏观政策和实施调控措施等方面。

（二）城市交通法律制度的普遍性要求

现代城市交通发展问题从本质上看是城市公共服务问题。一方面，从自然资源环境角度来讲，资源短缺与环境破坏的严峻现实，迫切需要城市交通发展顺应经济发展方式转变、国际竞争技术转移态势，有利于促进城市转型发展。另一方面，从社会制度运行角度来看，城市交通作为社会结构系统的子集，要确保教育、就业、社会保障等其他社会功能的实现，如城市交通顺畅通达可减少学生上学、职工上下班在途时间，有利于合理控制居民区规模过大和人居环境的改善。

城市交通法律制度的设计要将城市交通发展的价值目标和基本原则贯穿于整个制度规定中，既要通过城市交通可持续发展提升教育、就业、社会保障等城市公共服务水平，也要通过改善教育、就业、社会保障等城市公共服务需求协同解决城市交通可持续发展问题。例如，教育平等（尤其是中小学优质师资学区教育资源的均等化配置）、择业自由、社保城乡一体化等城市社会保障措施的落实，有助于减少因跨区择校上学放学、职工上下班长途跋涉、农村进城务工人员在城乡之间潮汐式往返造成的交通出行拥堵现象。

城市交通法规应当依据并遵守各项上位法律规定。城市交通法规包括部门规章和地方政府规章等都要严格遵守的法治要求。在上面多个章节都已经介绍了，关于城市交通行为的法律规范分布于不同法律之中，这就要求在立法、执法、司法各环节必须首先依据和遵守上位法律规定。在实际操作中，对这一点往住因重视不够而引起行政诉讼。

城市交通法规作为调整城市交通行为的法律制度，其基本规定应当与国家法律保持一致。从实践中来看，对城市交通行为调整的法律制度，一方面表现为不同的法律规范之间具有高度的一致性，另一方面表现为不同交通方式的法律规范之间具有互相渗透、互相借鉴、互相融合的倾向。在纵向关系中，由于法律、行政法规、地方性法规、规章之间具有明显的等级性，城市交通法规根据其在法律体系的位阶，相关制度的设计必须依据上位法，其规定不得违反相关上位法。

三、既有城市交通主要法律制度

（一）基于一般法和特殊法视角

一般法和特别法是以法的适用范围为标准对法的一种分类方式。一般法指适用于一般的法律关系主体、通常的时间、国家管辖的所有地区的法律。特别法是对于特定人群和事项，或者在特定的地区和时间内适用的法律。

在现行立法实践中，城市交通法律制度以民生为主线展开，综合交通运输的法律制度以行业建设、运行、管理为主线制定。现行城市交通和综合交通运输法律制度二者从立法的目的宗旨、法律调整的范围、行政管理的主体等存在着差异，要特别注意从法律制度上正确理解和处理好城市交通与综合交通运输的衔接关系。

（二）城市交通行为构成的法律制度概述

在我国现行有效的法律制度中，涉及城市交通的相关法律多达100多部，其中城市交通行为主要涉及民事、行政和刑事等方面的基本法律。

民事法律制度：《民法典》中明确了运输合同的基本规则[①]、经营者的权利义务和侵权责任（包括产品质量责任）、道路基础设施的产权界限等。相关法律也对经营和服务提出了许多限制性规定，例如危险物品的运输需要符合相关规定[②]。

行政法律制度：行政法律制度主要明确规划、设施建设和维护，交通工具的基本要求，经营者的资质管理，以及行政管理的基本规范，特别是规定了交通安全管理相关规则和可以设置交通管制的情形，如戒严期间[③]、火灾现场[④]、疫区[⑤]等。明确发生突发事件时，城市交通的应对规则[⑥]，还规定了对交通设施、工具征收、征用和查封扣押[⑦]以及安全检查[⑧]的情况。

经济法律制度：涉及城市交通相关的价格管制、税收征收制度和特殊市场管制规则。拟收费或者提高价格的，应当举行听证会，征求旅游者、经营者和有关方面的意见，论证其必要性、可行性[⑨]。《车船税法》规定：车辆、船舶的所有人或者管理人，为车船税的纳税人[⑩]。

社会法律制度：主要涉及环保要求[⑪]、公平服务和普遍服务的相关内容。例如，城市公共交通优先的基本原则，《节约能源法》第四十三条规定：县级以上地方各级人民政府应当优先发展公共交通，加大对公共交通的投入，完善公共交通服务体系，鼓励利用公共交通工具出行；鼓励使用非机动交通工具出行。《大气污染防治法》规定了车辆限

---

① 参见《民法典》第三编第十九章。
② 参见《安全生产法》第七十九条。
③ 参见《戒严法》第十四、二十四条。
④ 参见《消防法》第四十五条。
⑤ 参见《传染病防治法》第四十二条、第四十三条、第四十四条。
⑥ 根据《突发事件应对法》，交通部门为应对突发事件应制定具体应急预案，配备报警装置和必要的应急救援设备、设施，注明其使用方法，并显著标明安全撤离的通道、路线，保证安全通道、出口的畅通。并且应当定期检测、维护其报警装置和应急救援设备、设施，使其处于良好状态，确保正常使用。发布警报宣布进入预警期后，交通公共社会应保障安全和正常运行。自然灾害、事故灾难或者公共卫生事件发生后，应立即抢修被损坏的交通设施。必要时，可以对特定区域进行封锁，实施交通管制。
⑦ 参见《国防法》第五十一条。
⑧ 参见《国境卫生检疫法》第四条。
⑨ 参见《旅游法》第四十三条。
⑩ 参见《车船税法》第一条。
⑪ 参见《大气污染防治法》第六十八条、第七十条。

行制度[①]，并且明确交通管理应配合国务院生态环境主管部门参与重点区域大气污染联合防治。[②]《环境噪声污染防治法》对车辆生产标准提出了要求，禁止制造、销售或者进口超过规定的噪声限值的汽车。[③]此外，还规定为军人和军用交通设施提供优先服务和优待服务[④]，对弱势群体，如为未成年人[⑤]、老年人[⑥]、残疾人[⑦]提供公共交通服务优待，而且规定，公共交通工具应当逐步达到无障碍设施的要求[⑧]。

刑事法律制度：刑法中规定的与交通安全相关的犯罪行为主要是危害公共安全罪和妨害社会管理秩序罪。破坏交通设施、交通工具，无论是故意或过失，都是犯罪行为[⑨]。聚众扰乱车站、码头、民用航空站秩序，聚众堵塞交通或者破坏交通秩序的，应承担刑事责任。此外刑法还规定了在公共交通工具上抢劫是抢劫罪的加重情形。在公共场所或者交通要道聚众斗殴，造成社会秩序严重混乱的，是聚众斗殴罪的加重情形[⑩]。

（三）现行综合交通运输行业的法律概述

综合交通运输行业发展是国民经济社会发展的先行官。综合交通运输相关法律，相对于一般法来讲是特别法，或称专门法，其特点是基于各独立的交通工具和运输方式制定的交通运输法律，主要规定各交通运输方式内部的相关制度。几乎每种交通方式都有自己独立的基本法律，如《铁路法》《民用航空法》《海商法》《港口法》《航道法》《公路法》等法律，在基本法律之下又按照不同交通方式制定了各种行政法规、部门规章和其他规范性文件，如《道路运输条例》《铁路安全管理条例》《民用机场管理条例》《国际海运条例》《国内水路运输管理条例》等。我国参加的国际条约对于综合交通运输也有一定的规范、促进和保障的作用。交通运输法律制度体系除了规范各类交通方式的专门法，还有相关的安全法，如《道路交通安全法》和《海上交通安全法》。在法规规章

① 参见《大气污染防治法》第九十六条规定：县级以上地方人民政府应当依据重污染天气的预警等级，及时启动应急预案，根据应急需要可以采取责令有关企业停产或者限产、限制部分机动车行驶、禁止燃放烟花爆竹、停止工地土石方作业和建筑物拆除施工、停止露天烧烤、停止幼儿园和学校组织的户外活动、组织开展人工影响天气作业等应急措施。
② 参见《大气污染防治法》第八十七条。
③ 参见《环境噪声污染防治法》第三十二条。
④ 参见《国防法》第五十四条。
⑤ 参见《未成年人保护法》第四十五条、四十六条。
⑥ 参见《老年人权益保障法》第五十八条。
⑦ 参见《残疾人保障法》第五十条。
⑧ 参见《残疾人保障法》第五十五条。
⑨ 参见《刑法》第一百十六条、第一百十七条、第一百十九条、第一百三十条。
⑩ 参见《刑法》第二百六十三条、第二百九十二条。

层面，不仅有国务院制定的行政法规，也有地方政府制定的地方政府规章，还有上千部相关部门规章。地方性法规主要涉及安全管理。各种交通运输法律法规在时间、空间上是相互联系、相互作用的，构成了以国家基本法律为依据、以运输法律为主体、运输法规和规章为补充的法律法规体系。

（四）城市交通法律制度与综合交通运输法律法规体系

我国法律法规的制定和实施，应实现其立法的目标和宗旨。城市交通法律制度的立法宗旨，是围绕事关亿万人民日常出行服务的重大民生问题，为保障城市正常运行、改善城市生态环境、建设宜居城市、提高人民群众生活品质提供法律保障。完善综合交通有关法律法规体系的目标，是为了建设系统完备、架构科学、布局合理、分工明确、相互衔接的综合交通法律法规体系。跨运输方式、铁路、公路、水路、民航、邮政等各领域“龙头法”和重点配套行政法规制修订工作基本完成，覆盖交通运输各领域的法规体系主骨架基本建立；不同运输方式的法律制度有效衔接，支撑各种运输方式一体化融合发展，保障现代化综合交通体系建设；交通运输各方面法律制度更加成熟、更加定型，支撑交通运输治理体系和治理能力现代化基本实现。

四、社会关注的有关城市交通法律制度的讨论

（一）关于交通拥堵费的法律问题讨论

城市道路交通拥堵收费是对特定时段和路段的车辆实行收费，能够从时间和空间上来疏散交通量，减少繁忙时段和繁忙路段的交通负荷，同时有利于促使交通量向高容量的公共交通系统转移，抑制私人小汽车交通量的过快增加，促进小汽车的合理、有效利用，实现道路的高效使用，达到缓解交通拥堵的目的。当前一些城市交通拥堵日趋严重，而且呈现出常态化、区域化、时段化的特征。因此可以考虑在特定时间、特定区域采取征收交通拥堵费的措施减少车辆出行量，使交通运输系统经济效益最优化。征收交通拥堵费的立法困境，主要在于缺乏合理的法律依据，且民众对征收拥堵费有较强的抵触情绪。但是征收交通拥堵费可以抑制弹性交通需求，引导使用公共交通出行方式，政策的持续性较强，并且征收的资金可以为城市交通拥堵的治理提供必要的经费支持。

征收交通拥堵费可以实现控制私人轿车的增长和使用率来部分解决城市道路交通问题。但是简单地征收拥堵费，无助于缓解城市交通，甚至可能因为带来巨大的行政管理

成本而加重财政负担。城市道路拥堵是一个系统问题，需要综合配套，协调推进，从根本上提高道路利用率，优化城市规划配套。如果没有合理的交通制度安排，拥堵费很可能沦落为“养人费”，或者成为职能部门创收的新手段。

城市交通法律制度中如果要征收交通拥堵费，则相关制度设计中应明确一下内容。

（1）交通拥堵费征收的主体：明确交通管理部门征收交通拥堵费的职责权限，允许其授权车管所、银行等相关组织代理收取拥堵费。

（2）交通拥堵费征收的对象：坚持公平原则，应对除公交车、特种车辆（军车、消防车、救护车）、合法的残疾人车辆外的其他一切车辆都要收取交通拥堵费。建议公务车不收费，但是从实施收费之日起，要实行严格的公车使用配额制度。

（3）交通拥堵费征收的区域：通过分析交通流量确定征收拥堵费的空间区域和时间范围，并考虑对周边地区可能造成交通量剧增的影响。如果交通拥堵区域是线状而非团块状，那么征收方案可以调整为特定路段收费，而不是对整个区域进行收费。

（4）交通拥堵费征收的时段：以早晚上下班高峰期为基础，向前后延伸，节假日免费。

（5）交通拥堵费的收费标准：可以依照交通的可替代性和拥堵程度设定阶梯形价格。还有一种考虑是按照车辆价格进行阶梯收费。

（6）交通拥堵费的收费技术：可以采用车辆牌照识别技术或者电子收费技术，保持系统的先进性和便捷性。建立统一的城市拥堵费缴纳系统，设立专门账户。对驶入收费区域而不缴纳拥堵费的车辆进行严格处罚，通过设立不同时间段不同数额的滞纳金督促驾驶员及时缴费。并且由交通法庭运用简易程序专门审理因征收拥堵费产生的争议。

（7）交通拥堵费的使用：应将其收入设立专户，完全回流到城市交通运输系统。由拥堵收费制度产生的巨额资金收入需要政府加强管理和利益部门的协调，对于系统建设和维护以及费用的收缴和使用等事项应以协议的方式明确下来。

（8）交通拥堵费的调整与取消：应明确拥堵费调整和取消的程序制度，明确在城市交通情况发生变化时，对已经开征的交通拥堵费提出调整或者取消的方案。

（9）征收交通拥堵费的配套措施：获得公众的支持；完善配套公共交通。

（二）关于静态交通的法律问题讨论

静态交通主要是指停车场的规划、建设和管理，是城市交通的重要特征，是城市交通系统不可分割的组成部分。停车难已经成为制约城市可持续发展的瓶颈问题。截至2020 年 6 月，全国汽车保有量达 2.7 亿辆，占机动车总保有量的 75%。共有 12 个城市汽车保有量超过 300 万辆，其中，北京超过 600 万辆、成都超过 500 万辆，分列前两位[①]。停车场建设速度远远落后于汽车增速，停车位缺口巨大。目前静态交通存在的问题，主要表现在停车设施规划建设滞后、城区停车位总量不足，停车资源整合不够、利用率不高，物业泊位配建标准不高、建设规划管控不严，公共停车场建设投入不足，部分驾驶人文明交通意识不强、对其管理和处罚措施有限，停车收费不合理等方面。

改善静态交通现状成为解决城市交通压力的一项重要工作，妥善解决好有利于提升城市的综合承载力。聚焦城市停车需求，应逐步完善 ETC 停车场及路侧停车配套设施，建设城市级停车管理管控平台，实现停车场无人值守、预约诱导停车以及资源高效周转，全面提高城市停车精细化管理水平，提升城市交通服务品质和环境秩序。完善城市停车管理法律制度，应关注以下问题：

（1）明确停车场的性质。在法律中明确停车场的商业性质，将机动车停放当作一个市场来运作，要考虑停车空间和时间方面的经济效益和环境成本。

（2）合理规划停车设施。停车设施的发展目标应是构筑规模适宜、布局合理并与道路设施和城市公共交通设施相协调的停车系统，引导人们选择合理的交通出行方式，保障公共交通的主体地位，维持城市动、静态交通平衡。

（3）建设与停车场配套的城市公共交通设施和完善自行车停放制度。将停车场与城市交通枢纽、城市轨道交通换乘站紧密衔接。在城市公共交通配套方面，加建公交线路及公交站点，建设专用公交车道，加大投放公交运力；在出租配套方面，根据市场需要增投放出租车运力；在地铁配套方面，加大力度推进城市轨道网络建设力度，合理布局地铁线路分流客源。完善自行车停放制度，以减少自行车占用停车位的现象。

（4）实施差别化停车收费制度。价格管理是停车管理的重要机制之一。在价格上要采取多种措施，保证停车设施经营者能够正常经营获得一定的收益，进而引导投资者参与停车场的建设与经营。进一步实施停车收费差别化政策，扩大差别化停车收费区域范围，意味着在今后的实践中应当进一步细化区域，将停车收费与市场需求、地区开发建设程度联系起来，制定更为细致的停车收费政策。具体区分方法包括分区域、分类型、分位置、分时段、分形式等。分区域：分为根据城区人口和建筑密度、商业繁华程度、车位供需状况等因素划分区域；分类型：分为公建配建、居住区小区、枢纽、公共停车场；分位置：分为路内车位、路外地面车位、地下车位；分时段：分为白天、夜间，高峰时段、非高

① 数据来源于公安部。

峰时段；分形式：分为按时间（小时、天、月、年）收费、按时间递进收费，按次收费，在一定程度内的免费等形式。从收费结构上来说，按照资源的性质以及停车管理的理念，路边、占用道路资源的停车位收费应该高于地下停车位。同时，为合理利用停车资源，应调整路外和路边停车、地上与地下车位的收费比例，以平衡路外和路边、地上和地下停车的关系，让道路主要用来通行。

（5）建立严格规范的停车管理秩序。任何涉及停车需求管理的措施都应有必要的实施条件，要实现常态化的、严格的、规范的停车秩序管理。加强停车泊位管理，整治停车秩序。在政策措施上鼓励对中心城区的公共汽车、出租汽车、非机动车予以照顾，而对私人小汽车采取“以静制动”的策略，不提供充足的公共停车泊位，以控制路面的交通流量。加大对违法占道停车的处罚力度。

（6）完善停车诱导系统的相关规则。建立统一的停车场信息管理和发布系统，对停车泊位进行编号，对停车场信息实行动态管理，并实时公布向社会开放的停车场分布位置、使用状况、泊位数量等情况。停车诱导系统应将所有停车场的地址、价格和停车容量等信息全部在网络上公开，并提供网上预订停车位业务，减少道路上寻找车位的车流量。

第三节 交通新业态与城市交通法律法规的预期研究

交通新业态是塑造城市形态和交通布局的重要隐形力量，将影响市民的工作方式和空间选择，城市交通法律法规应对此加强前瞻性研究。新业态具有“技术先进性”和“应用负外部性”的双重特征，现行的政府管理架构、职能分工、管理机制、标准规范可能面临严峻挑战，城市交通系统的复杂性、严峻性将全面升级 [1]。

一、新技术发展的典型场景概述

（一）智慧交通

智慧交通系统（Intelligent Transport System 或者 Intelligent Transportation System，ITS）是通信、控制和信息处理技术在运输系统中集成应用的通称，是将先进的信息技术、通信技术、传感技术、控制技术以及计算机技术等有效地集成运用于整个交通运输管理体系，而建立起的一种在大范围内、全方位发挥作用，实时、准确、高效、综合的运输和管理系统，是一种能提高交通系统的运行效率，保障交通安全，降低环境污染，减少出行成本，信息化、智能化、社会化、人性化的新型交通运输系统。智慧交通系统加强了车辆、道路、使用者之间的联系，从而形成了一种实时、准确、高效的综合城市公共交通系统。

智慧交通系统一般包括交通管理系统、车辆控制系统、公共交通系统、电子收费系统、货运管理系统、紧急救援系统和交通信息服务系统等。

智慧交通系统的广泛运用对城市交通法律制度产生了许多新的立法需求，从宏观层面来看，需要更新交通规划理念——以“出行即服务”为基本理念。城市交通的目的是为了人的出行，而不是运输工具的移动。“出行即服务”源于英文 MaaS （Mobility as a Service 的缩写）的意译，即使用一个数码界面来掌握及管理与交通相关的服务，以满足每一位消费者的交通出行需求。具体来说，就是在将多元交通工具（模式）全部整合在统一的服务平台的基础上，基于数据的共享服务原理，运用大数据技术进行资源配置优化、决策，建立无缝衔接的、以出行者为核心的交通系统，并使用移动支付的新方法，来提供符合出行者需求，更为灵活、高效、经济的出行服务。MaaS 通过将离散交通子系统向一体化综合交通系统的转化，打造一个比自己拥有车辆更方便、更可靠、更经济的交通服务环境，让出行者从拥有车辆改为拥有交通服务，实现由私人交通向共享交通的转变。同时需要明确规划程序，将智慧交通规划与城市规划、物流配送、道路设计等方面结合起来综合考虑。

从产业政策来看，需要积极的财政政策和金融政策来扶持智慧交通的发展，鼓励社会资本投资运营智慧交通设施。一方面，鼓励政府部门履行行政监管职能，从宏观交通组织与决策、运输市场监督、运输组织与管理、交通各类数据统计、公共交通服务等需求出发，规划和建设城市智能交通综合子系统。另一方面，支持或帮助运营和管理组织建设与交通运输生产密切相关的运营系统，包括交通基础设施的智慧化、运载工具的智慧化、运营组织与管理的智慧化、交通需求服务体系的智慧化等。

从微观层面来看，需要规范智慧交通设施建设和运营标准、程序，建立智慧交通信息共享机制，提高智慧交通信息服务质量，明确智慧交通信息收集范围、收集程序、共享机制；完善智慧交通设施故障应急预案，形成突发事件应对标准。

（二）自动驾驶技术

自动驾驶是引领未来的前沿技术和颠覆性技术之一，不仅将带来汽车产业的全面变革，同时也将对经济社会发展产生深远影响。大力发展自动驾驶已成为全球共识，也成为汽车产业升级和交通发展模式变革的战略制高点。自动驾驶汽车，又名智能汽车、智能网联汽车，是一种能够感知外界环境、实现自动行驶，无须人类进行驾驶操作的新一代汽车。自动驾驶汽车能避免因驾驶员失误而引发的交通事故，有增加道路通行能力、节约能源、降低排放的潜在优势，并为老年人和残疾人驾车出行提供了可能，因而具有巨大的社会效益和商业价值。自动驾驶技术承载着“降低道路交通事故发生率，改善人们出行体验，变革当下生活方式”的美好愿景步入公众的视野。伴随自动驾驶技术的迅猛发展，全新的应用场景应运而生，冲击着构建于传统概念和思路基础上的既有法律制度体系。因此，解决这种创新技术与传统法律制度之间的冲突和矛盾，成为推动技术应用合法化和社会化的重要任务。

自动驾驶立法规范是由自动驾驶技术测试和商业化应用所形成的新社会关系，需对现行法律的适用性进行重新确认，或在规则空白处构建出一套新秩序，以规范自动驾驶各参与方及受影响群体（如行人等）的基本权利和义务。这套新秩序的形成，必将伴随对旧秩序的不断革新和持续突破，与之相关的立法和系列核心规则的构建具有如下特征：

（1）创制性。因为新法律关系的产生，需创设新的权利义务关系，一般对社会影响较大。具体来讲，比如赋予“自动驾驶系统”正式的法律地位，原道路交通侵权责任主体发生变更，政府监管部门新增系列相关权力。

（2）阶段性。对应技术发展过程中所设定的不同立法阶段的重点任务。依据美国汽车工程师协会（Society of Automotive Engineers International，SAE）制定的 L0 至 L5 共 6 阶段分级标准[①]，自动驾驶立法的目标一般为 L3 级以上。各阶段有不同的立法重点，相关制度也将呈现持续演化的过程。

（3）多学科性。立法和相关制度构建将集合汽车、信息通信、自动化、人工智能、社会科学、哲学乃至生物或神经科学等众多领域，而这些领域自身的规则也深刻影响自动驾驶领域。

自动驾驶汽车管理制度建设具有复杂性，包括自动驾驶汽车的设计、制造和销售、路测准入和监管、道路通行管理和驾驶准入、道路基础设施管理、自动驾驶客货运的准入和监管、隐私保护、网络安全、侵权责任、车辆保险等诸多方面的内容，既需要对旧的制度进行修正完善，如适时修订《道路交通安全法》《测绘法》以及《管理规范》等相关法律法规，也需要针对新的关系设立新的制度，进而构建起完善全面的法律法规体系。

① 参见国际汽车工程师学会（SAE）制定的最新修订版 SAEJ3016(TM)《标准道路机动车驾驶自动化系统分类与定义》，L0 代表没有自动驾驶加入的传统人类驾驶，而 L1—L5 则随自动驾驶的技术配置进行了分级。

二、责任主体问题

交通责任主体指全体交通参与人，包括交通活动组织者、管理（执法）者、提供（运输、服务、科技、工程建设与监理）者、需求者或使用者、影响者（这五种群体在特定境遇下的角色、行为和功能都可以互换）。交通责任主体通常是自然人、法人和其他组织，但是在交通新业态中，由于自动驾驶技术、智能交通管理设施的广泛运用，在有些交通现象中会出现机器代替传统主体的问题，如自动驾驶汽车、智能交通缴费系统（Electronic Toll Collection，ETC）。自动驾驶汽车颠覆了以往的人与车关系、车与车关系，随着完全自动驾驶模式下汽车驾驶人概念的消失，法律规制的对象将可能不是车辆的所有权人、使用人，而是人工智能自动驾驶系统的开发者、制造者。

交通新业态的出现，使得交通责任主体的界定变得极其复杂。虽然对交通新业态责任主体的判断是一个非常复杂的法律问题，但是其基本原则应该是：判断某个主体是否属于交通责任主体，要从其对该交通运输工具的运行是否于事实上位于支配管理的地位和是否从交通运输工具的运行中获得了利益两个方面加以判明。责任判断的基本理念是应由掌控危险的人承担由危险而引发的损害。在交通新业态中，要设计合理的责任主体判断标准和程序，形成合理的法律责任体系，一方面应避免简单的以产品质量责任取代交通责任的倾向，另一方面要给智慧交通的设计者、生产者、经营者留下足够的制度空间，避免阻碍技术进步。

三、服务公平和社会公正问题

交通作为一种公共物品，在其发展过程中必须不断增强公共性，交通制度与交通政策中也必须体现社会的公平正义。城市交通发展面临着公共利益与个体权益、交通发展与社会公平、公共权力与公民权利（包括平等权、自由权、社会权利）等关系范畴之内的冲突。有效解决上述冲突有待不断协调自然资源短缺与人类社会发展之间的供需矛盾。城市交通法律制度要体现公平性，从制度层面保障城市交通为全体市民流动人口提供公平服务。城市交通规则应充分考虑城市的发展状况，满足弱势群体的发展诉求，以实现各种获得机会（特别是可负担的交通）能公平分布，减少不同群体生活质量的差异。横向公平应考虑每个人具有均等的出行机会；纵向公平一方面应关注现在和过去的交通出行条件的差异，另一方面应关注个体之间或不同群体之间的效益和费用的平衡。

“互联网 +”交通的发展，推动现代信息技术与交通运输管理和服务全面融合，智慧交通设施、自动驾驶技术的广泛使用，形成许多交通新业态，引发城市交通服务公平和社会公正的新问题。例如，智慧停车系统、网约车、无人驾驶公交、无人驾驶出租车的商业化使用是一个逐步推广的过程，互联网技能和使用能力的差异导致城市居民在使用公共交通的机会和便利程度上出现了差异。又如，交通新业态在经济相对落后的城市和经济发达城市下沉渗透程度不同，不同城市居民享有的公共交通便利程度不同。在同一个城市，也有信息弱势群体，因为数字鸿沟①而不能公平地享受出行便利，例如，有些地方已经出现公交车拒收现金导致没有电子乘车码的老人无法乘车的现象。随着无人驾驶公交、无人驾驶出租车等新型公共交通工具的推广和普及，被数字鸿沟阻挡的弱势群体将更难以适应。因此，城市交通法律制度应通过规划、财政等手段来保障老人、残疾人、低收入群体出行基本权利，在制度上推进填平“数字鸿沟”的规则设计。

四、个人隐私与信息保护问题

（一）个人隐私和个人信息保护

在我国，隐私权是指个人对其私领域的自主权利②，其保护范围包括私生活不受干扰及个人信息的自我控制 [2]。《民法典》人格权编第六章“隐私权和个人信息保护”中③，对于隐私、个人信息以及个人信息的处理等基本概念作出了清晰的界定，同时明确了禁止实施的侵害隐私权的行为类型，处理个人信息应遵循的原则与合法性要件、个人信息的合理使用等规则。

（二）交通领域的隐私权保护

在交通领域讨论公民的个人隐私与信息保护，涉及公共空间中的个人是否还有隐私权保护问题。公共空间是指任何人都可以进出并用于公众从事社会生活的场所④。学术界

① 数字鸿沟特指在社会信息化、数字化、网络化发展过程中，不同基础条件的信息主体拥有和使用现代信息技术存在的差距。
② 一般认为隐私权主要包括以下四类：个人生活安宁权、个人信息和生活情报的控制和保密权、个人通讯秘密权、个人对其隐私的利用权。
③ 民法典第一千零三十二条规定：“自然人享有隐私权。任何组织或者个人不得以刺探、侵扰、泄露、公开等方式侵害他人的隐私权。隐私是自然人的私人生活安宁和不愿为他人知晓的私密空间、私密活动、私密信息。”
④ 根据《公共场所卫生管理条例》的规定，我国公共空间至少有 7 类 28 种，其中宾馆、招待所和公共浴室这类较为私密的空间，由于其自身的公共性、开放性、共享性和秩序性被认定为公共空间。完全开放性公共空间包括公交车站、地铁站、火车站等。

突破了隐私权的传统防线，认为隐私权应当从私人空间领域拓展到公共空间领域，行为人在公共空间内的各种行为并不能表明完全放弃隐私权益。交通新业态采用数据采集与分析技术为民众带来便利的同时，也带来了地域空间限制的破除、公共空间私人特性的存在以及公法方面保护不力等问题，致使民众在交通场所，如火车站、地铁站、公共道路，隐私权受到侵犯成为一种必然[3]。例如，在路口对闯红灯行人使用的"刷脸识别"，在道路上对超速车辆拍照的视频监控，"健康码"中对个人行程的登记。

公民隐私权的保护范围应当受到公共利益优先原则的限制，如果公民从事了侵害社会公共利益的有关活动，其个人信息保护将受到法律的干预，如审判公开等制度就是这种原则的体现。具体到交通管理领域，在完全开放性公共空间，为维护公共利益与公共安全，交通管理部门有权采取必要的监控措施，但是必须限定在职权范围之内，凡是超出其职权范围的监控行为都构成对公共空间隐私权的侵犯。由于交通违法行为影响公共道路交通的安全、有序和畅通，因而交通违法信息一般不属于法律保护范围的隐私，在不涉及个人身份信息的条件下，适度曝光交通违法信息并不构成对公民隐私权的侵犯。

（三）自动驾驶技术运用中的隐私权保护

自动驾驶技术的运用可能通过两种途径对乘客隐私权和个人信息权造成侵犯：一种是运用自动驾驶交通工具导致数据库泄露。例如，自动驾驶汽车通过车联网技术，在车与车、车与路、车与人和车与传感设备之间实现信息交互。汽车网络系统将成为信息的存储器，对乘客的乘车区间、目的地、工作生活场所和出行伴侣等出行信息皆有所掌握。一旦黑客侵入自动驾驶汽车系统，或者汽车制造商通过大数据获取并利用乘客数据信息，将使乘客的隐私和个人信息无法得到保护。另一种则是监控信息的泄露或外流[4]。例如，无人机的使用必须向航空管理机构报备相关航线等信息，否则将对无人机涉及的个人隐私和个人信息造成侵犯。再比如有的自动驾驶汽车内安装有监控设备，自动监控车内驾驶状况。一旦发生交通事故时，黑匣子或者监控信息的公开，必然会泄露乘客的个人信息或者隐私[5]。

在交通新业态下，以大数据运用为基础的智慧交通往往以收集用户数据为前提，城市交通法律法规要合理界定个人隐私和个人信息的边界，明确交通数据经营者、使用者的行为规范和法律责任，建立相应的监管措施和监管程序。

五、法律公平伦理问题

法律既是一种工具理性，也是一种价值理性，具有道德维度。因而，当新技术运用促进形成交通新业态时，要避免技术的工具理性与法律的道德维度相悖。交通新业态的发展有赖于法律的价值理性指引，以确保其服务于社会发展的正当目标，从而促进交通新业态服务于城市交通系统的法治化制度设计需要。同时交通新业态的发展还需要在法律制度层面，对其创新成果效用性加以价值理性审视以判定其是否符合基本的交通伦理。

实践中，智慧交通等交通新业态的发展可能会带来损害交通伦理和交通公平的不利后果，甚至弱化人类文明的传承力和创新力。例如，具有学习能力的自动驾驶汽车在行车过程中，会超越程序设定而自主作出一些行为，这些行为将不受任何人员、程序的控制，且不具有伦理价值观念，这对社会来说是一种威胁。另外，从出行人角度来看，智慧交通新技术的广泛运用，使得许多人在享受交通便利的同时，也造成被新技术隔绝的弱势群体参与交通活动时受到制约，交通弱势群体面临严重的社会边缘化问题，甚至遭受社会排斥。收入较低的社会弱势群体受到自身经济条件的约束，面临着出行成本高、公共交通工具使用受限的交通公平问题①。

城市交通法律制度的设计应符合城市交通伦理的基本要求，在提高交通效率的同时保障交通安全、维持社会公平正义、保证交通与环境的和谐发展，实现交通价值、生命价值与自然价值的统一。因此，在交通法律制度制定与评估中，必须引入伦理评价，将制度设计的论证与城市生活的基本道德原则与伦理规范联系起来，使城市交通制度的设计更为合理，更易于为社会接纳。

① 实践中已经出现有些老人因不会使用智能手机不能购买高铁车票、没有办法出示“健康码”而无法乘坐公共汽车的案例。

·参考文献·

[1] 汪光焘，王婷．贯彻《交通强国建设纲要》，推进城市交通高质量发展 [J]. 城市规划，2020(03): 35.

[2] 王泽鉴．人格权法：法释义学、比较法、案例研究 [M]. 北京：北京大学出版社，2013: 229.

[3] 张诗晗．公共空间隐私权问题研究 [D]. 上海：上海交通大学，2016.

[4] 郑戈．人工智能与法律的未来 [J]. 探索与争鸣，2017(10): 78-84.

[5] 吴英霞．无人驾驶汽车规范发展法律路径研究 [J]. 科技管理研究，2019, 39(02): 40.

第三篇

城市交通相关行为适用现行法律规定

城市交通治理现代化必须按照全面依法治国要求，坚持法治化原则。第二篇从城市交通适用法律的综合性和复杂性介绍城市交通与宪法和各部门法律关系。鉴于城市交通法治体系的系统性和特殊性，本篇分章节列举了城市交通相关行为适应现行法律法规的具体规定，聚焦于如何综合运用城市交通法律知识辨析和解决城市交通实践发展中的各类法律问题，尤其是城市交通中的行政行为、法人行为和自然人行为的矛盾、冲突等现实问题。列举了城市公共交通、慢行交通、公共自行车等绿色出行的法治需求和保障；城市交通基础设施投融资与土地开发管制；电动自行车、小汽车登记和使用、非标交通工具应用管理等，以及城市交通运行与管控、城市交通安全等，城市交通治理焦点和热点所涉及的法律规定、行政管理职责、适用法律等，为完善城市交通法治建设提供了系统性知识。

本篇按照从城市交通相关行为介绍适用法律的思路来编写，具有创新性和实用性。本书的工具性主要体现在本篇和第四篇的内容上，这也是本书的一大特色。

第十一章
绿色出行的法律规制

改革开放 40 余年来，在中国高速的城镇化和机动化进程中，城市交通发展取得了巨大成就，同时伴随城市空间规模的迅速扩大和机动车数量的急速增加，各大城市相继出现了交通拥堵加剧、通勤时间增加、城市空气污染、能源消耗等问题，并且这些问题呈现日益严峻和复杂的趋势[1]。城市交通目标是服务于人的需求，组织城市可持续运行[2]，应当体现社会公平和可持续发展，保护和改善生态和人居环境。近年来，生态文明战略的持续深入推进要求城市发展模式的转变，在资源与环境双重约束下的绿色发展新模式亟待创新。绿色出行是实现城市交通绿色发展目标的重要手段，亦是国家生态文明战略在城市交通领域的具体体现。法治是城市交通治理的重要保障，实现绿色出行的法治化势在必行，但是由于“绿色交通”“绿色出行”等概念在我国的提出与发展的时间不是很长，相关法律规制体系仍处于建立完善阶段。这些问题是城市交通治理研究面临的新课题。

第一节 绿色出行发展及法治化需求

一、绿色交通与绿色出行的内涵界定

（一）绿色交通的基本内涵

应对城市交通发展过程中的各种突出问题是绿色交通理论与实践产生和发展的直接原因。绿色交通作为交通发展的一种理念，同时也是交通实践的目标，其概念最早在 1994 年由克里斯 · 布拉德肖（Chris Bradshaw）提出，但目前没有明确且统一的定义。“绿色交通”作为一种发展理念，强调交通内部系统与外部系统的互动协调（如有学者认为绿色交通是交通与环境、未来、社会和资源多方面协和的交通系统[3]），体现交通系统运行与城市发展的互利与共赢，通过“一种能够支持环境可持续发展的交通模式，同时也促进其他方面的可持续发展，即经济及社会的可持续发展（UNEP，联合国环境规划署）”[4]。从实践层面来说，绿色交通应对的是城市交通拥挤、环境污染等问题，能够提升城市交通通行效率，有利于城市的生态与环境可持续发展，是符合城市人居环境发展趋势与潮流的多元城市交通系统。

城市交通的核心在于服务人的需求，绿色交通应当以人为本构建差异化、多层次的目标体系。顶层目标是通过城市空间布局、土地利用与交通系统的协同优化，以尽量小的交通基础设施建设、运行、维护成本和出行距离、时间、支出成本，支持城市各项功能的实现。中层目标是通过综合交通政策制定、体系规划和经济杠杆，引导交通结构优化，使得符合绿色交通优先顺序的交通方式，如步行、自行车、公共交通等占据更高的份额。底层目标是交通工具的能源结构优化，鼓励清洁能源交通工具的使用[5]。此目标体系下的绿色交通主要包括以下内容。一是绿色交通发展战略的设计。主要是在国家生态文明发展战略的指导下，做好城市发展规划与绿色交通规划的衔接，促进城市土地集约利用和交通系统的一体化发展。二是推进城市交通出行结构的调整。在克里斯 · 布拉德肖提出的绿色交通体系（Green Transportation Hierarchy）中将出行方式按照步行、自行车、公共运输工具、合乘车、私人小汽车（Single-occupant Automobile）进行优先级排序，并通过不同的出行方式、耗能种类、出行目的、出行距离、出行速度、交通工具大小、交通工具利用有效程度、出行过程与建筑的关联程度、出行者个体特征等九类要素来评价交通出行的优先等级，从而来确定公共资源的投入顺序。发展绿色交通的重点是调整城市交通的出行结构，需要降低个人对机动车的使用强度，优先发展城市公共交通系统，提升慢行和城市公共交通的出行分担比例。三是完善绿色交通的法律制度保障。

（二）绿色出行的基本内涵

绿色出行是绿色交通的重要组成部分，其概念定义虽然如同绿色交通一样还存在一定的模糊性，但其含义的重点较绿色交通更为明确，即实现出行结构的优化。中国环境与发展国际合作委员会在2013年“促进城市绿色出行”的专题政策研究报告中，将“绿色出行”定义为：可代替小汽车出行，并能够有效缓解城市交通拥堵、降低交通空气污染的对不同社会阶层群体均具有吸引力的出行方式[6]。亦有学者指出，绿色出行是采用对环境影响最小的出行方式，不仅限于乘坐城市公共交通工具、步行、骑自行车等出行方式，节约能源、提高能效、减少污染、有益健康、兼顾效率的出行都算“绿色出行”，如合乘车、环保驾车、文明驾车等[7]。

绿色出行的重点在于出行方式的绿色化，通过加大对绿色出行设施和工具的供给，建设绿色出行友好环境，增加绿色出行方式吸引力，增强公众绿色出行意识，增加城市居民对选择绿色出行的认同感、获得感和幸福感，降低私人小汽车的使用强度，提升绿色出行方式分担比例，以努力实现城市交通出行结构的不断优化。具体包含以下内容。

一是优先发展城市公共交通。

二是增加慢行交通系统的供给和加强慢行交通出行环境的治理。包括完善城市慢行交通体系的规划设计，加大慢行基础设施的建设力度，保障非机动车和行人合理通行空间，尤其是要保障残障人士等特殊群体的慢行出行；减少混合交通，降低行人、自行车和机动车相互干扰；推进城市步行道、自行车道环境整治，加强机动车礼让行人和对违法停车的治理。

三是增强绿色出行系统的创新发展。首先是依托信息通讯和大数据技术完善城市智能交通管理系统，推进交通管理、各种出行信息的互联互通和共享，提升城市道路交通出行状况的监测、分析和预判能力，提高城市道路通行效率。其次是促进绿色出行的创新业态发展。在鼓励出行服务企业为公众提供高品质绿色出行服务的同时，加强对创新业态的事中事后规制，促进绿色出行创新业态的规范发展。

四是培育绿色出行文化。定期组织开展绿色出行宣传活动，扩大宣传覆盖面和影响力，提高民众对绿色出行方式的认知度和接受度。完善多主体参与机制，发挥行业协会、社会组织、志愿者团体等多元主体作用，建立公众参与、社会评价、行业监管、政府决策的民主管理机制。

（三）降低私人小客车使用强度，增加绿色出行

绿色出行是通过增加城市公共交通和慢行交通出行来降低机动车，尤其是私人小汽

车的使用强度，从而减少能源消耗和交通拥挤，减少大气污染。城市道路空间是依托公共财政建设而形成的公共资源，其公共物品的属性决定不同出行方式的主体理应享有同等使用城市道路的权利，但是由于公共物品使用过程中的非排他性导致了小汽车、公共汽车、慢行交通等不同交通方式在实际运行中对道路资源的博弈。在博弈过程中，私人小汽车在便利性、可达性和舒适性等方面的巨大优势，客观上导致了不同出行方式并没有基于同等的权利而平等配置资源。城市道路公共资源作为城市全体居民通行权利实现的载体，实现社会公共利益的需求决定了对部分主体权利进行限制的必要性。

1. 降低私人小客车使用强度的城市小汽车管理方法

1）国际城市小汽车管理经验

目前国外城市降低机动车使用强度的举措通常包括拥有和使用管理两个方面：拥有调控可分为行政管制的增长总量控制和基于高额拥有成本的市场调节机制两类；使用调控可分为行政性的车辆号牌限行措施和基于价格机制的收费调控。

以新加坡为代表的机动车总量行政管制政策。在通行额度政策上，新加坡通过车辆配额制度来控制年度汽车销售和注册的数量，居民通过竞拍获取认购权，认购权在 10 年内有效且不可转让。

普遍采用的基于高额拥有成本的市场调节政策。除总量调控外，世界其他国家的机动车拥有控制主要通过车辆购置、使用等消费环节的税费政策来进行调节。包括日本、欧洲、中国香港等国家和地区均实施较高的汽车消费税率，购置环节要征收消费税、关税、注册税，使用环节要征收排放税、燃油税以及较高的停车费，以此来控制车辆的过度发展和使用。

此外，还有一些个性化手段：

（1）以日本为代表的资本车位政策。日本在小汽车发展起步阶段（千人保有量 50 辆），就同步制定了拥有车自备车位政策，目的是规定所有拥车者在路外适当场所自备停车位，使自用车辆与公司用车不占道路长时间停放，以此提高路外停车场的需求，促进民间投资兴建路外停车场。该政策实施 40 余年，“购车需自备车位”的概念已深入人心。

（2）以欧洲城市为代表的拥堵收费政策。伦敦、罗马、斯德哥尔摩实行基于价格机制的拥堵费、排污费等使用调控措施，对城市特定区域进行交通需求管理和环境改善治理。

（3）以德国为代表的汽车共享模式。在欧洲，瑞士早在 1948 年就开始运作汽车共享，随后几十年，这种新型的汽车共享租赁方式在欧美地区快速兴起。目前，几乎所有德国较大城市都有汽车共享组织，其汽车共享租赁市场是欧洲发展规模最大的，约占整个欧洲汽车共享租赁市场 1/3 的份额。从汽车共享的使用人群来看，50% 的用户加入汽车共享之前拥有一辆私家车，

37% 的人加入汽车共享之后不再留有私家车，13% 的人使用汽车共享服务而且留有私家车①。

2）我国城市小汽车管理经验

目前我国降低机动车使用强度的措施包括：一是《大气污染防治法》的相关规定限制机动车船不得超过标准排放大气污染物，高油耗、高排放机动车船被限制发展，从而减少了化石能源的消耗；二是部分城市政府通过行政手段对私人小汽车进行限行和限牌。机动车限行是行政部门为了实现城市空气质量改善和城市整体交通出行效率提升的公共利益而设定的行政规制，是公权力对私人小汽车使用权的限制[8]。限牌在我国城市实践中的具体措施包括摇号、拍卖和摇号与拍卖混合实施，是行政部门增设的行政许可，是公权力对私人小汽车拥有权的限制。限行和限牌两种方式都是通过行政手段对城市道路通行的机动车总量进行控制，目前尚无城市将其完全法治化。相关的立法尝试有：2015 年《大气污染防治法（修订草案）》中提出了机动车限行相关条款②，北京市在 2016 年将《北京市降低机动车使用强度办法》列入当年的立法计划，这两次的立法尝试最终都未形成正式法律制度。限行限牌法治化过程的曲折一方面体现了立法的审慎，另一方面反映了对其合法性的争议。这两种方式的形式合法性存在上位法授权的模糊或缺失，以及设定程序的争议③；实质合法性存在公平与效率的争议。从公平角度，限行是对公民合法财产权利的干预；限牌限制了城市居民自由购买机动车的权利，同时极低的摇号中签率和不断上涨的牌照拍卖价格，造成了已购买小汽车群体与未购买小汽车群体、先购买小汽车群体和后购买小汽车群体在享受城市道路公共资源权利方面的不平等。从效率角度，通过行政手段控制城市汽车保有量增幅和控制城市道路上行驶的汽车数量的效果会伴随时间推移而边际效益递减。我国实行限行限牌的城市核心区道路空间承载力的增幅空间有限，机动车总量增长控制只是将突破道路空间承载力极限的时间往后推移。因此，这两种方式只能是探索降低机动车使用强度更优措施过程中的过渡方式。

---

① 数据来源于 Muheim P.，Partner. Car Sharing Studies: An Investigation. Graham Lightfoot, Ireland, 1996.

② 《大气污染防治法（修订草案）》草案第四十五条规定："省、自治区、直辖市人民政府根据本行政区域大气污染防治的需要和机动车排放污染状况，可以规定限制、禁止机动车通行的类型、排放控制区域和时间，并向社会公告。"

③ 以北京市限行为例，相关规定的法律授权依据有两个。第一个是《北京市大气污染防治条例》第七十一条"市人民政府可以根据大气环境质量状况，在一定区域内采取限制机动车行驶的交通管理措施"。目前限行是否都是一定的大气环境质量为依据执行的。第二个是《道路交通安全法》第三十九条，赋予公安机关交通管理部门可以限制机动车通行，但必须根据道路和交通流量的具体情况而定。从这一条款来看，享有法定授权的主体不是市一级人民政府，而是公安机关交通管理部门。关于限牌《道路交通法》第九条规定符合一定条件，交通管理部门就应当发放机动车登记证、号牌和行驶证，同时《行政许可法》第十六条规定，法规、规章对实施上位法设定的行政许可做出的具体规定，不得增设行政许可；对行政许可条件做出的具体规定，不得增设违反上位法的其他条件。程序问题比如深圳市一夜出台限牌政策所引发的争议。

2. 大城市交通拥堵收费降低私人小客车使用强度案例及其启示

降低城市机动车使用强度除了采取行政规制的手段还可以通过经济调节的方式。从公共物品的角度，城市，尤其大城市核心区道路资源的稀缺性决定了如果没有排他性规定，城市机动车数量的增长必然导致拥挤，进而产生“公地悲剧”。经济学中外部性理论和边际成本理论提供了解决交通拥堵收费的相关理论基础，国外不少城市实施了征收交通拥堵费的政策，以下城市比较有代表性。

1）新加坡

新加坡是最早实行交通拥堵收费制度的国家，早在 1975 年便实行了区域通行证制度（Area Licensing Scheme，ALS），用于缓解道路拥堵状况，这是全球首个人工道路拥堵收费系统。通过将 7.2 平方千米的控制区域（Restricted Zone，RZ）设置为收费区域，早高峰时段（上午 7:30—9:30）进入收费区域的车辆必须购买通行证（公共车辆、高载客率的小汽车除外），当时的通行证需要 3 新元（每月 60 新元）。由人工在控制区域的 33 个入口检查通行证，没有通行证作交通违章处理。1996 年 6 月又在东海岸路增加道路收费制度（Road Pricing Scheme，RPS）。1998 年 9 月，在全球率先采用了电子道路收费系统（Electronic Road Pricing，ERP）代替 ALS 和 RPS。在通往收费区域的道路上设置了电子收费闸门和在机动车上安装了收费读卡器，计费和收费过程由电脑系统取代人工系统自动完成，车辆在通过时无须停车或减速。通过 ERP 系统实现了收费时段、费率和控制方式的动态调整。根据不同车型、不同时间段和不同车流量制定差异化收费方案，包括私人小客车收费比出租车高，高峰时段、拥挤路段收费高，通往学校的路段学期内收费、假期免费等，收费标准在 0.5~3 新元 / 次之间变化，以更好地调控车流。

2）伦敦

伦敦早在 1961 年就提出了关于在伦敦实施拥堵收费的报告（Smeed Report），但由于民众支持率不够而被否决。在 20 世纪 70 年代，有关拥堵收费的议案多次被提出，但都未能通过。20 世纪 90 年代，伦敦交通拥堵情况不断恶化，市政府为应对拥堵问题专门成立了拥堵收费研究委员会，1995 年该委员会发布了新的拥堵收费研究报告。1998 年伦敦市政府宣布立法为拥堵收费提供法律保障。2000 年，肯 · 利文斯通（Ken Livingstone）当选伦敦市长后，通过交通运输法案，授权地方政府实施拥堵收费措施。2000 年，拥堵收费研究委员会再次发布拥堵收费研究报告，在方案中建议采取区域通行证的收费方式，将伦敦中心城区设置为收费区域，按日收费，每日 5 英镑。经过 18 个月的公众咨询协商，方案于 2003 年 2 月 17 日正式实施。伦敦拥堵收费控制区域的面积为

8 平方英里（约 21 平方千米，占大伦敦区域总面积的 1.3 %），设置了 174 个出入控制点，对进入收费区域的车辆进行收费。收费时段为工作日的 7:00—18:30，收费标准为每车每日 5 英镑。缴费方式可以采用每日支付或购买周、月、年度通行证。每日支付可预付（不支持退款）或当日付费（需在当日 22:00 之前，晚于 22:00 要支付双倍）。支付方式包括网上支付、电话支付、手机短信支付和在自助服务设备终端支付。

3）斯德哥尔摩

与伦敦一样，斯德哥尔摩交通拥堵收费措施从提出到正式实施也经历了漫长的过程。早在 20 世纪 80 年代末，瑞典议会委员会向中央政府递交提案要求赋予相关地方城市政府实行拥堵收费的权力。在20世90年代，斯德哥尔摩市相关党派曾达成“丹尼斯协议”（the Dennis Agreement），其中重要内容就是征收拥堵费，但由于公众反对和党派矛盾，该协议未实施。2002年3月，瑞典中央政府向“斯德哥尔摩委员会”（市政府下属咨询委员会）提出了开展拥堵收费政策的可行性研究和论证任务。在 2002 年斯德哥尔摩市议会选举后，决定在斯德哥尔摩内城地区开展拥堵收费试验，试验于 2003 年 1 月正式开启。七个月后经过该市全民公投以 51% 支持、45% 反对的投票结果决定拥堵收费永久实施，后经过市议会批准后成为税收，具备正式法律效力。交通拥堵收费的时间段是每周工作日（周一至周五）的 6:30—18:30，其他时间均不收费（由于当地 7 月份的交通流量较低，也不属于拥堵收费时间段）。收费范围主要控制在斯德哥尔摩市内城地区约 30 平方千米的范围，其中约有 1/3 由水域构成。在控制区域的主要道路出入口共设置了 18 个收费控制点。收费标准因时而异，伴随交通流量高峰时间的变化不同而作出相应调整，设有 10 克朗、15 克朗与 20 克朗三级标准，单车每日收费的最高限额是 60 克朗。收费对象是在规定收费时段内进出收费区域的机动车辆。其中，公共交通车辆、清洁能源车辆（2012 年后开始收费）、混合燃料车辆、特种车辆（救护车、外交车辆）以及在外国注册的车辆等和往来于内城以外地区与利丁岛之间的过境车辆均免费通行。与伦敦、新加坡“区域收费”方式不同，斯德哥尔摩采用“跨界收费”方式，只要机动车每跨越一次收费边界，均要按跨界次数进行收费。费用可以购买自动扣费的终端设备直接支付，也可以通过网络银行支付和在便利店支付。但必须在穿越收费区域后的 5 个工作日内完成支付，否则将被处以 60 克朗的罚款，如果欠费超过 1 个月，则将面临 500 克朗的高额罚款。

4）首尔

首尔市依据《城市交通整备促进法》颁布《道路拥堵收费实施条例》，为拥堵收费实施提供合法性保障和执法基础，拥堵收费于 1996 年 11 月正式实施。与上述三个城市的区域收费不同，首尔市政府在拥堵收费政策实施中非常审慎，对收费区域范围控制得非常小，在连接首尔中心区域的主干道路南山一号隧道和三号隧道等关键路段设置收费站进行按次收费，收费标准为 2000 韩元 / 次（折合人民币约 12 元），收费时间段为周一至周五的 7:00—21:00，公交车、出租车、货车、车内乘坐人数 3 人以上的小汽车、残疾人用车及公务车辆在免征范围内，排量在 1 升及以下的小型汽车和参与小汽车自律停驶制度[①]的车辆可获得 50% 的减免优惠。

交通拥堵收费在这四个城市的实践也证明，通过设定合理拥堵费率，增加小汽车城市道路通行成本，能够在一定程度上调节进入城市道路空间的车流量，减少交通拥堵。在政策实施过程中，凸显拥堵收费政策的社会价值是十分有必要的，这其中包括了拥堵收费对社会环境的改善作用、对拥堵现状的缓解作用、对公交出行的促进作用等。然而相关研究亦表示，拥堵收费对于小汽车保有存在抑制作用，但相较于高昂的拥车成本和其他用车成本，道路拥挤收费仅占到小汽车出行总成本的 6.7%，拥挤收费并不一定能从根本上控制小汽车的使用。新加坡高昂的拥车证价格和税费使得车辆千人保有量远远低于经济水平相当的国家，而一旦拥有汽车，人们似乎更倾向频繁地使用汽车，新加坡私人小客车每年的行驶里程达到 17500 千米也说明了这一点。此外，拥堵收费会对政府形象带来负面影响，引起民众对经济、财税等方面的猜疑，可能加剧民众对社会公平的质疑。比如伦敦市政府不断提高的征收标准被质疑是“穷人的税收”。

相关经验给我们带来以下几方面的启示：

（1）交通拥堵收费不可能从根本上解决大城市核心区域交通资源稀缺与进入核心区域机动车辆不断增长的矛盾。从以上城市的实践都可以看出，在收费标准不变的前提下，政策效果伴随政策实施时间递减。交通拥堵收费标准的杠杆作用伴随城市居民收入增长而递减，一旦拥堵收费支出在用车成本中的占比下降到大部分车主的承受阈值以下，政府只有不断提高收费标准（如伦敦）或采取其他措施（如新加坡和首尔对拥有小汽车的严格控制政策）。

（2）交通拥堵收费政策合法性的关键在于公众的接受度。伦敦、斯德哥尔摩的收费

---

① 小汽车自律停驶制度是首尔政府激励市民减少机动车使用的鼓励政策。鉴于在 2002 年世界杯期间强制执行的“尾号限行制度”缓解交通拥堵的效果良好，首尔市政府随后鼓励市民“每周一个工作日不开车”。2003 年 7 月正式出台实施小汽车自律停驶制度，对象为乘座数少于 10 人的非营运车辆，注册车辆通过获得首尔交通厅颁发的“小汽车自律停驶电子标签”参与。参与车辆可以获得汽车税减免 5%、交通拥堵费减免 50%/ 次、优先获得停车位、在公营停车场停车获得 20%-30% 折扣等优惠，此外还可享受民间机构提供的保险费、加油费、洗车费折扣等多种优惠。若参与车辆一年内的停驶违规次数达 3 次以上，将取消该车享受各种优惠的资格。

方案都经过了长期的研究、论证和反复修改优化，并通过政党的政治选举过程长期宣传才被民众所接受。新加坡和首尔在政治体制上与上述两个城市有差异，政策制定实施前的博弈没有那么复杂，但是两地的政府都对拥堵收费政策的社会价值如缓解交通拥堵、改善城市环境质量和促进绿色出行等作了大量宣传，使得城市居民对拥堵收费的措施整体是支持的。

（3）交通拥堵收费从治堵政策转向为绿色出行的引导政策。这些城市出台交通拥堵政策的初衷都是为了缓解交通拥堵，并在拥堵收费政策实施过程中实行大量优先发展城市公共交通的措施。如新加坡 2040 陆路交通发展总体规划中计划将在未来 20 年进一步扩大地铁网络，打造更四通八达的城市公共交通服务，实现“20 分钟市镇、45 分钟城市”的愿景，新加坡政府对于将车停在停车收费区域以外选择公共交通进入的提供免费或优先停车的激励。伦敦市政府也正将拥堵收费与鼓励环保节能、限制高能耗车辆结合。

我国不少城市亦提出征收交通拥堵费以缓解城市交通拥堵状况的政策建议，但不少中心城市公共交通基础设施的条件水平与上述四个城市实施交通拥堵收费时的差距还很大，尤其是部分城市在早晚高峰时段公共交通的运力已经超负荷，如何分担拥堵收费后分流的出行需求，需要充分论证替代方案。另外，我国城市立法的程序还不完善，尤其是在与民众的沟通环节，各种听证会流于形式屡遭质疑，而且按照我国的行政体制，新增的收费管理机构应当隶属于交通行政管理部门，行政级别不会太高，收费政策的分析反馈及与其他部门协同优化的能力存疑。因此，我国城市应当审慎推行拥堵收费政策。

（四）保护城市环境应倡导绿色出行

私人小汽车和公共交通在占用同样道路资源的前提下，公共交通在搭载一定量乘客时，其在人均能源消耗、空气污染和运输效率等方面明显优于私人小汽车，从绿色出行的角度来讲，公共交通更符合公共利益的实现。

城市交通的负外部性之一就是带来环境问题，交通和环保领域的大量研究结果都已证明城市机动车辆的尾气排放已经成为城市空气的主要污染源，对城市环境和空气质量造成严重影响。机动车辆的尾气排放污染是多重因素共同作用的结果。从交通供给的维度，城市道路基础设施水平、交通管理水平、交通技术和交通能源消耗结构都对城市交通出行方式、出行效率产生影响，进而影响机动车辆尾气排放。城市道路基础设施条件是城市机动化水平提升的前提，城市交通管理水平直接影响城市道路的通行效率。技术手段在减少机动车辆的尾气排放方面的作用越来越重要：一是技术正在不断提升传统汽柴油机动车的燃料使用效率，减少尾气排放；二是新的动力技术正在改变机动车的类型和能源使用结构，传统依赖化石燃料动力的机动车，正在被使用替代燃料的机动车、混合动力机动车、电动车等其他不依赖化石燃料动力的新型机动车所替代。从交通需求的维度，伴随城市经济社会发展，城市居民出行的选择以及生活方式的调整导致出行频率、出行方式变化对机动车尾气排放产生直接影响。城市经济水平的提升和居民对美好出行需要的直接反映就是私人小客车保有量急剧增加，城市交通流量、出行距离以及出行频率等相应增加，进而导致尾气排放增加，造成空气污染日益严重。

面对城市机动车辆尾气排放增加与空气质量不断恶化的严峻形势，我国不断完善机动车尾气污染防治的法律制度。

一是在宪法及法律层面。虽然我国《宪法》和《中华人民共和国环境保护法》中都没有直接的条文具体规定机动车尾气的污染防治，但是对机动车领域的公害和污染防治立法提供了直接的立法方向指导和法理支撑。《中华人民共和国大气污染防治法》在 2018 年修正后是目前关于机动车尾气污染防治效力最高的专门性法律，在第四章第三节中共有 18 条条文对机动车船等污染防治进行了规定，对机动车的排放限制作了重点规定，对于超标准排放的机动车从生产、进口、销售环节都作了禁止性规定，生产企业应当对新生产的机动车进行排放检验； 生产、进口企业应当向社会公布其生产、进口机动车车型的排放检验信息、污染控制技术信息和有关维修技术信息；在用机动车依法定期进行排放检验，明确了政府、职能部门的监督和管理职责。《节约能源法》对机动车节能的倡导管理和《道路交通安全法》对机动车污染管理的相关条款也涉及机动车尾气的污染防治。

二是行政法规与部门规章层面。国务院和有关部委颁发的条例及规范性文件包含了一系列关于机动车尾气排放检测制度、机动车辆淘汰报废制度、机动车辆燃油标准制度等，比如《报废汽车管理办法》《机动车排放污染防治技术政策》《关于加强在用机动车环保定期检测工作的通知》《轻型汽车污染物排放限值及测量方法（中国第六阶段）》等，以及为配合《大气污染防治法》的实施，国务院和相关部委出台的具体实施条例办法等。

三是地方性法规与规章层面。地方性立法主要依据《大气污染防治法》的授权及规定，针对各省市的具体情况制定机动车尾气污染防治具体规定，其中主要是省级和设区市制定的大气污染防治办法和机动车污染防治条例。比如浙江省、辽宁省在 2020 年修正的《浙江省大气污染防治条例》《辽宁省大气污染防治条例》，以及西安市的《西安市大气污染防治条例（2021 年修正）》等。省级和设区市的机动车尾气污染防治的防治管理办法条例立法也很多，比如《山东省机动车排气污染防治条例》等。其中，北京市早在 1989

年就出台实施了《北京市防治机动车排气污染管理办法》，并伴随发展相继出台《北京市进一步促进老旧机动车淘汰更新补助资金管理办法》《北京市 2010—2020 年大气污染治理工作方案》等。

不同出行方式在人均交通资源使用效率、人均能源消耗和环境成本上存在巨大差异，私人小客车出行是一种人均交通资源使用效率低、人均能源消耗和环境成本高的出行方式；城市公共交通作为一种大运量交通出行方式，人均交通资源使用效率高、人均能源消耗低、环境成本低；自行车和步行更加绿色低碳。从城市环境保护，特别是大气污染防治角度应当倡导绿色出行，优先发展城市公共交通，限制私人小汽车使用强度。

二、我国绿色出行的法制发展

新中国成立以来，我国城市交通发展经历了不同的发展阶段，绿色出行是城市交通进入绿色发展阶段的新要求。法制是绿色出行的制度保障，实现绿色出行必须借助于相关法制的完善。

（一）我国绿色出行的法制进程

绿色出行是生态文明建设的重要组成部分，伴随生态文明建设的不断深入，相关法制建设不断完善。以我国“生态文明”建设发展为脉络，以“生态文明”建设的节点时间为重要标志，可将我国绿色出行的法制进程划分为三个阶段：第一阶段从 1979 年到 1999 年；第二阶段从 2000 年到 2011 年；第三阶段从 2012 年至今，以此来梳理改革开放以后绿色出行的法制建设与发展。

1979—1999 年：这一阶段我国经济开始持续加速发展，在进入 21 世纪之前，我国大部分中小城市的交通资源与环境压力还不大，相关法律中没有明确涉及绿色交通、绿色出行的条款，但保护环境一直是我国的基本国策，这一时期主要是环保领域的 3 部立法涉及交通相关行为。1979 年颁布的《中华人民共和国环境保护法（试行）》中规定机动车的排放必须达到标准，并要求加强对城市机动车辆噪声污染的管理[①]。1987 年颁布的《中华人民共和国大气污染防治法》规定了机动车船向大气排放污染物不得超过规定

① 1979 年颁布实施的《中华人民共和国环境保护法 (试行)》第十九条规定：“一切排烟装置、工业窑炉、机动车辆、船舶等，都要采取有效的消烟除尘措施，有害气体的排放，必须符合国家规定的标准。”第二十二条规定：“加强对城市和工业噪声、震动的管理。各种噪声大、震动大的机械设备、机动车辆、航空器等，都应当装置消声、防震设施。”

排放标准，对超标准排放的机动车船，应当采取治理措施；不得制造、销售或者进口污染物排放超过国家排放标准的汽车，并授权国务院制定监督管理办法①。1997 年实施的《中华人民共和国环境噪声污染防治法》第五章对“交通噪声污染防治”进行了专门规定，这是城市交通领域治理环境噪声污染的法律依据②。

2000—2011 年：进入 21 世纪后，伴随着城市交通的持续高速发展，部分超大城市交通拥堵等问题开始日益严重，绿色交通、绿色出行开始被相关主管部门重视。党的十七大首次明确提出“生态文明”，国家重大战略对经济发展资源环境关系的再定位，绿色出行与生态文明之间的认识和理解经历了从初步到深入的过程，绿色出行法制建设得到长足发展。2003 年建设部、公安部《关于开展创建“绿色交通示范城市”活动的通知》（建城〔2003〕169 号）中首次在部门工作文件中提出“绿色交通”，并给出了明确内涵，在通知的附件中对绿色交通相关建设考核内容和指标作了详细规定 [9]。2004 年建设部出台的《关于优先发展城市公共交通的意见》（建城〔2004〕38 号）提出了优先发展城市公共交通的主要任务和目标 [10]；2005 年《国务院办公厅转发建设部等部门关于优先发展城市公共交通意见的通知》（国办发〔2005〕46 号）将优先发展城市公共交通上升到国家层面 [11]。2007 年党的十七大把建设“生态文明”列入全面建设小康社会的目标，要求建设以资源环境承载力为基础、以自然规律为准则、以可持续发展为目标的资源节约型、环境友好型社会 [12]。2007 年修订通过的《中华人民共和国节约能源法》增加了交通运输节能的相关内容，明确规定了地方政府应当优先发展城市公共交通，鼓励使用非机动交通工具出行③。2008 年颁布实施的《中华人民共和国循环经济促进法》规定了机动车生产应符合燃油经济性标准，采用节油技术，减少石油产品消耗量。2011 年 3 月《中华人民共和国国民经济和社会发展第十二个五年（2011—2015 年）规划纲要》中明确提出树立绿色发展理念，推动形成与我国国情相适应的绿色生活方式；城市交通要实施公共交通优先发展战略，大力发展城市公共交通系统、倡导非机动方式出行 [13]。

2012 年至今：2012 年党的十八大强调把“生态文明”建设放在突出地位，提出了“着力推进绿色发展、循环发展、低碳发展”的建设途径 [14]。2012 年国务院《关于城市优先发展公

① 1987 年颁布实施的《中华人民共和国大气污染防治法》第三十条规定：“机动车船向大气排放污染物不得超过规定的排放标准，对超过规定的排放标准的机动车船，应当采取治理措施。污染物排放超过国家规定的排放标准的汽车，不得制造、销售或者进口。具体监督管理办法由国务院规定。”

② 1997 年实施的《环境噪声污染防治法》第五章“交通噪声污染防治”共有十条，对交通领域的噪声污染防止做了详细规定。

③ 2007 年修订通过的《中华人民共和国节约能源法》第四十三条规定：“县级以上地方各级人民政府应当优先发展公共交通，加大对公共交通的投入，完善公共交通服务体系，鼓励利用公共交通工具出行；鼓励使用非机动交通工具出行。”

共交通的指导意见》（国发〔2012〕64 号）将城市优先发展公共交通上升为国家战略，强调“将公共交通发展放在城市交通发展的首要位置”，提出发展城市公共交通，城市人民政府是责任主体 [15]。2013 年交通运输部《关于贯彻落实〈国务院关于城市优先发展公共交通的指导意见〉的实施意见》（交运发〔2013〕368 号）中提出了优先发展城市公共交通的具体任务和保障措施 [16]。2012 年住房城乡建设部、发展改革委、财政部《关于加强城市步行和自行车交通系统建设的指导意见》（建城〔2012〕133 号）提出了倡导绿色出行、加强城市步行和自行车交通系统建设的发展目标和措施 [17]；2013 年《国务院关于加强城市基础设施建设的意见》（国发〔2013〕36 号）明确提出加强“城市步行和自行车交通系统建设”，从而“切实转变过度依赖小汽车出行的交通发展模式”[18]；2013 年国务院印发《大气污染防治行动计划》中提出实施“公交优先”“绿色出行”战略适用于大气污染的防治 [19]。2013 年住房和城乡建设部发布的《城市步行和自行车交通系统规划设计导则》首次规范了省级地方政府关于城市步行和自行车交通系统专项规划的编制 [20]。2013 年交通运输部《加快推进绿色循环低碳交通运输发展指导意见》（交政法发〔2013〕323 号）中对引导公众绿色出行进行了规定，要求积极倡导公众采用公共交通、自行车和步行等绿色出行方式 [21]。2014 年修订实施的《环境保护法》，增加了公民应当采取低碳、节俭的生活方式，自觉履行环境保护义务的规定。2016 年公布的《中华人民共和国国民经济和社会发展第十三个五年规划纲要》明确提出实行城市公共交通优先，加快发展城市轨道交通、快速公交等大容量城市公共交通，鼓励绿色出行 [22]。2016 年交通运输部办公厅发布的《绿色交通标准体系（2016 年）》（交办科技〔2016〕191 号）对规范交通运输各领域的绿色发展起到了支撑作用，为我国绿色交通标准体系的建立奠定了重要基础 [23]。

2017 年党的十九大以来，生态文明建设进入了新的阶段，生态文明入宪为绿色发展相关的法制建设提供了重要保障，生态文明战略下的绿色出行实施方式不断明确，法制保障持续加强。十九大提出加快生态文明体制改革，推进绿色发展，加快建立绿色生产和消费的法律制度和政策导向，开展绿色出行行动 [24]。随后交通运输部在《关于全面深入推进绿色交通发展的意见》（交政研发〔2017〕186 号）中提出了推进绿色交通发展的具体目标和实施的重大工程，将全面开展绿色出行行动、深入实施公交优先战略、加强绿色出行宣传和科普教育纳入绿色出行促进工程之中 [25]。交通运输部、中央宣传部、中央网信办等十部门出台《关于鼓励和规范互联网租赁自行车发展的指导意见》（交运发〔2017〕109 号）为地方共享单车规范发展的法律规制制定提供了指导 [26]。

2018 年 3 月 11 日，第十三届全国人民代表大会第一次会议通过《中华人民共和国宪法修正案》，“生态文明”被写入宪法序言，绿色发展具有了更高的法治地位和保障。

2018 年修正实施的《大气污染防治法》增加了国家倡导低碳、环保出行，大力发展城市公共交通，提高公共交通出行比例的规定①。2018 年修正实施的《节约能源法》新增规定县级以上地方各级人民政府应当优先发展公共交通，鼓励使用非机动交通工具出行②。2018 年《中共中央、国务院关于对〈北京城市副中心控制性详细规划（街区层面）（2016 年—2035 年）〉的批复》中提出坚持公交优先、绿色出行，营造绿色交通环境 [27]，《中共中央、国务院关于对〈河北雄安新区规划纲要〉的批复》中明确提出“提高绿色交通和公共交通出行比例” [28]。这两份批复中的意见是党中央对新时代城市绿色交通和绿色出行规划建设发展的明确要求。2018 年《中共中央、国务院关于全面加强生态环境保护 坚决打好污染防治攻坚战的意见》中提出引导公众绿色生活，大力发展公共交通，鼓励自行车、步行等绿色出行 [29]。2018 年住房和城乡建设部、国家市场监督管理总局联合发布了《城市综合交通体系规划标准》（GB51328—2018），基于绿色交通优先的规划理念规定“道路网络布局和道路空间分配应体现以人为本、绿色交通优先”，以优先保障绿色交通运行空间，提高绿色出行比例 [30]。

党的十九届四中全会决定：生态文明建设是关系中华民族永续发展的千年大计。完善绿色生产和消费的法律制度和政策导向，推进市场导向的绿色技术创新，更加自觉地推动绿色循环低碳发展 [31]。2019 年中共中央、国务院印发《交通强国建设纲要》中提出开展绿色出行行动，倡导绿色低碳出行理念 [32]。2019 年中共中央、国务院印发《新时代公民道德建设实施纲要》提出通过开展绿色出行等行动，倡导简约适度、绿色低碳的生活方式，推动新时代公民道德实践养成 [33]。2019 年交通运输部等十二部门和单位出台的《绿色出行行动计划（2019—2022 年）》对未来 4 年中绿色出行行动的重点工作，如大力提升公共交通服务品质、优化慢行交通系统服务、降低小汽车使用强度、培育绿色出行文化作出了详细规定 [34]。2020 年交通运输部、国家发展改革委关于印发《绿色出行创建行动方案》对绿色出行创建标准作出了具体规定，提出了 2022 年创建城市的绿色出行比例和绿色出行服务满意率的具体目标 [35]。2020 年中共中央办公厅、国务院办公厅印发《关于构建现代环境治理体系的指导意见》提出了践行绿色生活方式，倡导绿色出行、绿色消费 [36]。

---

① 《中华人民共和国大气污染防治法》（2018 年修正）第五十条规定：“国家倡导低碳、环保出行，根据城市规划合理控制燃油机动车保有量，大力发展城市公共交通，提高公共交通出行比例。城市人民政府应当加强并改善城市交通管理，优化道路设置，保障人行道和非机动车道的连续、畅通。第五十七条规定：国家倡导环保驾驶，鼓励燃油机动车驾驶人在不影响道路通行且需停车三分钟以上的情况下熄灭发动机，减少大气污染物的排放。”

② 《中华人民共和国节约能源法》（2018 修正）第四十三条规定：“县级以上地方各级人民政府应当优先发展公共交通，加大对公共交通的投入，完善公共交通服务体系，鼓励利用公共交通工具出行；鼓励使用非机动交通工具出行。”第四十五条规定：“国家鼓励开发、生产、使用节能环保型汽车、摩托车、铁路机车车辆、船舶和其他交通运输工具，实行老旧交通运输工具的报废、更新制度。”

（二）现阶段绿色出行法律规范体系的构成及问题

改革开放以来，我国处理城市交通发展和生态文明建设的理念不断变化，绿色出行的发展经历了由表及里、由被动到主动的过程。绿色出行的法制建设和保障伴随发展阶段的变化不断加强，2018 年宪法修正案将“生态文明”写入宪法序言，间接为绿色出行的立法提供了宪法依据，绿色出行法律规范体系基本形成（见表 11-1）。

由于“绿色出行”在我国提出的时间并不长，相关法制建设虽然取得一定进步，但仍处于建立完善阶段，城市绿色出行的法律规范体系尚不健全。首先，现行有效的法律中没有绿色交通或绿色出行的专门立法，皆为相关性规范条款且集中分布在节能、环保领域;

表 11-1 绿色出行相关法律规范体系

序号	法规类别	标题	发布部门	发文字号	发布时间
1	宪法	中华人民共和国宪法修正案	—	—	2018 年
2	法律	中华人民共和国环境保护法	—	—	1979 年颁布，2014 年修订
3	法律	中华人民共和国环境噪声污染防治法	—	—	1996 年颁布，2018 年修正
4	法律	中华人民共和国节约能源法	—	—	1997 年颁布，2018 年修正
5	法律	中华人民共和国大气污染防治法	—	—	1987 年颁布，2018 年修正
6	法律	中华人民共和国循环经济促进法	—	—	2008 年颁布，2018 年修正
7	国家规划纲要	中华人民共和国国民经济和社会发展第十二个五年规划纲要	—	—	2011 年
8	国家规划纲要	中华人民共和国国民经济和社会发展第十三个五年规划纲要	—	—	2016 年
9	国务院规范性文件	转发建设部等部门关于优先发展城市公共交通意见的通知	国务院办公厅	国办发〔2005〕46 号	2005 年
10	国务院规范性文件	关于城市优先发展公共交通的指导意见	国务院	国发〔2012〕64 号	2012 年
11	国务院规范性文件	关于加强城市基础设施建设的意见	国务院	国发〔2013〕36 号	2013 年
12	国务院规范性文件	大气污染防治行动计划	国务院	国发〔2013〕37 号	2013 年
13	部委规范性文件	关于开展创建“绿色交通示范城市”活动的通知	建设部、公安部	建城〔2003〕169 号	2003 年
14	部委规范性文件	关于优先发展城市公共交通的意见	建设部	建城〔2004〕38 号	2004 年
15	部委规范性文件	关于贯彻落实《国务院关于城市优先发展公共交通的指导意见》的实施意见	交通运输部	交运发〔2013〕368 号	2013 年

续表 11-1 绿色出行相关法律规范体系

序号	法规类别	标题	发布部门	发文字号	发布时间
16	部委规范性文件	关于加强城市步行和自行车交通系统建设的指导意见	住房城乡建设部、发展改革委、财政部	建城〔2012〕133 号	2013 年
17	部委规范性文件	加快推进绿色循环低碳交通运输发展指导意见	交通运输部	交政法发〔2013〕323 号	2013 年
18	部委规范性文件	关于全面深入推进绿色交通发展的意见	交通运输部	交政研发〔2017〕186 号	2017 年
19	部委规范性文件	关于鼓励和规范互联网租赁自行车发展的指导意见	交通运输部等十部门	交运发〔2017〕109 号	2017 年
20	部委规范性文件	绿色出行行动计划（2019—2022 年）	交通运输部等十二部门	交运发〔2017〕70 号	2019 年
21	部委规范性文件	绿色出行创建行动方案	交通运输部、国家发展改革委	—	2020 年
22	党内重要文件	高举中国特色社会主义伟大旗帜 为夺取全面建设小康社会新胜利而奋斗——在中国共产党第十七次全国代表大会上的报告	—	—	2007 年
23	党内重要文件	坚定不移沿着中国特色社会主义道路前进 为全面建成小康社会而奋斗——在中国共产党第十八次全国代表大会上的报告	—	—	2012 年
24	党内重要文件	决胜全面建成小康社会 夺取新时代中国特色社会主义伟大胜利——在中国共产党第十九次全国代表大会上的报告	—	—	2017 年
25	党内重要文件	中共中央关于坚持和完善中国特色社会主义制度 推进国家治理体系和治理能力现代化若干重大问题的决定	—	—	2019 年
26	党内重要文件	中共中央、国务院关于对《北京城市副中心控制性详细规划（街区层面）（2016 年－2035 年）》的批复	—	—	2018 年
27	党内重要文件	中共中央、国务院关于对《河北雄安新区规划纲要》的批复	—	—	2018 年
28	党内重要文件	中共中央、国务院关于全面加强生态环境保护坚决打好污染防治攻坚战的意见	—	—	2018 年
29	党内重要文件	交通强国建设纲要	中共中央、国务院	—	2019 年
30	党内重要文件	新时代公民道德建设实施纲要	中共中央、国务院	—	2019 年
31	党内重要文件	关于构建现代环境治理体系的指导意见	中共中央办公厅、国务院办公厅	—	2020 年
32	技术标准	城市步行和自行车交通系统规划设计导则	住房和城乡建设部	建城〔2013〕192 号	2013 年
33	技术标准	绿色交通标准体系	交通运输部	交办科技〔2016〕191 号	2016 年
34	技术标准	城市综合交通体系规划标准	住房和城乡建设部、国家市场监督管理总局	—	2018 年

大部分专门规范文件为部门工作文件，法律位阶和效力较低，对城市绿色出行的地方立法指引和规范不足。其次，绿色出行法制建设的法理基础仍然薄弱，绿色交通是对城市交通发展模式的反思，绿色出行是其重要组成部分，而不仅仅是城市交通问题的应对之策，需要结合新时代经济社会发展的需求进行理论创新，在综合分析城市发展、城市交通发展对绿色出行提出的新要求、新问题的基础上提炼出相应的法治基础理论。城市交通高度专业性的研究如何更好地与新时代生态文明建设的要求相结合，是绿色出行法治过程中的重要基础理论。最后，绿色出行法律规范的实施需要加强保障。绿色出行的高位阶法律文件中存在大量倡导性规范条款，这些“鼓励”“倡导”的条款由于缺乏明确的主体和相应的责任与义务，更多的是体现一种宣示性的功能；绿色出行的上位法律规范存在于跨越多个规制领域的不同法律法规之中，不同领域法律法规的授权主体各异而且授权条件和范围也不相同，造成在执行时部门分散、协同难度大、治理成本增加等困难。

三、我国绿色出行的发展趋向及法治需求

（一）我国绿色出行的发展趋向

改革开放以来，我国城市交通的高速发展极大地刺激了出行，居民出行方式日益多元化，城市居民出行需求发生了巨大变化。首先，进入新时代以来最核心的变化特征就是，需求目标由能够基本完成出行转变为高质量地完成出行，对出行的可达性、便利性和舒适性提出了更高的要求，对城市公共交通的发展也提出了更高的要求。其次，新一代信息技术革命正在改变交通需求的管理模式。随着移动互联网、大数据和云计算等技术的发展，对城市交通系统的运行和居民个体出行行为的分析将更加精准和精细，城市交通需求发生、发展及变化可以被更加直观和客观地展示，这将改变交通需求管理的决策模式，也为引导绿色出行的决策提供了强大技术支撑。最后，新技术不仅改变了城市需求管理，也为城市交通服务供给注入了新活力。互联网技术和交通服务的结合已经催生了网约车、共享单车、共享汽车等创新业态，丰富了居民的出行选择。新的服务业态为绿色出行提供了新方式，为引导减少私人小汽车的出行提供了新可能。

（二）我国绿色出行的法治需求

绿色出行法制建设形成的初步框架和城市绿色出行的发展趋势要求绿色出行的深入推进需要更进一步的法治保障。首先，绿色出行的法律地位需要更加明确。不同层级绿

色出行政策的制定主体需要立法明确责任、职能和义务；绿色出行政策实施过程中的主体和人员资金保障需要更加明确的制度保障。法律地位的明确是绿色出行真正成为影响城市交通资源配置的重要因素。其次，创新技术及创新业态规范发展的规制需求。城市交通大数据存在于不同部门、不同主体，大数据分析应用和流动过程中信息存在泄露、滥用等风险（比如共享单车企业通过大数据分析可以发现车辆使用最为频繁的地点，从而加大投放量，在使用较少的地方减少投放量，甚至不投放），城市交通服务的创新业态的商业属性决定了其没有承担公共服务的义务，因此需要政府加以规制和引导，使其在实现商业利益的同时最大程度服务绿色出行。最后，绿色出行多主体参与的制度需求。在新时代治理体系和治理能力提升视域下，绿色出行的推进不仅是各级政府及职能部门的责任，还需要政府、企业、社会和居民的共同参与和努力。要完善绿色出行宣传教育的立法，让绿色出行理念内化于每个公民的内心，自觉转化为绿色出行的行动；深化绿色出行服务政府与企业合作机制的改革，完善绿色出行服务的市场供给机制；落实公民的参与程序与渠道，让城市民众真正参与到绿色出行决策和监督的过程中来。

第二节 城市优先发展公共交通的法律规制

一、优先发展城市公共交通内涵

在城市行政区域里，通过优先配置资源，构建适应市场机制、政府调控监管的，符合当地经济社会发展阶段，由多种类型企业等经营机构提供均等和高效的公共服务的公共交通体系，引导出行者优先选择，引导城市集约利用土地和节约能源、保护和改善人居环境。具体解释如下：

城市行政区域：由公共服务属性和财政体制决定。

优先配置资源：在政策、规划、建设、运营、管理等方面优先配置资源。

适应市场机制：市场机制是配置公共资源的基础，资源的配置必须符合市场机制，城市公共交通也如此。

政府调控监管：政府的调控手段是规划调控、财政调控，应当实行特许经营管理。

符合当地经济社会发展阶段：是要适应经济发展水平、财政收入和社会承受能力，要适应社会主义市场经济改革的阶段，要适应城市定位和规模。

多种类型企业等经营机构提供：由经营企业和机构提供公共汽（电）车、轨道交通、出租汽车、轮渡、租赁自行车等。

均等：指任何人都有平等的使用权。

高效：指出行成本低和时间短。

体系：包括多种交通工具类型和相互间形成高效的组织方式。

引导出行者优先选择：这是基本要求。

引导城市集约利用土地和节约能源、保护和改善人居环境：这是战略要求。

二、城市优先发展公共交通的基本条件

优先发展城市公共交通是我国城市和城市交通发展的核心战略，从国务院《关于优先发展城市公共交通意见的通知》（国办发〔2005〕46 号）到《国务院关于城市优先发展公共交通的指导意见》（国发〔2012〕64 号），再到《交通强国建设纲要》，城市行政区域框架下的城市优先发展公共交通基本条件逐渐清晰，具体如下：

（1）城市优先发展公共交通是构建国家公共服务体系的基本需求。从公民权利保障角度，城市公共交通作为城市公共服务的重要组成部分，是满足城市居民基本出行需求的公益性事业，城市政府应当承担保障城市不同群体公平获取基本机动性服务的义务。将城市公共交通服务纳入城市基本公共服务体系并予以优先发展，能够加快城市公共服务均等化进程，更好地满足人民群众美好出行需要。

（2）城市优先发展公共交通是融合国家资源环境战略的主动选择。节约能源和环境保护是国家绿色发展的重要战略，城市公共交通的集约化特征决定了其运输工具单位能耗水平和污染排放能力的降低。同时城市公共交通工具还是国家发展新能源交通工具的重要载体，优先发展城市公共交通，提高城市交通出行集约化水平是推动交通运输节能、减少机动车尾气排放和降低城市噪声污染的有效途径。

（3）城市优先发展公共交通是中国特色城镇化道路的应有内涵。城镇化必然导致人口向城市集中，城市人口增长导致交通需求增长是客观规律，因而，城市优先发展公共交通不仅要提升城市交通运行效率，更需要改变城市发展模式。西方国家和地区的城市发展经验表明，以公共交通为导向的城市发展模式是城市发展到一定阶段的必然选择，我国城市资源与环境的客观现实要求城市需要走集约发展的道路，优先发展城市公共交通是促进城市转变发展方式，构建资源节约型、环境友好型社会的路径选择之一。

（4）完善的法律体系是落实城市优先发展公共交通战略的必要制度保障。优先发展

城市公共交通战略的实现需要构建多层次、多维度的法律规范体系，在国家层面的立法中确立公交优先发展的战略地位；在地方立法中保障有利于城市公共交通发展的土地供应与利用制度，规范城市公共交通运营服务机制等；同时也应与节能减排、环境保护、社会保障等领域法律关联，根据城市公共交通事权层级划分，在不同层次政府间、不同领域间建立相互支撑的法律制度体系。

（5）可持续的财政制度是落实城市优先发展公共交通的基本制度。城市公共交通基础设施建设、运营与维护以及服务提供需要大量资金，仅靠政府财政投入难以实现城市公共交通的充分供给。需建立发展城市公共交通持续稳定的财税来源和明确的财政补贴制度，从而增强市场投资城市公共交通的信心，保障城市公共交通优先发展所需资金。

（6）有效的规制机制是落实城市优先发展公共交通战略的基本制度环境。构建城市公交立法、政策、规划与运营管理的规制体系是城市公共交通有序发展的保障。城市公共交通服务市场基于特许经营制度，科学有效的规制手段是提升城市公共交通服务公共性与经济性的重要方式。

三、城市优先发展公共交通的法律保障

国家层面及各级政府的立法是城市公共交通优先发展战略落实的制度保障。目前我国还没有专门制定一部促进城市公共交通发展的法律，仅有一小部分地方政府制定了关于城市公共交通优先发展的地方立法文件。但是由于缺乏上位立法的指导，各地方立法文件的文本差异性较大，同时由于立法层次较低，在实施过程中可能存在权威性不足的问题。

（一）国家层面城市公共交通立法规制

制定国家层面的城市公共交通法律规范能够使城市公共交通优先发展有法可依，统一地方各级政府对优先发展城市公共交通的认识。进入 21 世纪以来，国家高度重视城市公共交通的发展，2005 年国务院办公厅转发建设部等部门《关于优先发展城市公共交通意见的通知》，2012 年国务院出台《关于城市优先发展公共交通的指导意见》。国家层面城市公共交通的立法也一直被重视，但制订过程曲折，一直未颁布实施。《城市公共交通条例》早在 2006 年就被纳入国务院当年立法工作计划，2007 年国务院法制办发布了《城市公共交通条例（草案）》（征求意见稿）（以下简称《2007 年征求意见稿》），2010 年国务院法制办在草案征求意见稿的基础上修订发布了《城市公共交通条例》（征

求意见稿）（以下简称《2010 年征求意见稿》），2006 年至 2013 年《城市公共交通条例》每年都纳入国务院年度立法工作计划中，但是一直未能正式颁布实施，2019 年司法部又一次发布《城市公共交通管理条例》（征求意见稿）（以下简称《2019 年征求意见稿》），并在 2019 年、2020 年连续将其纳入国务院年度立法工作计划。

国家层面的城市公共交通立法三次大范围地征求社会意见，10 余年的修改酝酿为正式颁布实施打下了坚实基础。《2007 年征求意见稿》共有 62 条，分为总则、规划、设施建设、线路经营、服务质量和安全责任、监督管理、法律责任 7 章；《2010 年征求意见稿》共有 67 条，分为总则、规划和建设、运营服务、运营安全、法律责任和附则 6 章；《2019 年征求意见稿》共有 67 条，分为总则、规划建设、运营服务、安全管理、城市轨道交通特别规定、法律责任和附则 7 章。根据对三个版本征求意见稿的文本分析，可以看出国家城市交通立法在逐渐跳出行业管理的局限上升至国家战略，城市公共交通优先发展的顶层制度保障正在形成。

（1）城市公共交通的定位与发展方向。《2007 年征求意见稿》提出城市公共交通是公益性事业，而在城市公交实践中公益性与经营性并存，公共交通的定位需对城市公共交通发展中政府和市场的关系作出明确指引。《2019 年征求意见稿》提出城市公共交通是“为公众提供基本出行服务的活动”，这是首次在国家立法高度确立我国公众“出有所乘”公法权利。城市公共交通优先发展在《2007 年征求意见稿》《2010 年征求意见稿》中定位不明确、发展目标方向措辞不清晰，《2019 年征求意见稿》中明确城市公共交通优先发展为国家战略，并清晰地指出“县级以上人民政府应当在城市规划、财税支持、用地供给、设施建设、道路通行、安全防范等方面保障城市公共交通发展”。

（2）城市公共交通的规划与建设。城市公共交通规划编制的主体在《2007 年征求意见稿》《2010 年征求意见稿》中为城市人民政府，在《2019 年征求意见稿》中为城市公共交通管理部门。三个版本的征求意见稿对城市公共交通规划编制的主要内容（发展目标、发展规模、线网布局和用地保障等）作出了规定，要求城市公共交通规划与城市详细规划相互衔接。同时，对于城市公共交通设施用地保障力度不断加强，《2019 年征求意见稿》将《2010 年征求意见稿》中“优先”更改为“依法”保障，并明确了土地供给方式。《2007 年征求意见稿》将城市公共交通“建设”的规定单独成章，共 7 条；《2010 年征求意见稿》《2019 年征求意见稿》将“规划”与“建设”合并，“建设”条款规定分别是 6 条和 3 条，三个版本文本的文字内容不断精简，体现了中央立法对地方立法权的尊重，为地方结合自身特点立法预留了空间。

（3）城市公共交通运营规制。三个版本文本对城市公共交通企业的市场准入条件和线路运营权的取得条件，以及相应的许可机构、许可程序、许可时限，以及所拥有权利的转让进行了严格的限定；规定了从业人员准入、培训、管理、服务等管理措施。对于城市公共交通的票价规制，明确了票价政府制定的原则，并对依据、主体、程序和标准作出了具体规定。《2019 年征求意见稿》明确了城市人民政府执行票价低于运营成本补贴以及其他给予补贴、补偿的标准和程序。

（4）城市公共交通安全保障。三个版本文本对城市公共交通的设施和交通工具安全、运营的安全生产和安全管理进行了规定，明确了城市人民政府、城市公共交通主管部门、政府有关部门以及企业的相关责任。此外，都对城市公共交通企业、管理部门违反相关行为规定了相应的法律责任和罚则。从《2007 年征求意见稿》的"服务质量与安全责任"、《2010 年征求意见稿》的"运营安全"到《2019 年征求意见稿》的"安全管理"，可以发现三个版本对城市公共交通的安全保障规定不断完善。在《2019 年征求意见稿》的规定中新增了应急管理的内容，强调通过加强安全乘车和应急救援知识的宣传教育工作和应急预案的制定和演练来确保公共交通增强应对突发事件的能力（第三十条、第三十五条、第三十六条）。

（5）城市轨道交通相关规定。《2019 年征求意见稿》将城市轨道交通单列并做专门规定：一是规定城市轨道交通线网规划和建设规划编制应当征求同级城市公共交通管理部门意见，城市轨道交通建设单位应当按照要求编制运营服务专篇和公共安全专篇；二是规定防止或减少城市轨道交通建设工程对周围已有建筑物、构筑物的影响；三是对城市轨道交通的运营安全进行了规定，要求反恐防范、治安防范、消防安全设施设备和场地、用房等，应当与城市轨道交通主体工程同步规划、同步设计、同步建设、同步验收、同步投入使用（第四十七条）；要求城市轨道交通工程验收合格后开展运营前安全评估，运营过程中定期组织开展第三方评估，督促运营单位及时消除安全隐患。

（二）地方层面现行有效的城市公共交通立法解读

在 2015 年我国立法法修订之前，只有省级行政区、省会（自治区首府）、18 个较大的城市和 4 个经济特区城市拥有地方立法权，大多数城市的公共交通管理与发展依据来源于政策文件等权威和效力等级极低的法律规范文件。2015 年立法法修订之后，虽然赋予了设区市地方立法权，但是由于之前地方立法权的制约和上位法指导的缺失，优先发展城市公共交通的地方立法状况滞后。目前我国地方城市公共交通的立法更多侧重于行业管理，如《××省城市公共交通发展与管理办法》《×× 市客运公共交通管理条例》《×× 市城市公共汽车客运条例》《×× 市公共汽车客运管理条例》等，现行有效的地方城市公共交通条例有 7

部，其中省级地方政府 1 部、设区市地方政府 6 部，分别是：《贵州省城市公共交通条例》；《郑州市城市公共交通条例》《济南市城市公共交通条例（2014 年修订）》《本溪市城市公共交通条例（2018 年修订）》《洛阳市城市公共交通条例》《无锡市公共交通条例》《晋城市公共交通条例》，以及于 2020 年 10 月 1 日生效最新通过的《黄冈市城市公共交通条例》。

地方城市公共交通立法应当立足区域内公共交通发展战略，根据地方公共交通条例的立法文本，内容框架体系须与《2010 年征求意见稿》的主要框架基本一致，围绕城市公共交通规划、建设、运营、服务和管理方面进行规范。

（1）城市公共交通的范围。国家层面《城市公共交通条例》三次征求意见稿将公共交通都界定在一个比较窄的范围，出租车、公共自行车等都未被界定在内。地方政府在立法中对城市公共交通范围界定亦是不尽相同，如洛阳市明确将出租车和长途客运汽车排除；贵州省条例是唯一明确将出租车涵盖在内的；无锡市采取模糊界定方式，不仅包括现有的公共交通方式，甚至为今后可能出现的新型公共交通方式也提供了法律空间。城市公共交通范围的界定直接影响地方政府公共财政开支、管理部门权责等方面，因此地方政府立法时应当考虑地方实际情况进行规定。

（2）城市公共交通规划与建设。《2019 年征求意见稿》对城市公共交通规划的编制进行了授权性和程序性规定，地方立法文本中对于城市公共交通规划编制程序、内容以及衔接进行了细化，个别城市立法中规定了社会参与的程序。对于城市公共交通建设用地，在地方立法中都有明确的保障性条款。地方立法文本在公交场站、公交专用道等设施建设方面规定建设工程应当与配套建设的设施同步设计、同步建设、同步验收、同步交付使用。

（3）城市公共交通运营与管理。关于城市公共交通的市场准入，目前地方各类立法的规定主要有行政许可、特许经营和直接授予三种。《2019 年征求意见稿》中规定城市公共汽（电）车线路运营的期限为 6~12 年，在地方各“办法”类文本中从 4 年到 10 年不等，在“城市公共交通条例”类文本中仅有贵州省设定了“不超过 10 年”的期限。对于城市公共交通的运营规制，地方立法较《2019 年征求意见稿》框架进一步细化，设定了具体义务性和禁止性规范及相应罚则。

《城市公共交通“十三五”发展纲要》中提出“建立以行政法规为龙头、以部颁规章为基础、以地方立法为支撑的法规体系”。国家层面的《城市公共交通条例》颁布出台后，城市公共交通优先发展的上位法将明晰。在即将到来的新一轮城市公共交通优先发展的地方立法和修订中，应当遵循“不相抵触”和“体现地方特色”的立法原则，综合考量行政区域内城市公共交通优先发展的立法方向，避免出台缺乏针对性和操作性规范的地方性法规。

四、城市公共交通优先发展的规划保障

城市交通规划是城市政府为了实现特定的城市交通发展目标，围绕交通设施配置及交通系统管理提出的未来一定时期内综合运用各种手段实现该目标的活动安排[37]。与城市发展阶段相适应的城市公共交通规划编制制度体系是城市公共交通优先发展的重要制度保障，城市交通规划是引导未来城市交通发展的法定方案，住房和城乡建设部出台的《城市综合交通体系规划编制办法》对城市综合交通规划的编制和审批进行了规范，明确提出城市综合交通规划的编制应当贯彻城市公共交通优先发展战略，需制定城市公共交通专项规划[38]。国外城市的实践也证明以公共交通为导向的发展策略（Transit Oriented Development，TOD）实施的重要措施之一就是规划编制的法制化①。

城市公共交通规划编制的法制不完善是制约我国城市公共交通优先发展战略落实的重要原因之一，《城市综合交通体系规划编制办法》是目前我国城市交通和公共交通规划编制的重要法律依据，但是其对城市公共交通规划与其他规划的衔接及具体编制的规范缺乏明确的内容。首先，公共交通引导城市发展的规划法制有待进一步完善。由于城市交通规划编制层级体系缺乏明确的法律规定，因而各城市公共交通专项规划与城市总体规划、城市（控制性）详细规划和城市交通发展战略规划、城市交通系统规划和城市交通设施规划进行有效协调和衔接缺乏明确的法治机制，导致城市公共交通规划编制不足以引导城市发展，难以发挥规划的引领作用。其次，城市公共交通专项规划编制的法制有待明确。我国多地开展了城市公共交通专项规划，但由于缺乏规划编制的上位法律规范指导和相关管理办法的要求，规划编制组织、实施和监督均面临不同程度的问题。为规范和指导城市公共交通专项规划编制工作，应参照《城市综合交通体系规划编制管理办法》，研究出台《城市公共交通体系规划编制管理办法》，明确城市公共交通专项规划的编制、审批要求。

城市公共交通优先发展的规划编制应把握以下原则：

（1）完善宏观、中观、微观多层次的土地—公交协同规划机制，建立跨部门机构的规划协调机制。在宏观层面，提出TOD总体发展目标、策略建议，引导城市空间的有序扩张，支撑城市建设和城市更新；在中观层面，通过分区和片区发展指引，制定分区差异化发展措施，为分区层面的城市规划和交通规划提供参考；在微观层面，提出不同TOD类型的规划标准和准则建议，为城市控制性详细规划及片区交通设施规划提供依据。

① 美国《精明增长的城市规划立法指南》（Growing Smart Legislative Guidebook）专门规定了TOD以及再开发地段规划的内容条款。

（2）完善道路空间资源优先分配制度。道路空间资源分配是城市公共交通路权的根本保障，公安部发布的《公交专用车道设置》（GA/T 507—2004）与住房和城乡建设部发布的《城市道路工程设计规范》（CJJ 37—2012）提出了公交专用车道的设置标准和要求，地方政府应根据不同城市的具体情况编制相应地方标准，以城市公共交通发展为导向来分配道路空间资源，引导城市发展模式转变。

（3）完善场站设施用地供应制度，推行公交场站配建制度，完善相关规划设计标准。统一公交场站设施的建设管理，控制落实规划场站配建，实行专属用地划拨，从法规层面明确公交设施的用地权属并对其建设进行强制规定。

（4）推行规划滚动编制及城市公共交通年度实施计划管理制度。应重视近期设施改善和运营服务改善，每隔 3~5 年重新检查并修编城市公共交通专项规划。年度实施计划中应当涵盖公交线网、车辆投入、设施建设、运营服务管理提升、政府支持与补贴等方面的行动计划和措施。

五、城市公共交通运营管理的规制

（一）政府与市场合作的管理机制

世界各国城市公共交通运营管理规制通常以政府为主体，有序开放城市公共交通市场资源，通过将政策的制定者与经营者相分离，明确责权利关系。城市公共交通服务提供的市场模式经历了由政府垄断向放松管制（开放市场）的过程（图 11-1）。实践证明，由于城市公共交通准公共产品的特征，无论是政府垄断还是完全依靠市场，都存在极大

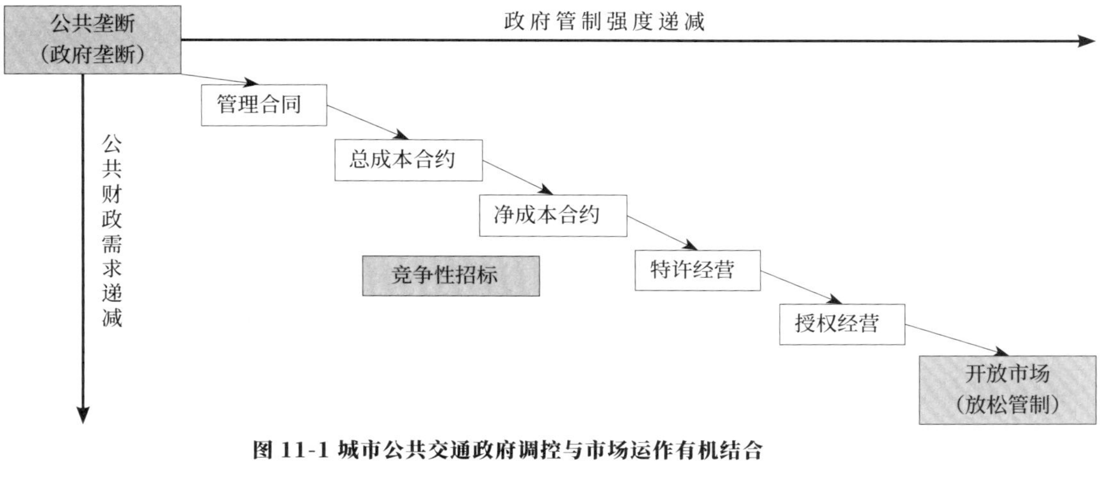

图 11-1 城市公共交通政府调控与市场运作有机结合

弊端，城市公共交通服务的高质量发展需要加强政府与市场的合作。政府通过规制手段保障公共利益，平衡不同主体的利益诉求；市场运作遵循市场规律，发挥经营主体能动性。

目前，中国北京、深圳、重庆、广州等超大城市公共交通运营已经呈现国有专营垄断的发展趋势，公交市场运营的集中化将导致政府承担的运营及规制成本过高。因此应在国有主导的前提下，深入改革公交服务运营模式及规制体系，在保证服务的前提下引导和加强有效的市场竞争。

（二）特许经营规制

特许经营作为公用事业改革制度化的重要尝试，其核心在于将竞争机制和市场力量引入公共服务的供给之中，以发挥公共部门与私人部门各自的禀赋优势，通过相互之间的密切合作，为社会成员提供更多、更好的公共产品和服务[39]。2004年，建设部发布的《市政公用事业特许经营管理办法》，明确了相关制度的基本规定①。城市公共交通是重要的城市公用事业之一，特许经营亦是我国城市公共交通市场化改革的制度探索。2004年《建设部关于优先发展城市公共交通的意见》（建城〔2004〕38号）和2005年国务院办公厅《转发建设部等部门关于优先发展城市公共交通意见的通知》（国办发〔2005〕46号）开启了我国新一轮城市公共交通特许经营模式制度化的改革探索，2012年《国务院关于城市优先发展公共交通的指导意见》中明确提出通过特许经营吸引和鼓励社会资金参与城市公共交通基础设施建设和运营，2017年5月实施的《城市公共汽车和电车客运管理规定》（交通运输部令〔2017〕第5号）明确了城市公共交通实行特许经营的基本制度规范。

我国城市公共交通的运营虽然实行了特许经营模式，但是“特许经营”并没有出现在我国《行政许可法》的条文规定中，一般将《行政许可法》第十二条第二项的规定②视为在事实上指的是特许经营。目前城市公共交通特许经营的直接上位法律依据是住房和城乡建设部在2015年修正的部门规章《市政公用事业特许经营管理办法》。该办法虽然对保障特许经营的规范运作具有一定的指导意义，但《行政许可法》已经取消了部门规章的许可设定权，故而该办法在形式合法性上存在与上位法律的冲突，同时在地方实践中，

① 2004年建设部发布的《市政公用事业特许经营管理办法》第二条规定：“本办法所称市政公用事业特许经营，是指政府按照有关法律、法规规定，通过市场竞争机制选择市政公用事业投资者或者经营者，明确其在一定期限和范围内经营某项市政公用事业产品或者提供某项服务的制度。城市供水、供气、供热、公共交通、污水处理、垃圾处理等行业，依法实施特许经营的，适用本办法。”

② 《行政许可法》第十二条第二项规定：“有限自然资源开发利用、公共资源配置以及直接关系公共利益的特定行业的市场准入等，需要赋予特定权利的事项”。

多数城市公共交通特许经营的合法性来源为地方政府规章，甚至是规章以下的规范性文件。法律依据的低位阶和不明确导致在各地的实践中问题不断。城市公共交通的民营化改革是在放松政府规制的背景下推行的，但是城市公共交通行业的健康与可持续发展需要有效的政府规制体系予以保障，在落实特许经营制度的同时应进一步完善市场准入、特许经营合同、服务定价和运营质量的相关规制。

（1）准入规制。根据《行政许可法》第五十三条规定①，城市公共交通特许经营的市场准入应采取招标和拍卖的形式，但是在地方政府的运营实践中招募、委托、竞争性谈判等灵活方式也被采用，比如《深圳市公用事业特许经营条例》（2020 年修正）第九条规定通过招标、拍卖等方式不能确定经营者的，市人民政府也可以采取招募方式确定经营者。根据《行政许可法》第十六条规定，地方立法只能在上位法设定的行政许可事项范围内作出具体规定。2015 年六部门联合发布的《基础设施和公用事业特许经营管理办法》扩充了特许经营的市场准入形式，将竞争性谈判纳入其中，但招募、委托等形式仍然没有法律依据。选择合适的市场经营主体是城市公共交通健康、可持续发展的前提，社会和市场的参与可以减轻城市政府的公共财政压力，因此城市公共交通市场准入应当避免经营权的垄断，建立可竞争的市场环境。

（2）特许经营合同。特许经营合同是明确相关主体权利、义务和责任的合约，是城市公共交通可持续运营的基本保障。特许经营合同内容框架、运营期限和合同的变更解除是规制的核心内容。《市政公用事业特许经营管理办法》对特许经营合同所应具有的 11 项内容作了一般规定，各地的特许经营管理办法在此基础上作了不同程度的细化。特许经营期限问题是特许经营合同中的一个重要内容，期限过长不利于市场竞争环境的建立，期限过短难以激励市场主体进入城市公共交通行业。特许经营期限应结合城市规模、线路特点来确定，既满足经评估测算企业收回投资所需的期限，又给予企业一定的赢利空间。具体期限应在签订合同时由行政部门和企业在法定范畴内商定。特许经营合同是对合同双方权责的明确，企业和政府都应当遵守合同约定，合同的变更和解除应当按照法定程序进行。

（3）运营服务定价规制。《国务院关于城市优先发展公共交通的指导意见》（国发〔2012〕64 号）中明确提出突出城市公共交通的公益属性，完善价格形成机制。公共交通作为城市公益性事业不能够通过市场化的价格形成机制，城市公共交通的定价应充分保障普通市民基本出行需求，体现公益性；同时采取比较竞争机制，以运营效率最高的

① 《行政许可法》第五十三条规定：“实施本法第十二条第二项所列事项的行政许可的，行政机关应当通过招标、拍卖等公平竞争的方式作出决定。但是，法律、行政法规另有规定的，依照其规定。”

公交运营企业作为区域内运营企业成本规制的标尺，在此基础之上完善价格补贴机制，激励企业控制成本，形成交通管理机构指导下的定价机制。

（4）运营质量规制。《国务院关于城市优先发展公共交通的指导意见》中将建立城市公共交通绩效评价制度作为保障城市公共交通优先发展的机制之一，要求有关部门研究制定评价办法，并将城市公共交通企业的定期评价结果作为衡量公交企业运营绩效、发放政府补贴的重要依据。提升公交企业的运营绩效和服务质量才能实现公用事业的社会公益属性，需要交通管理部门构建科学的运营绩效考核和服务质量评价规制体系。目前，城市公共交通的评价规制体系强调运营制度、服务规范和车辆设施条件等内容，缺少面向城市公共交通服务对象的考核指标体系，为此应当建立面向服务的城市公共交通规制体系来衡量城市公共交通服务质量，通过信息化手段提供的技术支撑完善评价平台，形成社会公众广泛参与的规制平台，构建城市公共交通服务规制的社会共同参与机制，以实现城市公共交通特许经营经济性与社会性的目标。

六、支持城市公共交通优先发展的可持续财政制度

城市公共交通的建设、运营和维护都需要大量资金，地方政府的资金和融资是城市公共交通优先发展战略能否落实的重要保障。从国际经验来看，建立中央、地方职责分明的城市公共交通财政体系能够提高城市公共交通财政调控能力、增强城市公共交通财政稳定性，保障城市公共交通优先发展战略的落实。目前我国城市公共交通优先发展的资金主要依靠地方城市政府，在已出台的优先发展城市公共交通的法规文件中没有明确中央和省级政府的资金分担比例。我国城市之间的经济发展和公共交通发展水平存在较大差异，对于经济欠发达地区和城市公共交通建设基础比较薄弱的城市，依靠单一的地方政府财政资金难以满足城市公共交通优先发展的资金需求。建立中央—省级政府—设区市政府的优先发展城市公共交通专项财政资金体系，既能够保障城市公共交通优先发展有持续的资金来源，又能够增强中央和省级政府统筹不同地区之间城市公共交通发展，提升公共服务均等化的资源调控和配置能力。应当加速国家层面保障城市公共交通财政落实的立法进度，为多层次的城市公共交通优先发展财政体系建设提供法制依据。

城市维护建设税是目前我国用于城市公用事业、公共设施的维护建设的专项税收，2020 年 8 月通过、2021 年 9 月生效的《城市维护建设税法》为城市公共事业维护和建设的税收法定提供了制度保障。《城市维护建设税法》中赋予了城市人民政府在税款使

用中较大的自由裁量空间，城市政府可以在该税中设定比例作为城市公共交通发展专项纳入年度预算。优先发展城市公共交通是为了优化城市交通出行结构，调节私人小汽车出行的非理性增长，应当从向私人小汽车征收的税款中抽出一定比例作为优先发展城市公共交通资金，部分采取经济手段控制小汽车增长的城市应将牌照拍卖所得，通过地方立法纳入城市政府城市公共交通优先发展的年度预算之中。

第三节 城市慢行交通的法律规制

一、城市慢行交通系统的法治保障

慢行交通通常指的是步行或自行车等以人力为空间移动动力的交通[40]，城市慢行系统分为交通性慢行系统和非交通性慢行系统，前者一般用于行人或自行车通过性的设施，包括人行道（sidewalk）、人行横道（passway）、人行地道、人行天桥、非机动车道等；后者可分为休闲旅游性质的慢行空间（林间步道、山间道、滨水道等）和商业性质的慢行空间（商业步行街等）[41]。

慢行交通（Non-motorized Traffic）在城市绿色发展中占据重要地位的理念由来已久。未来城市和交通的理想模式即“生态城市”和以公共交通为主、自行车和步行为辅的城市综合交通系统[42]。在克里斯 · 布拉德肖提出的绿色交通体系中交通出行方式的优先级应依次为步行、自行车、公共交通、共乘车，排在最后的为单人驾驶的私人小汽车。在各种城市交通出行方式中，步行和自行车在环境影响和能源利用等方面具有其他交通方式无法比拟的优势，是绿色交通的重要组成部分。

改革开放以来，在我国城市的快速发展进程中，城市交通发展以机动化出行为导向。进入新世纪以来，我国大城市“城市病”的蔓延引发了城市交通发展导向与城市可持续发展之间的再定位，慢行交通被重新定位并加进城市系统规划体系之中，城市慢行交通法制和慢行空间环境的治理开始日渐受到重视。

（一）城市慢行交通系统的规划及实施

2012 年，住房城乡建设部、发展改革委、财政部印发的《关于加强城市步行和自行车交通系统建设的指导意见》（建城〔2012〕133 号）对城市步行和自行车交通系统的规划和建设提出了明确任务，要求设区市城市政府“组织编制完成城市步行和自行车交通系统规划，合理规划步行、自行车道及停车设施，并提出近期建设方案”。在 2013 年《国务院关于加强城市基础设施建设的意见》（国发〔2013〕36 号）中继续提出加强“城市步行和自行车交通系统建设，倡导绿色出行，切实转变过度依赖小汽车出行的交通发展模式”。

《关于加强城市步行和自行车交通系统建设的指导意见》提出了城市慢行系统的建设要强化规划的引领和调控作用，并明确了三个层次的建设与发展规划路径。一是通过城市总体规划进行宏观指导。按照现代城市交通发展理念，在城市总体规划编制中，在城市功能分区、用地和路网密度等方面增加步行和自行车交通系统的建设需求，在道路交通系统规划中明确步行和自行车交通的要求。二是通过城市综合交通规划统筹设施布局。在城市综合交通规划中确定步行和自行车交通发展目标、原则、功能定位和设施布局。根据城市规模、自然条件、交通需求、城市公共交通设施等，确定步行和自行车出行分担比例目标，以保障步行和自行车交通发展为前提，确定交通资源分配利用的原则，结合道路系统规划，确定步行和自行车交通系统网络布局和道路、绿道等设施规划指标。三是编制实施专项规划。依据城市总体规划和城市综合交通规划，专项规划的编制重点是落实和细化城市步行和自行车交通系统的发展政策和设施布局，在内容上要结合城市地形地貌、自然条件和城市交通发展实际等因素，合理规划步行、自行车道等设施，并提出近期建设方案。城市慢行交通系统的专项规划要与城市轨道交通、公共交通、停车设施等专项规划相衔接，在编制过程中通过论证会、听证会等方式和程序保障不同主体的参与。

为科学、规范地编制城市慢行交通系统规划，加强城市慢行交通系统建设，推动绿色出行，住房和城乡建设部编制了《城市步行和自行车交通系统规划设计导则》，在借鉴既有标准和规范、国外最新发展经验和国内示范项目实践的基础上，提出了我国城市步行和自行车交通规划设计原则、系统控制指标、各要素技术指引和规划编制大纲，规范了各层次城市的专项规划编制。其主要内容包括：总则、术语和定义、基本规定、步行网络规划、步行空间设计、步行环境设计、自行车网络规划、自行车空间与环境设计、自行车停车设施设计、公共自行车系统、步行和自行车与公共交通的结合、步行和自行车与机动车交通的协调、其他要求等。

上海和杭州是目前国内较早完整且系统地开展城市慢行交通系统规划实践的城市代表。2008 年杭州发布了《杭州市慢行交通系统规划》，综合了该市已编制完成的《非机动车交通发展战略规划（2007—2020 年）》《杭州市河道慢行交通系统规划》《杭州市步行系统专项规划研究》等，明确了发展多元化慢行系统，构建了“公交 + 慢行”一体化交通出行模式。上海的城市慢行交通系统规划由《上海市中心城非机动车交通系统规划》和《上海市中心城行人交通系统规划》两部分构成，提出了构建慢行岛、慢行核、慢行廊道及慢行道路断面及慢行路权管理四个层面的内容。

（二）特殊群体无障碍通行环境建设的法制发展

无障碍环境建设是为便于残疾人等社会成员自主安全地通行道路、出入相关建筑物、搭乘公共交通工具、交流信息、获得社区服务所进行的建设活动，主要保障功能障碍、能力障碍和条件活动不利的特殊群体的通行权利。我国无障碍环境建设的立法保障自 20 世纪 90 年代起步，历经 30 余年的发展和积累，逐渐形成了涵盖法律、行政法规、部门规章、地方立法、国家标准等多层次的法制保障体系。1991 年施行的《中华人民共和国残疾人保障法》是我国无障碍通行环境建设的法律依据，第四十六条明确规定：“国家和社会逐步实行方便残疾人的城市道路和建筑物设计规范，采取无障碍措施。”2012 年颁布实施的《无障碍环境建设条例》明确指出县级以上人民政府负责组织编制无障碍环境建设发展规划并组织实施，对无障碍设施建设作出了具体规定并明确了相关法律责任。同年住房和城乡建设部在《方便残疾人使用的城市道路和建筑物设计规范》和《城市道路和建筑物无障碍设计规范》行业标准基础上，发布《无障碍设计规范》（GB 50763—2012）的国家标准，并要求相关强制性条文必须严格执行。除了法律和行政法规外，我国各级地方政府也根据无障碍环境建设上位法律规范的内容要求，结合地区实际情况制定了大量配套地方立法规范文件，为地方无障碍环境建设提供了法制依据。

二、城市慢行交通空间的依法治理

（一）占用慢行交通空间的治理

城市慢行交通空间的秩序和通畅是引导城市居民绿色出行的前提，在以机动化为导向的城市交通发展理念下，我国多数城市慢行交通空间并不丰富，但是城市内慢行交通空间被占用的问题却屡见不鲜，成为城市社会治理的一个难题。对城市占用慢行交通空间行为的治理是城市居民慢行权利的保障。城市慢行空间占用主要表现为侵占慢行空间经营、侵占慢行空间施工和侵占慢行空间停车。侵占慢行空间经营通常是指违法性占用慢行空间经营，即没有经过合法审批，随意使商品或经营工具占用城市慢行空间买卖的行为。

从方式上可以分为两类：一是相对固定地占用城市慢行空间经营，经营者拥有固定经营场所，占用其经营场所以外或附近的公共慢行空间；二是流动性占用城市慢行空间经营，直接占用城市公共慢行空间设摊经营。侵占慢行空间施工分为完全占用城市慢行空间（全封闭）施工和部分占用城市慢行空间（半封闭）施工。侵占慢行空间停车是非机动车或机动车占用城市公共慢行空间的行为。

根据2017年住房和城乡建设部发布实施的《城市管理执法办法》第八条规定：城市管理执法的行政处罚权范围依照法律法规和国务院有关规定确定，包括住房城乡建设领域法律法规规章规定的行政处罚权，以及环境保护管理、工商管理、交通管理、水务管理、食品药品监管方面与城市管理相关部分的行政处罚权。2015年《中共中央、国务院关于深入推进城市执法体制改革改进城市管理工作的指导意见》将优化城市交通作为城市管理执法的一项重要工作。但是，我国城市管理行政执法部门是行政处罚权相对集中的产物，部门管理职责范围涵盖市政管理、环境管理、交通管理、应急管理和城市规划实施管理等方面，部门涉及的行政处罚权包括住房城乡建设领域、环境保护管理、工商管理、交通管理、水务管理、食品药品监管等方面。因此，占道经营、施工占道和侵占城市道路等占用城市慢行交通空间主要依靠城市管理行政执法部门的执法和管理来进行治理。

（二）机动车礼让行人的治理

我国城市高速的机动化进程导致了城市道路资源配置的紧张，造成了不同路权主体之间的激烈冲突。机动车与行人之间的路权冲突对城市居民步行环境安全影响重大，根据公安部交管局的统计：2015—2017年全国在人行道上发生机动车与行人的交通事故共1.4万起，造成3898人死亡，其中机动车未按规定让行导致的事故占了全国交通事故的90%。《道路交通安全法》对机动车和行人的通行优先权进行了明确划分和规定①，确定了行人在无信号灯控制人行斑马线处的优先通过权。但是由于长期缺乏监督和具体处罚措施，“礼让行人”的规范一直只是存在于法律文本和道德规范层面，直到近些年加强对机动车礼让行人的治理被各级政府所重视。

① 《道路交通安全法》第四十四、四十七条和六十二条分别对机动车和行人的通行权进行了规定。第四十四条规定：“机动车通过交叉路口，应当按照交通信号灯、交通标志、交通标线或者交通警察的指挥通过；通过没有交通信号灯、交通标志、交通标线或者交通警察指挥的交叉路口时，应当减速慢行，并让行人和优先通行的车辆先行。”第四十七条规定：“机动车行经人行横道时，应当减速行驶；遇行人正在通过人行横道，应当停车让行。机动车行经没有交通信号的道路时，遇行人横过道路，应当避让。”第六十二条规定：“行人通过路口或者横过道路，应当走人行横道或者过街设施；通过有交通信号灯的人行横道，应当按照交通信号灯指示通行；通过没有交通信号灯、人行横道的路口，或者在没有过街设施的路段横过道路，应当在确认安全后通过。”

2016 年 3 月 1 日起实施的《杭州市文明行为促进条例》第三十七条规定，驾驶机动车不按照规定让行的，将由相关行政执法部门责令改正，并依照有关法律、法规进行处罚。这是全国首部地方性法规设置不礼让行人行为行政处罚的罚则。依照《道路交通安全法》第九十条的规定①和《机动车驾驶证申领与使用规定》第六十五条的规定②，杭州市对不礼让行人行为的具体行政处罚是罚款加扣分。如此处罚力度对机动车驾驶人员产生巨大威慑，也让礼让行人取得良好效果，并在全国产生示范效应。

虽然礼让行人的行政规制取得良好效果，但其在实施过程中过于依赖执法部门的监管力度，执法部门的监管力度由路口电子抓拍系统的密度和各种"运动式"治理（集中整治、专项整治）工作的频次所决定。治理不礼让行为本是道路通行安全和通行效率平衡的产物，过于加大监管力度势必对城市通行效率产生负面影响。因此，机动车礼让行人的治理应从立法、执法、教育宣传和设施建设等方面综合施策，构建长效机制。

第四节 城市公共自行车的法律规制

从 2005 年北京市第一家公共自行车租赁服务公司成立至今，公共自行车服务经过十余年的发展已经成为我国城市居民重要的出行选择。城市公共自行车在我国存在有桩公共自行车与无桩共享单车两种不同的形式，无论哪种形式凭借其灵活性以及在城市生活中的衔接能力，都在解决出行"最后一公里"问题和减少私人小汽车出行方面发挥重要作用，成为中国城市居民短途出行的重要方式和实现绿色出行的有效途径。伴随公共自行车服务的不断发展，两种不同形式的公共自行车需要完善的法律规制以促进其更加规范地运营和提供更加优质的服务，进一步提升在城市绿色交通体系中的作用。

一、城市有桩公共自行车的发展与规制

（一）我国城市有桩公共自行车的不同运营模式

在我国城市公共自行车服务中，最早出现的是有桩公共自行车，其在发展的过程中经历了以下几种不同的运营方式。

① 《道路交通安全法》第九十条规定："机动车驾驶人违反道路交通安全法律、法规关于道路通行规定的，处警告或者二十元以上二百元以下罚款。本法另有规定的，依照规定处罚。"
② 《机动车驾驶证申领与使用规定》第六十五条规定："依据道路交通安全违法行为的严重程度，一次记分的分值为：12 分、6 分、3 分、2 分、1 分五种。"

（1）纯私营。严格意义上这种模式并不是公共自行车，而是一种市场化运作的自行车租赁经营服务，完全由企业来提供服务，负责自行车系统的运营和管理。代表是2005—2010 年期间的私营自行车租赁服务企业——成立于北京市的贝科蓝图，该公司是第一家从事公共自行车租赁的公司，提供有人值守的自行车租赁服务。《北京市自行车租赁示范企业服务管理规范（试行）》中规定：自行车租赁服务是一种方便市民出行，以有偿形式出租给消费者，满足消费者出行需求的经营方式。政府不提供其他资金补贴或政策，企业需要承担投资运营风险；城市居民作为消费者需承担市场化的价格。

（2）政府引导 + 私企运营。这种模式由政府主导规划建设，通过招投标的方式委托企业进行公共自行车服务系统的建设、运营与管理。代表是 2009—2014 年武汉市、苏州市公共自行车等。这种模式是政企合作的一种典型形式，政府是公共自行车服务的提供者，企业是公共自行车服务的生产者。政府给予企业部分资金补贴或通过合同协议允许企业通过公共自行车系统附属设施开发盈利（广告等），以及支持建设运营的其他政策优惠；企业在政府分担部分风险下的情况下运营，并按照合同中约定接受政府监督；由于政府的资金和政策保障，城市居民能够以较低的价格享受服务。

（3）政府主导 + 国企运营。这种模式由政府主导并投资设立国有企业，授权国有企业进行公共自行车服务系统的建设、运营与管理。代表是杭州市、2014—2017 年武汉市、太原市等城市公共自行车。这种模式是政企合作的一种非典型形式，政府是公共自行车服务的提供者，国有企业是公共自行车服务的生产者，但由于国企性质的特殊性，实质上仍然是政府职能的延伸，政府实际既是公共服务的提供者，也是生产者。政府将公共自行车纳入公共服务体系，通过财政资金投资建设和补贴国有企业的后期运营、管理和维护；企业承担运营的同时借助政府相应政策支持通过部分商业开发运作来收回部分资金；由于纳入城市公共服务体系，城市居民可以免费或支付极低租金使用公共自行车。

（二）我国城市有桩公共自行车的规制

城市有桩公共自行车是政府公共服务职能改革背景下，政府主导下与市场合作供给的探索。在城市公共自行车的实践中，原本应当由政府提供的公共服务，通过与企业的合作供给，需要政府部门管理职能与责任的重构，而并不意味着政府规制的退出。提供公共服务是政府的职能所在，出于对城市公共自行车运营服务供给和公共性的确保，政府需要对公共自行车企业的运营管理进行监督和规制，同时政府需要确保公共自行车企业提供价格合理、便利安全的服务，因此政府需要承担相应规制职责，主要包括公共自行车的市场准入规制和运营后的价格规制、运营质量规制、安全规制等方面。

（1）市场准入规制。城市公共自行车的准公共物品属性决定了需要对企业提供服务的能力等条件进行限制以确保公共服务的实现。纯私营模式下经营企业形式上需在工商管理部门登记注册，经过审批取得营业执照后方可经营，在审批的条件中实际上设定了多个准入门槛条件①。在政府引导 + 私企运营模式中，由交通运输行政主管部门提出公共自行车特许经营项目，报相应人民政府批准并向社会公开发布招标公告，在招标文件中对相关准入条件作出具体规定。在政府主导 + 国企运营模式下，根据城市公共自行车发展规划中的发展目标、建设时序及保障措施，成立公共自行车国有企业，由相应人民政府批准后实施。

（2）价格规制。城市公共自行车的价格规制包括公共自行车使用收费、公共自行车系统损坏赔偿价格和押金管理，一般由城市物价管理部门进行核定批复。作为特殊的"商品"，不同定位决定了城市公共自行车服务价格的定价方式与标准，进而影响政府的规制行为。纯私营模式下公共自行车租赁服务被定位为一种"经营方式"，因而其价格由企业按照市场制定，政府对于自行车租赁企业的定价从其是否遵守公平、公正、公开的交易原则进行规制。在政府引导 + 私企运营模式和政府主导 + 国企运营模式下的城市有桩公共自行车大多被定位为具有公益性质的城市公共交通组成部分②，公益性定位反映在使用价格上较纯私营模式更为便宜。以北京市为例，2008 年奥运期间北京方舟自行车服务公司的自行车租赁收费标准为 1 小时 5 元、24 小时 20 元 [43]。北京市公共自行车的收费标准为首小时骑行免费，之后每小时 1 元，每日最多收费 10 元。

（3）运营质量规制。城市公共自行车的运营质量规制包括城市公共自行车服务网点规划编制、公共自行车行业服务行为规范、公共自行车运营绩效考核监督。纯私营模式下公共自行车企业完全自负盈亏，网点设置需要主管部门的审批，更主要的是取决于企业的财力和运营状况。在政府引导 + 私企运营模式和政府主导 + 国企运营模式下，城市有桩公共自行车的网点设置和发展规划由主管部门根据经济社会发展情况制定，其运营

① 《北京市自行车租赁示范企业服务管理规范》（试行）中规定："企业应具备的条件，①经营自行车租赁服务的企业应在工商行政管理部门注册登记，经批准领取营业执照后方可从事自行车租赁服务。②有固定的经营场所及加工、修理、仓储场地，通过连锁、加盟、合作等经营方式，建立方便、快捷的服务体系。③从事自行车租赁的企业应按照自行车修配技术质量标准，对出租的自行车进行检查，确保符合有关技术质量标准后方可出租。④自行车租赁企业应建立规范的服务流程和价格体系，并在固定经营场所或企业网站对消费者公示。⑤为方便消费者，应具备本市内通存通取、异地租还的服务功能。⑥建立企业标准化体系。包括：标准化用语、统一的企业标识、规范合同文本等。"

② 《苏州市公共自行车交通系统管理办法》和《南京市公共自行车管理办法》中明确规定："公共自行车具有公益性质的城市公共交通组成部分"，《广州市公共自行车系统管理办法》中第二条规定："公共自行车系统是作为城市公共交通系统的重要补充"。

需要政府直接的财政补贴或间接的补助政策，因而政府需对其运营服务状况进行考核监督，部分城市将其与财政补贴挂钩①。

（4）安全规制。城市公共自行车的安全包括车辆及附属系统设备的安全、消费者的骑行安全。技术标准是现代国家产品质量安全规制过程中的重要手段，通过国家标准来控制车辆及附属系统设备的质量是目前城市公共自行车及附属系统设备安全规制的普遍做法。国家标准《自行车安全要求》（GB 3565—2005）是目前城市公共自行车车辆安全保障的执行标准，对自行车及其零部件的安全性能要求作出了详细规定。为了保障消费者的骑行安全，多数城市对租用公共自行车骑行设置了年龄、身体状态和文明使用等要求②；对于骑行公共自行车的意外事故保险，城市政府基本持非强制性态度，部分城市鼓励从业企业为消费者购买人身意外险和第三者责任险③。

二、共享单车的发展与规制

（一）共享单车在我国的发展

共享单车是一种依托移动互联网平台技术、利用城市公共空间向社会公众提供自行车租赁的商业服务形式，具有以下特征：首先，按照交通行政领域公共交通和私人交通的划分，共享单车是一种介于二者之间的准公共交通服务模式；其次，共享单车是一种基于产品服务的 B2C 共享经济形式的市场行为；再次，共享单车是利用移动互联网、大数据等技术的新业态，基于数据和信息的新技术，不仅赋能了企业运营和为政府治理提供了信息支撑，同时带来了规制的专业性和复杂性。

从 2015 年 OFO 小黄车出现在校园，共享单车短短几年时间在我国已经成长为与公交巴士、地铁并行的三大公共出行方式之一[44]，经历了从探索增长、爆发式野蛮增长到急速冷冻回归正常的发展阶段。

① 西安市出台了《西安市公共自行车运营补助暂行办法》《西安市公共自行车运营绩效考核奖励暂行办法》；北京市交通委员会制定了《北京市公共自行车区域服务质量考核办法（试行）》。

② 例如：《南京市公共自行车管理办法》第二十三条规定：“公共自行车使用者应当年满 12 周岁以上，并具备相应的民事行为能力，按照使用守则和租用合同约定使用公共自行车。醉酒、患有疾病等无安全骑行能力的，不得租用公共自行车。”；《太原市公共自行车管理办法》第二十二条规定：“公共自行车承租人应当遵守下列规定：（一）爱护公共自行车及其相关设施，文明使用；（二）租用前应当对自行车进行检查，发现性能和安全装置存在问题的，放置到故障车位；（三）不得载人骑行；（四）醉酒、精神病患者、智力障碍或者患有其他疾病影响正常骑行的，不得骑行公共自行车；（五）法律、法规、规章的其他有关规定。”

③ 《南京市道路交通安全条例》第二十九条规定：“鼓励从事互联网租赁自行车经营或者公共自行车租赁的企业为用户购买人身意外伤害险和第三者责任险。”

第一阶段（2015—2016 年）：2015 年，OFO 开始营运，摩拜在上海成立，以这两家为代表的多数共享单车企业都处于初创阶段。2016 年伴随摩拜、OFO 在北京及上海的营运，小蓝、永安行等多达 30 余家的共享单车品牌进入市场，从北京、上海、深圳向全国一、二线城市迅速蔓延。同时资本开始涌入共享单车行业，摩拜、OFO 两家企业的融资均超过 10 亿元人民币，占行业总融资额的 80%[44]。

第二阶段（2017 年）：共享单车企业数量和单车投放数量急剧增长、覆盖城市范围迅速扩张，供需两端持续扩张、行业爆发式增长。在供给端，单车投放数量从 2016 年的 200 万辆增长至 2017 年的 2300 万辆，覆盖城市从 2016 年的 33 个增长至 2017 年的 200 个；在需求端，2016 年共享单车累计注册用户 1886.4 万人、累计骑行 25 亿千米，2017 年增至 2.21 亿人和 299.47 亿千米[44]。与此同时，共享单车的负外部性也开始暴露：过量投放、随意停放、恶意损坏、堵塞城市公共空间等。

第三阶段（2018 年至今）：2017 年 8 月交通运输部、中央宣传部、中央网信办、国家发展改革委、工业和信息化部、公安部、住房和城乡建设部、人民银行、质检总局、国家旅游局十部委出台《关于鼓励和规范互联网租赁自行车发展的指导意见》（交运发〔2017〕109 号）（以下简称《指导意见》）后，各地陆续开始制定出台管理办法规范共享单车发展，其中对共享单车投放总量的调节控制、通过电子围栏规范停放、专人维护保证服务质量等规制措施导致行业发展进入冷冻期。2018 年开始，行业迎来破产、倒闭潮，开始进入洗牌期。在进入共享单车规制阶段后，摩拜和 OFO 由于前期投放量巨大受到规制政策的冲击较大，都开始走下坡路；而滴滴旗下的青桔单车和阿里巴巴旗下的哈啰出行反而凭借背后平台和资本的支持逆势增长。2019 年 1 月 23 日，摩拜全面接入美团 App 并更名美团单车，标志共享单车行业进入“互联网巨头 + 共享单车企业”的全新阶段，摩拜和 OFO 主导行业发展转变为青桔单车、哈啰出行和美团单车的“三国杀”。

（二）共享单车带来的规制新问题

共享单车的出现一方面借助移动互联网的优势有效缓解了“最后一公里”的城市交通治理难点问题，提供了更加人性化的绿色出行方式，给城市居民带来了便利；另一方面不同于城市有桩公共自行车是在政府规制下建设、运营和发展的，共享单车在政府鼓励创新的大环境下产生和发展，移动互联网、大数据等技术的使用带来了信息流动安全等风险，在资本助推下的过度投放也产生了无序停放、用户权益保障等一系列新问题。这些新的问题对既有政府规制路径带来了巨大挑战，其依托的互联网平台，通过互联网终端与用户直接连接，打破了传统公共行政事权划分与治理的层级体系；其运营依赖的大数据、互联网等新技术颠覆了传统规制方式，带来了规制手段的创新问题；其具备随停随放的特点，对使用者的规范使用和其他市民的爱护都提出了更高要求。因而，共享单车的规制相较于公共自行车在规制体系和内容上都有诸多不同。

1. 规制体系的变革

在共享单车出现伊始，围绕市场主导还是政府规制产生了激烈的争论，但随后实践已证明共享单车引发的问题并不是仅靠政府干预或者市场自行调节所能解决的。十部委的《指导意见》中也明确共享单车的“多方共治”是基本原则，实质就是多元主体的合作治理，即要政府、市场和社会公众在横向多主体合作和纵向多层次合作。这些新变化突破了有桩公共自行车的“政府规制—企业规制”的二元规制体系，需要从政府规制、企业自我规制和社会规制维度来探索共享单车的规制体系。

政府规制在目前共享单车规制体系中扮演着核心主导角色，以中央政府机构和地方政府机构制定的共享单车治理的规范性文件为主。按照十部委《指导意见》中“鼓励”和“规范”的共享单车发展定位，政府在规制强度和深度上都为社会、企业的规制留出了空间。

共享单车依托的数据及通信技术带来规制的专业性和复杂性，行业协会对相关关键技术指标、工艺的了解比政府更加专业，更能针对行业的发展制定出更加契合的自律标准。行业和团体标准是社会规制的重要工具，《中华人民共和国标准化法》的再次修订和实施明确了社会团体可以制定满足市场和创新需要的团体标准①。由上海市自行车行业协会和天津市自行车电动车行业协会共同发起制定的全国首个共享单车团体标准②与中国通信工业协会发布的团体标准《基于物联网的共享自行车应用系统总体技术要求》（T/CA001—2017），对共享单车从不同技术角度和服务标准进行了规定，促进了共享单车社会规制的形成，并规范了行业的发展。

企业自我规制是企业主动承担规制任务的自律行为，共享单车作为新生事物，在政府规制介入之前主要依靠企业自我设定的规则体系运行。共享单车企业向社会提供准公共服务，各企业都把“绿色”等社会责任作为自己的发展导向，主动与政府规制对接合作。例如，摩拜单车推出了“全生命周期管理”模式，与中再生公司合作，由其提供共享单

① 《中华人民共和国标准化法》（2017 年修订）明确了社会团体可以制定满足市场和创新需要的团体标准，企业可也以根据需要自行制定企业标准。

② 全国首个共享单车团体标准包括《共享自行车第一部分：自行车》（T/BIKE 001.1—2017）、《共享自行车第二部分：电助力自行车》(T/BIKE 001.2—2017)、和《共享自行车服务规范》(T/BIKE 002—2017)。

车生报废后的回收拆解、回收再利用及无害化处理等服务，打造出了共享单车绿色回收产业链。但是在“企业能否生存”与“公共服务”之间，只有在主动合规不影响企业生存的前提下自我规制才能成功。对于企业来说，严格遵守行业和团体标准，在线下按照符合标准或地方政策规定投放量比例配备维护人员，要以大量的成本投入为代价。在无法确定这些成本投入能带来多大收益的情况下，企业很难有足够的动力去主动合规。

2. 规制内容的变化

共享单车作为创新服务模式带来诸多规制新问题。共享单车在国家鼓励“互联网 +”和“共享经济”的背景下，地方政府在规制缺失情况下默许其先行进入市场，因而其市场准入规制是在运营之后通过相关规制间接实施的：一是对共享单车投放数量的管控，包括城市区域内共享单车的增量控制和总量控制；二是对共享单车线下管理维护人员的配置要求①；三是共享单车满三年强制更新国家标准要求。

在价格规制上，共享单车由于数以亿计的注册的用户数量，各级政府对巨额押金的沉淀积累额度采取规制措施，一是要求设立押金专用账户接受金融管理部门监督；二是要求制定和完善押金退还制度，明确具体退还期限；三是鼓励企业提供免押金服务②。

共享单车的安全规制除了车辆设备和骑行的安全，更为重要的是信息数据的安全规制。共享单车企业通过大数据的分析和应用，能够将单车精准投放和调度至使用频度更高的区域，而低使用频度的地区投放量和调度频次自然会减少。共享单车企业采集了大量个人身份隐私信息数据，共享单车在使用过程中基于移动互联网、物联网、GPS 定位、移动支付等技术产生大量数据，数据信息在存储、流动过程中存在安全风险。目前的规制措施中主要强调消费者个人隐私信息的保护，而忽略了数据信息流动使用的安全风险规制③。

在共享单车的营运质量规制方面，多数城市制定了详细的考核实施办法，将营运考核质量与市场投放数量配额挂钩，政府规制的重点在秩序而忽略了如何保障共享单车企业承担提供公共服务的责任以实现“共享”。

---

① 团体标准规定运营企业应当组建专业运营维护团队，按照投放量的 5‰配备线下下维护人员；在地方政府的规定中，天津市要求按照投放量 1:80 配备，昆明市要求每 200 辆共享单车至少配置 1 名维护人员并应当实行网格化，定人、定点实施维护并且每投放 2000 辆共享单车至少配置 1 辆调度车。

② 如杭州的退还时效自承租人提出申请之日起不得超过七日，昆明的退还时效不得超过两个工作日。

③ 目前上海市规制政策明确提出共享单车企业所采集的消费者个人信息和生成的相关数据，只能在中国内地存储和使用，且保存期限不得少于 5 年。

·参考文献·

[1] 刘淑妍，张斌．中国城市交通治理现代化转型的思考 [J]. 城市交通，2020, 18(01): 59-64.

[2] 汪光焘．城市交通治理的内涵和目标研究 [J]. 城市交通，2018, 16(01): 1-6.

[3] 杨晓光，李修刚，盛志前．绿色交通基本理论和目标 [J]. 中国市长，2010(04).

[4] 陈佳．绿色交通概念内涵、目标内容及规划策略研究 [C]//2017 年中国城市规划年会，东莞：[s. n.].

[5] 陈小鸿，叶建红．绿色导向，慢行优先——上海 2040 总体规划的交通发展价值观 [J]．上海城市规划，2017(04): 18-25.

[6] 国合会促进城市绿色出行专题政策研究项目组．促进城市绿色出行 [J]. 环境与可持续发展，2014, 39(04): 88-100.

[7] 曹伯虎，郭本峰，袁文凯．论“绿色出行”[C]// 城市交通发展模式转型与创新——城市交通规划 2011 年年会暨第 25 次学术研讨会，武汉：[s. n.].

[8] 张翔．机动车限行、财产权限制与比例原则 [J]. 法学，2015(02): 11-17.

[9] 住房和城乡建设部官网．关于开展创建“绿色交通示范城市”活动的通知 [EB/OL]. 2003-08-15.http://www.mohurd.gov.cn/wjfb/200611/t20061101_157091.html.

[10] 住房和城乡建设部官网．建设部关于优先发展城市公共交通的意见 [EB/OL]. 2004-03-06. http://www.mohurd.gov.cn/wjfb/200611/t20061101_157100.html.

[11] 中国政府网．国务院办公厅转发建设部等部门关于优先发展城市公共交通意见的通知 [EB/OL]. 2008-03-28. http://www.gov.cn/zhengce/content/2008-03/28/content_5617.htm.

[12] 中国共产党新闻网．胡锦涛在中国共产党第十七次全国代表大会上的报告（全文）[EB/OL]. 2007-10-25. http://cpc.people.com.cn/GB/104019/104101/6429414.html.

[13] 中国政府网．国民经济和社会发展第十二个五年规划纲要（全文）[EB/OL]. 2011-03-16. http://www.gov.cn/zhuanti/2011-03/16/content_2623428_2.htm.

[14] 新华网．胡锦涛在中国共产党第十八次全国代表大会上的报告 [EB/OL]. 2012-11-17. http://www.xinhuanet.com/18cpcnc/2012-11/17/c_113711665.htm.

[15] 中国政府网．国务院关于城市优先发展公共交通的指导意见 [EB/OL]. 2013-01-05. http://www.gov.cn/zhengce/content/2013-01/05/content_3346.htm.

[16] 交通运输部官网．交通运输部关于贯彻落实《国务院关于城市优先发展公共交通的指导意见》的实施意见 [EB/OL]. 2018-09-25. http://xxgk.mot.gov.cn/jigou/ysfws/201809/t20180925_3092322.html.

[17] 住房和城乡建设部官网．住房城乡建设部、发展改革委、财政部关于加强城市步行和自行车交通系统建设的指导意见 [EB/OL]. 2012-09-17. http://www.mohurd.gov.cn/wjfb/201209/t20120917_211404.html.

[18] 中国政府网．国务院关于加强城市基础设施建设的意见 [EB/OL]. 2013-09-16. http://www.gov.cn/zwgk/2013-09/16/content_2489070.htm.

[19] 中国政府网．国务院关于印发大气污染防治行动计划的通知 [EB/OL]. 2013-09-13. http://www.gov.cn/zhengce/content/2013-09/13/content_4561.htm.

[20] 住房和城乡建设部官网．住房城乡建设部关于印发城市步行和自行车交通系统规划设计导则的通知 [EB/OL]. 2014-01-14. http://www.mohurd.gov.cn/wjfb/201401/t20140114_216859.html.

[21] 中国政府网．交通运输部关于印发《加快推进绿色循环低碳交通运输发展指导意见》的通知 [EB/OL]. 2013-05-22. http://www.gov.cn/gongbao/content/2013/content_2466586.htm.

[22] 新华网 . 中华人民共和国国民经济和社会发展第十三个五年规划纲要 [EB/OL]. 2016-03-17.http://www.xinhuanet.com/politics/2016lh/2016-03/17/c_1118366322.htm.
[23] 交通运输部官网 . 交通运输部办公厅关于发布《绿色交通标准体系（2016 年）》的通知 [EB/OL]. 2017-01-16. http://xxgk.mot.gov.cn/jigou/kjs/201701/t20170116_2975300.html.
[24] 中国共产党新闻网 . 习近平在中国共产党第十九次全国代表大会上的报告 [EB/OL]. 2017-10-28. http://cpc.people.com.cn/n1/2017/1028/c64094-29613660.html.
[25] 交通运输部官网 . 交通运输部关于全面深入推进绿色交通发展的意见 [EB/OL]. 2017-12-06. http://xxgk.mot.gov.cn/jigou/zcyjs/201712/t20171206_2973177.html.
[26] 交通运输部官网 . 关于鼓励和规范互联网租赁自行车发展的指导意见 [EB/OL]. 2017-08-02. http://xxgk.mot.gov.cn/jigou/ysfws/201708/t20170802_2978814.html.
[27] 新华网 . 中共中央 国务院关于对《北京城市副中心控制性详细规划（街区层面）（2016 年－ 2035 年）》的批复 [EB/OL]. 2019-01-03. http://www.xinhuanet.com/politics/2019-01/03/c_1123944223.htm.
[28] 新华网 . 中共中央 国务院关于对《河北雄安新区规划纲要》的批复 [EB/OL]. 2018-04-20. http://www.xinhuanet.com/2018-04/20/c_1122716779.htm.
[29] 中国政府网 . 中共中央 国务院关于全面加强生态环境保护 坚决打好污染防治攻坚战的意见 [EB/OL]. 2018-06-24. http://www.gov.cn/zhengce/2018-06/24/content_5300953.htm.
[30] 住房和城乡建设部官网 . 住房城乡建设部关于发布国家标准《城市综合交通体系规划标准》的公告 [EB/OL]. 2019-03-20. http://www.mohurd.gov.cn/wjfb/201903/t20190320_239844.html.
[31] 新华网 . 中共中央关于坚持和完善中国特色社会主义制度 推进国家治理体系和治理能力现代化若干重大问题的决定 [EB/OL]. 2019-11-05. http://www.xinhuanet.com/politics/2019-11/05/c_1125195786.htm.
[32] 中国政府网 . 中共中央 国务院印发《交通强国建设纲要》[EB/OL]. 2019-09-19. http://www.gov.cn/gongbao/content/2019/content_5437132.htm.
[33] 中国政府网 . 中共中央、国务院印发《新时代公民道德建设实施纲要》[EB/OL]. 2019-10-27. http://www.gov.cn/zhengce/2019-10/27/content_5445556.htm.
[34] 交通运输部官网 . 交通运输部等十二部门和单位关于印发绿色出行行动计划（2019—2022 年）的通知 [EB/OL]. 2019-05-31. http://xxgk.mot.gov.cn/jigou/ysfws/201905/t20190531_3207748.html.
[35] 交通运输部官网 . 交通运输部、国家发展改革委关于印发《绿色出行创建行动方案》的通知 [EB/OL]. 2020-07-24. http://xxgk.mot.gov.cn/2020/jigou/ysfws/202007/t20200724_3437849.html.
[36] 中国政府网 . 中共中央办公厅 国务院办公厅印发《关于构建现代环境治理体系的指导意见》[EB/OL]. 2020-03-03. http://www.gov.cn/zhengce/2020-03/03/content_5486380.htm.
[37] 周佑勇 . 现代城市交通发展的制度平台和法律保障机制研究 [M]. 北京：中国社会科学出版社 , 2017.
[38] 郭继孚 , 孙明正 , 刘雪杰 , 等 . 城市公共交通优先发展战略思考与建议 [J]. 城市交通，2013(02): 7-12.
[39] 章志远 . 公用事业特许经营及其政府规制——兼论公私合作背景下行政法学研究之转变 [J]. 法商研究 , 2007(02): 3-10.
[40] 李晔 . 慢行交通系统规划探讨——以上海市为例 [J]. 城市规划学刊 , 2008(03):78 -81.
[41] 云美萍 , 杨晓光 , 李盛 . 慢行交通系统规划简述 [J]. 城市交通 , 2009, 7(02):57-59.
[42] 陆化普 . 城市绿色交通的实现途径 [J]. 城市交通 , 2009, 7(06): 23-27.
[43] 王欢明 , 李鹏 . 城市公共自行车服务民营化供给模式比较研究 [J]. 中国软科学 , 2015(06): 56-66.
[44] 中国信息通信研究院 . 中国共享单车行业发展报告（2018）[R]. 2019.

第十二章
城市交通基础设施投融资与工程建设的法律规制

本章讨论我国中央一地方事权、中央一地方财税体制、中央一地方立法权的制度框架下城市交通基础设施投融资和工程建设的法律制度与相关法律法规，包括城市交通基础设施投融资行为与规划、轨道交通导向的用地开发规制体系、城市交通基础设施工程建设法律法规，帮助理解和认知我国城市交通基础设施规划、建设的依据和运作流程。

第一节 城市交通基础设施投融资相关法律问题

一、城市交通基础设施投融资发展概况

城市交通基础设施是区域经济、社会、生态发展的重要支撑。随着经济社会的发展，民众对交通基础设施的需求日益旺盛，对政府提供公共基础设施的能力提出了更高的要求，在这样的背景下形成了适用于不同时期的城市交通基础设施投融资模式。

改革开放以来，随着我国工业化、城镇化进程的加快，尤其是 1994 年实行分税制改革后，中央事权下放，地方政府承担着基础设施建设的压力，地方建设性融资需求快速增长[1]。地方政府成立投融资平台来从事基础设施的投融资、建设开发和经营管理等活动，通常采用国有资产划拨，如土地所有权的注入方式为投融资平台的持续运营提供支撑[2]。

地方政府融资平台举债主要是以地方政府信用背书，随着基建规模的扩大、速度的加快，政府违规担保、借旧还新等现象频现，加之部分金融机构信贷管理缺失等问题，地方政府隐形债务风险显著增加[3]。2010 年国务院发布《国务院关于加强地方政府融资平台公司管理有关问题的通知》（国发〔2010〕19 号），要求加强对地方政府融资平台公司管理，保持经济持续健康发展和社会稳定。2014 年国务院发布了《国务院关于加强地方政府性债务管理的意见》（国发〔2014〕43 号），赋予地方政府依法适度举债权限，剥离融资平台公司政府融资职能，融资平台公司不得新增政府债务，将地方政府债务分门别类纳入全口径预算管理，并以 2013 年政府性债务审计结果为基础对存量债务进行甄别。

在国家出台多项政策规范地方政府融资平台行为后，地方融资平台融资职能实现剥离。为进一步满足日益增长的基础设施建设资金需求，财政部出台了《地方政府专项债券发行管理暂行办法》，规定专项债券不计入财政赤字，发行相对灵活，可以有效缓解地方政府资金压力，助力积极财政政策的施行；将专项债券发行纳入财政预算管理，明确了发行额度，有助于推进地方债务显性化，防范地方政府金融风险。

二、交通基础设施投融资行为与规制

（一）地方政府平台公司投融资行为

1. 地方融资平台兴起

在 1994 年实行分税制改革后，中央事权下放，地方政府成立投融资平台，以破解财

政资金的短缺难题。2009年，在中央政府应对全球经济危机的4万亿投资刺激政策出台后，各商业银行积极支持国家重点项目和基础设施建设，融资平台融资迅速增加，银行贷款和城投债的规模均大幅增长[4]。

根据《国务院关于加强地方政府投融资平台公司管理有关问题的通知》，地方政府投融资平台是指由地方政府及其部门和机构等通过财政拨款或注入土地、股权等资产设立，承担政府投资项目融资功能，并拥有独立法人资格的经济实体。2010年7月30日，财政部、发展改革委、人民银行、银监会联合下发《关于贯彻国务院关于加强地方政府投融资平台公司管理有关问题的通知相关事项的通知》（财预〔2010〕412号），进一步明确融资地方政府投融资平台具体包括的各类综合性投资公司，如建设投资公司、建设开发公司、投资开发公司、投资控股公司、投资发展公司、投资集团公司、国有资产运营公司、国有资本经营管理中心等，以及行业性投资公司，如交通投资公司等。其他相关政策的梳理见表12-1。总的来说，地方政府投融资平台公司可以定义为：由地方政府出资设立，并授权其向市场举债融资，从事公共基础设施的投融资、建设开发和经营管理等活动，借助政府信用并以经营收入、公共收费和财政收入等为还款来源和保障的企（事）业法人机构。

表12-1 地方融资平台相关政策

发文机构/发文号	政策名称	政策综述
银发〔2009〕92号	《关于进一步加强信贷结构调整 促进国民经济平稳较快发展的指导意见》	鼓励地方政府通过增加地方财政贴息、完善信贷奖补机制、设立合规的政府融资平台等多种方式，支持有条件的地方政府组建融资平台，发行企业债、中期票据等融资工具，拓宽中央政府投资项目的配套资金融资渠道
财建〔2009〕631号	《关于加快落实中央扩大内需投资项目地方配套资金等有关问题的通知》	地方政府配套资金可利用政府融资平台通过市场机制筹措
国发〔2010〕19号	《关于加强地方政府融资平台公司管理有关问题的通知》	要求地方政府在2010年底前对融资平台公司债务进行全面清理和妥善处理，明确加强对融资平台公司的融资管理和银行业金融机构等的信贷管理，坚决制止地方政府违规担保承诺行为
发改办财经〔2010〕2881号	《国家发展改革委办公厅关于进一步规范地方政府投融资平台公司发行债券行为有关问题的通知》	城投公司的主营收入中需有至少70%源自自身经营，政府补贴部分不得超过30%
银监发〔2010〕110号	《中国银监会关于加强融资平台贷款风险管理的指导意见》	金融机构要严格落实贷款“三查”制度，准确进行融资平台贷款风险分类，加强对融资平台贷款的监管
财预〔2012〕463号	《关于制止地方政府违法违规融资行为的通知》	通过规范融资方式、制止违规担保，约束地方政府及其融资平台政府性债务规模的无序扩张

2. 地方融资平台运作模式

地方政府融资平台公司主要涵盖资产经营管理平台、融资平台、投资平台和业务平台，其运作逻辑为：政府将财政补贴和土地资产等政府资产注入资产经营管理平台，资产经营管理平台负责对政府注入的资产进行管理和经营，以资产和经营的预估收益为抵押，利用融资平台进行融资，融资所得的资金注入投资平台，然后投资平台又将相应的产业建设工程交给业务平台进行基础设施建设和土地开发，最后这些新建的增量资产又可以作为新的政府资产注入原先的资产经营管理平台，从而形成四大平台的运作闭合圈（图 12-1）。

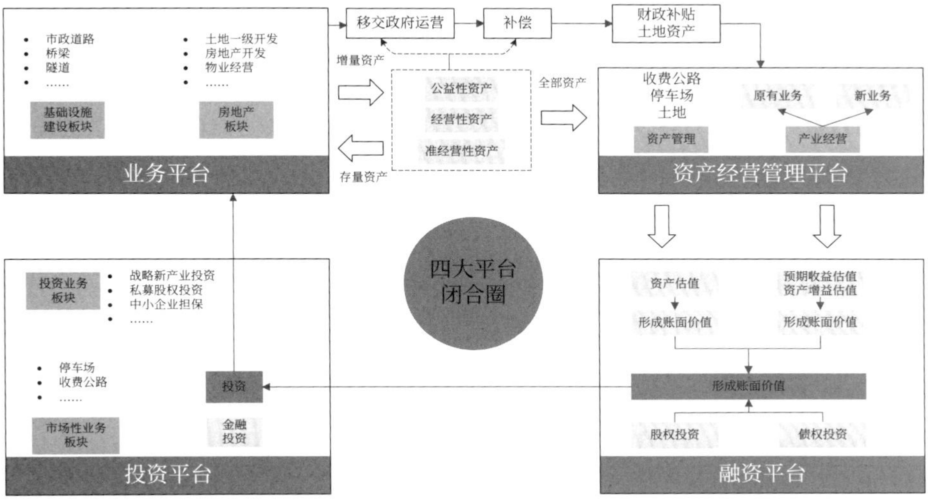

图 12-1 地方政府融资平台公司运作模式

3. 地方融资平台在城市交通领域的应用

从项目收益来看，地方政府融资平台公司投资、建设和运营的项目主要有两大类：一类是有经营收入的市场化项目，例如产业园、土地一级开发、房地产开发等；另一类为公益性项目，如市政道路、桥梁、隧道等。城市交通基础设施（市政道路、桥梁和隧道等）属于公益类非经营项目，无法产生直接的项目收益，其公共物品的属性决定了该类项目必须由政府提供。政府通过融资平台筹集资金进行项目的投资和建设，项目的还款来源是政府融资平台开展的其他项目的经营收入（例如收费高速公路、产业园、土地开发），以及政府公共收费和财政收入。

4. 地方融资平台规范化

当地方政府融资平台投资的项目无法产生足够的收益时，政府就会面临严重的债务负担。因此，在大力推行融资平台公司发展的同时，中央对融资平台的债务进行了严格的控制。《国家发展改革委关于进一步规范地方政府投融资平台公司发行债券行为有关问题的通知》（发改办财金〔2010〕2881号）就明确规定，城投公司的主营收入中需至少70%源自自身经营，政府补贴部分不得超过30%。这一规定对于限制地方政府财政支出、避免中央财政赤字具有重要意义。财政部发布的《关于制止地方政府违法违规融资行为的通知》（财预〔2012〕463号）要求通过规范融资方式制止违规担保，约束地方政府及其融资平台政府性债务规模的无序扩张。

在基础设施大建设的宏观背景下，地方融资平台的债务并未得到有效控制。2014年9月21日，国务院发布《关于加强地方政府性债务管理的意见》（国发〔2014〕43号），明确规定：剥离融资平台公司政府融资职能，融资平台公司不得新增政府债务；地方政府新发生或有债务，要严格限定在依法担保的范围内，并根据担保合同，依法承担相关责任。《地方政府性债务风险应急处置预案的通知》（国办函〔2016〕88号）进一步对《关于加强地方政府性债务管理的意见》进行了补充与加强，对地方政府性债务风险应急处置作出总体部署和系统安排，加强规范地方融资行为，避免政府大量违规担保带来金融风险。更详细的政策梳理见表12-2。这些政策的出台要求城投公司未来转型为城市运营商、公共服务提供者和国有资产管理者，平台从融资向经营转变（产业化发展、市场化经营、规范化管理），或作为新的社会资本以PPP的形式参与公共服务提供[5]。

表12-2 规范平台公司融资行为相关政策

发文机构 / 发文号	政策名称	政策综述
发改办财金〔2013〕1177号	《关于对企业债发行申请部分企业进行专项核查工作的通知》	对“从严审核类”和“适当控制规模和节奏类”发债企业进行财务抽债，新债审批放缓
国发〔2014〕43号	《国务院关于加强地方政府性债务管理的意见》	赋予地方政府依法适度举债权限，剥离融资平台公司政府融资职能，融资平台公司不得新增政府债务，把地方政府债务分门别类纳入全口径预算管理，以2013年政府性债务审计结果为基础，对存量债务进行甄别
国办函〔2016〕88号	《地方政府性债务风险应急处置预案》	建立健全地方政府性债务风险应急处理工作机制，坚持分级负责、及时应对、依法处置的原则；按政府性债务风险事件性质、影响范围和危害程度等合理划分风险事件等级，相应实行响应和处置；区分不同债务类型分类处置，适时启动责任追究机制
财预〔2017〕50号	六部委《关于进一步规范地方政府举债融资行为的通知》	全面开展地方政府融资担保清理整改工作，加强融资平台公司融资管理；严禁地方政府利用PPP、政府出资的各类投资基金等方式违法违规变相举债，明确地方政府不得将公益性资产、储备土地注入融资平台公司，不得承诺储备土地预期出让收入作为融资平台偿债资金来源；健全地方政府举债融资机制，建立跨部门联合检测和防控机制
财预〔2017〕87号	《财政部关于坚决制止地方以政府购买服务名义违法违规融资的通知》	将“货物”“工程”以及“融资服务”纳入政府购买服务负面清单；坚持先预算后购买原则，明确政府购买服务所需资金应当在年度预算和中期财政规划中据实足额安排，则限定购买服务期为1~3年；严禁利用或虚构政府购买服务合同违法违规融资

（二）专项债模式下地方政府投融资行为

1. 专项债缘起

为持续推进基础设施建设，以及强化地方政府债务管理，根据新修订的《中华人民共和国预算法》《国务院关于加强地方政府性债务管理的意见》，财政部出台了《地方政府专项债券发行管理暂行办法》（财库〔2015〕83号）、《关于对地方政府债务实行限额管理的实施意见》（财预〔2015〕225号）、《地方政府专项债务预算管理办法》（财预〔2016〕155号）、《新增地方政府债务限额分配管理暂行办法》（财预〔2017〕35号）、《关于试点发展项目收益与融资自求平衡的地方政府专项债券品种的通知》（财预〔2017〕89号），以及土地储备专项债券、收费公路专项债券等文件，用于规范地方政府专项债券发行行为，专项债制度逐渐成型和完善。

按照《国务院关于加强地方政府性债务管理的意见》《地方政府专项债务预算管理办法》等文件，专项债是省级（省、自治区、直辖市）政府作为发行主体，在全国人大或其常委会批准的专项债务限额（余额限额和当年新增限额）内，发行的有偿还计划和稳定偿还资金来源的地方政府债券，债券发行后的资金用于公益性资本支出而不是经常性支出。市县级政府的专项债资金需求由省级政府在限额内代为发行并由省级财政部门按照转贷协议拨付市县级财政部门。专项债务收入（通过发行专项债筹措的资金）、安排的支出、还本付息、发行费用纳入政府性基金预算管理。从专项债券的界定可以看出，专项债是针对公益性（准公益性）基础设施项目发行的政府债券。

当前，地方政府专项债券主要有：土地储备专项债——《地方政府土地储备专项债券管理办法（试行）》；收费公路专项债——《地方政府收费公路专项债券管理办法（试行）》；棚户区改造专项债——《试点发行地方政府棚户区改造专项债券管理办法》；其他类型收益与项目融资自求平衡专项债券——《关于试点发展项目收益与融资自求平衡的地方政府专项债券品种的通知》。

2. 专项债的运作模式

专项债主要有三个应用模式：一是用作政府投资项目的直投资金（直接投资）；二是用作对项目公司、项目实施主体的债务性资金（债权模式）；三是用作项目公司的项目资本金（股权模式）[6]。

1）用作政府投资项目的直投资金

专项债收入进入政府性基金后，政府以直接投资的方式将专项债所筹集资金投入项目；项目的收益归属于政府性基金或经营性专项收入，用来归还专项债本息。此类项目通常是政府直接投资的项目，无其他经济主体参股。

2）用作对项目公司、项目实施主体的债务性资金

政府方以股东借款（政府控股或参股）或委托贷款（政府不参股）的方式借给项目公司或项目实施主体（不成立项目公司的情况），项目公司或项目实施主体用项目的收益归还市场化融资本息后，将剩余收益归还政府方的专项债借款 / 贷款，政府方将收到的还款本息计入项目对应的政府性基金收入或专项收入，用以归还专项债本息。该模式适用于 PPP 模式、特许经营等政府不主导只参股或不参股的项目。

3）用作项目的项目资本金

中共中央办公厅和国务院办公厅印发的《关于做好地方政府专项债券发行及项目配套融资工作的通知》（厅字〔2019〕33 号）规定："允许将专项债券作为符合条件的重大项目资本金。对于专项债券支持、符合中央重大决策部署、具有较大示范带动效应的重大项目，主要是国家重点支持的铁路、国家高速公路和支持推进国家重大战略的地方高速公路、供电、供气项目，在评估项目收益偿还专项债券本息后专项收入具备融资条件的，允许将部分专项债券作为一定比例的项目资本金，但不得超越项目收益实际水平过度融资。"这意味着政府可以直接将专项债作为项目的资本金，后续通过市场化融资筹集项目资金。相比于专项债作为债务性资金的模式，作为资本金更加便于项目的前期启动（政府前期资金启动给予债券人更大的投资信心）。不过在这种模式下，项目资本金的"非债务资金"性质，决定了政府方股东只能以股东身份取得所有者权益，利用所有者权益（分红、转让股权）来归还专项债本息，政府承担的风险会更高，需对该类项目进行严格的前期论证。

3. 专项债在城市交通基础设施领域应用的探讨

国家要求发行有偿还计划和稳定偿还资金来源的地方政府债券，聚焦于有经营收益的公共基础设施等项目，推动实现项目的自发自还。对于铁路、轨道交通、城市停车场等经营性交通基础设施，可通过专项债筹集建设资金。城市交通基础设施中的市政道路、桥梁和隧道等项目一般无直接的经营收益，但并不意味着专项债无法应用于非经营类的城市交通基础设施建设。按照《2015 年地方政府专项债券预算管理办法》（财预〔2015〕32 号），"执行中专项债券对应的单项政府性基金不足以偿还本金的，可以从相应的公益性项目单位调入专项弥补"，这意味着政府可以通过其他公益性项目的收益来偿还收益不足的项目的专项债。该模式为非经营类的城市交通基础设施项目使用专项债提供了新视角，即非经营类的城市交通基础设施与经营性城市交通基础设施打包建设，从而使

项目具有经营性质，满足专项债发行要求（图 12-2）。该运作模式对项目设计和规划提出要求较高，需要前期严格地评估该项目集的收益能否实现资金平衡。

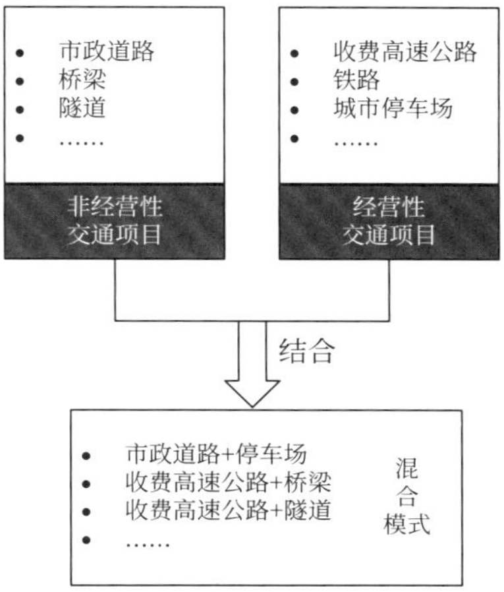

图 12-2 专项债在城市交通基础设施领域的应用

三、轨道交通导向用地开发的法律体系探索

以轨道交通为代表的交通基础设施建设是城市投资的主要对象，轨道交通引导土地综合开发，同时也是城市地方政府的创新投融资模式，在此过程中需要在土地审批、开发主体确定、土地权益划分、城市建设规划管理等方面进行创新探索，开展法治化体系建设。

（一）轨道交通复合开发的土地管理法律

随着我国城市轨道交通规模扩大，轨道站点成为城市空间中的重要场所，并且大多位于城市中心地区，人流密集，商业发达，空间资源稀缺性高，因此轨道交通站点的复合开发成为近年来城市发展和公共交通优先发展战略中的重要议题。轨道交通用地的复合开发涉及土地管理、物权、投资方式等相关法律法规[7]，在我国城市中仍处于各地摸索发展阶段，仍未有明确的体系化法律规定[8]。下文将基于各地实际案例来阐述轨道交通用地复合开发的法律法规探索。

1. 主要法律文件

（1）《民法典》第二编中的第三分编“用益物权”。《民法典》第三百四十五条规定：“建设用地使用权可以在土地的地表、地上或者地下分别设立。” 第三百四十六条规定：“设立建设用地使用权，应当符合节约资源、保护生态环境的要求，遵守法律、行政法规关于土地用途的规定，不得损害已经设立的用益物权。”建设用地分层利用，在一定程度上区分了地上、地下权，将空间使用权纳入了建设用地使用权范畴，这也是规范土地空间权利最主要的民事法律依据。

（2）《土地管理法》。《土地管理法》第四十四条规定：“建设占用土地，涉及农用地转为建设用地的，应当办理农用地转用审批手续。”规定建设项目需办理用地审批手续，其中若涉及农用地的，需另行办理农转用审批手续。而土地权属调查是土地审批服务的一项基础性工作，是经调查核实后，提供土地权属、用途等各项土地情况（包括农用地情况）的技术性服务工作。

2. 轨道交通土地权属问题——以上海为例

2019 年 5 月，《中共中央国务院关于建立国土空间规划体系并监督实施的若干意见》（以下简称《国土空间规划意见》）颁布，我国国土空间规划的地位与作用提升到前所未有的高度。充分贯彻《国土空间规划意见》的精神，合理开发、利用土地的地下空间资源已成为深化可持续发展的战略性举措[9]。现有的土地权属调查大部分基于二维空间体系的调查与审批，地下空间建设用地的规划与审批无须在土地权属调查中体现地上土地权属情况，这造成了在土地审批过程中出现部分地下建设用地与地上建设用地土地性质不一致的情况，阻碍了在新形势下开展城市地下空间的土地规划、调查、审批等工作。

上海地下建设用地规划审批经历了三个阶段：①地下建设用地无须办理审批阶段。2006 年 9 月 1 日前属于地下建设用地开发的起步阶段，缺少政策指导。这一阶段开展的地下建设的用地均未办理任何用地审批，未通过有偿方式取得建设用地使用权，建设单位不需要委托调查机构开展土地权属调查，只需提供规划设计方案等材料，便可直接开展项目用地施工。②地下建设用地需办理用地审批阶段。2006 年 7 月上海市政府颁布沪房地资权〔2006〕564 号文件，即《上海市城市地下空间建设用地审批和房地产登记试行规定》。该文件是国内首个涉及地下空间建设用地审批和权属管理的文件，上海成为我国第一个为地下空间权属登记做规定的城市。③地下建设用地审批的进一步完善阶段。《国土空间规划意见》的颁布进一步完善了我国的法规政策体系、技术标准体系与国土空间基础信息平台，标志着我国将建立统一的国土空间规划，从而实现“多规合一”，这也为开展各类建设活动提供了指导、约束的基础依据。

3. 轨道交通复合开发的用地获取方式

轨道交通是城市基础设施用地的一种类型。《土地管理法》第五十四条规定：“建设单位使用国有土地，应当以出让等有偿使用方式取得；但是，下列建设用地，经县级以上人民政府依法批准，可以以划拨方式取得：①国家机关用地和军事用地；②城市基础设施用地和公益事业用地；③国家重点扶持的能源、交通、水利等基础设施用地；④法律、行政法规规定的其他用地。”由于轨道交通复合开发后，除了轨道交通自身的乘客运输功能之外，还会附加形成商业、住宅、办公等非公益功能，因此带来用地获取方式的争议。《民法典》第三百四十七条规定：“工业、商业、旅游、娱乐和商品住宅等经营性用地以及同一土地上有两个以上意向用地者的，应当采取招标、拍卖等公开竞价的方式出让。严格限制以划拨方式设立建设用地使用权。”

在实践操作中，轨道交通用地开发大多采用复合方式招标或定向（带重要排他条件）拍卖的方式，这是获取轨道交通物业开发土地最为普遍的形式之一。其次是协议出让方式，政府以协议方式在一定年限内将建设用地使用权出让给意向用地者，意向用地者向国家支付协议出让金。最后是授权经营（整备）方式，轨道交通企业在建设轨道交通前期，对沿线土地资源进行整备，并通过统一规划设计，为后期物业开发与商业经营预留必要的、清晰的各项接口条件，通过土地交易市场，以公开“招标、拍卖、挂牌”方式转让物业开发权，而轨道交通企业在前期的投资投入，在转让收益中返还[10]。

以上海为例，2016 年上海颁布《关于推进本市轨道交通场站及周边土地综合开发利用的实施意见》（沪府办〔2016〕79 号文）；2020 年上海市人民政府办公厅转发市发展改革委、市规划资源局颁布《关于加快实施本市轨道交通车辆基地及周边土地综合开发利用的意见》（沪府办〔2020〕69 号文），同时废止〔2016〕79 号文。〔2020〕69 号文是在新时期下上海专门针对轨道交通车辆基地及周边土地综合开发出台的政策文件。未来上海在新一轮轨道交通建设的背景下，车辆基地 TOD 综合开发将进入快速发展阶段。如表 12-3 所示，与〔2016〕79 号文相对比，〔2020〕69 号文聚焦轨道交通车辆基地及周边土地综合开发利用，同时在基本原则、规划政策、土地政策、保障措施等方面更加细化和深入。

〔2020〕69 号文主要解决了以下问题：

（1）上海启动新一轮轨道交通建设，需要完善相关开发政策。根据《上海市城市轨道交通第三期建设规划（2018—2023 年）》，上海将形成 27 条线路，1154 千米的轨道交通网络（含市域铁路 342 千米）。总投资约 2983.48 亿元，其中：资本金占 45%，计 1342.57 亿元，由市、区政府两级财政资金承担；资本金以外的资金利用国内银行贷款等融资方式。“十四五”期间，将有近 1400 亿元轨道交通建设资金需求。之前按照市财政出资 42%、申通集团负责发债融资 58% 这一比例进行出资。在新形势下，相关规定要求市财政出资 40%、各区政府发专项债 60%，而各区政府发债需要还本付息，故土地就成为各区政府还债的主要来源。2020 年 4 月，上海市规划和自然资源局发布《关于加强容积率管理全面推进土地资源高质量利用的实施细则（2020 版）》，提出轨道交通站点 300 米范围内，鼓励通过城市设计进一步加强向站点集聚，实现土地效率的最大化，并提倡 TOD 模式。容积率的提升实际上是做增量，这部分增量是区政府未来增加的收益，这部分增量收益将成为区政府轨道交通专项债还债的重要来源。同时规定，站点开发由区政府主导，划定了轨道交通车场综合开发由轨道交通投资方申通集团主导，车场开发收益用来弥补轨道交通建设运营亏损。

表 12-3 上海轨道交通综合开发主要管理内容

文件名称	〔2016〕79 号文	〔2020〕69 号文
政策范围	针对轨道交通场站综合开发	针对轨道交通车辆基地综合开发（车辆基地主要是场站中的场）
政策背景	国家鼓励城市优先发展公共交通，及上海土地节约集约利用、建设科创中心的背景	国家加强城市轨道交通建设管理，市域（郊）铁路发展，及上海启动新一轮轨道交通建设规划
开发主体	市区联手，以区为主	市区联手，以市为主
功能业态	功能复合，提出优先安排配建人才公寓（公共租赁住房），以及公益性公共服务设施、动迁安置房等	功能复合，其他未做具体要求
规划时序	在轨道交通专项规划编制中，同步研究各场站综合开发的规划控制要求	在轨道交通专项规划编制前，先行研究各车辆基地及周边土地综合开发的选址、规划控制要求
确定范围	体现公共交通导向（TOD）模式，加强区域研究评估，以场站用地为基础，适当扩大范围	根据现状用地条件、规划功能及用地完整性等和轨道交通资金平衡需要，确定开发范围
开发强度	适当提高开发强度	实施高强度开发
规划方案参与方	未提规划方案由轨道交通建设运营主体与合作方共同研究	鼓励通过遴选方式选择合作方，共同研究开发利用规划方案，相关规划要求纳入轨道交通选线专项规划一并批复
预留结构工程费用	未提及	预留结构工程纳入轨道交通项目一并实施；相关费用可以在轨道交通项目中暂列，日后纳入综合开发土地成本；也可以由轨道交通建设运营主体垫资代建，预留结构工程不包括征地拆迁费用
土地供应	轨道交通场站综合开发用地使用权可以协议方式出让，但不得转让	轨道交通车辆基地综合开发用地使用权可以协议出让，后续可以引进品牌企业共同参与开发建设运营
出让价格	未提及	从支持轨道交通建设运营角度出发，综合考虑预留结构工程费用等，经集体决策后确定
出让时间	未提及	鼓励对条件成熟的车辆基地综合开发用地在上盖预留结构工程建设前先行出让
存量开发	未提及	探索存量轨道交通车辆基地通过技术改造实现城市更新和土地集约利用的路径

（2）明确了土地可以协议出让，可以通过市场化方式引进品牌企业共同参与。土地政策是轨道交通场站综合开发中尤为关键的一环。因为地铁建设和运营工程的复杂性以及房地产开发的专业性等要求，地铁公司和房地产公司任何一方都难以独立开发运作轨道交通场站综合开发项目。〔2016〕79 号文规定：综合开发主体以协议方式取得的建设用地使用权，以自主开发为主，土地使用权不得转让，不得以改变土地使用权人的出资比例、股权结构等方式，变更土地使用权。这就使得开发主体没有通过协议方式获取土地的积极性，因为这样会影响后续与房企开发商的合作。而〔2020〕69 号文完善了土地供应和出让要求，增加了可以通过分层供应方式将轨道交通车辆基地已建预留工程上部或待建预留工程上部的建设用地使用权协议出让给轨道交通建设运营主体的规定，同时删除了以协议方式取得的建设用地使用权不得转让的规定，鼓励通过市场化方式引进品牌企业共同参与开发建设运营。

（二）轨道交通导向开发建设管理规制

轨道交通建设及综合开发涉及工程复杂，既涉及轨道工程设施与城市其他基础设施的协同问题和风险控制管理问题，也涉及后期运营服务的安全、效率和品质等问题，因此各地都在出台系列法律法规文件来指导安全、有序、高效发展。

以杭州为例[11]，2009 年杭州市政府颁发了《杭州市城市综合体规划建设管理导则（试行）》，规定了地铁复合开发的规划编制与审批、规划指标管理、土地出让方式、地下空间规划设计、用地管理等实施规则。2018 年出台的《杭州市城市轨道交通上盖物业预留工程前期审批指导办法（试行）》进一步明确了为复合开发预留过程的实际操作办法，包括实施主体、选址审查、方案预审、建设方式、质量验收、成本核算和费用支付等需要解决的核心问题[12]。

以东莞为例[13]，2021 年 1 月东莞市政府颁发了《东莞市轨道交通 TOD 范围内城市更新项目开发实施办法》，对轨道交通 TOD 综合开发进行了规制。

1. TOD 范围的规定

TOD 范围内城市更新项目是指更新单元用地全部或部分位于国铁、城际轨道交通站点周边 800 米半径、城市轨道交通站点周边 500 米半径、车辆基地范围，或经市轨道交通建设及 TOD 开发领导小组批准纳入的城市更新项目。根据城市更新项目用地与 TOD 范围的占地关系，实施办法适用如下：①对 TOD 范围内用地占更新单元用地的比例大于或等于 50% 的，项目整体按本实施办法执行。②对 TOD 范围内用地占更新单元用地的比例小于 50% 的，政府分成物业按如下公式确定：项目可出让地块建筑总量 × 按本实施办法计算的政府分成物业比例 ×TOD 范围内用地面积 ÷ 更新单元用地面积。除参与政府分成物业的建筑量外，其余部分按现行城市更新政策落实政府收益。在征得市自然资源局、轨道交通局同意后，项目整体也可按本实施办法执行。③位于 TOD 范围外，但属于 TOD 综合开发规划研究范围内的城市更新项目，在编制 TOD 综合开发规划时，属地镇街（园区）及土地权属人同意按本实施办法进行利益分成的，在 TOD 综合开发规划中给予该项目地块规划指标。在征得市自然资源局、轨道交通局同意后，项目整体按本实施办法执行。

2. TOD 开发规划与用地关系

坚持“先规划、后用地”，TOD 地区采用圈层式的布局原则与较高开发强度，TOD 范围内城市更新单元原则上应位于 TOD 规划确定的更新改造范围内，已编制 TOD 综合开发规划的，以 TOD 综合开发规划作为地块控规编制和调整的主要依据；未编制 TOD 综合开发规划的，可通过编制“单元划定方案 + 前期研究报告”的方式编制或调整地块控规。规划为近期实施的轨道交通站点，原则上 TOD 范围内应布局综合类、商住类、居住类等项目，以及对属地镇街（园区）经济社会发展有较好带动作用的新型产业类和产城融合类项目；规划为中远期实施的轨道交通站点，可在 TOD 范围内适当实施传统产业类项目。TOD 范围内城市更新原则上以连片开发为主，零星项目单元面积不小于 60 亩，政府主导项目不受更新单元面积限制。根据站点 TOD 综合开发规划成果，在满足规范的前提下，更新单元应按规划要求落实公共配套设施，并在控制性详细规划中明确项目范围内公共设施的配套要求。

轨道交通综合开发的创新发展，既是交通基础设施建设投融资的创新发展，也是城市土地开发模式、城市发展效益的探索创新，需要不断在实践中探索法治化规制。中央政府在《土地管理法》《城乡规划法》的管制前提下，也赋予了地方政府自主规制空间，但土地审批、规划管理、收益—成本分摊和项目实施等方面依然处于法治化建设过程中，未来也需要根据城市基础设施建设融资需要和新的形势更新应对举措，并将其纳入法治体系中。

第二节 城市交通基础设施工程建设相关法律法规

一、城市交通基础设施工程建设法律法规框架

城市交通基础设施工程建设法规框架是在我国现行法规体系整体框架下，与基本法规及相关行业法规一起，形成的以《中华人民共和国建筑法》（以下简称《建筑法》）为主体的

一系列完善的法规体系，包括法律、行政法规、地方性法规、部门规章、地方政府规章等。

其中法律层面主要包括《建筑法》《中华人民共和国招标投标法》《中华人民共和国安全生产法》《中华人民共和国民法典（合同编）》，其他还涉及《中华人民共和国民法典》《中华人民共和国土地管理法》《中华人民共和国专利法》《中华人民共和国固体废物污染环境防治法》《中华人民共和国行政许可法》《中华人民共和国电子商务法》等。

行政法规层面主要涉及《建设工程质量管理条例》《建设工程安全生产管理条例》《生产安全事故报告和调查处理条例》《招标投标法实施条例》，其他还涉及《政府投资条例》《优化营商环境条例》《保障农民工工资支付条例》《保障中小企业款项支付条例》等。

地方性法规主要是指各省、自治区、直辖市的人民代表大会及其常务委员会根据本行政区域的具体情况和实际需要，在不同宪法、法律、行政法规相抵触的前提下，制定的地方性法规。例如《北京市城乡规划条例》《北京市公路条例》《上海市公路管理条例》《上海市安全生产条例》等。

规章主要是国务院各部门规章、地方政府规章。例如《必须招标的工程项目规定》《房屋建筑和市政基础设施项目工程总承包管理办法》《住房和城乡建设部关于推进建筑垃圾减量化的指导意见》《关于进一步加强安全帽等特种劳动防护用品监督管理工作的通知》《住房和城乡建设部办公厅关于建筑施工企业安全生产许可证等证书电子化的意见》《生产安全事故应急预案管理办法》《住房和城乡建设部应急管理部关于加强建筑施工安全事故责任企业人员处罚的意见》《强制性国家标准管理办法》《职业健康检查管理办法》等。

改革开放以来，我国工程建设领域形成了由项目法人责任制、工程监理制、招标投标制和合同管理制等构成的工程建设管理基本制度。相关法规也得到不断发展和完善，涉及项目前期决策、工程发承包、工程设计、工程施工等工程建设全过程的各个方面。

二、工程建设相关法律法规

本部分内容以工程建设过程为线索，介绍工程建设过程中所涉及的主要的法规规定。

（一）项目审批立项

为了充分发挥政府投资作用，提高政府投资效益，规范政府投资行为，激发社会投资活力，2019 年 4 月 14 日国家发布了《政府投资条例》（国务院令第 712 号），该条例对政府投资决策的项目分类审批①、在线审批监管平台的使用②以及投资概算的控制和调整③等做出了相关规定。

（二）工程建设招投标

1. 必须招标的范围

2017 年 12 月经修改后公布的《中华人民共和国招标投标法》（以下简称《招标投标法》）第三条规定，在中华人民共和国境内进行下列工程建设项目包括项目的勘察、设计、施工、监理以及与工程建设有关的重要设备、材料等的采购，必须进行招标：①大型基础设施、公用事业等关系社会公共利益、公众安全的项目；②全部或者部分使用国有资金投资或者国家融资的项目；③使用国际组织或者外国政府贷款、援助资金的项目。

经国务院批准，2018 年 3 月国家发展和改革委员会发布了《必须招标的工程项目规定》，对必须进行招标项目的具体范围和规模标准进行了明确和细化。

2. 招标方式

（1）公开招标。公开招标是指招标人以招标公告的方式邀请不特定的法人或者其他组织投标。依法必须进行招标的项目的招标公告，应当通过国家指定的报刊、信息网络或者其他媒介发布。

（2）邀请招标。邀请招标是指招标人以投标邀请书的方式邀请特定的法人或者其他组织投标。国务院发展改革部门确定的国家重点项目和省、自治区、直辖市人民政府确定的地方重点项目不适宜公开招标的，经国务院发展改革部门或者省、自治区、直辖市人民政府批准，可以进行邀请招标。

《招标投标法实施条例》进一步规定，国有资金占控股或者主导地位的依法必须进行招标的项目，应当公开招标；但有下列情形之一的，可以邀请招标：①技术复杂、有

① 《政府投资条例》第九条规定：“政府采取直接投资方式、资本金注入方式投资的项目，项目单位应当编制项目建议书、可行性研究报告、初步设计，按照政府投资管理权限和规定的程序，报投资主管部门或者其他有关部门审批。”第十四条规定：“采取投资补助、贷款贴息等方式安排政府投资资金的，项目单位应当按照国家有关规定办理手续。”

② 《政府投资条例》第十条规定：“除涉及国家秘密的项目外，投资主管部门和其他有关部门应当通过投资项目在线审批监管平台，使用在线平台生成的项目代码办理政府投资项目审批手续。投资主管部门和其他有关部门应当通过在线平台列明与政府投资有关的规划、产业政策等，公开政府投资项目审批的办理流程、办理时限等，并为项目单位提供相关咨询服务。”

③ 《政府投资条例》第十二条规定：“经投资主管部门或者其他有关部门核定的投资概算是控制政府投资项目总投资的依据。初步设计提出的投资概算超过经批准的可行性研究报告提出的投资估算 10% 的，项目单位应当向投资主管部门或者其他有关部门报告，投资主管部门或者其他有关部门可以要求项目单位重新报送可行性研究报告。”

特殊要求或者受自然环境限制，只有少量潜在投标人可供选择；②采用公开招标方式的费用占项目合同金额的比例过大。

3. 招标基本程序

建设工程招标的基本程序主要包括：履行项目审批手续、委托招标代理机构、编制招标文件、发布招标公告或投标邀请书、资格审查、开标、评标、中标和签订合同，以及终止招标等。各程序依照《招标投标法》和《招标投标法条例》的规定执行。

（1）履行项目审批手续。《招标投标法》规定，招标项目按照国家有关规定需要履行项目审批手续的，应当先履行审批手续，取得批准。《招标投标法实施条例》进一步规定，招标范围、招标方式、招标组织形式应当报项目审批、核准部门审批、核准，并将结果通报有关行政监督部门。

（2）委托招标代理机构。《招标投标法》规定，招标人有权自行选择招标代理机构，委托其办理招标事宜。任何单位和个人不得以任何方式为招标人指定招标代理机构。招标人具有编制招标文件和组织评标能力的，可以自行办理招标事宜，并应向有关行政监督部门备案。

（3）编制招标文件。《招标投标法》规定，招标人应当根据招标项目的特点和需要编制招标文件。招标文件应当包括招标项目的所有实质性要求和条件以及签订合同的主要条款。国家对招标项目的技术、标准有规定的，招标人应当按照其规定在招标文件中提出相应要求。

（4）发布招标公告或投标邀请书。《招标投标法》规定，招标人采用公开招标方式的，应当发布招标公告。招标人采用邀请招标方式的，应当向三个以上具备承担招标项目的能力、资信良好的特定的法人或者其他组织发出投标邀请书。

（5）资格审查。资格审查分为资格预审和资格后审。《招标投标法实施条例》规定，资格预审应当发布资格预审公告、编制资格预审文件；资格后审应当在开标后由评标委员会按照招标文件规定的标准和方法对投标人的资格进行审查。

（6）开标。《招标投标法》规定，开标应当在招标文件确定的提交投标文件截止时间的同一时间，在招标文件中预先确定的地点公开进行，由招标人主持，邀请所有投标人参加。招标人在招标文件要求的截止时间前收到的所有投标文件，都应当在开标时当众予以拆封，并宣读投标人名称、投标价格和投标文件的其他主要内容。开标过程应当记录，并存档备查。

（7）评标。《招标投标法》规定，评标由招标人依法组建的评标委员会负责。招标人应当采取必要的措施，保证评标在严格保密的情况下进行。任何单位和个人不得非法干预、影响评标的过程和结果。

（8）中标和签订合同。《招标投标法》规定，招标人根据评标委员会提出的书面评标报告和推荐的中标候选人确定中标人，也可以授权评标委员会直接确定中标人。招标人和中标人应当自中标通知书发出之日起 30 日内，按照招标文件和中标人的投标文件订立书面合同，并不得再行订立背离合同实质性内容的其他协议。

（9）终止招标。《招标投标法实施条例》规定，招标人终止招标的，应当及时发布公告，或者以书面形式通知被邀请的或者已经获取资格预审文件、招标文件的潜在投标人。已经发售资格预审文件、招标文件或者已经收取投标保证金的，招标人应当及时退还所收取的资格预审文件、招标文件的费用，以及所收取的投标保证金及银行同期存款利息。

（三）勘察设计

1. 资质要求

我国对从事建设工程勘察设计活动的单位，实行资质管理制度。根据住房和城乡建设部 2018 年修改后的《建设工程勘察设计资质管理规定》，工程勘察资质分为工程勘察综合资质、工程勘察专业资质和工程勘察劳务资质。

2. 发承包要求

依据《建设工程勘察设计管理条例》规定，建设工程勘察、设计发包依法实行招标发包或者直接发包。建设工程勘察、设计应当依照《招标投标法》的规定，实行招标发包。

发包方可以将整个建设工程的勘察、设计发包给一个勘察、设计单位，也可以将建设工程的勘察、设计分别发包给几个勘察、设计单位。

除建设工程主体部分的勘察、设计外，经发包方书面同意，承包方可以将建设工程其他部分的勘察、设计再分包给其他具有相应资质等级的建设工程勘察、设计单位。建设工程勘察、设计单位不得将所承揽的建设工程勘察、设计转包。

3. 设计文件编制要求

《建设工程勘察设计管理条例》规定，编制建设工程勘察、设计文件，应当以下列规定为依据：①项目批准文件；②城乡规划；③工程建设强制性标准；④国家规定的建设工程勘察、设计深度要求。铁路、交通、水利等专业建设工程，还应当以专业规划的要求为依据。

4. 施工图审查要求

《建设工程质量管理条例》规定，施工图设计文件审查机构应当对房屋建筑工程、市政基础设施工程施工图设计文件中涉及公共利益、公众安全、工程建设强制性标准的内容进行审查。县级以上人民政府交通运输等有关部门应当按照职责对施工图设计文件中涉及公共利益、公众安全、工程建设强制性标准的内容进行审查。

5. 注册建筑师执业要求

《建设工程勘察设计管理条例》规定，国家对从事建设工程勘察、设计活动的专业技术人员，实行执业资格注册管理制度。

注册建筑师执行业务，应当加入建筑设计单位。注册建筑师有权以注册建筑师的名义执行注册建筑师业务。

建设工程勘察、设计注册执业人员和其他专业技术人员只能受聘于一个建设工程勘察、设计单位；未受聘于建设工程勘察、设计单位的，不得从事建设工程的勘察、设计活动。

（四）工程施工

1. 资质要求

根据《建筑业企业资质管理规定》，建筑业企业资质分为施工总承包资质、专业承包资质、施工劳务资质三个序列。

施工总承包资质序列设有 12 个类别①，一般分为 4 个等级，即特级、一级、二级和三级；专业承包序列设有 36 个类别②；施工总承包资质施工劳务资质不分类别与等级。

2. 发承包

《建筑法》规定，建筑工程的发包单位可以将建筑工程的勘察、设计、施工、设备采购一并发包给一个工程总承包单位，也可以将建筑工程勘察、设计、施工、设备采购的一项或者多项发包给一个工程总承包单位；但是，不得将应当由一个承包单位完成的建筑工程肢解成若干部分发包给几个承包单位。

承包建筑工程的单位应当持有依法取得的资质证书，并在其资质等级许可的业务范围内承揽工程。《建筑法》规定，禁止承包单位将其承包的全部建筑工程转包给他人，禁止承

① 分别是建筑工程施工总承包、公路工程施工总承包、铁路工程施工总承包、港口与航道工程施工总承包、水利水电工程施工总承包、电力工程施工总承包、矿山工程施工总承包、冶金工程施工总承包、石油化工工程施工总承包、市政公用工程施工总承包、通信工程施工总承包、机电工程施工总承包。

② 分别是地基基础工程专业承包、起重设备安装工程专业承包、预拌混凝土专业承包、电子与智能化工程专业承包、消防设施工程专业承包、防水防腐保温工程专业承包、桥梁工程专业承包、隧道工程专业承包、钢结构工程专业承包、模板脚手架专业承包、建筑装修装饰工程专业承包、建筑机电安装工程专业承包、建筑幕墙工程专业承包、古建筑工程专业承包、城市及道路照明工程专业承包、公路路面工程专业承包、公路路基工程专业承包、公路交通工程专业承包、铁路电务工程专业承包、铁路铺轨架梁工程专业承包、铁路电气化工程专业承包、机场场道工程专业承包、民航空管工程及机场弱电系统工程专业承包、机场目视助航工程专业承包、港口与海岸工程专业承包、航道工程专业承包、通航建筑物工程专业承包、港航设备安装及水上交管工程专业承包、水工金属结构制作与安装工程专业承包、水利水电机电安装工程专业承包、河湖整治工程专业承包、输变电工程专业承包、核工程专业承包、海洋石油工程专业承包、环保工程专业承包、特种工程专业承包。

包单位将其承包的全部建筑工程肢解以后以分包的名义分别转包给他人。建筑工程总承包单位可以将承包工程中的除主体结构以外的部分工程发包给具有相应资质条件的分包单位。

3. 施工许可

《建筑法》规定，建筑工程开工前，建设单位应当按照国家有关规定向工程所在地县级以上人民政府建设行政主管部门申请领取施工许可证。

2018 年 9 月住房和城乡建设部经修改后发布的《建筑工程施工许可管理办法》规定，工程投资额在 30 万元以下或者建筑面积在 300 平方米以下的建筑工程，可以不申请办理施工许可证。省、自治区、直辖市人民政府住房城乡建设主管部门可以根据当地的实际情况，对限额进行调整，并报国务院住房城乡建设主管部门备案。

《建筑法》[①]和《建筑工程施工许可管理办法》[②]对施工许可证的申领条件给出了明确规定。

4. 注册建造师要求

依据《注册建造师管理规定》，注册建造师是指通过考核认定或考试合格取得建造师资格证书，并按照规定注册，取得建造师注册证书和执业印章，担任施工单位项目负责人及从事相关活动的专业技术人员。注册建造师实行注册执业管理制度，注册建造师分为一级注册建造师和二级注册建造师。取得资格证书的人员，经过注册方能以注册建造师的名义执业。

取得资格证书的人员应当受聘于一个具有建设工程勘察、设计、施工、监理、招标代理、造价咨询等一项或者多项资质的单位，经注册后方可从事相应的执业活动。担任施工单位项目负责人的，应当受聘并注册于一个具有施工资质的企业。

（五）建设工程监理

1. 工程监理范围

《建筑法》规定，国家推行建筑工程监理制度。国务院可以规定实行强制监理的建筑工程的范围。

《建设工程监理范围和规模标准规定》规定，下列建设工程必须实行监理：①国家

① 《建筑法》规定："申请领取施工许可证，应当具备下列条件：①已经办理该建筑工程用地批准手续；②依法应当办理建设工程规划许可证的，已经取得建设工程规划许可证；③需要拆迁的，其拆迁进度符合施工要求；④已经确定建筑施工企业；⑤有满足施工需要的资金安排、施工图纸及技术资料；⑥有保证工程质量和安全的具体措施。"

② 《建筑工程施工许可管理办法》进一步规定："建设单位申请领取施工许可证，应当具备下列条件，并提交相应的证明文件：①依法应当办理用地批准手续的，已经办理该建筑工程用地批准手续；②在城市、镇规划区的建筑工程，已经取得建设工程规划许可证；③施工场地已经基本具备施工条件，需要征收房屋的，其进度符合施工要求；④已经确定施工企业；⑤有满足施工需要的技术资料，施工图设计文件已按规定审查合格；⑥有保证工程质量和安全的具体措施；⑦建设资金已经落实。建设单位应当提供建设资金已经落实承诺书；⑧法律、行政法规规定的其他条件。"

重点建设工程；②大中型公用事业工程；③成片开发建设的住宅小区工程；④利用外国政府或者国际组织贷款、援助资金的工程；⑤国家规定必须实行监理的其他工程。

2. 工程监理的权限

《建筑法》规定，建筑工程监理应当依照法律、行政法规及有关的技术标准、设计文件和建筑工程承包合同，对承包单位在施工质量、建设工期和建设资金使用等方面，代表建设单位实施监督。

3. 工程监理的要求

实行监理的建筑工程，由建设单位委托具有相应资质条件的工程监理单位监理。工程监理单位应当在其资质等级许可的监理范围内，承担工程监理业务。工程监理单位与被监理工程的承包单位以及建筑材料、建筑构配件和设备供应单位不得有隶属关系或者其他利害关系。工程监理单位不得转让工程监理业务。

（六）工程质量管理

1. 各单位质量责任和义务

《建筑法》规定，建设单位不得以任何理由，要求建筑设计单位或者建筑施工企业在工程设计或者施工作业中，违反法律、行政法规和建筑工程质量、安全标准，降低工程质量。

建筑工程的勘察、设计单位必须对其勘察、设计的质量负责。《建筑法》规定，建筑施工企业对工程的施工质量负责；《建设工程质量管理条例》进一步规定，施工单位应当建立质量责任制，确定工程项目的项目经理、技术负责人和施工管理负责人。

建筑工程实行总承包的，工程质量由工程总承包单位负责，总承包单位将建筑工程分包给其他单位的，应当对分包工程的质量与分包单位承担连带责任。工程设计的修改由原设计单位负责，建筑施工企业不得擅自修改工程设计。

《建设工程质量管理条例》规定，工程监理单位应当依照法律、法规以及有关技术标准、设计文件和建设工程承包合同，代表建设单位对施工质量实施监理，并对施工质量承担监理责任。

2. 质量终身责任制度

住房和城乡建设部《建筑工程五方责任主体项目负责人质量终身责任追究暂行办法》（建质〔2014〕124 号）规定，建筑工程开工建设前，建设、勘察、设计、施工、监理单位法定代表人应当签署授权书，明确本单位项目负责人。建筑工程五方责任主体项目负责人质量终身责任，是指参与新建、扩建、改建的建筑工程项目负责人按照国家法律法规和有关规定，在工程设计使用年限内对工程质量承担相应责任。工程质量终身责任实行书面承诺和竣工后永久性标牌等制度。

三、安全生产相关法律法规

1. 安全生产许可

2014 年 7 月经修改后发布的《安全生产许可证条例》规定，省、自治区、直辖市人民政府建设主管部门负责建筑施工企业安全生产许可证的颁发和管理，并接受国务院建设主管部门的指导和监督。建筑施工企业未取得安全生产许可证的，不得从事建筑施工活动。

2. 安全生产责任和教育培训

《建筑法》规定，建筑工程安全生产管理必须坚持安全第一、预防为主的方针，建立健全安全生产的责任制度和群防群治制度。建筑施工企业应当建立健全劳动安全生产教育培训制度，加强对职工安全生产的教育培训；未经安全生产教育培训的人员，不得上岗作业。

2003 年 11 月发布的《建设工程安全生产管理条例》进一步规定，施工单位应当建立健全安全生产责任制度和安全生产教育培训制度，制定安全生产规章制度和操作规程，保证本单位安全生产条件所需资金的投入，对所承担的建设工程进行定期和专项安全检查，并做好安全检查记录。

3. 施工现场安全防护

《建筑法》规定，建筑施工企业应当在施工现场采取维护安全、防范危险、预防火灾等措施；有条件的，应当对施工现场实行封闭管理。施工现场对毗邻的建筑物、构筑物和特殊作业环境可能造成损害的，建筑施工企业应当采取安全防护措施。

《建设工程安全生产管理条例》还规定，施工单位应当在施工现场建立消防安全责任制度，确定消防安全责任人，制定各项消防安全管理制度和操作规程，设置消防通道、消防水源，配备消防设施和灭火器材，并在施工现场入口处设置明显标志。

《建筑法》规定，建筑施工企业应当依法为职工参加工伤保险缴纳工伤保险费。鼓励企业为从事危险作业的职工办理意外伤害保险，支付保险费。

4. 施工安全事故的应急救援与调查处理

《建设工程安全生产管理条例》规定，施工单位应当制定本单位生产安全事故应急救援预案，建立应急救援组织或者配备应急救援人员，配备必要的应急救援器材、设备，并定期组织演练。施工单位发生生产安全事故，应当按照国家有关伤亡事故报告和调查处理的规定，及时、如实地向负责安全生产监督管理的部门、建设行政主管部门或者其他有关部门报告；特种设备发生事故的，还应当同时向特种设备安全监督管理部门报告。实行施工总承包的建设工程，由总承包单位负责上报事故。

5. 其他相关单位的安全责任

《建设工程安全生产管理条例》规定，建设单位应当向施工单位提供施工现场及毗邻区域内地下管线资料、气象和水文观测资料，相邻建筑物和构筑物、地下工程的有关资料；建设单位不得提出不符合建设工程安全生产法律、法规和强制性标准规定的要求，不得压缩合同约定的工期；在编制工程概算时，应当确定建设工程安全作业环境及安全施工措施所需费用；不得明示或者暗示施工单位购买、租赁、使用不符合安全施工要求的安全防护用具、机械设备、施工机具及配件、消防设施和器材。勘察单位在勘察作业时，应当严格执行操作规程，采取措施保证各类管线、设施和周边建筑物、构筑物的安全；设计单位应当考虑施工安全操作和防护的需要，对涉及施工安全的重点部位和环节在设计文件中注明，并对防范生产安全事故提出指导意见。采用新结构、新材料、新工艺的建设工程和特殊结构的建设工程，设计单位应当在设计中提出保障施工作业人员安全和预防生产安全事故的措施建议；工程监理单位应当审查施工组织设计中的安全技术措施或者专项施工方案是否符合工程建设强制性标准。工程监理单位在实施监理过程中，发现存在安全事故隐患的，应当要求施工单位整改；情况严重的，应当要求施工单位暂时停止施工，并及时报告建设单位。施工单位拒不整改或者不停止施工的，工程监理单位应当及时向有关主管部门报告。工程监理单位和监理工程师对建设工程安全生产承担监理责任。

·参考文献·

[1] 周飞舟．分税制十年：制度及其影响 [J]. 中国社会科学，2006(06):100-115, 205.

[2] 纪玉哲．公共基础设施投融资改革研究 [D]. 大连：东北财经大学，2013.

[3] 石绍宾，鞠镇远，李敏．政府与社会资本合作中的隐性财政风险：生成机理与防范策略 [J]. 公共财政研究，2019(05): 19-29.

[4] 曹光宇，刘晨冉，周黎安，等．财政压力与地方政府融资平台的兴起 [J]. 金融研究，2020(05): 59-76.

[5] 熊伟，王苗苗．中国 PPP 宏观政策分析 (1987-2017)[R]. 北京：明树数据，2018.

[6] 俞明辉．专项债：从债务性资金到重大项目资本金 [J]. 新理财（政府理财），2019(07): 54-55.

[7] 张子栋，苗彦英．中国城市轨道交通法律法规体系研究 [J]. 城市交通，2012, 10(06): 36-42.

[8] 钟华．轨道交通与土地利用协调发展的法律障碍分析 [J]. 城市公用事业，2009, 23(04): 11-13.

[9] 高志君．上海市轨道交通用地项目土地权属调查思考 [J]. 上海房地，2020(04): 42-45.

[10] 杨建华．轨道交通物业开发用地获取方式研究 [J]. 铁路技术创新，2016(04): 91-95.

[11] 杭州市人民政府办公厅关于印发杭州市城市轨道交通建设规划管理办法的通知 [J]. 杭州市人民政府公报，2015(08): 20-21.

[12] 杭州市人民政府办公厅关于印发杭州市城市轨道交通上盖物业预留工程前期审批指导办法（试行）的通知 [J]. 杭州市人民政府公报，2018(08): 27-28.

[13] 东莞市人民政府关于印发东莞市轨道交通 TOD 范围内城市更新项目开发实施办法的通知（东府〔2021〕3 号）[Z]. 东莞市人民政府，2021-01-18, 2021-01-30. http://www.dg.gov.cn/zwgk/zfgb/szfwj/content/post_3448569.html.

第十三章
交通工具应用的法律规制

电动自行车和小汽车是我国城市交通体系中主要应用的交通工具。电动自行车具有成本经济、灵活便捷、易于使用等特点，是我国城市居民的主要交通工具，至2020年年销量超过3000万辆、社会保有量接近3亿辆[1]。但在日常使用过程中，使用者交通安全意识薄弱，车辆改装提速、行驶中违反交通法规已成为造成城市交通事故的重要原因。据2019年上海市交通安全统计数据，非机动车使用者负交通事故责任的比例为16.0%[2]。为保障电动自行车产业健康发展和城市交通中的安全、有序使用，国家、省、市等各级管理部门从产品标准、登记和使用管理等方面出台了系列法律法规，为电动自行车的有效治理提供了法治支持。

汽车产业是我国的重要支柱产业[3]，小汽车是城市居民的重要交通工具。但小汽车拥有和使用的增长也给道路交通网络运行带来日益突出的矛盾。为遏制和缓解城市道路交通拥堵，我国多个城市陆续出台了不同形式的小汽车牌照数量限制、本地车牌尾号轮流限行和外地车牌在本地城市道路行驶的时间—空间限制。但此类措施引起了社会广泛议论，相关的法律规定是否具有足够法律支持，是否与《道路交通安全法》和《民法典》中物权编等上位法律存在冲突是社会各界的争论重点。

老年代步车、残疾人车辆是身体弱势群体出行的重要选择之一，有着明确的社会需求。但该类车辆技术条件特殊化，使用人驾驶能力也通常受约束，与标准化的机动车和非机动车差异明显，其登记管理和路权使用规则具有特殊性。电动滑板车、独轮车等这类特殊场景下的交通工具由于其新潮、便于携带等特点也成为部分人群在城市道路中的代步工具，但其速度较快、安全防护能力较差等特点，与既有的路权管理产生了较多冲突，导致了一些交通安全事件，对其依法有效管理是切实的城市交通治理需求。

第一节 电动自行车产品规范和使用管理的适用法律问题

进入 20 世纪以来，我国电动自行车市场快速发展，电动自行车成为我国城乡居民主要交通工具。在方便城乡居民出行的同时，电动自行车也因为产品技术标准更新滞后、车辆使用行为不规范等原因，带来较为严重的交通安全和车辆自身安全问题。2013 —2017 年间，全国电动自行车肇事致人伤亡的道路交通事故 5.62 万起，死亡 8431 人、受伤 6.35 万人，财产损失 1.11 亿元 [4]。确保交通各方利益、提升产品质量、明确非机动车属性、合理限定涉及安全的技术要求，是新版产品技术标准亟待解决的问题。

一、电动自行车的产品标准

2017 年 2 月，国家标准化管理委员会下达了《电动自行车安全技术规范》强制性国家标准的修订计划（国标委综合〔2017〕19 号）。2018 年 5 月 15 日，《电动自行车安全技术规范》（GB/T 17761—2018）（以下简称《技术规范》）强制性国家标准由国家市场监督管理总局、国家标准委批准发布，并于 2019 年 4 月 15 日实施。《技术规范》在《电动自行车通用技术条件》（GB/T 17761—1999）基础上进行修订。

（一）关于电动自行车属性的规定

电动自行车属于非机动车还是机动车，这一属性问题影响车辆登记、使用人资格、车辆使用管理等多个环节的法律规制，也是地方政府制定电动自行车使用管理相关法规的前提 [5]。《技术规范》在第三章术语和定义的 3.1 条中将电动自行车定义为“以车载蓄电池作为辅助能源，具有脚踏骑行能力，能实现电主动或 / 和电驱动功能的两轮自行车”。《技术规范》明确要求电动自行车具有脚踏骑行能力，即能够由人力驱动行驶，以符合自行车相关特征，从而与电动轻便摩托车等其他机动车产品相区别，也是电动自行车能够纳入非机动车管理的必要前提。与之相对，《机动车运行安全技术条件》（GB 7258—2017）对于轻便摩托车只给出了速度上限。所以非机动车的属性特征就在于脚踏骑行 [6]。这也是地方政府在执行非机动车登记管理中重点审核的车辆技术条件之一。

（二）电动自行车的技术指标

从标准属性看，1999 年发布的《电动自行车通用技术条件》是产品类标准，2018 年版《电动自行车安全技术规范》是安全标准。安全标准和产品类标准对产品要求的方向不同，新标准不是对旧标准的替代。安全标准从技术角度出发，主要考核产品的安全性指标，以保证产品质量和使用安全性。而产品标准是对产品完整性能进行规范，从产品的类别、功能、性能、质量、机械、环境适应性、产品耐久性以及检验规则等方面给出标准化规定[6]。从标准结构来看，1999 年版的标准包括范围、引用标准、定义、产品分类、技术要求、试验方法、检验规则等内容。2018 年版《技术规范》由 7 章和 1 个规范性附录组成，包括范围、规范性引用文件、术语和定义、总则、整车标志、安全要求、试验方法。

在总则中，《技术规范》对电动自行车主要技术指标规定如下：

（1）电驱动行驶时最高设计车速不超过 25km/h；电助动行驶时，车速超过 25km/h，电动机不得提供动力输出。

（2）装配完整的电动自行车的整车质量小于或等于 55kg。

（3）新蓄电池标称电压小于或等于 48V。

（4）电动车额定连续输出功率小于或等于 400W。

相比较《电动自行车通用技术条件》，在最高车速、整车重量、电机功率等进行了适当放宽。其中，最高车速由 20 km/h 调整为 25 km/h，含电池在内的整车质量由 40 kg 调整为 55 kg，电机功率由 240 W 调整为 400 W，从而让消费者获得比普通脚踏自行车更大的出行半径，减轻了对骑行者的体力要求，提高了出行的效率，符合低碳、环保的理念和要求。

二、电动自行车使用管理的适用法律问题

《技术规范》是产品的安全标准，但日常管理中还需要制定地方规定对登记上牌、使用管理等事项进行管理。2019 年市场监管总局、工业和信息化部、公安部颁布《关于加强电动自行车国家标准实施监督的意见》，提出地方要对符合条件的电动自行车，按照规定录入登记管理系统，及时登记上牌，上传全国公安交通管理综合应用平台。要求各地综合施策，引导在用不符合新标准的车辆逐步退出；推动快递、外卖企业统一设计和采购符合新标准的专用电动自行车，并按照当地规定申请办理登记上牌手续；适时组织电动自行车交通秩序专项检查，严管通行秩序，严查违法上路行驶、闯红灯、逆向行驶、占用机动车道等违法行为；优化电动自行车通行条件，科学合理分配路权，完善交通管理设施，依法保障电动自行车安全、顺畅、便捷出行[4]。

上海是国内较早制定非机动车管理法规的地方政府。《上海市非机动车管理办法》经 2013 年 10 月 14 日上海市人民政府第 26 次常务会议通过，2013 年 10 月 20 日上海市人民政府令第 9 号公布。在法律体系中，《上海市非机动车管理办法》属于省级人民政府制定的行政规章（地方政府规章）。2021 年 2 月 26 日上海市第十五届人民代表大会常务委员会第二十九次会议通过了地方性法规《上海市非机动车安全管理条例》，共 7 章、48 条，分为总则、车辆管理、通行管理、停放与充电管理、综合治理、法律责任和附则，自 2021 年 5 月 1 日起施行。

《上海市非机动车安全管理条例》对《中华人民共和国道路交通安全法》《中华人民共和国产品质量法》等上位法授权地方制定的规定，如非机动车登记种类、自行车载人规定等作了补充；对上位法中比较原则的部分规定也作了进一步细化，如非机动车通行规定等。其中，主要对职责分工、非机动车的生产、销售、登记、通行等事项进行了规定。简述如下：

1）职责分工

（1）公安机关负责组织实施本条例，并依照法定职责负责非机动车的登记和通行管理。

（2）市场监管部门负责非机动车及相关产品生产、销售的监督管理。

（3）交通、道路运输管理部门负责非机动车交通设施的规划、建设和管理，以及互联网租赁自行车的行业监督管理。

（4）邮政管理部门负责快递行业落实非机动车安全管理责任的指导和监督。

（5）商务部门负责外卖行业中电子商务平台企业落实非机动车安全管理责任的指导和监督，市场监管部门负责外卖行业中其他相关企业落实非机动车安全管理责任的指导和监督。

（6）消防救援机构负责非机动车违反消防安全管理规定停放、充电行为的监督管理。

（7）区人民政府应当加强对本行政区域内非机动车安全管理工作的领导，统筹协调、督促指导有关部门和乡镇人民政府、街道办事处依法落实非机动车安全管理职责，并将相关工作经费纳入财政预算管理。

（8）乡镇人民政府、街道办事处应当组织落实辖区内非机动车安全宣传教育和规范停放、安全充电等管理工作，推动社区参与非机动车综合治理。

2）车辆管理

（1）电动自行车国家标准中的电动机功率、残疾人机动轮椅车国家标准中的汽油机排量等推荐性项目，在本市强制执行。禁止拼装、加装、改装等行为。

（2）电动自行车、残疾人机动（电动）轮椅车、人力三轮车应当经本市公安机关登记，取得非机动车号牌。

（3）对用于快递、外卖等网约配送活动的电动自行车，公安机关应当核发专用号牌。电动自行车转用于或者停止用于快递、外卖等网约配送活动的，其所有人应当办理变更登记。

（4）已经登记上牌的非机动车被盗、遗失、灭失或者因质量原因退车的，非机动车所有人应当向公安机关交通管理部门申请办理注销登记。

3）通行管理

（1）市交通、道路运输管理部门应当会同市公安、规划资源等部门编制慢行交通发展规划，指导区域慢行交通及配套设施规划、建设，完善系统、连续的非机动车道网络，优化非机动车标志、标线配置，加强轨道交通站点周边非机动车道的建设和管理。

（2）本市具备条件的道路，应当分道划设机动车道与非机动车道；其中，同方向有两条以上机动车道且具备条件的，应当设置机动车道与非机动车道隔离设施或者隔离警示标志。农村道路具备条件的，应当在路基外侧设置非机动车道。

（3）在没有划设非机动车道的道路上，自行车、电动自行车在车行道右侧边缘线向左 1.5 米的范围内行驶，残疾人手摇轮椅车、残疾人机动轮椅车、人力三轮车在车行道右侧边缘线向左 2.2 米的范围内行驶。

（4）除法定可以借道行驶的情况外，不得驶入机动车道。

（5）不得驶入高速公路、高架道路、越江隧道和越江桥梁等禁止非机动车通行的区域。

驾驶电动自行车、残疾人机动轮椅车上道路行驶，还应当遵守下列规定：

（1）驾驶人年满 16 周岁。

（2）不得超过国家规定的最高时速。

（3）非下肢残疾人员不得驾驶残疾人机动轮椅车。

4）停放与充电管理

（1）市住房城乡建设管理部门应当会同相关部门组织制定本市住宅小区非机动车集中停放场所及充电设施配套建设标准。

（2）非机动车未停放在非机动车道路停放点，影响其他车辆和行人通行且驾驶人不在现场的，公安机关可以会同城管执法部门对现场予以清理。

（3）本市对互联网租赁自行车实行总量调控。市道路运输管理部门应当根据城市空间承载能力、停放设施资源、出行需求特征等因素，建立互联网租赁自行车总量调控管理机制。

（4）互联网租赁自行车运营企业应当落实企业主体责任，规范经营，保持良好安全的车容车况，及时处理不能骑行的车辆，并引导用户在规范设置的非机动车道路停放点停放车辆。

第二节 小汽车登记和使用的规制措施的适用法律问题

一、车辆限行规制的适用法律问题

自2008年北京奥运会以来，我国多个城市逐步推进实施机动车限行管理措施。限行措施在交通缓堵方面发挥“立竿见影”效果的同时，也因其对公民权利的限制引发了较大的社会争议[7]。以2020年5月29日发布的《北京市人民政府关于实施工作日高峰时段区域限行交通管理措施的通告》为例，其发文机构为北京市人民政府，在法律上属于行政规章。

关于车辆尾号限行的法律争议，主要有以下三个焦点。

1）是否符合法律规定

实施小汽车尾号限行的多个城市均依据《道路交通安全法》和《大气污染防治法》有关规定出台关于尾号限行的规定。《道路交通安全法》中涉及常态化交通限制措施条文来自第三十九条规定：公安机关交通管理部门根据道路和交通流量的具体情况，可以对机动车、非机动车、行人采取疏导、限制通行、禁止通行等措施。《大气污染防治法》第三条第二款要求：地方各级人民政府对本辖区的大气环境质量负责，制定规划，采取措施，使本辖区的大气环境质量达到规定的标准。

有学者对此法律依据提出疑问[8]，认为《道路交通安全法》中规定的限制通行、禁止通行的是公安机关交通管理部门，并且前提条件是“根据道路和交通流量的具体情况”作出的即时判断。而多数城市“机动车限行令”的颁布者是人民政府，并不是具体负责的交通管理部门，不可能满足“根据道路和交通流量的具体情况”进行判断和选择的前提条件。并且认为地方政府出台的实际上是规范性文件，而非《道路交通安全法》第三十九条所规定的措施。此外，《道路交通安全法》第四十一条已明确“有关道路通行的其他具体规定，由国务院规定”，因此有关车辆限行的规定应该由国务院作出，继而认为《道路交通安全法》并不能为地方政府规定的“限行令”提供充分的法律依据。与此同时，认为《大气污染防治法》第三条确实为“机动车限行令”提供了法律依据，但必须提供充分的客观事实作为依照法律规定的证据。否则，在不满足法律规定的条件下，采行法律规定的措施，恰是未能“依照法律规定”的表现。

但也有学者认为，从行政法角度，机动车限行令是符合地方立法权限的[9]。按照《立法法》第八条的规定，对非国有财产的征收、征用属于法律保留的范畴，只能由全国人大及其常委会制定法律，地方性法规无权进行规定。学者认为，私家车作为公民的私有财产，在限行后其所有权并没有转移变更，使用权也没有被侵犯，只是其通行权受到一定的限制。因此，限行不属于行政征收或征用，也就不属于《立法法》第八条规定的只能由法律规定的事项。所以，地方有权自行立法作出规定。也有学者认为，《道路交通安全法》第三十九条针对的是临时性限行措施，而不能作为常态化限行的直接上位法依据。限行立法没有直接的上位法依据，但制定地方性法规并不违反法律法规的规定。

《立法法》第七十二条、七十三条规定，地方人大及其常委会有权根据本地区的具体情况和实际需要，在不同宪法、法律、行政法规相抵触的前提下，制定地方性法规；地方性法规可以就地方性事务作出规定。而城市交通问题是城市管理的重要组成部分，属于地方事务。因此，地方人大及其常委会有权制定地方性法规对此进行规范。且《立法法》第八十二条第五款规定：“应当制定地方性法规但条件尚不成熟的，因行政管理迫切需要，可以先制定地方政府规章。规章实施满两年需要继续实施规章所规定的行政措施的，应当提请本级人民代表大会或者其常务委员会制定地方性法规。”

2）是否涉及财产权的损益

物权，即法律将特定物归属于某权利主体，由其直接支配，享受其利益，并排除他人对此支配领域的侵害或干预。当公民享有小汽车所有权时，意味着其对小汽车所享有的支配是排他的，除非受到法律的限制或者第三人权利的制约。与公益理论相衔接，物权也不是不受限制的权利。出于经济宏观调控和社会管理的需要，行政机关对物权行使的干预是必须的。只不过这种干预必须有限度，否则物权将名存实亡。

行政限制则是指行政机关为实现公共利益作出的、以直接约束物权行使自由为内容的、非惩罚性的不利行政行为。在现实社会生活中，汽车尾号限行、针对经营者定价自主权的限价令、针对土地使用权的土地用途限制等均属于行政限制。行政机关运用行政权力将自己的意志施加于物权人权利行使之上，因此注定使得物权人对物的排他性支配受到干扰。尽管行政权对物权的限制会损害物权的完整性，但对物权进行行政限制又为各国政府基于公共利益需要而采用[10]。行政限制虽为公益而生，但必须在法律之下进行，这是依法行政的要求。就行政限制而言，依法行政的重点在于是否实现法律保留，即实现行政限制的合法性依据必须能够追溯至法律，以实现立法权对行政限制的有效控制。行政机关拥有限制物权行使的合法依据，并不意味着可以任意限制物权的行使，其对物权行使的限制还必须遵守比例原则。

3）是否应行政补偿

行政限制既要有合法的依据，又要做到必要、适当、有度，但无论如何，行政限制都对被限制人的财产权造成了贬损。因此被限制人是否有权获得补偿就成了一个难题。

一般而言，针对物权的行政限制无须给予被限制人补偿。在早期，政府的目的仅限于维护公共秩序，行政限制主要是警察权行使的体现，故行政限制不予补偿实属自然，因为任何权利的行使都不得有害于他人。但在现代社会，行政权对物权施加限制并不以物权行使构成对他人和社会的危害为前提。当前的行政限制，很多时候是为了塑造一个更美好、更有秩序的社会。具体对财产权的限制，是防止财产用作对公众的损害，还是确保公众的利益，完全看判断者所站的角度。

一般而言，对物权行政限制补偿的判定主要看行政限制是否实际上构成对被限制人的征收、征用，如果行政限制对物权行使所产生的实际效果等同于征收、征用，则应给予被限制人补偿。我国法律、法规中规定行政限制在以下几类特定情况下应予补偿：

（1）行政限制如果导致被限制人拥有的物完全丧失了经济利用价值，应予以补偿。例如《中华人民共和国防沙治沙法》第三十五条规定，因保护生态的特殊要求，将治理后的土地批准划为沙化土地封禁保护区的，批准机关应当给予治理者合理的经济补偿。

（2）行政限制如果构成对被限制物权的占有，需要补偿。例如《中华人民共和国种子法》第十四条规定，建立测定林、试验林、基因库而对集体、个人承包林区造成的经济损失，应予补偿。

（3）一般而言，行政限制不得影响到被限制人的基本生活条件。但是，如基于公共利益的考虑，必须采取可能影响到被限制人基本生活的行政限制措施时，则应予以补偿。例如，《中华人民共和国野生动物保护法》规定，因保护野生动物导致农作物或者其他损失的，应予以补偿。

分析尾号限行是否需要补偿，一般认为有以下三点：①汽车尾号限行仅仅是在特定时段和路段实施，而不是在全时段或者全路段实施，则不构成对小汽车经济价值的完全剥夺。②行政限制是否构成对小汽车的物理占有。显然，小汽车尾号限行仅仅是限制其通行，并没有任何意义上的占有车辆，故从物理占有角度看，不应补偿。③行政限制是否影响到被限制人的基本生活。一般而言，小汽车行驶受限，并不会影响其基本生活条件。如果被限制的是出租车，鉴于出租车司机的生计来源于被限制财产，如果限制则可能对出租车司机构成基本生活条件的影响，应予补偿。综合以上，根据我国现行法律制度中行政限制补偿判定方法，小汽车尾号限行不属于应予补偿的范畴[10]。

二、车辆牌照登记限制的适用法律问题

我国大陆地区的车辆牌照总量限制政策由上海在 20 世纪 90 年代率先实施，进入 21 世纪后，北京、广州、深圳、杭州等城市陆续跟进实施。1986 年 11 月，上海颁发了

1949 年之后大陆地区第一块私人小汽车牌照（沪 AZ0001）。1992 年底，上海试行了一次吉祥号码拍卖（沪 AZ0518）。在 1986—1994 年间，上海陆续发放沪牌私人小汽车牌照 2000 多张。需要说明的是，上海汽车牌照总量限制和额度拍卖是针对可以在中心城区行驶的私人小汽车，而不是针对全市范围内所有机动车车辆。上海车牌分为沪牌和沪 C 两类，牌照登记总量限制和额度拍卖针对的是沪牌。沪 C 牌照在 20 世纪 80 年代就存在，当时的使用限制是不能进入内环线以内地区使用，在 1999 年限制使用区域扩大至浦西外环线、浦东杨高中路。上海针对沪牌汽车的总量限制和额度拍卖制度正式建立于 1994 年，对中心城区新增私人小汽车额度通过拍卖的方式进行总量调控，拍卖方式为有底价投递方式，底价不低于 10 万元。上海在 1991—1998 年期间曾在市区实行过单双号限行措施，经过拍卖获取牌照的车辆不受市区单双号限行规定限制。1994—1999 年期间，上海共拍卖私人汽车额度 1.1 万辆、摩托车额度 2.8 万辆。

随着依法治国的要求推进，1997 年通过和 1999 年、2000 年、2001 年三次修订，2016 年 12 月 29 日上海市第十四届人民代表大会常务委员会第三十四次会议修订《上海市道路交通管理条例》。按照该条例，从 2001 年 1 月开始，上海市将机动车牌照进行无底价的公开拍卖，也即公民、法人与其他组织在上海购车后取得牌照必须经过竞价（拍卖）的方式 [11]。其后，2003 年国家分别出台了《道路交通安全法》和《行政许可法》。在新的法律规定情形下，上海针对机动车登记限制和额度拍卖的合法性引起一轮社会热议。2004 年 5 月 24 日，商务部部长助理在中央电视台当日的《经济信息联播》中对上海车牌额度拍卖制度的合法性提出了质疑，中央政府官员的公开批评使上海车牌额度拍卖制度受到了更大的争议，该制度的合理性和合法性受到了社会各界的质疑 [12]。

上海现行的车牌额度许可是由《上海市道路交通管理条例》设立的。根据该条例第十九条、二十条、 二十一条规定，机动车应该登记注册方可上道路行驶，车牌额度许可的实施程序由市交通行政管理部门会同市公安机关和其他有关部门提出，报市人民政府批准后实施。关于车牌拍卖的法律争议核心在于车牌额度控制及有偿拍卖与法定的机动车登记注册之间的行政行为属性的辨析 [12]。这中间涉及《道路交通安全法》《行政许可法》和《立法法》等上位法律。具体阐述如下。

1. 机动车登记的法律性质

机动车牌照授予（或发放）系机动车登记制度的一项内容，故需要先分析我国的机动车登记制度。我国《道路交通安全法》第八条规定：“国家对机动车实行登记制度。机动车经公安机关交通管理部门登记后，方可上道路行驶。尚未登记的机动车，需要临时上道路行驶的，应当取得临时通行牌证。”从此规定来看，通常情况下，机动车只有实行了登记后方可上路行驶；例外情况下，尚未登记的机动车需要临时上道路行驶的，应当取得临时通行牌证。从《道路交通安全法》第九条与《道路交通安全法实施条例》第五条规定来看，申请机动车注册登记，应当交验机动车，并提交：机动车所有人的身份证明、机动车来历证明、机动车整车出厂合格证明或者进口机动车进口凭证、车辆购置税的完税证明或免税凭证、机动车第三者责任强制保险凭证和法律、行政法规规定应当在机动车登记时提交的其他证明凭证。对于符合前款规定条件者，公安机关交通管理部门应当发放机动车登记证书、号牌和行驶证。机动车取得以上相应的牌证后方可上道路行驶，否则即是违法，将受到法律的制裁。

从机动车注册登记制度的内容来看，机动车注册登记后，行政机关将发放机动车登记证书、号牌和行驶证。机动车登记证书的内容主要包括车主的信息、车辆信息与发证机关的信息。其中，车辆的信息最为详细，包括：车辆的类型、品牌、型号、识别代码、车架号、发动机号与其型号、排量功率、制造商、转向形式、轮具、钢板、弹簧、轴具、车厢内部各尺寸、总质量、载客数、载重量与使用性质等内容。机动车登记证书属于对车辆相关事实的确认，但不是行政确认行为。从整个机动车注册登记制度来看，机动车登记证书只是其中的一个部分或一个内容，其作为号牌和行驶证发放的前置行为，不具有法律意义上的独立性，而行政确认行为是一个独立的法律行为。因为，虽然机动车登记证书的内容是对事实的确认，但由于其不是独立的法律行为，故不属于行政确认行为，而只能属于行政许可中的资格审查性质的行为，即对机动车符合上路行驶的合法性确认。而号牌和行政证的发放是在其资格受审查后且符合法律、法规要求的基础上，行政机关作出的允许机动车上道路行驶的行为。以上符合行政许可“行政主体在对申请人的申请进行审查和判断的前提之下，对申请是否予以准许或同意的行为”的要求。同时，这种同意或准许行为具有授益的性质，也即申请人通过注册登记后取得了其机动车上道路行驶的权利，这符合行政许可的授益性特征。其非行政确认，因为行政确认的内容只具有中立性。

从以上法律法规对机动车注册登记的规定来看，我国机动车注册登记制度属于行政许可的范畴。在法律一般禁止的前提下（未经注册登记的机动车不得上道路行驶），行政主体（公安机关交通管理部门）根据机动车所有人的申请，对机动车的相关内容进行审查，通过颁发机动车登记证书、号牌和行驶证的形式，允许申请者能上路行驶其机动车。

2. 机动车牌照授予行为的法律性质

机动车牌照是按照机动车注册登记的规定而取得的牌照，牌照授予是作为机动车注册登记这一行政许可制度或行为的一项内容。无论是正式牌照还是临时牌照，都是允许机动车上道路行驶的行政许可的一项内容，其与行驶证一起共同构成该许可的主要内容，两者缺一不可。

3. 机动车牌照拍卖授予行为的法律性质

机动车牌照拍卖授予，是指在牌照授予过程中，申请者不仅符合《道路交通安全法》《道路交通安全法实施条例》等规定的条件，还必须通过竞价或摇号等方式来取得牌照，从而取得机动车上路行驶的许可。以上海为例，《上海市道路交通管理条例》第二十条规定："人民政府应当根据本市交通发展规划、道路通行条件、道路交通管理和环境保护的实际情况，采取相应的车辆登记限制措施，并向社会公布。"第二十一条规定："本市对车辆号牌的发放实行总量调控。机动车号牌额度年发放量、发放以及注册登记办法，由市交通行政管理部门会同市公安机关和其他有关部门提出，报市人民政府批准后实施。"在上海市申请者申请新车注册登记，不仅要符合《道路交通安全法》《道路交通安全法实施条例》等规定，还必须按照《上海市道路交通管理条例》的规定来获得车辆号牌资格。

综合以上，机动车牌照授予属于行政许可行为，牌照拍卖授予可以认定为通过牌照获取特定程序而作出的行政许可行为。

4. 机动车牌照拍卖的合法性认识

目前，对机动车牌照授予行为的法律依据主要有：《道路交通安全法》《行政许可法》及其配套法规。《道路交通安全法》第九条规定：申请机动车登记，应当提交以下证明、凭证：①机动车所有人的身份证明；②机动车来历证明；③机动车整车出厂合格证明或者进口机动车进口凭证；④车辆购置税的完税证明或者免税凭证；⑤法律、行政法规规定应当在机动车登记时提交的其他证明、凭证。《道路交通安全法实施条例》第五条对此条件增加了"机动车第三者责任强制保险凭证"的规定。从以上规定来看，只要符合以上的条件，就应当授予机动车牌照，而没有规定牌照授予需要"拍卖"。这就意味着通过拍卖方式授予机动车牌照的做法是违背《道路交通安全法》的，而许多人也正由此对牌照拍卖行为的合法性提出了质疑。

《行政许可法》第十二条第二项规定："有限自然资源开发利用、公共资源配置以及直接关系公共利益的特定行业的市场准入等，需要赋予特定权利的事项"。第五十三条第一款规定："实施本法第十二条第二项所列事项的行政许可的，行政机关应当通过招标、拍卖等公平竞争的方式作出决定。但是，法律、行政法规另有规定的，依照其规定。"行政许可的作出可以通过拍卖的方式。那么，接下来的问题是：属于行政许可的机动车牌照拍卖授予行为可否适用《行政许可法》的该两条规定，即机动车牌照的授予可否按照该两条规定进行拍卖呢？对于该问题的不同回答将产生两种不同的结果：

一是，若机动车牌照拍卖授予行为不适用《行政许可法》该两条规定，意味着其只能适用《道路交通安全法》的规定，进而得出机动车牌照拍卖授予行为是违法的结论。

二是，若机动车牌照拍卖授予行为可适用《行政许可法》该两条规定，那么就出现了两种法律对“机动车牌照授予行为”有不同的规定（可否拍卖的不同规定），应该遵循何者？对处于相同位阶的法律规范的效力之判断，按照我国《立法法》第九十二条规定，“特别规定应高于一般规定”。《道路交通安全法》第九条的规定对车辆牌照的取得作了一般性的规定，而《行政许可法》该两条规定——当行政许可授予的事项涉及“有限自然资源开发利用、公共资源配置以及直接关系公共利益的特定行业的市场准入等，需要赋予特定权利的事项”时是特别规定，应遵守《行政许可法》该两条规定。也就是说，在一般情况下，车辆牌照取得按照《道路交通安全法》规定的条件即可；而当车辆牌照授予时涉及《行政许可法》第十二条第二项规定的事项，应当遵守《行政许可法》第五十三条的特别规定（可以拍卖）。若车辆牌照授予行为可适用《行政许可法》的该两条规定，就意味着车辆牌照授予涉及了有限公共资源的配置。那么，紧接着的问题是怎样判断有限公共资源。

（1）公共性——资源属性是公共的。有限公共资源首先是公共的资源，而非私人资源。资源的公共性指的是，该资源的所有权是公共的而非私人的。进而，该资源应当为公众平等利用，而非为某些私人所独占使用。国家机关作为公共资源的管理者，其配置公共资源的目的应当是为公共利益，而非私人利益，更非本机关的利益。道路资源为公共资源，机动车牌照的授予作为允许其上道路行驶的许可行为，在性质上属于对交通资源配置行为。因此，机动车牌照的授予行为属于对公共资源的配置行为。

（2）有限性——供需比例的失衡。从《行政许可法》第十二条第二项及第五十三条的规定来看，对有限公共资源配置需要通过公平竞争的方式作出许可。这实际上隐含了一个意思，那就是该公共资源已达到了“供不应求”的地步。因为只有在供不应求的情况下，需求者才通过相互间的竞争来取得公共资源。

第三节 非标交通工具使用管理的适用法律问题

非标交通工具主要指残疾人、老年代步车和滑板车、独轮车等。残疾人、老年人代步车涉及出行弱势群体的出行权益保障问题，在城市共建共享的发展理念下，已经成为城市交通管理中的热门议题。随着年轻一代追求个性的消费行为普及，滑板车、独轮车等新式移动工具从室内和运动场所转向城市道路上使用的情形日益增多。非标交通工具使用管理近年来也成为城市道路交通中面临的新议题。

一、残疾人、老年代步车辆使用管理的适用法律问题

1. 车辆属性

根据中华人民共和国国家标准《机动轮椅车》（GB12995—2006），残疾人机动轮椅车定义为：内燃机提供动力的轮椅车（注：标准中内燃机均为汽油机。此车是为下肢残障者设计，一般为正三轮，全部由上肢操作，并贴有残疾人专用车标志，是道路行驶的交通工具，又称残疾人三轮摩托车）。

《道路交通安全法》在附则第一百一十九条对“非机动车”的含义进行了明确：“‘非机动车’，是指以人力或者畜力驱动，上道路行驶的交通工具，以及虽有动力装置驱动但设计最高时速、空车质量、外形尺寸符合有关国家标准的残疾人机动轮椅车、电动自行车等交通工具。”由此，符合有关国家标准的残疾人机动轮椅车属于非机动车。

老年代步车，是指脱胎于医疗器械类的电动轮椅车等器械，在设计制造上根据老年人的生理特征进行一定调整后专为方便老年人出行而设计制造的，车速限制在 10km/h 到 45km/h 之间的，有三轮、四轮之分的低速车辆[13]。老年代步车是否属于机动车这个问题存在很大争议，直到在十二届全国人大常委会期间，原工商总局（市场监督管理局）第二十五次会议联组会议上首次把低速电动三轮、四轮车定义为机动车，并表态将对此强化监管[14-15]。按照国家标准的电动自行车规定最高车速不大于 20km/h，最大重量不大于 40kg，大部分老年代步车都超出了这个范围[16]，因此在司法判决中电动老年代步车常被判定为机动车[17]。

另有一种观点是将老年代步车根据动力来源、设计时速等车辆参数分类，如分为小型、中型、大型三种类型。再分别判定法律属性：小型老年代步车为行人代步工具，不认定为车辆；中型老年代步车为非机动车；大型老年代步车为机动车[18-19]。

2. 使用路权管理

残疾人机动轮椅车能否上路取决于是否满足以下要求。首先，残疾人机动轮椅车需要符合《残疾人机动轮椅车》（GB12995—2006）；其次，驾驶人为年满 16 周岁的下肢残疾人员；最后，需要去相关部门进行登记，依据《道路交通安全法》第十八条规定：“依

法应当登记的非机动车，经公安机关交通管理部门登记后，方可上道路行驶。依法应当登记的非机动车的种类，由省、自治区、直辖市人民政府根据当地实际情况规定。”并需要注意《道路交通安全法》第五十八条“残疾人机动轮椅车、电动自行车在非机动车道内行驶时，最高时速不得超过十五公里”。

老年代步车若被判定为机动车，根据《道路交通安全法》第八条规定：“国家对机动车实行登记制度。机动车经公安机关交通管理部门登记后，方可上道路行驶。”而老年代步车没有被有关部门纳入《道路机动车辆生产企业及产品公告》和公安部上牌目录品类之中，由此导致此类代步工具面临无法上牌有证的问题，因此其无法依法上路[20]。被判定其为非机动车，根据《道路交通安全法》第十八条规定：“依法应当登记的非机动车，经公安机关交通管理部门登记后，方可上道路行驶。”而老年代步车市场混乱，未被纳入登记管理范围，只有在各地政府将其纳入登记范围后，才能上路。

3. 地方政府管理实践

残疾人代步车辆管理实践方面，以上海市和广州市为例，2013 年 10 月 20 日上海市人民政府令第 9 号公布的《上海市非机动车管理办法》对残疾人机动轮椅车的生产、销售管理、登记管理和通行管理等作了具体的规定。2019 年 7 月 14 日广州市人民政府办公厅印发的《广州市残疾人机动轮椅车车辆管理办法》对残疾人机动轮椅车的申购与登记的条件和流程、注册登记的残疾人机动轮椅车的车型、置换与更新、保险与补贴、回收与报废、管理服务等方面作了详细的规定[21]；《2017 年广州市城区道路交通秩序专项整治行动实施方案》开展专项整治，打击残疾人机动轮椅车的营运行为[21]。

老年代步车辆管理实践方面，以兰州市为例，2018 年 11 月，国家六部委继续联合印发《关于加强低速电动车管理的通知》，要求各地清理整顿低速电动车。对此，甘肃省质量技术监督局开展电动车、电动自行车及配件产品质量安全专项整治工作，抽查了兰州市 10 家企业的 20 批次电动车及电动自行车产品。经检验，有 3 批次产品不合格，产品抽样检验合格率为 85%，不合格项目主要为：最高车速（3 组）、制动性能（2 组）、整车重量（3 组）。最高车速、整车重量和制动性能是重要安全指标，车速过快、制动性能差将直接增大交通事故发生概率，造成人身伤害事故。因国家《四轮低速电动车技术条件》草案一直未正式出台，导致排查工作、整顿工作都收效甚微，电动车违规生产、改装、销售、上路问题屡禁不止。2019 年兰州市出台了《兰州市未列入国家道路机动车辆生产企业及产品公告的电动三轮车过渡期管理办法》，规定自 2019 年 6 月 30 日后将不再为超标、违规各类电动车办理临时登记，6 月 30 日后不再办理超标、违规电动车车的挂牌业务，按照“平稳过渡、限期淘汰”的原则，实行过渡期临时管理，只办理符合标准的电动车挂牌业务。同时规定，自 2019 年 7 月 1 日起，交警部门、市场监管部门、交通运输部门将对无牌上路等违反相关规定的电动车进行严查和重处[22]。

二、滑板车、独轮车使用管理的适用法律问题

1. 车辆属性

《道路交通安全法》附则第一百一十九条对“机动车”的含义进行了明确:“‘机动车’，是指以动力装置驱动或者牵引，上道路行驶的供人员乘用或者用于运送物品以及进行工程专项作业的轮式车辆。”公安部技术监督委员会批准的强制性行业标准《道路交通管理机动车类型》（GA802—2019）在条款 3.1.1 规定了机动车含义：“由动力装置驱动或者牵引，上道路行驶的供人员乘用或者用于运送物品以及进行工程专项作业的轮式车辆，包括汽车及汽车列车、摩托车、轮式专用机械车、挂车、有轨电车、特型机动车和上道路行驶的拖拉机，不包括虽有动力装置但最大设计车速、整备质量、外廓尺寸等指标符合有关国家标准的残疾人机动轮椅车和电动自行车。”

《道路交通管理机动车类型》还在条款 7.2.4 规定：“对叉车等以动力驱动的非道路车辆，上道路行驶发生道路交通事故时，符合《道路交通安全法》中机动车的定义，应认定为机动车，无须确定其车辆类型。”并注明：“以动力驱动的非道路车辆，是指并非为在道路上行驶和使用而设计和制造、主要用于封闭道路和场所作业施工或者娱乐休闲，按照规定不能办理注册登记、由动力驱动（牵引）的车辆，如：叉车、场地观光游览车、全地形车、电动滑板车、平衡车等。”综上，电动滑板车、独轮车具备《道路交通安全法》“机动车”术语定义中“以动力装置驱动”“供人员乘用”及“轮式车辆”的三个必备要素，但其被规定不能办理注册登记。

2. 使用路权管理

电动滑板车、独轮车不具备路权，不能在道路上行驶。若认定其为机动车，则需遵守《道路交通安全法》第八条规定：“国家对机动车实行登记制度。机动车经公安机关交通管理部门登记后，方可上道路行驶。”而电动滑板车、独轮车不符合国标规定的机动车运行安全技术条件，不能上牌，因此不能上道路行驶，包括机动车道、非机动车道以及人行道。若认定其为无须上牌的滑行工具，《道路交通安全法实施条例》规定：“行人不得有下列行为：（一）在道路上使用滑板、旱冰鞋等滑行工具……”可见，电动滑板车、

独轮车等“滑行工具”不具备路权，不能在非机动车道上行驶，更不能驶入机动车道，只能在封闭的小区道路或者不对外公开的室内场馆等地方使用[23-25]。

当前，各地也纷纷制定地方性法规和管理制度，明确禁止电动滑板车、独轮车上路行驶。上海、广州、北京等均在地方性法规中明确限制电动滑板车、独轮车上路行驶；深圳、厦门、武汉等多地也制定管理制度，对电动滑板车、独轮车上路行为实施处罚[26]。

3. 地方政府管理实践——以北京市为例

随着经济发展，北京市非机动车数量呈快速增长态势，法律属性不明的通行工具，如独轮车、滑板车、自平衡车等涌上路面，大大影响了北京市的交通秩序和交通安全，加强相关管理立法势在必行[27]。2018 年 3 月 29 日，《北京市非机动车管理条例（草案）》（以下简称《草案》）首次提交北京市人大常委会审议，《草案》中列举了非机动车种类，包括自行车、人力三轮车、畜力车以及电动自行车等法律法规规定的非机动车。此外，滑板车、独轮车、自平衡车等滑行工具，不得上道路使用[28-29]。北京市法制办相关负责人表示，之前，北京市对非机动车准予上路类型无具体规定，一些企业瞄准相关规定的空白，设计了电动滑板车、轮椅车等。这些器械和设备在速度、制动等技术条件上存在较大安全隐患，在交通事故定责、赔偿等方面易引发争端，因此《草案》规定禁止这类工具上路，在一定程度上使得这一行业发展趋于理性[28]。2018 年 9 月 28 日，北京市第十五届人民代表大会常务委员会第七次会议通过的《北京市人民代表大会常务委员会关于修改〈北京市实施中华人民共和国道路交通安全法办法〉的决定》修正后，《北京市实施〈中华人民共和国道路交通安全法〉办法》明确禁止在道路上使用动力装置驱动的平衡车、滑板车等器械。

·参考文献·

[1] 新华社 . 我国电动自行车社会保有量接近 3 亿辆 [EB/OL]. 2020-11-20. http://www.gov.cn/xinwen/2020-11/20/content_5562997.htm.
[2] 上海市城乡建设和交通发展研究院 . 2020 上海市综合交通年度报告 [R]. 上海 : 上海市城乡建设和交通发展研究院 , 2020.
[3] 工业和信息化部 , 国家发展和改革委员会 . 汽车产业发展政策（2009 年修订）[R]. 北京：中华人民共和国国家发展和改革委员会 , 2009.
[4] 市场监管总局 工业和信息化部 公安部关于加强电动自行车国家标准实施监督的意见 [R]. 北京：中华人民共和国国务院公报 , 2019.
[5] 工业和信息部，公安部，工商总局，质检总局，北京：国家市场监督管理总局 , 中国国家标准化管理委员会 . GB 17761-2018 电动自行车安全技术规范 [S]. 2018.
[6] 郝文建 .《电动自行车安全技术规范》国家标准解读 [J]. 大众标准化 , 2018 (06): 7-10.
[7] 张朝龙 . 法律视角下的机动车限行政策正当性分析 [J]. 法制与经济 , 2019(11): 44-45.
[8] 李松锋 . “机动车限行令”的合宪性分析 [J]. 厦门大学法律评论 , 2011(00): 236-259.
[9] 刘将 , 张晓楠 . 机动车限行立法之法理基础及实现路径 [J]. 北京人大 , 2016(07): 32-34.
[10] 胡建淼 , 张效羽 . 有关对物权行政限制的几个法律问题——以全国部分城市小车尾号限行为例 [J]. 法学 , 2011(11): 116-126.
[11] 杨小君 , 黄全 . 机动车牌照拍卖行为的合法性认识——解读《行政许可法》第 12、53 条的相关规定 [J]. 行政法学研究 , 2005(04): 113-119.
[12] 叶晔 . 上海私车牌照额度拍卖的合理性与合法性 [D]. 上海 : 上海交通大学 , 2006.
[13] 田玺 , 李春华 . “老年代步车”治安问题研究 [J]. 警学研究 , 2020(01): 119-128.
[14] 赵媛媛 . 工商总局 : 老年代步车属机动车，监管老年代步车别再拖了 [J]. 驾驶园 , 2017(02): 24-25.
[15] 六部委：清理整顿老年代步车等低速电动车 [J]. 湖南安全与防灾 , 2018(12): 6.
[16] 秦晓媛 . 老年代步车是机动车吗 [J]. 方圆 , 2018(22): 50-51.
[17] 老年代步车交通事故案例分析 [J]. 汽车与安全 , 2018(04): 43-45.
[18] 许杨 , 陈鹏 . “老年代步车”相关法律问题初探 [J]. 道路交通与安全 , 2016, 16(03): 45-49.
[19] 罗鹏飞 . 浅析老年代步车的法律定位及规范管理 [J]. 法制博览 , 2017(12): 164-165.
[20] 李冉 . 老年代步车乱象亟待治理 [J]. 人民交通 , 2018(04): 34-35.
[21] 广州市人民政府办公厅关于印发广州市残疾人机动轮椅车车辆管理办法的通知 [J]. 广州市人民政府公报 , 2019(22): 25-30.
[22] 姚霁芸 . 协同治理视角下兰州市“老年代步车”类电动车管理困境与对策研究 [D]. 兰州：兰州大学 , 2020.
[23] 杨玉龙 . 电动滑板车不能带着隐患“裸奔”[N]. 内蒙古日报（汉）, 2018-08-20.
[24] 李林 . 电动滑板车能否上路 [J]. 检察风云 , 2020(03): 60-61.
[25] 符向军 . 滑行工具没有路权应成法律常识 [N]. 民主与法制时报 , 2016-08-30.
[26] 王智建 . 城市道路非机动车交通问题法律规制研究 [D]. 天津：天津师范大学 , 2018.
[27] 李丽 . 加强非机动车管理立法势在必行 [J]. 北京人大 , 2018(04): 22-25.
[28] 北京《非机动车管理规定（草案）》征求意见之内容与解读 [J]. 汽车与安全 , 2017(11): 10-13.
[29] 贺勇 . 北京市拟立法加强非机动车管理 [J]. 电动自行车 , 2018(05): 9-11.

第十四章
城市交通运行与管控的法律规制

本章探讨城市道路交通运行与管控中的典型事务适用法律问题，在交通运输行业管理制度体系和地方立法权的双重视角下，讨论城市核心区的黄标车限行、城市货运及物流配送的通行管控、网约车等新服务业态监管等议题。

第一节 城市核心区黄标车限行的适用法律问题

一、黄标车的定义与限行理由

黄标车是指新车定型时排放水平低于国Ⅰ标准的汽油车和低于国Ⅲ标准的柴油车的统称①。根据车辆注册登记的车型型号和尾气排放环保检验合格情况，国家对尾气排放环保检验符合国Ⅰ标准及其以上的汽油车、符合国Ⅲ标准及其以上的柴油车，核发绿色环保标志，其余车辆核发黄色环保标志。核发绿色或黄色环保标志的汽车简称“绿标车”或“黄标车”。按排放限值比较，一辆黄标车的排放量分别相当于5辆国Ⅰ、7辆国Ⅱ、14辆国Ⅲ、20多辆国Ⅳ汽油车。这类在用车经环保定期检验，达到相关在用车排放标准的，核发黄色环保检验合格标志，可以上路行驶。

黄标车通常是尾气排放污染量大、浓度高、排放稳定性差的车辆。2013年1月，由于空气污染问题，全国各地相继出台了淘汰黄标车的方案措施，而且各地为了鼓励淘汰老旧车，也都鼓励黄标车的提前报废，并给予不同程度的补贴。例如，在北京的行政区域内全天禁止黄标车上路②。

二、交通（运行过程的）环保相关执法部门及职责梳理

1. 宏观——国家层面

2018年中共中央印发的《深化党和国家机构改革方案》中，明确将环境保护部的职责，国家发展和改革委员会的应对气候变化和减排职责，国土资源部的监督防止地下水污染职责，水利部的编制水功能区划、排污口设置管理、流域水环境保护职责，农业部的监督指导农业面源污染治理职责，国家海洋局的海洋环境保护职责，国务院南水北调工程建设委员会办公室的南水北调工程项目区环境保护职责整合，组建生态环境部。

对于环境保护的相关执法部门和职责，《关于深化生态环境保护综合行政执法改革的指导意见》（中办发〔2018〕64号）提出了更详细的要求，包括整合执法职责、组建执法队伍、规范机构设置、优化职能配置、明确执法层级等主要内容。

(1) 整合执法职责。根据中央改革精神和现行法律法规，整合环境保护和国土、农业、

① 2015《政府工作报告》缩略词注释，新华网．2015-03-12[引用日期2021-01-28]
② 北京20日起全市禁行黄标车 违规上路罚款100元扣3分．中国经济网［引用日期2021-01-28］

水利、海洋等部门相关污染防治和生态保护执法职责。整合后，生态环境保护综合执法队伍以本级生态环境部门的名义，依法统一行使污染防治、生态保护、核与辐射安全的行政处罚权以及与行政处罚相关的行政检查、行政强制权等执法职能。除法律法规另有规定外，相关部门不再行使上述行政处罚权和行政强制权。在此基础上，各地可以根据地方性法规规章和工作需要，进一步整合地方有关部门污染防治和生态保护执法职责，由生态环境保护综合执法队伍统一行使。已经实行更大范围跨领域跨部门综合行政执法的，可以继续探索。具备条件的地区可结合实际进行更大范围的综合行政执法。

（2）组建执法队伍。在明确执法机构和人员划转认定标准和程序基础上，按照编随事走、人随编走的原则，有序整合环境保护和国土农业、水利、海洋、林业等部门相关污染防治和生态保护执法队伍，组建生态环境保护综合执法队伍。改革后，其他部门不再保留生态环境保护执法队伍。

（3）规范机构设置。依法合规设置执法机构，除直辖市外，县（市、区、旗）执法队伍在整合相关部门人员后，随同级生态环境部门并上收到“设区的市”，由“设区的市”生态环境局统一管理、统一指挥。县级生态环境分局一般实行“局队合一”体制，地方可根据实际情况探索具体落实形式，压实县级生态环境分局履行行政执法职责和加强执法队伍建设的责任，改变重审批轻监管的行政管理方式，把更多行政资源从事前审批转到加强事中事后监管上来。

（4）优化职能配置。生态环境保护综合执法队伍的主要职能是依法查处生态环境违法行为，依法开展污染防治、生态保护、核与辐射安全等方面的日常监督检查。生态环境部门负责监督管理污染防治、生态保护、核与辐射安全，统一负责生态环境保护执法工作，支持生态环境保护综合执法队伍实施行政执法。自然资源、林业草原、水利等行业管理部门负责资源开发利用的监督管理、生态保护和修复，应当依法履行生态环境保护“一岗双责”，积极支持生态环境保护综合执法队伍依法履行执法职责。在日常监督管理中，行业管理部门发现环境污染和生态破坏行为的，应当及时将案件线索移交生态环境保护综合执法队伍，由其依法立案查处。

（5）明确执法层级。按照属地管理、重心下移的原则，减少执法层级，合理划分各级生态环境保护综合执法队伍的执法职责。省、自治区生态环境部门应强化统筹协调和监督指导职责，主要负责监督指导、重大案件查处和跨区域执法的组织协调工作，原则上不设执法队伍，已设立的执法队伍要进行有效整合、统筹安排，现有事业性质执法队伍逐步清理消化。执法事项主要由市县两级生态环境保护综合执法队伍承担，“设区的市”生态环境保护综合执法队伍还应承担所辖区域内执法业务指导、组织协调和考核评价等职能。按照“设区的市”与市辖区原则上只设一个执法层级的要求，副省级城市、省辖市整合市区两级生态环境保护综合执法队伍，原则上组建市级生态环境保护综合执法队伍。对于有特殊执法需要的区或偏远的区，可设置派出机构。

2. 微观——地方层面

《中华人民共和国环境保护法》第六条提到，地方各级人民政府应当对本行政区域的环境质量负责。企业事业单位和其他生产经营者应当防止、减少环境污染和生态破坏，对所造成的损害依法承担责任。

以上海市为例，根据《中共中央办公厅国务院办公厅关于印发〈上海市人民政府职能转变和机构改革方案〉的通知》（厅字〔2014〕20 号）的规定，设立上海市环境保护局，为市政府组成部门。《上海市人民政府办公厅关于印发上海市环境保护局主要职责内设机构和人员编制规定的通知》（沪府办发〔2014〕48 号）提到的与交通运行过程相关的主要职责如下：

承担落实本市减排目标的责任；落实国家主要污染物排放总量控制目标，组织制定全市污染物排放总量控制计划和削减计划；督查、督办、核查本市污染物减排任务完成情况，实施环境保护目标责任制，实施总量减排考核并公布考核结果。

负责大气、水体（含地表水及地下水）、土壤、重金属、噪声、固体废物、危险废物、化学品以及机动车等污染防治的监督管理；会同市有关部门监督管理饮用水水源地环境保护工作；配合市有关部门推进能源结构的调整；负责防治陆源污染物对海洋污染损害的环境保护工作，指导、协调和监督海洋环境保护工作。

负责协调长三角区域大气环境保护，研究涉及大气环境保护的重大问题；研究推进长三角区域大气污染防治联防联控工作，通报交流区域工作进展和大气环境质量状况，协同解决区域突出大气环境问题；推进长三角区域在减排、污染排放、产业准入和淘汰等方面标准的逐步对接统一。

三、城市核心区黄标车限行的全国性法律规范

1. 交通环保的法制框架

所有的交通活动都可以被认为是一个完整的系统，基于因果机制的调查和迪氏指数分解法（Logarithmic Mean Divisia Index，LMDI），可将交通活动分为三个部分：①交通的产生；②模式转变；③效率的提高。基于这一机制，通过分析城市交通排放的因果机制，从技术、管制、信息、经济四方面建立交通环保的法制框架（见图 14-1）。

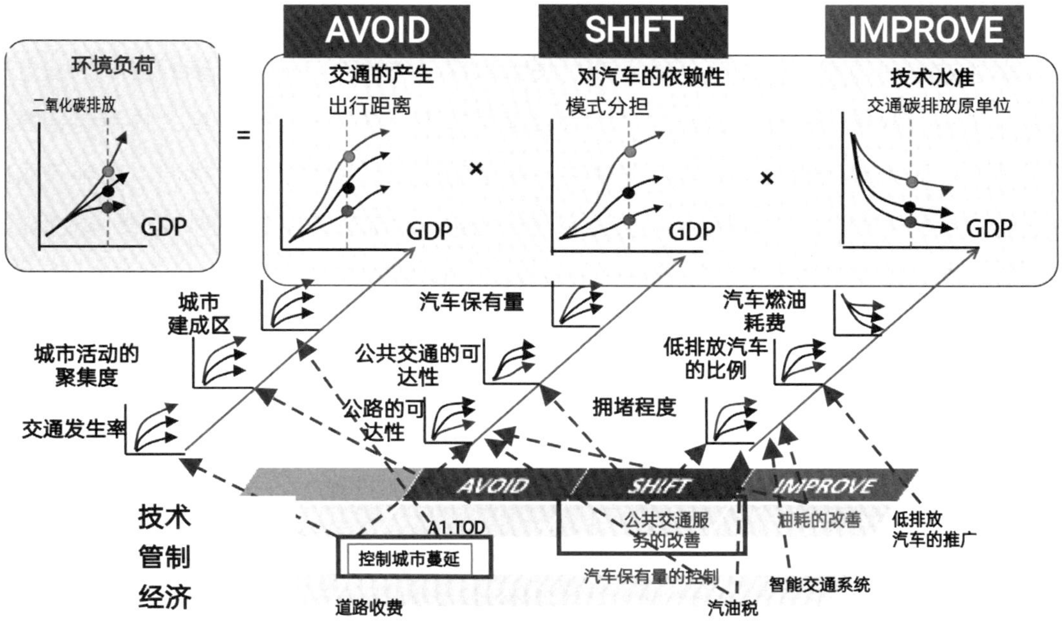

图 14-1 运输相关排放机制的动态跟踪[①]

1）Avoid（减少不必要交通）

交通的产生受城市面积、城市活动集中度和出行率的影响。要减少交通的产生，相关的政策应减少交通出行需求，包括发展 TOD 模式、解决工作—住房不平衡问题、蔓延控制、支持远程办公等。在技术层面，交通环保的法律法规对人行道、自行车道、机动车道等基础设施的建设作出了相关规定，以减少建设过程中的污染物排放；在管制层面，提出了交通需求管理、停车管理、混合土地利用等政策；在信息应用层面，提出远程办公的理念、智慧化的办公模式等；在经济层面，燃油税、道路收费、车辆收费等经济政策也可以有效地减少交通出行的发生。

2）Shift（交通方式转换）

交通模式的转变是受到汽车拥有量及公共交通和道路的影响，相关的政策是鼓励交通方式转换，以减少单位运输的排放量。在技术层面，提出构建综合交通运输体系，改善公交 / 铁路系统，发展智能交通系统；在管制层面，提升公交或有轨电车的优先级，支持非机动化的出行方式，如鼓励使用自行车等；在信息应用层面，进行相关认知、意识的宣传，使市民主动选择绿色交通出行模式；在经济层面，燃油税、道路收费、车辆收费等经济政策同样可以使得交通方式从机动化向着非机动化转变。

① 引自 Yoshitsugu Hayashi 教授演讲 ppt。

3）Improve（交通单体运行效率提升）

燃油效率的提高，受车队平均发动机技术水平、汽车使用率等因素的影响，从这一方面制定相关政策与法律可以有效减少每公里排放量。在技术层面，相关政策包括鼓励电动汽车、无人驾驶和可再生能源的使用；在管制层面，规定了排放标准、实施了领跑者计划；在信息应用层面，鼓励智能交通系统的应用，制定车辆性能标签，监管排放标准；在经济层面，燃油税的引入以及对低排放车辆（Low Emissions Vehicle，LEV）的补贴等都是提升交通运行效率的有效手段（表 14-1）。

表 14-1 交通环保的法制框架 ①

战略 \ 手段	Avoid	Shift	Improve
	减少交通需求	减少单位运输的碳排放	减少每公里碳排放
技术	·行人导向发展 ·自行车导向发展 ·公交导向发展	·综合交通系统	·LEV, EV ·可再生能源 ·自动驾驶
管制	·TDM ·停车政策 ·紧凑 / 混合型土地利用	·公交 / 有轨电车优先 ·非机动车 ·向更环保的模式演进	·排放标准 ·领跑者计划 ·生态驾驶
信息	·ICT ·远程办公 ·办公及就学地点的智慧选择	·生态意识宣传活动	·知识库 ·ITS ·车辆性能标签
经济	·燃油税 ·道路收费 ·车辆收费 ·位置补贴 Location Subsidy	·燃油税 ·道路收费 ·车辆收费	·燃油税 ·LEV，EV 税收优惠

2. 黄标车治理的法律规范

2009 年 7 月，财政部会同商务部等十部委联合印发了《汽车以旧换新实施办法》，就汽车以旧换新补贴范围及标准、申请流程、补贴资金审核、监督管理等方面作了具体规定②。

2014 年，为落实《大气污染防治行动计划》，强化机动车污染防治，确保完成《政府工作报告》提出的任务，环境保护部联合发展改革委、公安部、财政部、交通运输部、商务部等五部门编制印发了《2014 年黄标车及老旧车淘汰工作实施方案》（以下简称《方案》）。

《方案》以“政府鼓励、部门协作、市场引导、金融参与”为原则，对非营运类高污染车辆“鼓励更新、限制使用”，对营运类高污染车辆“按期报废、强化监管”，采

① 引自 Yoshitsugu Hayashi 教授演讲 ppt。
②《实施办法》将汽车以旧换新实施时间确定为 2009 年 6 月 1 日至 2010 年 5 月 31 日。凡在此期间将符合有关条件的老旧汽车、“黄标车”交售给依法设立的指定报废汽车回收拆解企业，并换购新车的车主可享受补贴。

取综合措施，加强部门协调，完善配套政策，严格落实责任，促进大气质量改善，推动汽车产业健康可持续发展。十二届全国人大二次会议审议通过的《政府工作报告》提出，到 2014 年底淘汰黄标车和老旧车 600 万辆（各地任务详见表 14-2）；《大气污染防治行动计划》提出，到 2015 年淘汰 2005 年底前注册营运的黄标车，基本淘汰京津冀、长三角、珠三角等区域内的 500 万辆黄标车，到 2017 年基本淘汰全国范围内的黄标车。

表 14-2 2014 年全国黄标车和老旧车淘汰任务分解表（暂不含港、澳、台地区信息）

省份	淘汰任务量 / 万辆
北京	39.1
天津	14.3
河北	66
山西	21.6
内蒙古	16.8
辽宁	34.9
吉林	17
黑龙江	20.5
上海	16
江苏	30.7
浙江	28.1
安徽	25.8
福建	9.9
江西	14.6
山东	42.8
河南	28.2
湖北	18.5
湖南	15.2
广东	49.3
广西	10
海南	2
重庆	5.7
四川	17.6
贵州	6.9
云南	14.7
西藏	0.38
陕西	13.4
甘肃	7.2
青海	2
宁夏	4.4
新疆	7.5

《方案》中提出为实现2014年黄标车及老旧车淘汰目标，需采取加强监管、市场驱动、经济激励等综合性措施，共8项任务：①开展黄标车限行，加强道路监督执法；②提高检验频次，严格执行强制报废标准；③严格营运黄标车监督管理；④加强机动车安全、环保检测机构监管；⑤出台黄标车及老旧车提前淘汰激励政策；⑥鼓励车企实行让利营销；⑦建设国家、省、市三级机动车排污监管平台；⑧开展黄标车治理改造试点。

2015年10月，环境保护部、公安部、财政部等发布的《关于全面推进黄标车淘汰工作的通知》（环发〔2015〕128号）中要求各地积极开展营运黄标车集中清理工作；科学划定黄标车限行和禁行区域，对违规进入限行、禁行区的黄标车，严格依法依规进行处理；集中排查达到强制报废标准的机动车，及时通知车主办理报废手续，严格查处报废车上路行驶违法行为；要求各地因地制宜研究出台经济激励政策措施，加大黄标车淘汰补贴力度。可通过利用盘活的财政存量资金，优先安排对提前淘汰的黄标车，尤其是大型客货车、出租车、公交车进行补贴。

为确保完成2015年《政府工作报告》提出的“淘汰2005年底前注册营运的黄标车”工作任务，及时了解各地工作进展情况，环境保护部自2015年下半年开始，实行黄标车淘汰工作月调度制度，每月统计各省淘汰数据。

四、城市核心区黄标车限行的主要做法

（一）北京

自1999年起，北京开始执行机动车国Ⅰ排放标准，在此之前购买的车辆基本都属于黄标车范畴，平均车龄都在13年左右，以京A、京E号段的车辆居多。从2003年起，北京禁止黄标车进入二环。

北京市对2008年9月27日至2009年底转出和报废的车辆，按规定进行尾气定期检测，张贴有效黄色环保标志的机动车均可享受鼓励政策。为鼓励早淘汰，2008年9月27日—2009年6月30日期间淘汰的，鼓励资金最高2.5万元，最低800元；2009年7月1日—2009年12月31日期间淘汰的，鼓励资金最高2.2万元，最低500元。

从2009年1月1日起，除保障城市生产生活和运行外，运输渣土等各类黄标车全天禁止在北京五环路以内道路（含五环）行驶。

2009年9月30日，北京市环保局、市公安局公安交通管理局共同重申“第十五阶段控制大气污染措施的通告”中有关黄标车禁行的政策内容，同时公布了有效期为一年

的高污染排放机动车淘汰鼓励政策。

根据2009年底国家商务部、财政部对汽车以旧换新政策补贴标准的调整，2010年北京淘汰的黄标车可补领二次差额补贴资金，补助政策执行时间由2009年底延至2010年5月31日。

截至2013年底，北京机动车保有量已达543.7万辆，机动车污染物排放是北京PM2.5最大的本地排放源，占全部来源的22.2%。因此，北京力争在2014年之内淘汰所有黄标车，于2014年4月11日起调整了对部分机动车的交通管理措施，加大对黄标车（高污染排放车辆）和载货汽车的监管。外省、区、市载货汽车禁行北京六环路以内道路，黄标车全天禁止进入六环路以内道路和远郊区县城关镇主要道路通行。

2014年3月期间，北京市机动车排放管理中心以公交、出租车等高频用车的重点行业和柴油车、老旧车等排放量大的重点车辆为重点，加强执法检查。

2014年12月5日，北京市提前超额完成国家下达的淘汰39.1万辆黄标车任务，成为全国第一个基本解决黄标车排放污染问题的城市。2015年1月1日起，北京禁止外省、区、市黄标车进入该市行政区域内道路行驶。2015年12月20日起，黄标车全天禁止在北京市行政区域内行驶。对违规上路的黄标车，处100元罚款并扣3分。黄标车已领取的道路运输管理机构核发的道路运输证失效，道路运输管理机构今后不再给黄标车核发该证。全市机动车检测检验机构停止对黄标车进行定期检测检验。公安交管等相关部门对报废解体营运黄标车严格监销监管。

（二）上海

为加快推进上海市“十二五”节能减排工作，控制机动车污染物排放总量，改善城市大气环境质量，根据《上海市人民政府办公厅贯彻国务院办公厅关于进一步促进道路运输行业健康稳定发展的通知的实施意见》《上海市2012年—2014年环境保护和建设三年行动计划》，以及市政府常务会议精神，市环保局会同市发展改革委、市商务委、市公安局、市交通港口局、市财政局等六部门制定了《关于推进落实高污染汽车淘汰及限行工作的实施意见》，经市政府同意，上海市生态环境局发布《上海市落实推进高污染汽车淘汰及限行工作》（以下简称《限行工作》），并于2012年9月1日起执行。《限行工作》指出黄标车的长期存在带来一系列问题：一是污染物排放贡献高、对环境的危害大。据统计，至2011年底，上海市注册登记黄标车保有量为23万辆，占本市号牌汽车总量的12.5%，却贡献了一半以上的机动车污染排放；二是单车污染物排放大、政策限制少，黄标车排放与国Ⅳ标准车辆相比高 5~10 倍，但淘汰周期都在 15 ～ 20 年；三是车辆超标排放严重、监管难度大。因此，推进淘汰黄标车，有利于推动节能减排工作和大气环境和城市形象的整体改善，且有利于促进汽车的生产使用向环境友好的方向发展。

本次推动黄标车淘汰的主要措施包括：①督促各级行政机关和事业单位带头淘汰黄标车，公交、市容保洁等有关公益性行业黄标车分别由公交扶持资金和区县政府安排相关资金落实淘汰计划；②落实节能减排资金补贴政策，支持鼓励私人和各类企业的黄标车淘汰，为此专门发布《上海市鼓励高污染车辆淘汰实施办法》以引导提前淘汰黄标车；③实施更严格的黄标车限行政策，于 2014 年起在外环路范围内全面限行黄标车；④通过加强黄标车淘汰和限行政策的宣传，形成全社会共识，营造合力氛围，共同推动黄标车的淘汰。

2015 年，上海市人民政府办公厅发布《关于印发上海市 2015 年—2017 年环境保护和建设三年行动计划的通知》，其中大气环境保护板块提到，上海市将加快推进老旧车辆淘汰：自 2015 年 4 月 1 日起，在 G1501 上海绕城高速范围内实施黄标车限行，在 S20 外环高速范围内全天禁止国Ⅰ标准汽油车通行。研究出台促进老旧车辆淘汰的工作方案，三年累计淘汰黄标车和老旧车辆 30 万辆。加强用车检测和监管；强化机动车环保年检，增加黄标车和 10 年以上老旧车辆检测频次；加快推进简易工况法检测体系建设；启动出租车尾气净化装置定期更换工作；落实强制报废制度，本市牌照机动车连续 3 个检验周期未取得机动车检验合格标志的，实施强制注销和报废；加强长三角区域在用车公安、交通、环保信息等方面的共享，实施在用车异地协同监管。

（三）广东

2014 年 8 月底之前，广州、深圳、东莞、佛山等 4 市有关部门已经完成了对各自辖区内的黄标车的认定，并完成了数据共享、对电子抓拍设备的检修以及限行标志的完善工作。2014 年 9 月 9 日至 11 月 15 日，为解决黄标车闯入异地城市环保限行区难以处罚和监管的问题，广东省公安厅公布了联合执法试点方案。4 市的环保和公安部门联合查禁黄标车，建立了统一的黄标车数据库，通过省政府信息资源平台等途径实现数据共享。处罚标准也实现了统一，闯限行区的黄标车一次处罚 500 元，扣 3 分。

（四）重庆

根据重庆市环境保护局、财政局、商业委员会、公安局交通管理局《关于印发〈重庆市主城区鼓励黄标车提前淘汰奖励补贴实施细则〉的通知》的规定，自 2013 年 9 月 1 日到

2015 年 12 月 31 日，对自愿将其车辆交由依法设立的报废汽车回收拆解企业，并经公安车管部门合法注销后的黄标车车主，分 11 个标准进行奖励补贴，补贴金额最高达 18000 元。

（五）武汉

自 2014 年 7 月 1 日起，《武汉市黄标车提前淘汰更新补贴办法》正式实施。规定 2015 年底前提前淘汰黄标车可获 2600 元至 15700 万元不等的补贴，比年初出台的试行方案标准上浮了 30%，2014 年淘汰将比 2015 年淘汰多获得 10% 的补贴。补贴资金由市、区两级财政分担。武汉市共有 11.74 万辆黄标车，其中烧汽油的私家黄标车 3 万余辆。据估算，武汉市、区两级财政将为此投入 11.9 亿元。据了解，补贴黄标车对象为污染物排放达不到国 I 标准的汽油机动车和达不到国III标准的柴油机动车，不包括三轮汽车、低速货车和摩托车。公车黄标车、公交黄标车、已享受国家老旧汽车报废更新补贴的黄标车不能享受政府补贴。

（六）哈尔滨

哈尔滨市从 2011 年起就开始对黄标车实施分阶段治理，有效限制了高污染的黄标车在二环合围的中心城区排放污染物。淘汰黄标车实施补贴工作于 2014 年 6 月 23 日全面启动，按照《哈尔滨市人民政府关于鼓励淘汰黄标车的通告》，政府为鼓励单位和个人提前淘汰未达到规定使用年限的黄标车，对提前淘汰黄标车的给予适当补贴，根据车型和年限不同，最高可获得 2.2 万元的补贴。政府优惠的补贴政策，每天都会吸引大量黄标车车主前来办理淘汰事宜，最高峰时一天受理淘汰黄标车 70~80 台。

到 2014 年 9 月 30 日淘汰黄标车享受补贴政策期结束后，哈尔滨市实行更严格的限行措施，将黄标车限行范围扩至全城，限行时间也变为全天 24 小时。自 2014 年 10 月 1 日起，黄标车违法上道，在四环内行驶扣 3 分、罚 100 元。

第二节 城市物流配送通行管控的法律法规

一、城市物流配送通行管控的基本要素

（一）城市物流配送的基本构成

城市物流配送是指在城市范围内进行的，通过对干线运输的货物进行拣选、加工、包装、分割、组配等作业，按时送达指定地点的末端物流活动。城市物流配送是关系国

计民生的重要领域，是城市物流链条中“最后一公里”的主要构成，是保障城市经济社会正常运行的基础支撑。构建服务规范、方便快捷、畅通高效、保障有力的城市物流配送体系，对于促进城市的可持续高质量发展具有重大意义。

1. 运作要素的协同配合

从运作要素角度，完成城市物流配送需要以下要素协同配合：

（1）城市道路：实现城市配送功能的城市交通基础设施，需要遵守城市交通关于道路安全、货运车辆限行、禁行等管理规定，受路网通行质量的影响，也会影响路网通行效率。

（2）运输工具：一般采用封闭的小型或者微型货车的形式，对于快递、包裹、生鲜等货物，也可采用冷藏车、电动车、电动三轮车等工具完成。运输工具需要遵守国家和城市关于安全、节能、通行的相关法律规范和技术标准，且一般张贴、喷涂专用标识。

（3）配送中心：干线运输与城市配送进行货物分拣的物理场所，按照不同方向再次进行货物的集散，提高配送效率。分拣中心的布局和建设需要遵守国家和城市的相关规划和标准。

（4）配送企业：将货物送往城市指定地点的承运企业。配送企业应具备满足客户业务需求的配送网络，遵守国家关于运营许可和从业规范的法律法规要求，特殊专业岗位的从业人员应取得相应的国家职业资格证书，保障配送服务水平和货物安全，必要时承担相应的责任。

（5）信息系统：对配送货物信息和物流活动进行管理的软硬件系统，实现仓库管理、配送路径优化、货物查询追溯等功能。信息系统应满足人员和信息安全等方面的法律规范要求。

2. 运行服务的有序合作

从运行服务角度，完成城市物流配送全流程需要以下作业有序合作：

（1）收货：按照合同约定的验收类目和标准对货物进行查验；合同中无明确规定的，应至少对货物的数量和外包装进行验收，以保证货物品类正确、数量齐全、外包装质量完好，符合国家相关要求。

（2）分拣：按照订单类型和目的地对货物进行分拣和配货，确定拣选方式和拣选路径，将包装好的货物按照配送目的地放入指定的备货区，提高作业效率。

（3）配送：在充分利用车辆空间的前提下，根据货物的理化特性选择适用的配送车辆和防护、加固措施，按合同约定的时间、地点和方式完成卸货，保证送达货物数量准确、外包装完好。

（4）信息处理：采用信息管理系统，实现数据的实时更新和管理，为客户提供在途情况、送达信息等跟踪和追溯服务查询。

（5）回收：在特定场景下，对废弃物进行回收处理，提高资源利用效率，降低对环境的不利影响，又称为逆向物流或者静脉物流。

（二）城市物流配送的通行管控治理

1. 城市物流配送的特征

城市物流配送货物具有品类多、需求分散、频次高等特点，对城市货运的运输组织、配送工具、管控政策等方面也提出了更高的要求，尤其是在电子商务高速发展的背景下，城市物流配送物流需求的特征更加突出：

（1）配送货类多、批量小。城市物流配送主要面向个人用户，配送货物以快速消费品、生活必需品居多，种类繁多且以小批量购买为主。从城市交通运行的角度，要求提高城市物流配送的组织化程度，及时高效整合不同类型、不同路径的货物，最大程度地降低对于城市交通运行的影响。

（2）配送频率高、时效强。用户需求的时空分布有一定的规律性，商品复购率高，且随着电子商务的发展，用户希望收到商品的时间越来越短，时效性越来越强，甚至会出现短期内高频配送的需求。从城市交通运行的角度，要求尽可能缩短配送时间，高效利用城市通行的时空资源，实现配送服务与通勤出行时间分布的均衡性。

（3）服务个性化、差异大。由于物品种类繁多、货物大小不一，对于货物包装、配送车辆、配送人员等提出了更高的要求，如何在保证城市交通安全通畅的基础上，统筹考虑配送工具和服务的高效绿色要求，是城市物流配送通行管控的重要问题。

2. 城市物流配送的管控要求

随着我国新型城镇化战略的深入推进，在一些城市，特别是大中型城市，城市空间环境与自然资源的承载能力面临严峻挑战，交通拥堵、空气污染等已经成为困扰城市可持续发展的现实问题，城市功能正常发挥受到严重影响。其中，城市物流配送难、运行效率低、物流成本高等问题是重要体现，有必要从公共利益出发，通过合理布局配送基础设施、科学选择配送线路、优化组织模式、推广应用标准环保运输装备等措施，尽可能减少运输车辆的使用，缓解车辆通行对城市道路造成的拥挤，减少车辆通行对环境的噪声污染和尾气排放，从而提高效率、降低成本、改善交通、保护环境。从城市高质量可持续发展的角度，对于城市物流配送活动进行通行管控治理的基本要求主要体现在：

（1）安全。严格遵守安全、消防、卫生等方面的法律、法规及强制性标准的规定，确保运输工具、配送人员及需要配送货物的环境卫生和货物运输安全、人身安全，鼓励货运经营者实行封闭式运输，采取必要措施，防止货物脱落、扬撒等。

（2）环保。树立节能环保理念，在封装物、配送车辆、作业场所、工作环境等方面达到节能环保要求，推广应用标准环保运输装备，减少配送次数和配送距离，缓解车辆通行对城市道路造成的拥挤，减少车辆通行对环境的噪声污染和尾气排放。

（3）高效。统筹考虑城市路网的通勤和配送需求，尽可能均匀化分布运输需求，鼓励采用城市共同配送、集中配送、夜间配送等形式，整合社会资源，最大化利用道路资源，提高配送效率。

二、城市物流配送管控的基本规范

（一）国家层面有关城市物流配送通行管控的规定

1. 法律法规方面

——《中华人民共和国道路交通安全法》

根据 2011 年修订的《中华人民共和国道路交通安全法》，公安机关交通管理部门根据道路和交通流量的具体情况，可以对机动车、非机动车、行人采取疏导、限制通行、禁止通行等措施。

——《中华人民共和国大气污染防治法》

根据 2018 年修正的《中华人民共和国大气污染防治法》，国家倡导低碳、环保出行，根据城市规划合理控制燃油机动车保有量，大力发展城市公共交通，提高公共交通出行比例。省、自治区、直辖市人民政府可以在条件具备的地区，提前执行国家机动车大气污染物排放标准中相应阶段排放限值，并报国务院生态环境主管部门备案。城市人民政府应当加强并改善城市交通管理，优化道路设置，保障人行道和非机动车道的连续、畅通。

——《中华人民共和国道路运输条例》（国务院令第 709 号）

根据《中华人民共和国道路运输条例》，城市物流配送属于道路货物运输经营活动，城市物流配送企业应具备道路运输经营许可证，城市物流配送车辆应具备车辆营运证。其中，从事危险货物运输经营的，向“设区的市”市级道路运输管理机构提出申请。《中华人民共和国道路运输条例》第二节详细列出了申请所需的具体条件。

此外，使用总质量 4500 千克及以下普通货运车辆从事普通货运经营的，无需按照本条规定申请取得道路运输经营许可证及车辆营运证。

——《快递暂行条例》（国务院令第 697 号）

根据《快递暂行条例》，地方各级人民政府应当创造良好的快递业营商环境，支持经营快递业务的企业创新商业模式和服务方式，引导经营快递业务的企业加强服务质量管理、健全规章制度、完善安全保障措施，为用户提供迅速、准确、安全、方便的快递服务。

针对快递服务，《快递暂行条例》明确规定：经营快递业务，应当依法取得快递业务经营许可；县级以上地方人民政府公安、交通运输等部门和邮政管理部门应当加强协调配合，建立健全快递运输保障机制，依法保障快递服务车辆通行和临时停靠的权利，不得禁止快递服务车辆依法通行。关于通行管控的相关规定详见《快递暂行条例》第十三条。

2. 标准规范方面

——《城市物流配送汽车选型技术要求》（GB/T 29912—2013）

2013 年发布的国家推荐标准《城市物流配送车辆营运技术规范》，规定了城市物流配送车辆的类型、主要技术参数与技术要求。城市物流配送汽车是指在城市市区内从事货物运输（包括快件接送服务）的厢式货车与封闭式货车，厢式货车分为五个系列，最大总车长不超过 9 米，封闭式货车分为四个系列，最大总车长不超过 7 米（见表 14-3、表 14-4）。

表 14-3 厢式货车主要技术参数要求

系列	最大允许总质量 G /kg	整车总长 /mm	货箱内部尺寸 /mm			车辆最小转弯半径 /m	比功率 /(kw·t^{-1})	载质量 /kg	载质量利用系数 *
			长	宽	高				
A	12000 ≥ G > 11500	≤ 9000	≥ 6100	≥ 2050	≥ 2000	≤ 21	≥ 8.0	≥ 6500	≥ 1.18
B	8000 ≥ G > 7500	≤ 8000	≥ 4900	≥ 2050	≥ 2000	≤ 19	≥ 9.5	≥ 3800	≥ 0.90
C	4500 ≥ G > 3500	≤ 6000	≥ 3600	≥ 1800	≥ 1800	≤ 14	≥ 14.0	≥ 1450	≥ 0.47
D	3500 ≥ G > 2500	≤ 5500	≥ 3050	≥ 1600	≥ 1600	≤ 13	≥ 14.0	≥ 950	≥ 0.37
E	1800 ≥ G > 1500	< 4500	≥ 2300	≥ 1400	≥ 1550	≤ 11	≥ 23.0	≥ 400	≥ 0.28

* 载质量利用系数为车辆载质量（额定载质量加驾驶室准乘人员质量之和）与车辆整车整备质量的比值。

表 14-4 封闭式货车主要技术参数要求

系列	最大允许总质量 G /kg	整车总长 /mm	货箱内部尺寸 /mm			车辆最小转弯半径 /m	比功率 /(kw·t^{-1})	载质量 /kg	载质量利用系数 *
			长	宽	高				
F	6000 ≥ G > 5500	≤ 7000	≥ 4500	≥ 1700	≥ 1700	≤ 14.0	≥ 15.0	≥ 3000	≥ 1.10
G	4500 ≥ G > 3500	≤ 6000	≥ 3000	≥ 1700	≥ 1600	≤ 13.5	≥ 20.0	≥ 1400	≥ 0.45
H	3500 ≥ G > 2500	≤ 5800	≥ 2100	≥ 1500	≥ 1300	≤ 13.0	≥ 23.0	≥ 1000	≥ 0.40
I	1800 ≥ G ≥ 1500	≤ 3500	≥ 1400	≥ 1400	≥ 1200	≤ 11.0	≥ 25.0	≥ 450	≥ 0.33

* 载质量利用系数为车辆载质量（额定载质量加驾驶室准乘人员质量之和）与车辆整车整备质量的比值。

3. 政策文件

——《关于加强和改进城市配送管理工作的意见》

2013 年，交通运输部、公安部、国家发展改革委等部门联合印发《关于加强和改进城市配送管理工作的意见》，提出围绕优化通行管控措施，城市公安交通管理部门要根据城市中心区车辆配送需求，合理确定城市配送车辆的通行区域和时段，为城市配送车辆发放通行许可并提供通行便利；充分听取交通运输、商务、邮政管理等部门的意见，按照通行便利、保障急需和控制总量的原则，建立完善公开、公平、公正的配送车辆通行许可发放制度。

——《关于加强城市配送运输与车辆通行管理工作的通知》

2014 年，交通运输部、公安部、商务部联合发布《关于加强城市配送运输与车辆通行管理工作的通知》，提出各地区，特别是对配送车辆在通行时间、区域上采取限制和禁止通行措施的城市交通运输主管部门、公安机关交通管理部门、商务部门，要站在保障和改善民生、服务物流业发展的高度，从缓解城市交通拥堵、加强城市生态文明建设的角度出发，坚持“客货并举、便民高效、综合治理”的原则，采取有效措施，推动城市配送运输与车辆通行管理的制度化、规范化、科学化，为加快构建服务规范、方便快捷、畅通高效、保障有力的城市配送体系创造良好的发展环境。

通知围绕优化城市配送车辆通行管理措施，提出城市公安机关交通管理部门要综合考虑城市中心区车辆流量、流向、流时、货品货类以及城市道路交通状况等因素，科学确定限制、禁止城市配送车辆通行的区域和时段，并及时向社会发布；优化城市配送运输通道网络，加强对大型物流中心、公用型城市配送中心和分拨中心等配送基础设施周边道路的交通管理，科学施划和设置货运车辆通行的标志标线。制定出台保障配送车辆通行便利的管理政策，对于配送车辆在行驶时间和区域方面采取限制和禁止通行措施的城市，应按照保证需求、便利通行、分类管理、适度调控的原则，加快建立公开、公平、公正、择优的配送车辆通行调控机制。

——《关于进一步规范和优化城市配送车辆通行管理的通知》

2018 年，公安部发布《关于进一步规范和优化城市配送车辆通行管理的通知》，指出城市配送是保障和改善民生的重要领域，是发展现代物流的关键环节，是保障城市经济社会正常运行的基础支撑。

通知提出：一要加强部门协作，科学制定城市配送运力调控计划，改进城市配送运力需求管理，确保城市生产、生活配送需求。二要创新配送模式，统筹配送供给资源，发展共同配送、统一配送、集中配送、夜间配送、分时配送等多种形式的集约化配送，推动城市配送车型向标准化、专业化、厢式化、清洁化升级发展。三要科学制定政策，科学合理设定禁限行时段、路段，为货车通行预留时间窗口，优化城市配送车辆通行管控，原则上除城市核心区等道路外，禁止 24 小时限制货车通行（高污染排放车辆除外）。四要简化审批手续，推行网上公开公平办理通行证件，大力应用“互联网 +”等技术，实行通行证网上受理、网上审批，高效率办理配送车辆通行证，简化通行证审批手续。五要改善城市配送车辆停靠条件，合理规划设置城市商业区、居住区、生产区和大型公共活动场地等区域的停车、装卸、充电桩设施，要科学设置城市配送车辆专用临时车位或临时停车港湾。

（二）有关城市物流配送通行管控的地方规制

目前，国内所有省会城市、大部分二线城市及东部地区部分县、县级市（例如昆山、宁海等），根据当地的交通状况及道路承载能力，出于缓解交通拥堵、均衡路网流量、减少大气和噪声污染等目的，出台了不同程度的针对货运机动车辆的禁限行措施，明确规定了禁行、限行的时间、线路、区域和车型技术要求，提高了城市通行效率。出台相关措施的理由及依据可以总结如下。

以北京、长沙等市为代表，主要依据《道路交通安全法》第三十九条“公安机关交通管理部门根据道路和交通流量的具体情况，可以对机动车、非机动车、行人采取疏导、限制通行、禁止通行等措施”出台相关限行措施。例如，北京市货运车辆限行措施规定：①四环路（含）以内道路，6 时至 23 时禁止载货汽车通行；五环路主路，6 时至 22 时，禁止 8 吨（含）以上载货汽车通行；②外省、区、市载货汽车全天禁止在五环路（含）以内道路行驶，但为北京运送生产生活物资的外省、区、市载货汽车在办理进京货运通行证后，准许每天 0 时至 6 时进入五环路（含）以内道路行驶；③长安街新兴桥至国贸桥昼夜禁止货运机动车通行。

以广州、大连为代表，主要依据为《中华人民共和国大气污染防治法》所提出的市人民政府可以根据机动车排气污染防治的需要，对本市机动车实施环保标志管理制度，并根据环境质量状况和要求，对没有环保标志或者有某种环保标志的机动车，采取限制区域、限制时间行驶的交通管制措施。例如，广州货运车辆的限行措施规定，市中心范围（小圈）以内，每天 7—22 时，禁止广州市籍号牌核定重量 5 吨以上（含 5 吨）、外市籍号牌核定 0.6 吨以上（含 0.6 吨）的货车通行；市区范围（大圈）以内，每天 7—22 时禁止外市籍号牌核定载重量 5 吨以上（含 5 吨）的货车通行。

（三）国内城市物流配送通行管控的主要做法

在普遍采用禁限行措施的基础上，各地配送车辆通行管控政策的具体内容不尽相同，但主要从城区准入资格、通行权利区分、货车营运技术要求等方面加强管理力度。

1. 城市物流配送通行资格管理

发放车辆通行证是确保城市物流配送车辆通行路权的主要做法，具体审批、竞标等的方式不同，并在此基础上推进精细化管理。根据城市物流配送车型，通行证可以分为轻型微型货车通行证、重型中型货车通行证等；根据有效时限，通行证可以分为长期通行证、定期通行证、临时通行证等；根据货物类别，通行证可以分为危险品运输通行证、搬家运输通行证、生鲜食品运输通行证、城市建筑垃圾运输通行证等。从获取通行证的难易程度来看，在控制总量的前提下，轻型微型货车、保障国计民生的通行证相对较容易获取，对环境污染较大的黄标车一律不予发放通行证。以无锡为例，对进入城区的货运车辆发放特通、甲通、乙通及搬家、菜篮子工程车、邮政车等几大类通行证，实现在城市不同区域和范围内的有效通行。

2. 通行权精细化分类管理

在通行证的基础上，国内城市普遍采取分时段、分区域、分车型“三分结合”的管理措施来限制货车通行权。通行时段主要分为高峰期、特殊时段和全天限行，通行区域主要分为中心城区、城市周边区域和其他特殊区域限行，通行车型主要分为微型货车、轻型货车、中型货车和重型货车限行。大多数城市对通行流量较大的早晚高峰期、交通压力较重的中心城区、轻便度较差的中型重型货车限行力度大，限行时间、限行范围均呈逐步增加的趋势，鼓励采用小型厢式货车进行夜间运输，减小对中心城区的交通妨害，避免与客运交通的冲突和矛盾。如成都市主要根据主城区布局特点，分别以一、二、三环路为屏障，逐级限行货运汽车。货运车辆依据载重吨位、货物类别、车辆户籍地等因素，将进入中心城区车辆通行证分为 A1、A2、B1、B2、C1、C2、C3、D 证、E 证和 H 证，共 10 种进城证（见表 14-5）。对于持有各类通行证的货运车辆，按照各自证照类别，分时段、分路段、分区段在中心城区内通行。

表 14-5 成都市货运车辆城区通行证种类

证 类	使用要求
A1、B1、C1 证	限载质量 1 吨（不含）以下的货运汽车使用
A2、B2、C2 证	限载质量 1 吨（含）至 5 吨（含）的货运汽车使用
C3 证	限载质量 5 吨（不含）至 12 吨（含）的货运汽车使用
D 证	限水泥砼罐车使用
E 市场专用证	限载质量 12 吨（含）以下的外地籍货运车辆使用（川 A 籍货运汽车不得使用）
H 证	限已缴纳“五路一桥”通行费的各类货运汽车使用

3. 配送车辆技术标准化管理

为确保城市道路交通安全、畅通、有序运行，大多数城市出台了专门的配送车辆技术标准，提高城市物流配送车型的标准化水平。2009 年，上海出台了《城市配送物流车营运技术规范》，提出在控制进城货车总量的前提下，对满足相关条件的封闭货车和厢式货车，放宽通行时间，对改善城市物流配送环境起到了一定的积极作用。海口制定了《海口市城市共同配送车辆管理规范》等 6 项地方规范和标准，根据商贸领域配送需求，积极向主管部门协调通行证，探索城市物流配送车辆通行证发放与绩效挂钩，实施分类管理。成都也制定了《成都市城市共同配送车辆技术规范》（DB5101T 11—2018）。2014 年底，南京出台了《南京市城市共同配送车辆选型指导意见》，对于城市共同配送车辆类型、机动车排放、技术参数提出指导性意见，对于新增车辆并需要申请市区通行证的，还要满足公安交管部门对车辆长度的规定。

4. 配送车辆标识统一化管理

为方便城市物流配送通行管理，大多数实行城市物流配送车辆禁限行的城市均对于车辆外观和标志标识进行了统一规定（见图 14-2）。如北京市《城市中心区货运汽车营运技术要求》（DB11/T 761—2010）提到的，汽车应正确使用与服务属性相对应的标志标识，并清晰牢固地喷涂或粘贴在货运汽车适当位置。太原市制定了《城乡配送图形标识使用要求》，天津制定了《城市配送图形标识管理与使用规范》（DB12/T 873—2019）。2010 年，江苏省邮政管理局、公安厅、交通运输厅、工商行政管理局印发《加强快递企业运输车辆管理的通知》，对于箱式货车、面包车、封闭式货车的标识样式进行统一，为快递车辆的通行、停靠和作业提供了保障。

图 14-2 部分城市（共同）配送标志标识

三、完善城市物流配送通行管控的立法建议

（一）城市物流配送管控存在的主要问题

1. 城市物流配送法规制度不健全

我国规范城市物流配送的法律法规主要为《中华人民共和国道路运输条例》和《中华人民共和国大气污染防治法》，但《中华人民共和国道路运输条例》没有将城市物流配送作为一种经营性运输行为纳入管理范畴。因此，城市物流配送运输的法律定位还不明晰，只是简单地将其视为普通货物运输经营予以许可和管理，对于市场准入、许可程序、经营行为、法律责任等缺乏针对性的操作要求，政府管理和调控手段相对缺乏。

2. 城市交通管控措施不科学

多数城市采用的通行管控措施没有体现“客货并举、疏导结合”的管理理念，没有充分考虑城市物流配送、快递业务增长、涉及民生各类生产生活必需物资供应和O2O（Online To Offline）服务模式发展的需要，没有采取“分货类、分区域、分时段”精细化的通行调控措施，单一的、简单粗放的通行管控方法，造成车辆进城难、通行难，影响了与城镇居民日常生活密切相关的农产品、生活日用快消品的适时配送和快件包裹的及时投递。大多数城市公安交通管理部门实施的车辆通行证发放缺少城市物流配送需求量调查的基础支撑，城市物流配送市场准入、运力投放与通行证发放有效衔接机制尚未建立，导致通行证成为“稀缺资源”，限行政策下，“客改货”成为城市物流配送的普遍方式。

3. 城市物流配送工具技术标准滞后

城市物流配送车车型庞杂、技术标准不完善、标识不统一，加之严格的交通管控限行措施，滋生了大吨小标、非法营运、非法改装等突出问题。电动自行车、三轮车等非机动车，因其成本低、体积小、方便灵活的比较优势，既是进行邮政快递末端揽收的主要车型，又是“最后一百米”末端配送的主要工具。但大多数大中型城市都实行“禁摩”“禁电”政策，电动自行车、三轮车在禁行路段通行受阻，末端揽收投递作业处于两难境地，严重影响了城市物流配送业务的正常运转，“最后一百米”配送工具的市场准入、车型标准化、车辆停靠、限行政策、道路行车安全的管理存在盲区。

4. 配送车辆停靠装卸设施不完善

大多数城市的主要商业聚集区和生活居民区普遍缺少供城市物流配送、快递车辆停靠、装卸等配套基础设施，一方面增加了配送车辆绕行里程，提高了配送企业的运营成本，

增加了燃油消耗和温室气体排放；另一方面，配送车辆选择违规违章停靠，或者停在居民区内，影响了正常交通秩序和居民生活，又使得企业承担了不合理的罚款。

（二）完善城市物流配送管控的主要立法举措

1. 完善地方性法规，明确配送车辆路权

在地方性法规中，目前仅有北京市在新修订的《北京市道路运输管理条例》中对城市物流配送的运力投放、市场准入、运营组织模式、经营行为作出了明确规定。2009 年修订的《北京市道路运输管理条例》中提出道路货物运输是城市物流体系的重要组成部分，城市中心区的货运应当实行夜运为主、昼运为辅的方式，以在保障城市正常运行的基础上，缓解道路交通压力。同时，对在城市中心区内从事昼运的货运车辆实行总量控制、分类管理、择优配置，并逐步实施。

北京市于 2010 年制定了地方标准《城市中心区货运汽车营运技术要求》（DB11/T 761—2010），对在城市中心区环路以内（含五环路）的行政区域从事经营性货运汽车的类型及运输范围、技术要求、标志标识进行了统一规定。配送车型以厢式货车和封闭货车为主，除要求车辆满足外形尺寸及轴荷等国家强制标准之外，还对外观、安全、动力性能、环保节能等方面给出了具体标准，提出鼓励使用新能源汽车，对优化配送车辆结构具有很强的引导作用。

2. 完善共同配送的相关制度体系

大中城市高度重视配送需求整合，大力发展共同配送。兰州市对物流园区入驻商户干线支线货物进行集中、分类，开通定时、定线、定点的货运公交班车。太原市、南京市支持大型连锁超市优化配送组织方式，提供专业化、网络化、全流程的物流服务，发展集采分销、“中央 + 区域”多级配送、县乡协同等统一配送模式。成都、青岛、武汉、长春、潍坊为上游生产商、供应商及下游经销商、代理商提供统一仓储和配送服务，通过系统平台对接实时共享库存、销售等信息，解决传统流通的多级库存、重复运输等问题，降低对城市交通的影响。

3. 强化信息资源的规范整合

2019 年，天津市印发《天津市城市配送车辆规范》，明确提出城市配送车辆实行统一车型、统一标识、统一管理（统一接入天津市供应链城市共同配送服务平台）、统一技术标准（统一安装车载智能监控设备），开展集中配送和共同配送业务，对在天津市供

应链城市共同配送服务平台注册的“天津城市共配”车辆，给予全天候、全时段通行便利，在不影响道路通行情况下给予停靠便利，进一步加大对城市供应链配送企业的支持力度。

4. 规范末端配送工具专业化发展

随着城市管理水平的提高，城区货运汽车清洁、畅通、合理载重的趋向决定了配送车辆向轻型化发展。国外城市物流配送车辆一般多选用轻量型、节能型、小吨位专用车辆，部分小型城市甚至推荐三轮电动车作为配送车辆。欧洲的研究表明，城市市区配送使用专用配送车辆的运输效率是轻卡的 4 倍、普通微客的 10 倍以上，不仅可以极大提升城区配送效率，还可有效减少对道路资源的占用、减少配送车辆总量并降低排放。荷兰推广使用电力驱动的环保三轮车进行城市的末端配送，法国还鼓励使用小型电动车辆进行城市末端配送，许多城市在城内设置了专门配送停车点。

第三节 网约车监管的适用法律问题

随着移动互联网技术的迅猛发展，共享经济这一全新的商业潮流已处于时代的风口浪尖，共享经济的商业模式已广泛渗入了日常生活的各个领域。网约车这一新兴事物在近年来得到迅猛发展，是共享经济潮流在交通领域渗透的典型案例。在共享经济背景下，网约车的运营使得车辆和人的专职与兼职、营运与非营运、公共交通与私人交通的界限逐步模糊、难以界定，技术创新带来的“法律灰色地带”难以用传统的标准和劳动法律关系恰切地规制。近年来，围绕网约车这一新兴事物，网约车监管及其法律规制、网约车法律关系、与网约车司机相关的劳动法律关系和网约车保险等问题都得到了学界、业界和政府部门的高度关注。

一、网约车的性质和特征

1. 网约车的定义

《网络预约出租汽车经营服务管理暂行办法》（以下简称《暂行办法》）由交通运输部、工业和信息化部、公安部、商务部、工商总局、质检总局、国家网信办等七部委于 2016 年 7 月 27 日发布。《暂行办法》第二条对网约车经营服务以及网络预约出租汽车经营者进行了明确界定，具体如下：

网约车经营服务，是指以互联网技术为依托构建服务平台，整合供需信息，使用符合条件的车辆和驾驶员，提供非巡游的预约出租汽车服务的经营活动。

网络预约出租汽车经营者（以下称网约车平台公司），是指构建网络服务平台，从事网约车经营服务的企业法人。

2. 网约车的经营模式及其法律关系

网约车行业涉及的主体包括网约车平台公司、驾驶员、乘客等。其中，网约车平台公司与乘客之间的法律关系比较明确，两者之间主要形成客运合同关系。《暂行办法》第十六条规定，网约车平台公司承担承运人责任，应当保证运营安全，保障乘客合法权益。相较而言，其余各方主体之间的法律关系较为复杂，需要结合网约车的经营模式予以具体分析。

（1）平台自有车辆模式。在平台自有车辆模式中，平台公司直接享有车辆的所有权，并直接雇佣专职驾驶员提供出行服务。平台自有车辆模式的法律关系比较简单，网约车驾驶员为平台公司提供劳动，二者之间形成劳动关系，网约车驾驶员为乘客提供出行服务在本质上属于典型的执行工作任务的行为。

（2）社会车辆加盟模式。在社会车辆加盟模式中，社会车辆驾驶员与平台公司签订协议成为网约车驾驶员，驾驶员拥有车辆的所有权，并通过自己驾驶自有车辆的方式参与平台公司的网约车业务运营。驾驶员与平台公司之间形成劳动关系或者劳务关系，若平台公司与驾驶员签订劳动合同，驾驶员提供专职出行服务，则二者之间形成劳动关系；若驾驶员仅提供兼职出行服务，则二者之间形成劳务关系。

（3）“四方协议”模式或租赁车代驾模式。在“四方协议”模式中，主要涉及汽车租赁公司、网约车平台公司、劳务派遣公司和驾驶员等四个主体。其中，汽车租赁公司拥有车辆的所有权，网约车平台公司通过租赁的方式取得车辆的使用权；劳务派遣公司与驾驶员签订劳动合同，与平台公司签订劳务派遣协议，由劳务派遣公司向平台派遣驾驶员，派遣期间由平台公司负责对驾驶员的管理、考核以及薪酬支付。在“四方协议”模式中，汽车租赁公司、网约车平台公司、劳务派遣公司共同为乘客提供用车服务，形成了十分复杂的法律关系。乘客在约车订单下单成功后，汽车租赁公司向乘客提供服务用车，与乘客之间形成租赁关系；劳务派遣公司向乘客派遣网约车驾驶员，与乘客之间形成劳务关系。用车结束后，汽车租赁公司、网约车平台公司、劳务派遣公司按照合同约定的比例分摊乘客支付的费用。在司法实践中，该模式通常是为了规避禁止非营运车辆接入网约车运营的规定。

二、政府主管部门及职责梳理

《暂行办法》对网络预约出租车的政府主管部门及监管职责说明如下：

国务院交通运输主管部门负责指导全国网约车管理工作。各省、自治区人民政府交通运输主管部门在本级人民政府领导下，负责指导本行政区域内网约车管理工作。直辖市、“设区的市”级或者县级交通运输主管部门或人民政府指定的其他出租汽车行政主管部门（以下称出租汽车行政主管部门）在本级人民政府领导下，负责具体实施网约车管理。其他有关部门依据法定职责，对网约车实施相关监督管理。

出租汽车行政主管部门应当建设和完善政府监管平台，实现与网约车平台信息共享。共享信息应当包括车辆和驾驶员基本信息、服务质量以及乘客评价信息等。

出租汽车行政主管部门应当加强对网约车市场监管，加强对网约车平台公司、车辆和驾驶员的资质审查与证件核发管理。

出租汽车行政主管部门应当定期组织开展网约车服务质量测评，并及时向社会公布本地区网约车平台公司基本信息、服务质量测评结果、乘客投诉处理情况等信息。

出租汽车行政主管、公安等部门有权根据管理需要依法调取查阅管辖范围内网约车平台公司的登记、运营和交易等相关数据信息。

通信主管部门和公安、网信部门应当按照各自职责，对网约车平台公司非法收集、存储、处理和利用有关个人信息、违反互联网信息服务有关规定、危害网络和信息安全、应用网约车服务平台发布有害信息或者为企业、个人及其他团体组织发布有害信息提供便利的行为，依法进行查处，并配合出租汽车行政主管部门对认定存在违法违规行为的网约车平台公司进行依法处置。

公安机关、网信部门应当按照各自职责监督检查网络安全管理制度和安全保护技术措施的落实情况，防范、查处有关违法犯罪活动。

发展改革、价格、通信、公安、人力资源社会保障、商务、人民银行、税务、工商、质检、网信等部门按照各自职责，对网约车经营行为实施相关监督检查，并对违法行为依法处理。

各有关部门应当按照职责建立网约车平台公司和驾驶员信用记录，并纳入全国信用信息共享平台。同时将网约车平台公司行政许可和行政处罚等信用信息在全国企业信用信息公示系统上予以公示。

出租汽车行业协会组织应当建立网约车平台公司和驾驶员不良记录名单制度，加强行业自律。

三、网约车监管的全国性法律规范

2016 年 7 月 26 日，国务院办公厅发布了《国务院办公厅关于深化改革推进出租汽车行业健康发展的指导意见》。2016 年 7 月 27 日，交通运输部、工业和信息化部、公安部等七部门颁布了《网络预约出租汽车经营服务管理暂行办法》部令，并于 2016 年 11 月 11 日开始实施，网约车终于摆脱了黑车的身份，开始拥有一个合法的地位。2018 年 2 月，交通运输部办公厅出台《网络预约出租汽车监管信息交互平台运行管理办法》，进一步规范了网约车监管信息交互平台的建设。2018 年 5 月，交通运输部、中央网信办、工信部等七部门颁布了《关于加强网络预约出租汽车行业事中事后联合监管有关工作的通知》，完善事前事中事后联合监管工作体制机制[1]。

网约车监管相关的主要全国性法律规章如表 14-6 所示。

表 14-6 网约车监管相关的主要全国性规章和规范性文件

时间	文件名称	发文机关	主要内容
2016 年 7 月	《国务院办公厅关于深化改革推进出租汽车行业健康发展的指导意见》	国务院办公厅	推动出租汽车行业改革，规范发展网约车和私人小客车合乘，营造良好市场环境
2016 年 7 月	《网络预约出租汽车经营服务管理暂行办法》	交通运输部、工业和信息化部、公安部、商务部、工商总局、质检总局、国家网信办	对网约车平台公司、网约车车辆和驾驶员、网约车经营行为进行管理，完善相关的监督检查及法律责任
2016 年 11 月	《各城市网络预约出租汽车管理暂行办法》	北京等 93 个地方人民政府	进一步细化网约车的监督管理
2018 年 2 月	《网络预约出租汽车监管信息交互平台运行管理办法》	交通运输部办公厅	规范网约车监管信息交互平台数据传输、运行维护、数据质量评测等
2018 年 5 月	《关于加强网络预约出租汽车行业事中事后联合监管有关工作的通知》	交通运输部办公厅、中央网信办秘书局、工业和信息化部办公厅、公安部办公厅、中国人民银行办公厅、国家税务总局办公厅、国家市场监督管理总局办公厅	完善事前事中事后联合监管工作机制、事项、处置流程、应急处置，推动互联网行业健康发展

四、网约车监管的地方实践

（一）网约车准入条件的地方规定

2016 年 7 月 28 日七部委共同发布的《暂行办法》对网约车的市场准入条件进行了限定，如表 14-7 所示。

表 14-7 《网络预约出租汽车经营服务管理暂行办法》对网约车的准入监管

准入监管	具体准入条件	相关证件	价值诉求
网约车平台公司	具备线上线下服务能力，符合以下 5 个准入条件： 1. 具有企业法人资格； 2. 具备信息数据交互及处理能力、网络安全管理制度和安全保护技术措施； 3. 电子支付； 4. 有健全的经营管理制度、安全生产管理制度和服务质量保障制度； 5. 服务所在地有相应服务机构以及服务能力	网络预约 出租汽车经营许可证	安全； 保障各方权益； 维持市场公平竞争的秩序
驾驶员	1. 有驾驶证且有 3 年以上驾龄； 2. 无交通肇事犯罪、危险驾驶犯罪记录，无吸毒记录，无饮酒后驾驶记录，最近连续 3 个记分周期内没有记满 12 分记录； 3. 无暴力犯罪记录	网络预约 出租汽车驾驶员证	安全
车辆	1. 7 座及以下乘用车； 2. 安装具有行驶记录功能的车辆卫星定位装置、应急报警装置； 3. 车辆技术性能符合运营安全相关标准要求	网络预约 出租汽车运输证	安全； 满足群众出行需求

各地对网约车准入条件监管持有不同的态度。河南、贵州等省份对网约车准入条件监管比较宽松，设置准入法律指标是为了避免“问题司机”进入网约车队伍；北京、广东、山东等地对网约车准入条件监管则比较严格，在避免“问题司机”进入网约车行业的基础上，还对驾驶员、运营车辆、运营公司设置了更为严苛的准入条件。例如，北京、上海两市在对驾驶员的准入条件监管上，设置了户籍限制这一法律指标，在对车辆的准入条件监管上，对车型、轴距、车辆价值、排量等也提出了较高的要求。

部分典型城市的网约车准入条件监管细则整理如表 14-8 所示。

表 14-8 部分代表性城市网约车准入条件监管细则

城市	网约车平台公司		网约车车辆				驾驶员			
	设立条件	经营许可	车辆价值	轴距 + 排量	车牌	其他	户籍	资质	有限期	年龄
北京	具有企业法人资格，并在本市依法纳税	4 年	无	5 座轴距不小于 2650mm，排气量不小于 1.8L；7 座轴距不小于 3000mm，排气量不小于 2.0L	本市牌照	张贴网约车标识	本市户籍	驾驶自有车辆，且无其他网约车或巡游车	3 年	男，60 岁以下；女，55 岁以下
上海	本市注册或在本市设立分支机构	3 年	无	车轴距达到 2600mm 以上	本市牌照	通过环保和安全性能检测；投保交强险、责任险和乘客意外伤害险	本市户籍	仅限为其所有的一辆车辆申请资质	3 年	无
广州	同中央规定	5 年	无	排量不小于 1750mL	无要求	车身长度不小于 4600mm；车身宽度不小于 1700mm；车身高度不小于 1420mm	本市户籍或已办居住证	准驾车型机动车驾驶证、初中及以上学历	3 年	体检报告；至少初中学历
南京	本市注册或在本市设立分支机构	4 年	无	轴距达到 2700mm 以上；发动机功率达到 100kW 以上	无	优先选用新能源汽车	本市户籍或居住证	同中央规定	3 年	无
杭州	企业法人或在本市设立分支机构	1 年	计税价格大于 12 万元	车辆轴距达到 2700mm 以上	本市牌照	车辆使用年限不超过 5 年；行驶里程不超过 60 万千米	本市户籍或居住证或身份登记	同中央规定	无明确规定	未满 65 周岁
成都	本市注册或提交经营许可证	5 年	无	燃油车排量大于 1.6L 或者 1.4L	川 A 牌照	无	成都市户籍或居住证	仅限为其所有的一辆车辆申请资质	无明确规定	无
青岛	具有企业法人资格	8 年	价格不得低于巡游出租车礼宾型	发动机功率不小于 100kW；轴距不小于 2750mm	本市牌照	未满 2 年且未满 5 万千米；车长不小于 4800mm；车宽不小于 1800mm；车高不小于 1450mm	本市户籍或居住证	同中央规定	无明确规定	男，60 岁以下；女，55 岁以下

（二）地方政府对网约车的监管模式

由于受到地方社会经济发展不平衡等特点的影响，地方政府对网约车的监管模式也存在着差异化，其中几种比较典型的模式有[2]：

1. “政府 + 平台”合作监管模式

该模式的特点是改变了传统的管理模式，将审核的权力下放给了平台，政府承担事前的准入标准制定和事后的监管，平台承担管理责任。

1）上海监管模式

2015 年 10 月 8 日，滴滴平台向上海交通委申请经营资格许可被批准，获得国内第一张专车平台的许可资质，开创了先例。“上海模式”设置了严格的准入管理机制，严格规范网约车辆资质、驾驶员资质、网约车服务质量三个方面的标准。

2）义乌监管模式

“义乌模式”主要针对传统的巡游式出租车，为了增强传统出租车行业的市场竞争能力，政府鼓励通过引导传统出租车加入互联网平台，放开数量管控并取消每天上交的“份子钱”等方式来实现内部初步改革。义乌市巡游式出租车行业存在问题的原因在于行业垄断，改革的目的是打破这种垄断现象。

2. 特许监管模式

该模式主要是在准入门槛资质审查等方面设置的严苛条件。

1）北京监管模式

北京实行的网约车特许监管模式，对平台、人和车等几方面的标准较为严格。该模式要求网约车从事市场运营前必须取得出租汽车资格证、车辆运营证和驾驶人员服务资格证。

从北京市政府采取的行政执法措施来看，北京市政府对于网约车的发展持严格监管的态度，加大行政处罚的力度，有效抑制违法行为的发生，对网约车相关规定的执行非常严格。

2）广州监管模式

广州在对网约车监管上发布了《广州市人民政府关于深化改革推进出租汽车行业健康发展的实施意见》《广州市网络预约出租汽车经营服务管理暂行办法》等广州市出租汽车行业改革政策文件。

广州模式在监管内容上加强了对平台公司运营过程的监管，规范平台的运营行为，有利于消费者和驾驶员权益的保障。新政明确了网约车平台公司应当为消费者购买承运人责任险，对平台公司承运人的责任进行确认，要求平台公司不能规避或转移承运人责任，不能以任何形式转移经营风险，出现对车牌信息不公布、不明确等现象。

·参考文献·

[1] 余璐 . 网约车政府监管问题研究 [D]. 南京：中共江苏省委党校，2019.

[2] 李慧 . 地方政府对网约车监管的问题与对策研究 [D]. 合肥：安徽大学，2019.

第十五章
道路交通与轨道交通安全的法律问题

本章介绍交通安全这一城市交通运行核心要求的相关法律体系和管理体系，包括道路交通安全的全国立法、地方立法和综合机制等举措，提出道路交通安全地方性法规的完善建议；针对轨道交通这一特定交通系统的安全运行议题，介绍轨道交通安全运行的部门职责、相关法律、处置案例并提出地方性法规的完善建议。

第一节 道路交通安全事故处置的法律规范

针对城市中道路交通安全事故，围绕《道路交通安全法》以及国务院颁布的《关于加强道路交通安全工作的意见》（以下简称《道路交通安全意见》），交通运输部（2008 年之前为交通部）、公安部以及建设部（2008 年之后称为住房和城乡建设部）又分别就道路交通安全涉及的重点问题提出和修订了部门规章。地方立法层面，如上海市出台了地方性法规《上海市道路交通管理条例》。结合其他领域相关的法律法规，如《中华人民共和国机动车交通事故责任强制保险条例》《行政强制法》等，本节将梳理城市道路交通安全管理制度体系（以《道路交通安全法》为核心，行政法规和地方性法规、地方政府规章为下位法，多个部门规章配套实施，各项强制性国家标准为技术支撑），并针对实践中的执法难点、问题，提出地方立法层面的建议。

一、道路交通安全事故与相关职能部门及职责

根据《道路交通安全法》，道路交通事故是指车辆在道路上因过错或者意外造成的人身伤亡或者财产损失的事件。

1. 道路交通安全职能部门职责

《道路交通安全法》中指出相关职能部门以及职责如下：

（1）第五条规定，由国务院公安部门负责全国道路交通安全管理工作。

（2）第四条以及第六条规定，各级人民政府应当保障道路交通安全管理工作与经济建设和社会发展相适应。县级以上地方各级人民政府应当适应道路交通发展的需要，依据道路交通安全法律、法规和国家有关政策，制定道路交通安全管理规划，并组织实施。各级人民政府应当经常进行道路交通安全教育，提高公民的道路交通安全意识。

（3）第五条规定，县级以上地方各级人民政府公安机关交通管理部门负责本行政区域内的道路交通安全管理工作。县级以上各级人民政府交通、建设管理部门依据各自职责，负责有关的道路交通工作。

（4）第六条规定，公安机关交通管理部门及其交通警察执行任务时，应当加强道路交通安全法律、法规的宣传，并模范遵守道路交通安全法律、法规。机关、部队、企业事业单位、社会团体以及其他组织，应当对本单位的人员进行道路交通安全教育。教育行政部门、学校应当将道路交通安全教育纳入法制教育的内容。新闻、出版、广播、电视等有关单位，有进行道路交通安全教育的义务。

《道路交通安全意见》要求相关道路运输企业需要强化其安全管理，相关部门需要规范道路运输企业生产经营行为，加强企业安全生产标准化建设，并且要求加强运输企业运输车辆动态监管；要求驾驶人培训考试以及管理部门，需要加强和改进驾驶人培训考试工作，严格驾驶人培训机构监管，并且加强货运驾驶人安全管理；对于道路交通安全执法部门，需要强化道路交通安全执法，严厉整治道路交通违法行为，切实提升道路交通安全执法效能，完善道路交通事故应急救援机制。《道路交通安全意见》对《道路交通安全法》中的道路交通教育也作出了明确的要求，地方各级人民政府每年需要制定并组织实施道路交通安全宣传教育计划，督促各个部门和单位积极地履行宣传责任和义务，包括新闻媒体，在重要版面以及时段进行交通安全公益的宣传；充分发挥主管部门、汽车企业、行业协会、社区和学校以及单位的宣传作用。

2. 道路交通事故责任追究与职责划分

关于道路交通事故责任追究，《道路交通安全意见》指出，需要严格执行重大事故挂牌督办制度。对发生特别重大道路交通事故的，或者一年内发生三起及以上重大道路交通事故的，省级人民政府要向国务院作出书面检查；对一年内发生两起重大道路交通事故或发生性质严重、造成较大社会影响的重大道路交通事故的，国务院安全生产委员会办公室要会同有关部门及时约谈相关地方政府和部门负责同志。

《道路交通安全意见》指出，地方各级人民政府需要高度重视道路交通安全工作，并将其纳入经济和社会发展规划，与经济建设和社会发展共同部署、落实、考核，加强对道路交通安全的统筹协调和监督指导作用。实行道路交通安全地方行政首长负责制，将道路交通安全工作纳入政府工作重要议事日程，定期分析研判安全形势，研究部署重点工作。严格道路交通事故总结报告制度，省级人民政府每年 1 月 15 日前要将本地区道路交通安全工作情况向国务院作出专题报告。落实部门管理和监督职责。各有关部门要按照“谁主管、谁负责，谁审批、谁负责”的原则，依法履行职责，落实监管责任，切实构建“权责一致、分工负责、齐抓共管、综合治理”的协调联动机制。要严格责任考核，将道路交通安全工作作为有关领导干部实绩考评的重要内容，并将考评结果作为综合考核评价的重要依据。地方各级人民政府要研究出台高速公路交通安全发展的相关保障政策，将高速公路交通安全执勤执法营房等配套设施与高速公路建设同步规划设计、同步投入使用并给予资金保障，高速公路建设管理单位要积极创造条件予以配合支持。

以上海市为例，上海市政府是道路交通安全保障的主体责任单位，根据上海市各委办局的管理内容，其所承担的道路交通安全职责如表 15-1 所示。

表 15-1 上海市道路交通安全管理责任划分

序号	部门名称	道路交通安全管理职责划分
1	上海市政府	上海市道路交通安全主体责任单位
2	市交警总队	道路交通安全执法、道路交通事故处理、车辆审批和驾驶员考核等工作、交通安全宣传教育
3	市城乡建设和交通委员会	路政局：制定交通管理的发展战略、中长期发展规划和年度计划，并指导实施；负责城市道路、公路、桥梁、隧道等市政设施的规划、设计、建设和安全运营管理，保障道路交通基础设施“本质安全”；组织协调道路、水路、铁路和航空等多种交通运输方式；组织实施交通安全影响评价等交通管理制度 交港局：营运客、货车辆及驾驶人的准入、道路运输管理执法、危化品运输安全管理 绿化与市容管理局：负责城市绿化相关设施设备（包括渣土车等）的管理；进行交通绿化及视距遮挡的操作
4	市安全生产监督管理局	全市及区县交通安全责任制实施；交通事故责任人处理；危化品安全管理；重大事故调查
5	市财政局	推动全市交通安全规划、建设及管理投资；保障全市道路交通安全基础设施建设、交通安全管理的经费落实
6	市发展和改革委员会	规划并指导推进全市及各区县经济发展；制定产业结构分布及发展规划；制定人口、社会经济、汽车产业发展规划
7	市工商行政管理局	机动车、非机动车、助（电）动车发展规划及其生产标准、市场准入、销售规范等交通安全源头管理；物流运输企业经营资质的准入
8	市教育委员会	指导推进全市学校交通安全法制宣传和安全教育宣传
9	市经济和信息化委员会	负责道路交通、轨道交通、公共汽车交通、对外交通信息融合、处理、发布、共享交换和交通信息服务；全市交通运输企业、个人交通安全诚信体系建设
10	市精神文明建设委员会	指导推进全市交通文明宣传，建立全市企业、个人道德诚信体系
11	市科学技术委员会	管理全市相关高校、科研院所等科研机构进行交通安全科研课题的立项、申请、研发等
12	市旅游局	监管旅游车辆安全运营；保障旅行社组团交通安全
13	市农业委员会	负责监管农用车辆安全性能和营运牌照的发放
14	市气象局	负责气象数据采集、交通安全影响分析、恶劣天气状况下的交通安全隐患预警及信息共享和发布，指导进行恶劣天气状况下的交通安全应急管理预案的执行
15	市司法局	制定交通安全法制宣传教育计划和普及交通安全法律常识规划并组织实施，指导各区县、各行业交通安全法制宣传、依法治理工作和对外交通安全法制宣传；指导司法行政系统的交通安全法学教育和法学研究工作
16	市统计局	负责全市及各区县经济总量、发展特征现状调查及统计分析；全市及各区县常住人口数量、年龄现状特征、人口区域分布现状调查及统计分析；外来人口数量、分布现状调查及统计分析
17	市卫生局	指导并推动全市交通事故急救网络发展；建立交通事故医疗救助绿色通道
18	市文化广播影视管理局	支持全市交通安全公益广告，组织并推动全市交通安全宣传
19	市质量技术监督局	贯彻并执行国家道路及车辆等交通安全设施的相关法律、法规、规章和方针、政策；制定并指导实施本市交通安全设施规章、政策；负责组织协调道路、车辆等交通设施质量安全事故的调查处理

序号	部门名称	道路交通安全管理职责划分
20	上海保监局	制定并组织推动全市车辆保险政策
21	上海铁路局	铁路与道路道口安全管理
22	危险货物运输协会	协助政府进行本市道路危险货物运输行业的相关培训，提高行业内的职工队伍素质；组织行业内的评优工作，举办相关的展览会、研讨会和报告会等，为会员提供有关咨询服务；收集、整理并向会员单位提供国内外道路危险货物运输行业的技术、管理、市场等方面的信息；制定本市道路危险货物运输行业的行规行约，对违反行规行约，损害行业整体形象的会员，采取相应的行业自律措施；对行业内违法经营的企业或者其他经济组织，可以建议并协助政府有关部门予以查处；对国内外道路危险货物运输经济、技术进行理论研究和专题研讨，组织学术交流
23	出租车协会	负责指导全市出租车安全运营，宣传并实施驾驶员安全驾驶等专业培训
24	公共交通运输行业协会	负责全市公共客运汽车、轨道等公共交通车辆的安全运营管理和驾驶人员安全驾驶指导
25	道路交通安全协会	负责道路交通安全理论研讨、科技推广、专业培训、咨询服务和刊物出版

二、道路交通安全相关法律法规

目前，道路交通安全相关的法律法规的建设已经比较完整，从国家立法层面而言，2003 年 10 月 28 日，第十届全国人大常务委员会第五次会议审议通过《道路交通安全法》，随后在 2004 年，国务院公布了《道路交通安全法实施条例》，公安部门同时也制定颁布了一系列的规定与规范。2007 年，结合法律实施情况，全国人大对《道路交通安全法》提出修改，主要解决了第七十六条执行中争议较大的交通事故损害赔偿责任分担问题。这一年中，对于安全违法行为的处理程序，公安部也制定了一系列的相关规定。2011 年 2 月 25 日，全国人大又对《道路交通安全法》实施了修订，对酒驾，追逐竞驾和伪造、变造机动车牌证以及使用假牌证等违法犯罪行为给予更严厉的处罚。2012 年 7 月，国务院又颁布了《关于加强道路交通安全工作的意见》。公安部又分别就道路交通安全违法行为处理、道路交通事故处理、机动车登记、机动车驾驶证申领和使用、剧毒化学品购买和公路运输许可证件管理、毒驾的界定和处罚、公路巡逻民警中队警务规范等方面制定、修订了部门规章。

与此同时，北京、山西、湖北、江西等省市纷纷结合自身情况，出台了配合《道路交通安全法》的地方性法规。截至目前，我国的道路交通安全相关的法律法规已经较为完整，以《道路交通安全法》为龙头，有着一系列的部门规章、相应的交通管理国家和行业技术标准，及配套的地方性法规和规章以及其他的相关法律、行政法规、规章。

三、道路交通安全地方管理中的问题——以上海为例

在当前的法律法规的框架之下，尽管我国的道路交通安全法律体系已经比较完整，但是在具体的地方管理中也难以避免一些问题的出现。以上海市为例，《上海市道路交通管理条例》于 1997 年由上海市人大常委会通过，2001 年进行了第三次修订，此后不断广泛地吸收社会各界的意见和观点，于 2016 年 12 月 29 日由上海市第十四届人民代表大会常务委员会第三十四次会议修订。由于前后修改的时间跨度达到 16 年，此次修订的条款比例达到了 85%。此次修订使得其与上位法《道路交通安全法》衔接，同时能够符合地方交通管理的实际需求，从超大型城市的交通管理实际出发，在道路交通管理的原则和理念、交通规划与设施管理、车辆和驾驶人管理、道路通行和停车管理、综合治理、规范执法以及法律责任等方面都有一定的创新，为上海市的交通管理打下了坚实的基础。

现有的上海市的法规规章在多次修订之后对各个部门之间的职权划分基本较为合理、清晰。各管理部门之间能够各司其职，并有一定程度的相互配合。目前，在道路交通安全地方管理中依然存在如下问题。

（1）地方交通安全法律建设滞后。《上海市道路交通管理条例》在 2001 年第三次修订后，2004 年《道路交通安全法》颁布，直到 2016 年《上海市道路交通管理条例》才进行最新一次的修订。在此期间，《上海市道路交通管理条例》存在与上位法衔接不紧密的情况。近年来交通领域的发展也带动了很多经济领域的发展，相关法律法规是否能够及时地吸收实际交通安全管理的问题和经验、进行适当调整，直接决定着地方交通执法的力度。

（2）处罚力度不足，违法成本较低。现有法律、法规对交通违法行为的处罚力度稍显不足，根据《道路交通安全法》第八十九条的有关规定，对非机动车违反道路交通安全法律、法规关于道路通行规定的，应当处警告或者五元至五十元罚款。这对于某些违法行为，如开车使用手机，或者浏览电子设备等妨碍安全驾驶的行为威慑力不足，至于对行人闯红灯的处罚更是没有相关规定。在社会经济高速发展的今天，尤其是在收入水平相对较高的大中型城市，所能起到的威慑作用有限，特别是对一些相对严重的非机动车交通违法行为而言，违法成本过低，难以起到应有的震慑作用。

（3）驾驶人安全驾驶教育领域制度落后。上海市近年来参加培训的驾驶员人数依然呈现着逐年上升的趋势。就目前而言，驾驶员的培训主要是在专门的注册驾驶机构进行的。目前我国的机动车驾驶员考试主要分为理论部分和实践部分。其中，理论部分的“应试”现象比较严重，教学内容缺乏全面性和系统性，通常都是以通过考试为目标；而在

实践部分中，考试的内容几乎不会涉及对安全意识的考察，导致了很多法律法规知识不牢、安全驾驶行为和文明驾驶意识不足的驾驶员同样能通过考试。一方面，机构本身培训制度并不完善，面对大量日益增长的培训需求却无法保障机构本身的教育能力；另一方面，现有教育制度下的新驾驶员更容易发生一些特定形态的交通事故。

（4）客货运监管法律法规有待加强。目前对于客货运车辆司机的驾驶状态缺乏有效的法律监管。出租车存在司机易出现疲劳驾驶的现象，司机安全意识较为薄弱；公交车则存在企业对安全管理工作重视程度不足、车辆驾驶员安全意识不足等问题。在高峰时段，公交车很容易出现超载现象，存在安全隐患。对于货运车，目前上海市的货运企业准入门槛较低，有关部门的监管并不充分，且外地货车的数量较大，不利于管理，另外货车超载现象也比较严峻，存在较大的安全隐患。

（5）非机动车管理条例仍需完善。目前上海市注册登记的非机动车数量已经远超千万。在 2021 年颁布的《上海市非机动车安全管理条例》中，以往的部分问题已经得到一定的改善，如对外卖、快递车辆需要进行定期安全审查，以及需要配备专用牌照，大大约束了相关车辆的违法乱象等一系列安全问题的发生。然而实际上，仍存在一些根深蒂固的问题。如非机动车车道资源不足，部分道路受路幅限制，非机动车的车道宽度也无法得到保障。由于现有非机动车体量过大，执法成本较大，难以实现每辆车都定期检查，无法有效约束每辆车的违法违规行为。

（6）行人安全问题明显。在现有的《道路交通安全法》中对行人通过路口或者横过道路作出了规定①，但在实际交通环境中，行人闯红灯行为是一种最常见的交通违法行为，也是导致信控交叉口交通事故多发的重要原因之一。另外，在一些路段，《道路交通安全法》中的相关条例往往只有在行人受到伤害，需要问责的时候才有可能发生作用。机动车礼让行人的概率目前依然在很低的水平，人车冲突没有得到很好的改善，是交通安全事故的隐患所在。另外，目前人行横道也存在一些设计上以及周边环境上的问题，这些也为上海市安全地方管理带来了不少的问题。

（7）机动车车灯和交通信号灯相关问题。民警在执法中经常发现车辆配备或者更换高强度远光灯的情况，此类车灯虽然改善了本车的照明条件，却干扰了其他车辆的安全视线，具有一定的安全隐患。而现有的机动车安全技术标准中仅规定了车灯的最低照明强度，对车灯的最高照明强度未加限制。市公安机关交通管理部门结合本市道路交通的实际情况，对交通信号灯显示方式以及交通标志、标线的设置，进行了一定的探索和创新，

① 行人通过路口或者横过道路，应当走人行横道或者过街设施；通过有交通信号灯的人行横道，应当按照交通信号灯指示通行；通过没有交通信号灯、人行横道的路口，或者在没有过街设施的路段横过道路，应当在确认安全后通过。

如独创了红黄灯同时亮、黄灯闪烁、公交优先信号、直行待行区等交通信号，取得较好的实施效果，但是在交通信号灯及交通标线的有关地方标准中缺乏对其含义的解释。

（8）事故发生后第一时间的救助与保险。虽然《道路交通安全法》作出了相关规定[①]，但在交通事故发生后，将伤者送往医院救治过程中，现有的保险制度往往无法在第一时间将救治费用交付给医院，这对于医院对患者第一时间的救治造成了严重的不利影响。

在一般道路交通事故发生后，遇到抢救费用不能垫付、超过交强险责任限额或肇事机动车未参加交强险或机动车肇事后逃逸等情况，受害人暂时不能支付医疗费时，医院一般不会对其进行救治。如果要申请“救助基金”，则要向保险公司申请且由交警确认，保险公司才会向医院支付。但整个申请支付流程通常要 1~2 个工作日，因此重伤人员除非自己垫付手术费，否则不能得到及时救助。

四、完善道路交通安全地方立法的相关建议

（1）及时完善道路交通安全的地方性法规和政府规章。《道路交通安全法》已经规定每年地方人民政府需要上报道路安全总结报告，通过及时总结并且发现现有法律的不足之处，有针对性地进行完善，进一步增加有法可依的保障，从而达到科学的依法管理。另外，技术标准与规范是道路交通法律法规体系的重要支撑，公安机关交通管理部门需要根据道路交通实际情况，对交通信号灯显示方式以及交通标志、标线的设置，进行一定的探索和创新，并应该在交通信号灯及交通标线的有关地方标准中增加对其含义的解释，明确其法律地位。

（2）完善道路交通安全源头管理制度规范。对现有的交通参与方，如交通参与人员、运营车辆、货运车、出租车、公交车以及道路及基础设施各个方面进行源头的安全监管。对交通参与者，制定专门的长期的安全教育的机制，开设部分人员的重点培训班，加强安全教育的力度，甚至适当提升违法的时间成本，等等。对运营车辆，严格进行驾驶员的资质审查，加强责任倒查制度。对相关企业，增加安全检查，严格制定相关运输企业安全管理规范，积极推进相关的行业安全评价工作机制，并加强客运站的安全督管制度以及对客运企业与运营的监管。对货运车辆，严格落实货物运输企业交通安全主体责任制度，把关好相应行业资质审查，严格把控货运车辆的行驶准入，并且形成管理和执法部门之间的工作合力等。对出租车，需要主管部门加强监督审查和整改力度，需要行业

① 《道路交通安全法》第十七条规定了设立道路交通事故社会救助基金制度；第七十五条规定：“医疗机构对交通事故中的受伤人员应当及时抢救，不得因抢救费用未及时支付而拖延救治。”

行政许可把好经营资质关。对公交车，需要发挥企业的安全管理工作的作用，加强驾驶员的安全驾驶能力、意识。另外，对于相关的道路基础设施，如高速公路、城郊主干道、郊区县道路等，需要加强相关部门对安全工作的指导作用，保证规划设计管理层面相应法律制度的完善，把握好道路交通安全源头，从而更加行之有效地改善道路交通安全状况。

（3）完善部门联动工作制度规范。城市道路交通安全作为一项涉及人、车、路、环境、管理的复杂系统工程，需要多部门协调配合、社会各界通力合作进行综合治理。当前，我国城市道路建设和管理权限在城市建设部门，道路交通安全管理突出强调公安交警部门的职责权力，道路、交通参与者、车辆、气象等部门在道路交通安全管理方面的协调力度有所欠缺。在城市经济快速发展，道路交通安全影响因素日益复杂的情况下，现有道路交通安全管理机制的执行效果大打折扣。交通安全问题的解决需要公安交警部门、交通部门、城市建设部门、城市经济人口发展规划部门、气象部门、交通车辆行业协会、医疗救援部门、学校和媒体等宣传教育部门的多方信息共享和协调合作。此外，还需要产业界的参与，非政府组织的配合，以及公立和私立部门的伙伴合作关系。完善这些部门的联动工作制度，能够更加综合地提升城市整体交通安全水平。

（4）建立事故多发路段安全评价制度规范。道路事故多发段建立安全审计制度是近年来许多国家推崇的，能够行之有效地降低道路安全性保障与常规设计前后矛盾所带来的经济损失。建议制定交警部门定期对各路段进行交通安全隐患排查的法律法规，做到排查面的全覆盖。同时，对存在重大交通安全隐患及事故多发路段进行重点排查，并针对具体道路制定相应的治理方案或改进措施。

（5）完善驾驶人安全驾驶教育制度规范。需进一步明确驾驶人接受驾驶相关培训时需要达到的驾驶时长要求，并需要强化安全驾驶意识培训及考核。在进行驾驶培训过程中，驾驶人必须参加救护课程学习。需要严格监管驾驶培训学校的质量，制定相应规范。如若某驾校毕业的学生事故率高于正常水平，则对该机构进行审查问责等。需保证驾驶员培训机构的教员以及考试员的技术水平以及具有相应的工作能力，并对其进行定期考核，保证合法上岗。

（6）加强客货运车辆单位的管理制度规范。使用先进的车辆安全装置，如车辆配备事故自动记录仪、驾驶员异常状态检测仪、自动调速器和事故预警器、导航系统、安装纵横向稳定装置等，以提高行车安全性。加强对车辆和驾驶员交通安全的源头管理，在驾驶员考试、发证、违章处罚、记分等环节加大管理力度，强化对驾驶员的教育管理。加强客运管理，把好运输企业市场准入、营运车辆技术状况和营运驾驶员从业资格关，强化客运站场安全监管。加强交通安全执法管理，严厉查处酒后驾驶、疲劳驾驶、不使用安全带、超载超员、超速行驶等严重违法行为，取缔非法生产、拼装、组装车辆等违法行为，严把机动车辆安全认证、管理和报废关。

（7）加强非机动车管理制度规范。明确电动自行车的登记规范，并且严格把关非机动车的上路，加强车辆定期检验、倡导电动自行车保险制度、强化驾驶人驾驶技能培训和教育等。需要加强非机动车的生产监管以及销售督查工作，保障电动自行车健康发展。完善现有法律法规，对一些难以限定的车辆进行法律规制。

（8）严格执法，提高违法成本。通过调研，结合城市的经济发展水平以及交通事故现状，修订城市道路安全管理条例，用更加严格、完善的法律法规，提高违法成本。不仅包括经济上的成本，还包括如接受道路安全教育、参加社会交通安全监督等时间成本，甚至包括影响银行信贷等信用的处罚。

在严格执法层面，完善道路交通违法行为记分制度，实行交通违法行为与交强险费率、银行信贷信用考评、单位评优、职业驾驶人准入等挂钩制度；加强道路交通秩序管理，集中整治严重交通违法行为，继续保持对于“危险驾驶性行为”的处罚力度，包括酒驾、毒驾、超速等。加大对“恶意性侵占他人路权”的处罚力度，如交叉口违法变道、快速路违法停车倒车等。

（9）进一步完善交通事故应急保障与救助体系相关制度规范。提升并加强道路交通事故应急保障能力，完善道路交通事故救助体系建设。完善市政工程与道路交通设施，强化道路交通事故应急队伍保障体系。提高道路交通事故应急医疗卫生救助保障能力。“建立交强险快速使用通道”，改变现有的“先审核再出资再救助”的现状。建立医疗卫生保障动态数据库，明确医疗应急资源分布、救助能力和专业特长等，建立交通事故医疗应急救助预案；根据“分级救助”原则，按照现场抢救、院前急救、专科医救等不同环节和需要组织施救；危险品交通事故伤员应优先安排进入相应的专业医院治疗。事发地区县政府、区域行政主管机构、相关职能部门应做好物资和劳务征用补偿，对因参与应急处置而伤亡的人员，按规定给予抚恤；建立健全道路交通事故社会性救济救助制度，鼓励和利用红十字会等社会团体资源进行救助；明确处理道路交通事故中政府救济、司法救济的程序和方案，规范社会、个人和境外机构社会救助程序和要求，并明确捐赠资金和物资的监督管理等事项。

第二节 城市轨道交通运行安全的法律规范

城市轨道交通运行组织是运营单位以满足旅客出行需求、保障旅客出行安全为目的，对城市轨道交通的列车运行、车站行车和客运、列车调度、机电设备系统运行实施的有序管理。城市轨道交通是城市公共交通系统的骨干，是城市综合交通体系的重要组成部分，其安全运行对保障人民群众生命财产安全、维护社会安全稳定具有重要意义。我国政府高度重视城市轨道交通安全运行，并于2018年由国务院办公厅发布了《关于保障城市轨道交通安全运行的意见》（国办发〔2018〕13号）（以下简称《轨道交通安全意见》），明确要求“加强城市轨道交通立法工作，根据实际需要及时制定修订城市轨道交通法规规章”。

一、城市轨道交通运行安全部门职责

为了切实保障城市轨道交通安全运行，保障人民群众生命财产安全，维护社会安全稳定，我国建立了一套较为完整的城市轨道交通运行安全法规体系。国务院负责制定与城市轨道交通有关的行政法规，发布相关决定和命令，例如《轨道交通安全意见》；同时，国务院负责统一领导各部和各委员会关于城市轨道交通运行安全的工作。国家发展改革委、住房和城乡建设部、安全监管总局等有关部门，按照职责分工履行有关安全工作职责。省级人民政府指导本辖区城市轨道交通安全运行，负责辖区内运营突发事件应对工作的指导协调和监督管理。城市人民政府按照属地管理原则，对辖区内城市轨道交通安全运行负总责，负责建立衔接高效、运行顺畅的管理体制和运行机制，统筹协调相关方面共同做好安全运行管理工作；同时，城市人民政府负责完善城市轨道交通规章制度，结合本地区实际，及时制定修订城市轨道交通运营相关规章。对跨城市运营的城市轨道交通线路，有关城市人民政府应建立跨区域运营突发事件应急合作机制。

1. 交通行业条线部门职责

交通运输部负责指导全国各地城市轨道交通运营，拟订运营管理政策法规和标准规范并监督实施，承担运营安全监管职责，负责运营突发事件应对工作的指导协调和监督管理；指导地方交通运输部门监督城市轨道交通运营单位做好反恐防范、安检、治安防范和消防安全管理相关工作，根据应急预案调动行业装备物资为突发事件应对提供交通运输保障。各省交通厅负责指导全省城市轨道交通运营安全的具体工作，建立省级城市轨道交通运营突发事件应急处置联动工作机制，监督相关运营安全管理政策法规和标准规范的实施。城市交通局负责指导、监督城市轨道交通运营单位执行运营安全监督管理规章制度，组织开展城市轨道交通运营安全检查和评估，按照有关规定组织制定和牵头实施城市轨道交通运营突发事件应急预案，参与运营安全事故调查处理，督促落实整改措施等工作。

2. 公共安全条线部门职责

公安部负责会同交通运输部等部门拟订城市轨道交通反恐防暴、内部治安保卫、消防安全等政策法规及标准规范并监督实施；指导地方公安机关做好城市轨道交通区域的巡逻查控工作，依法查处有关违法违规行为，加强对危及城市轨道交通安全的涉恐等情报信息的搜集、分析、研判和通报、预警工作，监督指导运营单位做好进站安检、治安防范、消防安全管理和突发事件处置工作。各省公安厅负责会同其他省级机关制定城市轨道交通反恐防暴、内部治安保卫等政策法规及标准规范并监督实施，指导、监督地级以上市人民政府公安机关做好相关工作。地级以上市人民政府公安机关负责巡逻查控城市轨道交通区域，依法查处危害城市轨道交通运营安全、扰乱城市轨道交通运营秩序、侵犯人身安全等违法违规行为，搜集、分析、研判、通报和预警危及城市轨道交通运营安全的涉恐等情报信息，指导、监督运营单位做好进站安检、治安防范等工作。

城市轨道交通运营单位承担安全生产主体责任，落实反恐防暴、内部治安保卫、消防安全等有关法规规定的责任和措施。

二、城市轨道交通运行安全的法律规范体系

1. 城市轨道交通运营安全法律

中华人民共和国全国人民代表大会常务委员会制定的适用城市轨道交通运营安全的法律主要如下。

1）《中华人民共和国安全生产法》

该法是为了加强安全生产工作，防止和减少生产安全事故，保障人民群众生命和财产安全，促进经济社会持续健康发展所制定的法律。

该法最初由中华人民共和国第九届全国人民代表大会常务委员会第二十八次会议于2002年6月29日通过公布，自2002年11月1日起施行。迄今为止共经过两次修正，最新版本的《中华人民共和国安全生产法》，自2014年12月1日起施行。

其主要内容有：①指导生产企业建立完善安全生产方针和工作机制；②明确安全监管部门执法地位；③明确生产经营单位的安全生产主体责任；④明确生产经营单位应建立事故预防和应急救援制度；⑤规定生产单位建立安全生产标准化制度；⑥明确安全生产违法行为应承担的法律责任。

2）《中华人民共和国突发事件应对法》

该法是为了指导各级政府依法及时有效应对各类突发事件，保护人民群众生命和财产安全所制定的法律。

该法由中华人民共和国第十届全国人民代表大会常务委员会第二十九次会议于 2007 年 8 月 30 日通过，自 2007 年 11 月 1 日起施行。

该法主要内容有：①规定了突发事件应急管理体制；②规定了突发事件的预防与应急准备制度；③规定了突发事件的监测制度；④规定了突发事件的预警制度；⑤规定了突发事件的应急处置制度；⑥规定了突发事件的事后恢复与重建制度；⑦明确了违反此法规定的处分责任。

3）《中华人民共和国消防法》

该法是为了预防火灾和减少火灾危害，加强应急救援工作，保护人身、财产安全，维护公共安全所制定的法律。

该法最初于 1998 年 4 月 29 日由第九届全国人民代表大会常务委员会第二次会议通过公布。迄今为止，此法共经过两次修正，最新版本的《中华人民共和国消防法》于 2019 年 4 月 13 日通过发布。

该法所规定的与城市轨道交通运营安全有关的主要内容有：①建立了政府、部门、单位、公民为责任主体的社会化消防工作网络和责任体系；②规定了相关单位的消防监督检查制度；③明确了对违反消防法的行为的处罚力度。

4）《中华人民共和国刑法》

在城市轨道交通系统的日常运营过程中，当出现了后果极其严重的突发事故时，应该按照《中华人民共和国刑法》追究当事人的相关责任①。

另外，城市轨道交通运营安全的有关行为主体应该遵循的法律还有《中华人民共和国行政处罚法》《中华人民共和国行政诉讼法》《中华人民共和国行政复议法》和《中华人民共和国国家赔偿法》。

2. 城市轨道交通运营安全行政法规和部门规章

1）行政法规

行政法规是由国务院根据宪法和法律，在其职权范围内制定和发布的有关国家最高行政管理活动的文件。国务院颁布的有关城市轨道交通系统运营安全的主要行政法规包

① 《刑法》第一百一十条规定：“破坏交通工具、交通设备、易燃易爆设备造成严重后果的，处十年以上有期徒刑、无期徒刑或者死刑。过失犯前款罪的，处七年以下有期徒刑或者拘役。”

括《轨道交通安全意见》《国家城市轨道交通运营突发事件应急预案》和《生产安全事故应急条例》。

在城市轨道交通运营总里程持续迅速增加，各主要城市轨道交通线网越织越大、越织越密，轨道交通运营安全保障难度日益增大的背景下，为切实保障城市轨道交通运营安全，国务院出台的《轨道交通安全意见》作为保障城市轨道交通运营安全的纲领性文件，是其他一系列相关行政法规的来源与依据。《轨道交通安全意见》明确了我国城市轨道交通发展的顶层设计，对综合治理体系的构建、规划建设运营全过程的安全与服务、运营安全管理体系、城市轨道交通安全防范举措、应急事件处置能力、全面的运营安全保障措施六个方面提出了明确的要求，其中尤其强调了“加强城市轨道交通立法工作，强化技术标准规范对安全和服务的保障和引领作用，建立健全有关标准体系”。

为适应我国城市轨道交通行业快速发展的新形势和应对突发事件的实际需要，做好运营突发事件的应对工作，国务院对2005年印发的《国家处置城市地铁事故灾难应急预案》（以下简称原《预案》）进行了修订，于2015年4月30日印发了修订后的《国家城市轨道交通运营突发事件应急预案》（以下简称新《预案》）。

与原《预案》相比，新《预案》在适用对象、适用范围、组织指挥体系、监测预警、突发事件分级标准和分级响应机制等方面进行了调整和规范，明确了参与应急处置的部门、单位以及相应职责，要求运营单位与运营主管部门之间建立定期会商、信息共享的应急合作机制。

《生产安全事故应急条例》是为了规范生产安全事故应急工作，保障人民群众生命和财产安全而制定的法规，以国务院令的形式颁发，自2019年4月1日起施行。《生产安全事故应急条例》所适用的范围更广，包含一切生产安全事故应急事件。尽管实施时间更晚，但从内容上而论，该条例是新《预案》的上层文件。

2）部门规章

部门规章是指国务院所属的部、委、中国人民银行、审计署和具有行政管理职能的直属机构发布的规定、办法、实施细则、规则等。与城市轨道交通运营安全有关的主要部门规章可概括为“一主五辅”，其中“一主”是指《城市轨道交通运营管理规定》，“五辅”指以《城市轨道交通运营管理规定》为基础，2019年内交通运输部印发的五部相关规章，包括：《城市轨道交通行车组织管理办法》（交运规〔2019〕14号）、《城市轨道交通运营安全风险分级管控和隐患排查治理管理办法》（交运规〔2019〕7号）、《城市轨道交通设施设备运行维护管理办法》（交运规〔2019〕8号）、《城市轨道交通运营突发事件应急演练管理办法》（交运规〔2019〕9 号）、《城市轨道交通运营险性事件信息报告与分析管理办法》（交运规〔2019〕10 号）。

《城市轨道交通运营管理规定》由交通运输部在原有《城市轨道交通运营管理办法》的基础上进行修订后发布，并于 2018 年 7 月 1 日起施行。其编制目的是：进一步规范城市轨道交通运营管理，切实保障运营安全，统筹协调各方关系。有关运营安全的主要内容包括：清晰界定相关部门在城市轨道交通公共安全防范的职责分工，明确从业人员管理、设施设备准入与运行维护管理、风险隐患管控治理等相关要求，要求运营单位做好安全作业、安全防护、安全运营的工作，并且要强化应急处置能力，建立运营安全重大故障和事故报送制度。

其他五部相关规章作为《城市轨道交通运营管理规定》的细化与补充内容，分别从行车组织、风险分级管控和隐患排查治理、设施设备运行维护、突发事件应急演练、险性事件信息报告与分析的方向明确提出了相关安全标准与要求，系统性地保障了城市轨道交通运营安全。

3. 城市轨道交通运营安全地方性法规和政府规章

1）省级地方性法规和政府规章

省级法律文件中关于城市轨道安全运行的法规较少。上海、北京等城市轨道发展较早，制定了专门的城市轨道运行安全法律条例。上海市于 2002 年通过了《上海市城市轨道管理条例》，北京市于 2014 年 11 月通过了《北京市轨道交通安全运营条例》，以省级地方性法规的形式对轨道交通安全运营进行地方立法。此外还有多部生产安全、消防、应急等方面的法律文件与城市轨道运行安全密切相关，例如广东省出台的《广东省安全生产条例》《广东省突发事件应对条例》，浙江省出台的《浙江省安全生产条例》《浙江省消防条例》等。

党的十八大以来，各省级人民政府相继出台有关城市轨道运营安全的规章文件，用来指导全省的城市轨道交通运营安全工作。

广东省人民政府在 2020 年 6 月 13 日通过了《广东省城市轨道交通运营安全管理办法》（广东省人民政府令第 276 号），旨在加强城市轨道交通运营安全管理，保障城市轨道交通运营安全；文件适用于全省行政区域内的地铁、有轨电车、自动导向轨道系统等城市轨道交通的运营安全管理工作。

江苏省人民政府依据《轨道交通安全意见》和《城市轨道交通运营管理规定》（中华人民共和国交通运输部令 2018 年第 8 号）出台了《省政府办公厅关于切实保障城市轨

道交通安全运行的实施意见》（苏政办发〔2018〕111 号）。对运营单位运营过程中的安全监控制度、设施设备更新维护、从业人员准入和培训考核等内容作出了详细规定，并要求建立城市轨道交通运营安全第三方评估制度和城市轨道交通智能管理系统，提高运营安全管理水平。

浙江省人民政府出台了《浙江省人民政府办公厅关于切实加强城市轨道交通运营和安全管理的通知》（浙政办发〔2019〕67 号），要求运营单位设置安全生产管理机构，建立健全安全基础性管理制度，配备专职安全管理人员，保障安全资金投入，严把列车驾驶员等“五大员”关键岗位人员考核准入和评价关；加强隐患排查和风险管控，强化关键设施设备运行质量监控；交通运输部门要会同有关部门依法对运营单位开展安全生产监督检查。

2）市级地方性法规和政府规章

（1）市级地方性法规

《轨道交通安全意见》中提出属地管理、综合治理的基本原则，城市人民政府对辖区内城市轨道交通安全运行负总责，要充分发挥自主权和创造性，结合本地实际构建多方参与的综合治理体系。所以目前关于城市轨道运营安全的地方性法规主要是从城市层面制定的。

与城市轨道交通运行安全直接相关的地方性法规是各市人大制定的轨道交通管理条例，例如《武汉市轨道交通管理条例》《广州市城市轨道交通管理条例》《成都市城市轨道交通管理条例》等。

轨道交通管理条例针对运营阶段的设施设备安全、服务组织安全、应急管理安全等多个方面作出规定，对轨道交通的前期规划、设计、建设阶段与运营安全紧密相关的事项也提出了相关要求。

与消防安全、反恐防暴、安全生产等方面相关的地方性法规也是城市轨道交通安全运行需要遵守的法律文件，例如《成都市消防条例》《沈阳安全生产条例》等。

（2）市级政府规章

与城市轨道交通安全直接相关的地方规章包括各省市人民政府制定和发布的《城市轨道交通运营管理办法》，例如，《成都市城市轨道交通运营管理办法》（政府令〔2010〕171 号）、《广州市城市轨道交通运营管理办法》（穗交〔2010〕1247 号）、《杭州市轨道交通运营安全管理办法》（政府令第 289 号），以及与城市轨道交通运行安全间接相关的政府规章，如广州市人民政府制定和发布的《广州市安全风险分级管控实施细则》（穗应急规字〔2020〕1 号）、《杭州市人民政府办公厅关于印发落实消防安全责任实施办法的通知》（杭政办函〔2018〕10 号）、《武汉市消防管理若干规定》（政府令第 249 号）等。

《广州市城市轨道交通运营管理办法》于 2010 年由广州市人民政府通过。该办法旨在规范城市轨道交通安全运营管理，保障城市轨道交通运行良好。文件中对运营单位的运营服务、运营信息和应急处置等作出了明确规定。

《杭州市人民政府办公厅关于印发落实消防安全责任实施办法的通知》于 2018 年通过，旨在推动落实消防安全责任，文件主要对政府机关单位以及生产企业的消防安全责任进行明确划分，并规定了具体的责任落实办法。

4. 城市轨道交通运营安全相关标准规范文件

标准规范是指农业、工业、服务业以及其他社会事业领域需要统一的技术要求，安全标准规范是与安全生产相关的技术性规定。《中华人民共和国安全生产法》（2014）第十七条规定，生产经营单位应当具备本法和有关法律、行政法规和国家标准或者行业标准规定的安全生产条件。标准所具有的法律地位及其法律效力决定了安全标准一旦被制定和发布，就必须被认真贯彻执行。安全生产类国家标准为强制性标准。城市轨道交通运营安全相关的标准规范主要有:《地铁运营安全评价标准》(GB/T 50438—2007)、《城市轨道交通运营管理规范》（GB/T 30012—2013）等国家标准文件；《城市轨道交通试运营前安全评价规范》（AQ 8007—2013）、《城市轨道交通安全验收评价细则》（AQ 8005—2007）等行业标准文件；《城市轨道交通运营安全管理规范》（DB11/T 1166—2015）、《城市轨道交通安全运营评价标准》（DB31/T 902—2015）等地方标准文件。所有安全标准均是由相关领域的专家、一线工作人员参与编写的，均结合了现有的法律法规，基于实际生产工作的实践经验，吸收借鉴了国内外有关资料，广泛征求了城市轨道运营单位以及其他多方意见。标准规范文件对城市轨道交通运行安全管理不仅有规范作用，还具有较强的指导意义[1]。

三、城市轨道交通运行安全事故处置案例

（一）上海地铁 10 号线追尾事故

1. 简介

2011 年 9 月 27 日 14 时 51 分，上海地铁 10 号线发生两车追尾事故。当天 14 时 10 分，

10 号线因信号设备发生故障，交通大学站至南京东路站上下行期间采用人工调度的方式；14 时 51 分，在豫园往老西门方向的区间隧道内发生了 5 号车追尾 16 号车的事故。由于事故发生在运营时段，造成了 270 名乘客不同程度的受伤，幸运的是无人死亡。事故的影响十分严重，党中央、国务院十分重视，上海市有关部门成立了上海地铁 10 号线“9·27”事故调查小组。

2. 事故原因

经事故调查组认定，事故的直接原因是：地铁行车调度员没有在发布电话闭塞命令前对故障区间内正在运行的列车位置进行确认；接车站值班员也未对区间线路是否空闲的情况进行严格确认，违规同意发车站的电话闭塞要求。

经事故调查组查明，信号设备发生故障的原因是在未进行风险识别、未采取有针对性防范措施的情况下，上海申通地铁集团有限公司（以下简称“申通集团”）维护保障中心供电公司签发了不停电作业的工作票，并经上海地铁第一运营有限公司同意。上海自动化仪表股份有限公司电工在进行 10 号线新天地车站电缆孔洞封堵作业时，造成供电缺失，导致 10 号线部分设备发生故障，地铁运营由自动系统向人工控制系统转换 [2]。

3. 处理结果及依据

申通集团在本次事故中存在违规行为，并存在执行规章制度不严、应急管理不到位，设备设施维护、隐患排查治理不到位等问题，负主要责任。事故依据《安全生产法》和《生产安全事故报告和调查处理条例》《上海市轨道交通管理条例》等相关法律法规进行处理。

《安全生产法》中第二章第三十八条规定：生产经营单位应当建立健全生产安全事故隐患排查治理制度，采取技术、管理措施，及时发现并消除事故隐患。事故隐患排查治理情况应当如实记录，并向从业人员通报。第九十三条规定：生产经营单位的安全生产管理人员未履行本法规定的安全生产管理职责的，责令限期改正；导致发生生产安全事故的，暂停或者撤销其与安全生产有关的资格；构成犯罪的，依照刑法有关规定追究刑事责任。

《上海市轨道交通管理条例》第三十五条规定，禁止下列危害轨道交通设施的行为：包括损坏和干扰机电设备、电缆和通信信号系统；第二十八条规定：轨道交通运行过程中发生故障而影响运行时，轨道交通企业应当组织力量及时排除故障，恢复运行。一时无法恢复运行的，轨道交通企业应当组织乘客疏散和换乘，并及时向市交通行政管理部门报告。

《城市轨道交通行车组织管理办法》中第十条规定：电话闭塞法是当更高级别的行车闭塞法不能使用时，由区间两端车站利用站间行车电话以发出电话记录号码的方式办理闭塞的一种方法，启用前应确认所有列车停妥，准确掌握实施电话闭塞区域内所有列车位置且进路准备妥当。

申通集团在未充分论证安全性和采取有效的防护措施的情况下，批准了带电作业，后因工人失误导致地铁线路信号系统停电，违反了《上海市轨道交通管理条例》的相关规定。列车调度人员在未确定列车位置的情况下，贸然下达指令，造成了列车相撞，违反了《城市轨道交通行车组织管理办法》的相关规定。

依照上述有关规定，12 名事故责任人受到严肃处理，包括：申通集团地铁 10 号线调度控制中心运营副调度员、10 号线调度控制中心调度长等相关责任人受到行政处罚；申通集团副总裁兼运营中心总经理对事故负有主要领导责任，申通集团总裁、申通集团董事长对事故负有重要领导责任，分别给予行政处罚。

事故调查组还责成申通集团对此次事故中负有责任的其他相关人员，按企业相关规定予以严肃处理，并对申通集团予以经济处罚。

（二）上海地铁 1 号线撞车事故

1. 简介

2009 年 12 月 22 日，1 号线在北段实行富锦路站至上海火车站站的小交路运营。7 时许，117 号列车在到达上海火车站站下客后，再由上海火车站站空车开出，往中山北路方向隧道开行数百米，准备通过道岔到达折返线。与此同时，由中山北路站开往上海火车站站的 1 号线 150 号车，运行至上海火车站折返站时，由于冒进信号，与正在折返的 117 号车侧面碰撞，150 号车的头部撞到了 117 号车的中后部车厢，导致 150 号车部分出轨，并致使上海地铁 1 号线从 7:50—12:00 全线停运。所幸由于当时两车速度较慢，再加上 150 号车司机反应及时，比系统制动命令早 1 秒钟采取了紧急制动措施，150 号列车内没有发生人员伤亡。117 号车为空车，除了车体受损外，也没有人员伤亡情况。

2. 事故原因

1）间接原因——1 号线供电触网跳闸故障

事故当天 5 时 50 分，1 号线陕西南路至人民广场区间突发供电触网跳闸故障，造成该区列车停驶。为不中断运营，地铁方面采取 1 号线非故障段（富锦路至上海火车站、徐家汇至莘庄分段运营）两头小交路运行。

2）直接原因——信号系统故障

事故调查专家组一致认为，信号系统在 N11-1438 轨道区段错误地向 150 号列车发送 65km/h 的速度码，造成制动距离不足，直接导致了此次侧面冲撞事故。

而信号系统发生故障的原因，系 2001 年 1 号线上海火车站改造项目的配线图修改时，因设计技术人员个人工作疏漏，造成 N11-1438 轨道区段编码电路配线出错。

3. 处理结果与依据

经事故调查组认定，1 号线信号系统总包方卡斯柯信号有限公司未能防止本事故的发生，承担事故责任。

事故发生后，申通集团尽管采取了应急措施，但在信息告知、应急救援、乘客疏导等方面存在明显不足，导致事故造成较大社会负面影响，承担管理责任。

《生产安全事故报告和调查处理条例》第四十条规定："对事故发生单位负有事故责任的有关人员，依法暂停或者撤销其与安全生产有关的执业资格、岗位证书"。依据规定，事故责任单位卡斯柯信号有限公司对本次事故造成的车辆设施设备等直接损失承担责任。同时，责成该公司对相关责任人进行严肃处理。

《生产安全事故报告和调查处理条例》第四十条还规定："事故发生单位主要负责人受到刑事处罚或者撤职处分的，自刑罚执行完毕或者受处分之日起，5 年内不得担任任何生产经营单位的主要负责人。"《城市轨道交通运营管理规定》第五十四条规定："城市轨道交通运营主管部门不履行本规定职责造成严重后果的，对负有责任的领导人员和直接责任人员依法给予处分。"依据规定，对负有管理责任的申通集团，责成其分管运营的负责人作出深刻检查；责成申通集团对运营等相关责任人进行严肃处理。

四、完善城市轨道交通运行安全的立法建议

我国的城市轨道交通建设起步较晚，但发展十分迅速，目前规模已位居世界前列。在上海、北京等特大型城市，城市轨道交通构成了公共交通的主干网络、占据主体地位。但是我国还没有建立起与之相应的完备的城市轨道交通运行安全法律法规体系。主要表现在以下几个方面：

一是缺少基本法律作为主要法律依据。目前国务院出台了《轨道交通安全意见》，交通运输部出台了《城市轨道交通管理规定》等政府和部门文件，地方也制定了城市轨道交通运营安全条例等地方性法规，但地方性法规往往存在区域上的差异，裁定度量不同，很难做到统一。如《上海市轨道交通管理条例》规定：向轨道交通轨道、高架或者隧道内抛掷杂物的，由市交通行政管理部门予以警告，并可处五百元以下罚款。《北京市轨

道交通运营安全条例》规定在轨道线路上放置丢弃障碍物的，运营单位有权制止；违反治安管理的，由公安机关依法处理；构成犯罪的，依法追究刑事责任。可见对于同样的违法行为，不同的地方性法规的处罚力度是不同的。所以急需出台一部基本法律，作为城市轨道交通安全领域各项法规、规章制定的基本法律依据。建议中央层面出台一部针对城市轨道交通的法律文件《城市轨道交通法》，可借鉴日本的《铁道营业法》以及中国的《铁路法》，以安全为重点，从规划、建设、运营、安全、土地开发、投融资等方面对轨道交通监管的参与各方和各阶段的核心制度予以法律确认。

二是专项法规不成体系。目前已出台了针对城市轨道交通某方面的具体法规，为实际运营管理提供指导，但至今还没有提出全方位的涵盖城市轨道交通运行安全运营管理的法规架构。我国的城市轨道交通标准体系建设同欧美国家还有较大差距，现行的相关标准约有一百余项，仅为美国城市轨道交通安全标准的 1/3[3]，仍有很大的发展空间。建议在《城市轨道交通法》的基础上，针对城市轨道运行安全特征，构建覆盖轨道交通安全全生命周期的法规体系，包括立项规划、工程建设、试运行、试运营和正式运营等阶段分别出台对应的安全法律法规；完善城市轨道交通安全相关的标准规范体系，指导行业实际生产运营。

三是城市轨道交通法规对标准规范的引用较少，尚未建立起规范化的标准引用制度。我国目前的法律规章与标准规范仍是相互独立的，二者之间的联系不够密切。法律规范中缺少对标准规范的引用，使得法规的可执行性大大降低。建议借鉴英、美技术法规的立法实践，在法律规章中直接引用标准规范，将安全管理严格落地。

·参考文献·

[1] 张星臣，等．城市轨道交通运营管理 [M]．北京：高等教育出版社，2017.

[2] 解放日报．上海地铁“9·27”事故调查结果公布 12 人受处理 [N/OL]. 中国政府网，2011-10-07[2020-09-23]. http://www.gov.cn/govweb/gzdt/2011-10/07/content_1963474.htm.

[3] 陈燕申，陈思凯．美英欧盟技术法规采用标准的启示与借鉴——以轨道交通安全法规为例 [J]. 标准科学，2014(02): 76-79.

第四篇
城市交通典型司法案例

为了进一步促进对前三篇交通运输与法治知识的学习、消化和吸收，本篇对城市交通相关行为与法治方面的典型案例进行分析，以增强使用教学、培训的开放性和互动性。本篇典型案例按照性质分为民事案件、行政案件与刑事案件三个部分，每个典型案例采用基本案情、裁判结果、案件启示的思路对案件加以介绍和分析。运用这 11 个典型案例，把读者带入特定事件的“现场”，深入角色，再现案例情境，让读者处于当事人的位置，在教师的指导下运用相关理论知识分析案例中的各种问题，培养学生积极主动地分析、综合地解决问题的能力与理论联系实际并正确指导实践的能力。

第十六章
民事案件

本章收集的三个城市交通领域的民事案件，均为真实发生并经人民法院作出判决的案件。三个民事案件中，原被告诉辩及法院审理均围绕着城市交通领域的权利保障展开，这也是分析典型民事案件的重要分析切入点，即基于法律权利的请求权基础。外埠老年人城市公交优惠待遇争议案件的实质是老年人的基本出行权如何由城市政府根据其经济社会发展阶段予以制度保障并落实的问题；共享单车事故侵权赔偿一案，意味着作为自然人基本权的生命权是交通出行企业（也包括初创企业）经营的底线；共享单车企业侵害不特定消费者权益公益诉讼案件，则表明共享单车企业侵占用户押金即使份额较小，仍然属于侵害用户财产权的违法行为，可由消费者权益保护组织通过民事公益诉讼方式予以特别保障。

第一节 外埠老年人城市公交优惠待遇争议案件

一、基本案情

游某（上诉人）户籍为福建省平和县，自述从1992年起在广州市工作与生活，现住广州市天河区黄村东路富星公寓。游某于2014年9月3日在广州市东某公交站乘BRTZ-12148公交车前往广州市天河体育中心，上车时，游某手持广东省居住证询问该车司机，其是外地老人，已满65周岁，是否仍需购买车票，该公交车司机表示需要，对此，游某交缴2元乘车费，并要回一张2元车票。事后，游某认为广州第二巴士公司（被上诉人）公交车司机的行为违反了《中华人民共和国老年人权益保障法》第五十二条“县级以上人民政府及有关部门根据经济社会发展情况和老年人的特殊需要制定优待老年人的办法，逐步提高优待水平。对常住在本行政区域内的外埠老年人给予同等优待，倡导全社会优待老年人”之规定，广州第二巴士公司侵害了其合法权益，遂向广州市白云区人民法院提起诉讼，要求判决广州第二巴士公司退回乘车费2元钱。

一审庭审中，游某诉称公交公司的依据是地方性法规，认为该地方性法规违反了国家法律规定，但明确只是对广州第二巴士公司收取其2元车费提出诉讼，不是对地方性法规是否违反法律提出诉讼。

一审期间法院向广州市民政局发函调查。广州市民政局复函指出：《广州市老年人优待办法》未规定外地老年人与广州市户籍老年人享受同等公共交通优免费方面的优待；现行的《中华人民共和国老年人权益保障法》要求“对常住在本行政区域内的外埠老年人给予同等优待”，广州市也正在积极研究推进。

一审法院审理后认为，广州第二巴士公司依《中华人民共和国合同法》相关规定向游某收取票款并无不妥。至于《广州市老年人优待办法》是否与《中华人民共和国老年人权益保障法》相关规定相冲突，不宜在本案城市公交运输合同纠纷中审理，游某应通过其他救济途径解决，因此判决驳回游某诉讼请求。游某不服，向广州市中级人民法院提起上诉。

二、判决结果

二审法院审理后认为，运输合同是指承运人将旅客从起运地点运输到约定地点，旅客支付票款或者运输费用的合同。本案中，游某在广州市东某公交站乘坐广州第二巴士公司 BRTZ-12148 公交车前往广州市天河体育中心，并支付 2 元车票，双方之间形成城市公交运输合同关系。根据双方当事人的诉辩意见，归纳本案二审的争议焦点为："广州第二巴士公司是否应向游某退还 2 元的乘车票款。"

《广州市老年人优待办法》（广州市人民政府令第 8 号）第二条规定："具有本市行政区域常住户口，年满 60 周岁以上的公民，享受本办法规定的优待。"第五条规定："年满 60 周岁不满 65 周岁的老年人凭广州市老年人优待证进入定点公园和文化馆、纪念馆、艺术馆、博物馆、展览馆，有月票的，按现行优待办法购买；没有月票按次购票的，享受半价优惠。乘坐市内线路公共汽(电)车、过江轮渡和地铁，享受半价优惠。65 周岁以上老年人凭优待证享受前款各项的免费。"第六条规定："老年人凭《优待证》进入市内各体育健身场所、电影院活动或者观赏的，享受半价优惠。"《关于组织做好应用广州市老年人社会保障卡优惠乘坐车船服务保障工作的通知》（穗交〔2009〕727 号）第二条规定："从 2010 年 5 月 1 日开始，只有老年人社会保障卡是唯一有效的老年人优惠乘车凭证。"根据上述规定，目前享受广州市内线路公共汽（电）车优惠的老年人应持有上述广州市老年人优待证件并在乘坐时予以出示。游某乘坐广州第二巴士公司 BRTZ-12148 公交车时未出示广州市老年人优待证件，广州第二巴士公司按规定向其收取车票 2 元，并无不妥。游某认为，依据《中华人民共和国老年人权益保障法》第五十二条关于"县级以上人民政府及其有关部门根据经济社会发展情况和老年人的特殊需要，制定优待老年人的办法，逐步提高优待水平。对常住在本行政区域内的外埠老年人给予同等优待"的规定，其作为常住在广州市的 65 周岁以上的外埠老年人应同样享有《广州市老年人优待办法》规定的广州户籍老年人免费乘坐市内线路公共汽车的优待。根据广州市民政局向一审法院的复函："广州市对外埠老年人与广州户籍老年人享受公共交通同等优待的问题非常重视，将根据广州市实际情况开展全面调研论证，力争尽快出台外埠老人公共交通减免优惠政策"，即目前尚未出台外埠老人公共交通减免优惠政策，《广州市老年人优待办法》规定的免费乘坐市内线路公共汽车的优待仅适用于广州户籍老年人。故，游某的上诉理据不足，二审法院不予支持，判决驳回上诉，维持原判。[①]

① 2021 年 1 月 8 日，广州市政府第十五届 130 次政府常务会议审议通过了修订后的《广州市老年人优待办法》，本次修订最大的变化之一就是将优待范围扩大至外地老年人，明确规定持本市老年人优待凭证的乘坐市内线路公共汽（电）车、过江轮渡、水上巴士和城市轨道交通，享受半价优惠。65 周岁以上老年人持本市老年人优待证免费享受前款优待。

三、案件启示

本案系关于城市公交运输合同纠纷的民事案件，但争议的实质却脱离了合同关系，而是广州第二巴士公司要求游某支付票款的行为是否违反了《中华人民共和国老年人权益保障法》第五十二条的规定。敬老爱老是我们中华民族的优良传统，是先辈传承下来的宝贵精神财富，国家更是制定《中华人民共和国老年人权益保障法》，从法律上予以保护。但国家层面的统一法律要求在地方的落实，又需要地方立法及政策的配套落实，而根据广州市民政局复函，广州市正在积极调研论证推进出台外埠老人公共交通减免优惠政策，但在未出台外埠老人公共交通减免优惠政策的情况下，广州第二巴士公司依《中华人民共和国合同法》第二百八十八条、第二百九十二条规定向游某收取票款并无不妥。至于《广州市老年人优待办法》是否与《中华人民共和国老年人权益保障法》第五十二条之规定相冲突，不宜在民商事案件中审理，即不宜在本案城市公交运输合同纠纷中审理，应通过其他救济途径，如全国人大正在推行的备案审查途径予以解决。

第二节 共享单车事故侵权赔偿案件

一、基本案情

2017 年 3 月 26 日下午，正在读小学四年级的小高（殁年 10 岁）与三位小伙伴在上海市浙江中路 575 弄弄堂附近玩耍时，四人未通过 App 程序扫码获取密码，便各自解锁了一辆 OFO 共享单车，然后上路骑行。小高沿着天潼路由东向西逆向骑行，13 时 37 分许，他骑行至天潼路、曲阜路、浙江北路路口时，与王某驾驶的大型客车发生碰撞后倒地并从该大型客车前侧进入车底，遭受碾轧，经医院抢救无效于当日死亡。

交警部门出具《道路交通事故认定书》，认定大客车司机王某左转弯时疏于观察路况，小高未满 12 周岁驾驶自行车在道路上逆向行驶，且疏于观察路况，两人行为均违反《道路交通安全法》，王某负该起事故次要责任，小高负该起事故主要责任。

小高的父母认为，拜克洛克公司对投放在公共开放场所的 OFO 共享单车疏于管理，且该车辆上安装的机械锁密码固定，易于被手动破解，使用完毕后的锁定程序不符合习惯、未锁率高，同时车身没有张贴 12 周岁以下未成年人不得骑行的警示标识，存在重大安全隐患，才造成了本次事故。同年 7 月，小高的父母诉至静安区法院，请求判令被告拜克洛克公司立即收回所有 OFO 机械密码锁具单车，并更换为更为安全的智能锁具，同时要求被告拜克洛克公司、肇事客车司机王某（后肇事客车租赁公司同意承担肇事司机王某的全部责任，两原告撤回对王某的起诉）及其雇主客车租赁公司、相关保险公司赔付经济损失共计 860 余万元。

静安区法院受理该案后认为，小高与肇事机动车方之间是道路交通事故纠纷，与拜克洛克公司之间是生命权纠纷，两者属于不同的法律关系。经法院释明后，为了能够尽快获得交通事故保险赔付款，小高的父母表示在该案中先行处理交通事故赔偿问题，再另行起诉解决与拜克洛克公司的纠纷。

2018 年 3 月 6 日，静安区法院就交通事故赔偿案作出判决，判决肇事机动车一方承担 40% 的赔偿责任，被告保险公司在保险责任范围内承担相应的赔付责任，向小高的父母赔偿 55 万余元（含精神损害抚慰金 2 万元）。目前该判决已生效，小高父母已收到交通事故相应赔付款。

与此同时，小高的父母以生命权纠纷为由将拜克洛克公司诉至法院，要求判令拜克洛克公司立即收回所有 OFO 机械密码锁具单车，并更换为更为安全的智能锁具；向两原告赔偿死亡赔偿金等共计 60 余万元、精神损害抚慰金 700 万元。

二、判决结果

2020 年 6 月 12 日，静安区法院对该起生命权纠纷案作出了一审判决。

法院认为，拜克洛克公司应对小高因交通事故死亡的损害后果承担相应的侵权赔偿责任，但两原告作为小高的监护人，在对小高的日常行为教导、交通安全教育和监督保护等监护职责的履行上，存在严重的过错。小高的行为是未经许可擅自使用他人财产的行为，同时作为不满 12 周岁的未成年人在道路上骑行单车，还存在逆向骑行、疏于观察路况、未确保安全驾驶等行为。两原告作为小高的父母在培养小高形成正确的公私财物道德观念、增强日常的安全及规则意识等日常家庭教育上存在缺失。

考虑到本案事发时被告拜克洛克公司从事的互联网自行车租赁服务属于新兴行业，企业的管理义务、服务水平和满足社会公众需求的能力均处在不断努力探索和完善的过程之中，并综合考量拜克洛克公司对本案损害后果发生的过错程度以及其过错行为与损害后果之间的原因力，静安区法院酌定拜克洛克公司对两原告前案未获交通事故损害赔偿的损失承担 10% 的赔偿责任，即人民币 6.7 万余元。

因前案交通事故赔偿中已确认受害人一方的损失中包含精神损害抚慰金2万元，且两原告已获赔付，故两原告再要求拜克洛克公司赔偿精神损害抚慰金700万元的诉请，缺乏事实和法律依据，法院不予支持。

此外，关于两原告要求被告拜克洛克公司收回所有机械锁具OFO共享单车并更换锁具的诉请，静安区法院认为，拜克洛克公司投放的机械锁具OFO共享单车，系供不特定对象使用。该类型共享单车的投放，关涉的是社会公共利益是否受到损害。两原告的该项诉讼请求系针对社会公共利益，现两原告作为个体，在本案中主张该项诉请，缺乏法律依据，故不予支持。

三、案件启示

近年来，包括网约车、共享单车、分时租赁等交通新业态不断涌现，体现了国家创新战略引领的成效，也体现了交通领域的市场活力。本案中涉及的拜克洛克公司就是共享单车代表企业之一。一直以来，国家对交通新业态采取审慎包容、鼓励创新的态度，但是，创新必须基于新业态的定位，本案中拜克洛克公司向市场投放的OFO共享单车与个人所有的自行车并无区别，其使用的机械车锁设计原理，在多人使用的情况下，无法确保包括未成年人在内的不适格社会主体不能擅自利用该车。因此，法院认为，基于企业的专业水准、经济实力等因素综合考虑，拜克洛克公司应对共享单车包括车锁在内的主要零部件妥善设计、精心维护，最大限度地规避风险，防范损失。然而拜克洛克公司未能尽到合理限度内的注意义务，并因此造成受害人生命权丧失的严重损害结果，应当承担民事侵权责任。从这个意义上来说，由于与人出行密切相关，直接涉及公众的生命与身体健康，交通新业态的创新，高度尊重公众的生命与身体健康是其底线。不过，从法律上来讲，本案小高父母以拜克洛克公司为被告提起的生命权民事诉讼案件，特别是要求法院判决被告收回所有机械锁具OFO共享单车并更换锁具的诉请，具有公益诉讼属性，虽然因为不符合法律规定被驳回，但对于新业态的法律治理仍然具有启发意义。

我国现行民事公益诉讼依法只能由法定主体提出，如现行《中华人民共和国民事诉讼法》第五十五条就规定："对污染环境、侵害众多消费者合法权益等损害社会公共利益的行为，法律规定的机关和有关组织可以向人民法院提起诉讼。人民检察院在履行职责中发现破坏生态环境和资源保护、食品药品安全领域侵害众多消费者合法权益等损害社会公共利益的行为，在没有前款规定的机关和组织或者前款规定的机关和组织不提起诉讼的情况下，可以向人民法院提起诉讼。前款规定的机关或者组织提起诉讼的，人民检察院可以支持起诉。”《中华人民共和国消费者权益保护法》第四十七条同时规定：“对侵害众多消费者合法权益的行为，中国消费者协会以及在省、自治区、直辖市设立的消费者协会，可以向人民法院提起诉讼。”因此，就拜克洛克公司向市场提供的自行车车型不适合共享单车运营并产生侵害众多消费者权益问题，可依法由相关消费者权益保护组织提起民事公益诉讼，从而通过民事公益诉讼寻求交通新业态治理的法律路径。

第三节 共享单车企业侵害不特定消费者权益公益诉讼案件

一、基本案情

2016年7月29日，被告广州悦骑信息科技有限公司（以下简称“广州悦骑公司”）成立。之后，被告广州悦骑公司通过开发的“小鸣单车”App向消费者提供“小鸣单车”服务。消费者使用被告广州悦骑公司的小鸣单车，需先下载手机App进行注册并交纳199元押金，退还押金只基于消费者申请，被告广州悦骑公司承诺在退押申请后的1~7个工作日内，将押金原路退还。

原告广东省消费者委员会（以下简称“省消委会”）系在广东省事业单位改革服务局登记的事业单位法人，其宗旨和业务范围为依据《中华人民共和国消费者权益保护法》，开展对商品和服务的社会监督，受理消费者投诉，保护消费者合法权益。

自2017年8月份开始，原告省消委会陆续收到消费者关于被告广州悦骑公司押金逾期未退还的投诉。截至2017年12月8日，原告省消委会共收到消费者对被告广州悦骑公司的投诉2952件次。

原告省消委会收到消费者投诉后，履行了下列公益性职责：①受理投诉并进行调解；②致电被告广州悦骑公司要求其作出说明；③建立了投诉转接机制；④向被告广州悦骑公司发函调查询问；⑤约谈被告广州悦骑公司相关负责人；⑥向被告广州悦骑公司的开户银行查询。

原告省消委会认为广州悦骑公司侵害了众多不特定消费者的合法权益，依法提起消费民事公益诉讼。广州市中级人民法院于2017年12月18日立案后，依法适用普通程序，于2017年12月22日公告了案件受理情况，并将案件受理情况以书面形式告知了广东省交通运输厅、中国银行业监督管理委员会广东监管局、广东省广州市增城区工商行政管理局和广东省广州市天河区工商行政管理局，并于 2018 年 3 月 22 日以网络直播形式公开开庭进行了审理。

二、判决结果

2018 年 3 月 26 日，广州市中级人民法院作出一审判决，就原告省消委会是否有权提起本案诉讼、被告广州悦骑公司是否应承担民事责任均作出了支持原告的裁判结果。

广州市中级人民法院认为，被告广州悦骑公司将押金用于生产、经营，虽无法律禁止性规定或约定排除，但根据诚实信用原则，被告广州悦骑公司将消费者交付的押金用于生产、经营，应以不超出责任财产承受能力为限，超出责任财产的承受能力的，应有保证及时退还消费者押金的足够担保。否则，挪用消费者押金的行为属于恶意挪用，有关责任方应承担责任。被告广州悦骑公司不能在满足上述条件的情况下使用消费者押金，应将消费者支付的押金作专款专用，以免造成退还不能的后果。被告广州悦骑公司的恶意行为，侵犯了广大消费者的财产权、知情权。原告省消委会作为经广东省人民政府批准在广东省设立的消费者协会，根据《中华人民共和国民事诉讼法》第五十五条、《中华人民共和国消费者权益保护法》第四十七条、《最高人民法院关于审理消费民事公益诉讼案件适用法律若干问题的解释》第一条之规定，有权提起本案诉讼。

广州市中级人民法院同时认为，被告广州悦骑公司侵害了众多不特定消费者的财产权、知情权，其虽在答辩中就无法退还押金一事表示道歉，并希望消费者对于“共享单车”这一新兴事物持有包容和谅解之心，客观对待被告广州悦骑公司的经营失败。但消费者的利益不容小觑，被告广州悦骑公司未能及时退还押金，也未及时披露相关信息，企图让广大消费者为其经营失败买单，这显然是其为逃避退还押金作出的无效辩解，不足以成为其在公益诉讼案件中免除民事责任的法定理由；被告广州悦骑公司向法院提交了案外人申请其破产的证据材料，拟证明被告广州悦骑公司基本停止经营，现已无新注册用户，客观上也没有资金用于清退消费者押金。但从现有证据看，被告广州悦骑公司主体资格并未消灭，即使被告广州悦骑公司现已停止经营，也属自主临时措施和经营策略，仍可随时再次上线经营，其仍是法律上的经营主体和责任主体。故根据《中华人民共和国消费者权益保护法》第四十八条、《最高人民法院关于审理消费民事公益诉讼案件适用法律若干问题的解释》第十三条第一款之规定，被告广州悦骑公司仍应承担停止侵害、排除妨碍、消除危险、赔礼道歉等民事责任。

三、案件启示

本案系广州市中级人民法院 2018 年 3 月 28 日作出的一审民事判决，判决后双方当事人均未上诉，属于生效判决。

近年来，随着移动互联网、大数据、云平台等新技术的发展，城市交通领域新业态不断出现，从网约车到共享汽车（分时租赁汽车），以及到本案涉及的共享单车等。国家对于该类新业态一直秉持审慎包容的政策导向，如 2017 年交通运输部等十部委出台的《关于鼓励和规范互联网租赁自行车发展的指导意见》中就明确“坚持问题导向，实施包容审慎监管，形成鼓励和规范互联网租赁自行车的发展环境”，为共享单车发展提供了足够的创新发展空间，也在很大程度上增加、改善了我国城市居民的出行供给。

不过，审慎包容的政策导向并不意味着放任不管，并不意味着基本法律底线的失守。本案中涉及的包括共享单车押金在内的消费者合法权利保护问题，实质上是一个城市交通新业态审慎包容监管导向下的民法底线约束问题：对于本案被告而言，扫码租赁其提供的共享单车的押金，虽然租赁期间由被告控制，但仍属于用户的财产，被告不得挪用；任何一家共享单车创业企业，也不得将用户押金作为其营收的范围予以考量，甚至押金池产生的利息也并不当然属于共享单车创业企业。这是民法对包括共享单车用户等民事主体在内的一体保护，也是创业企业不得逾越的法律底线。

与此同时，审慎包容的政策导向意味着行政管理部门往往会采取“让子弹飞一会儿”的监管思路，管理部门或立法机关往往不会急于出台管理性文件与立法。在这一段管理政策与立法的空窗期，并不意味着新业态可以信马由缰，社会多方的参与治理也非常必要。交通运输部等十部委《关于鼓励与规范互联网租赁自行车发展的指导意见》中，也特别强调社会多方参与治理，要求“充分调动各方面积极性，加强行业自律，引导公众积极参与，形成政府、企业、社会组织和公众共同治理的局面”。广东省消费者保护委员会作为广大消费者权益保护领域的法定社会组织，根据其日常活动中接触的大量消费者投诉、维权请求，通过致电被告、发函调查询问、约谈被告相关负责人、查询被告开户银行等工作，积极开展工作，甚至在相关工作措施成效不彰时，作为原告提起本案民事公益诉讼。本案中的广东省消费者保护委员会依托法律手段，积极参与共享单车难题治理，在很大程度上体现了我国交通领域单向行政管理向社会多元治理的转变趋势，有力提升了我国交通新业态治理体系与治理能力的现代化水平。

第十七章
行政案件

行政许可、行政处罚是城市交通领域行政管理的重要方式，是影响行政相对人重大权益的行政行为，其争议也往往会进入司法阶段。本章所收集的典型行政案件均主要围绕行政处罚与行政许可的争议展开，如客运人力三轮车经营权争议案件涉及行政许可的期限确定问题，违法记录未处理不予车辆年检纠纷案件涉及行政许可条件设置问题，顺风车业务合法争议案件也与平台、车主是否取得类许可的资质有关，而一名交警现场处罚纠纷案件主要涉及处罚的证据问题，在未经许可从事网约车业务处罚纠纷案件中，审理法院也是主要通过对证据的严格审查表达其对交通新业态的审慎包容态度，而黄灯通行处罚纠纷案件则更多是人民法院在道路交通安全法律法规相关黄灯规则有解释余地时，基于安全价值优先的考虑而对公安交通管理部门执法查处的支持。因此，需要熟练掌握行政许可法、行政处罚法相关内容以及行政法学上相关理论，方能精准开展城市交通领域的典型行政案例分析。

第一节 客运人力三轮车经营权争议案件

一、基本案情

1994年12月12日，四川省简阳市人民政府（以下简称“简阳市政府”）以通告的形式，对本市区范围内客运人力三轮车实行限额管理。1996年8月，简阳市政府对人力客运老年车改型为人力客运三轮车（240辆）的经营者每人收取了有偿使用费3500元。1996年11月，简阳市政府对原有的161辆客运人力三轮车的经营者每人收取了有偿使用费2000元。从1996年11月开始，简阳市政府开始实行经营权的有偿使用，有关部门也对限额的401辆客运人力三轮车收取了相关的规费。1999年7月15日、7月28日，简阳市政府针对有偿使用期限已届满两年的客运人力三轮车，发布《关于整顿城区小型车辆营运秩序的公告》（以下简称《公告》）和《关于整顿城区小型车辆营运秩序的补充公告》（以下简称《补充公告》）。其中，《公告》要求“原已具有合法证照的客运人力三轮车经营者必须在1999年7月19日至7月20日到市交警大队办公室重新登记”，《补充公告》要求“经审查，取得经营权的登记者，每辆车按8000元的标准（符合《公告》第六条规定的每辆车按7200元的标准）交纳经营权有偿使用费”。张某某等182名客运人力三轮车经营者认为简阳市政府作出的《公告》第六条和《补充公告》第二条的规定形成重复收费，侵犯其合法经营权，向四川省简阳市人民法院提起行政诉讼，要求判决撤销简阳市政府作出的上述《公告》和《补充公告》。

二、判决结果

1999年11月9日，四川省简阳市人民法院依照《中华人民共和国行政诉讼法》第五十四条第一项之规定，以（1999）简阳行初字第36号判决维持市政府1999年7月15日、1999年7月28日作出的行政行为。张某某等不服提起上诉。2000年3月2日，四川省资阳地区（今资阳市）中级人民法院以（2000）资行终字第6号行政判决驳回上诉，维持原判。2001年6月13日，四川省高级人民法院以（2001）川行监字第1号行政裁定指令四川省资阳市（原资阳地区）中级人民法院进行再审。2001年11月3日，四川省资阳市中级人民法院以（2001）资行再终字第1号判决撤销原一审、二审判决，驳回原审原告的诉讼请求。张某某等不服，向四川省高级人民法院提出申诉。2002年7月11日，四川省高级人民法院作出（2002）川行监字第 4 号驳回再审申请通知书。张某某等不服，向最高人民法院申请再审。2016 年 3 月 23 日，最高人民法院裁定提审本案。

最高人民法院经审理，认为本案涉及以下三个主要问题：

（1）关于被诉行政行为的合法性问题。从法律适用上看，《四川省道路运输管理条例》第四条规定“各级交通行政主管部门负责本行政区域内营业性车辆类型的调整、数量的投放”和第二十四条规定“经县级以上人民政府批准，客运经营权可以实行有偿使用”。四川省交通厅制定的《四川省小型车辆客运管理规定》（川交运〔1994〕359 号）第八条规定：“各市、地、州运管部门对小型客运车辆实行额度管理时，经当地政府批准可采用营运证有偿使用的办法，但有偿使用期限一次不得超过两年。”可见，四川省地方性法规已经明确可以对客运经营权实行有偿使用。四川省交通厅制定的规范性文件虽然早于地方性法规，但该规范性文件对营运证实行有期限有偿使用与地方性法规并不冲突。基于行政执法和行政管理需要，客运经营权也需要设定一定的期限。从被诉的行政程序上看，程序明显不当。被诉行政行为的内容是对原已具有合法证照的客运人力三轮车经营者实行重新登记，经审查合格者支付有偿使用费，逾期未登记者自动弃权的措施。该被诉行为是对既有的已经取得合法证照的客运人力三轮车经营者收取有偿使用费，而上述客运人力三轮车经营者的权利是在 1996 年通过经营权许可取得的。前后两个行政行为之间存在承继和连接关系。对于 1996 年的经营权许可行为，行政机关作出行政许可等授益性行政行为时，应当明确告知行政许可的期限。行政机关在作出行政许可时，行政相对人也有权知晓行政许可的期限。行政机关在 1996 年实施人力客运三轮车经营权许可之时，未告知张某某等人人力客运三轮车两年的经营权有偿使用期限。张某某等人并不知道其经营权有偿使用的期限。简阳市政府 1996 年的经营权许可在程序上存在明显不当，直接导致与其存在前后承继关系的本案被诉行政行为的程序明显不当。

（2）关于客运人力三轮车经营权的期限问题。申请人主张，因简阳市政府在 1996 年实施人力客运三轮车经营权许可时未告知许可期限，据此认为经营许可是无期限的。最高人民法院认为，简阳市政府实施人力客运三轮车经营权许可，目的在于规范人力客运三轮车经营秩序。人力客运三轮车是涉及公共利益的公共资源配置方式，对其经营权设定一定的期限是必要的。客观上，四川省交通厅制定的《四川省小型车辆客运管理规定》（川交运〔1994〕359 号）也明确了许可期限。简阳市政府没有告知许可期限，存在程序上的瑕疵，但申请人仅以此认为行政许可没有期限限制，最高人民法院不予支持。

（3）关于张某某等人实际享受“惠民”政策的问题。简阳市政府根据当地实际存在的道路严重超负荷、空气和噪声污染严重、“脏、乱、差、挤、堵、窄”等问题进行整治，符合城市管理的需要，符合人民群众的意愿，其正当性应予肯定。简阳市政府为了解决因本案诉讼遗留的信访问题，先后作出两次“惠民”行动，为实质性化解本案争议作出了积极的努力，其后续行为也应予以肯定。最高人民法院对张某某等人接受退市营运的运力配置方案并作出承诺的事实予以确认。但是，行政机关在作出行政行为时必须恪守依法行政的原则，确保行政权力依照法定程序行使。

最高人民法院基于上述判断认为，简阳市政府作出《公告》和《补充公告》在行政程序上存在瑕疵，属于明显不当。但是，虑及本案被诉行政行为作出之后，简阳市城区交通秩序得到好转，城市道路运行能力得到提高，城区市容市貌持续改善，以及通过两次“惠民”行动，绝大多数原 401 辆三轮车已经分批次完成置换，如果判决撤销被诉行政行为，将会给行政管理秩序和社会公共利益带来明显不利影响。2017 年 5 月 3 日，最高人民法院作出（2016）最高法行再 81 号行政判决：“一、撤销四川省资阳市中级人民法院（2001）资行再终字第 1 号判决；二、确认四川省简阳市人民政府作出的《关于整顿城区小型车辆营运秩序的公告》和《关于整顿城区小型车辆营运秩序的补充公告》违法。”

三、案件启示

人力客运三轮车的营运方式早年在四五线城市兴起，并成为一种重要的城市交通方式。鉴于人力客运三轮车需要利于城市道路公共资源运行，城市政府作为公共资源的管理者，一般采取数量控制方式，以避免道路公共资源利用的无序，同时也往往通过收取一定的经营权费用以确定利用人。这种政府管理人力客运三轮车的方式在法律上即属于一种行政许可方式。由于案例中人力客运三轮车并无法律规定对其实施行政许可，最高人民法院适用的《四川省道路运输管理条例》相关规定针对“营业性车辆”，本案所涉交通工具为非“车辆”的“人力客运三轮车”，在法律适用上仍然值得商榷。

不过，本案的裁判对于客运经营权的许可仍然有较强的借鉴意义：第一，客运经营权许可期限问题。在交通领域涉及客运经营权管理时，行政机关往往采取行政许可方式。如早年有些城市在出租汽车经营权许可方面就采取拍卖方式实施行政许可，但由于相关法律法规不健全，有的甚至没有确定经营权期限，导致后期经营权人退出困难，形成管理的难题。本案中，最高人民法院认为“基于行政执法和行政管理需要，客运经营权也需要设定一定的期限”，因此，依最高人民法院在本案中确定的规则，即使因为前期制度建设不健全，通过拍卖方式取得的没有确定期限的客运经营权，也可以在后期明确合理的期限进行整改，实质上为城市政府综合解决类似简阳人力客运三轮车历史遗留问题提供了思路，如有些城市仍然悬而未决的出租车经营权期限问题。第二，城市交通难题治理需要在法理支持下采取综合性措施。本案中，最高人民法院对简阳市采取综合性措施处理包括人力客运三轮车产生的问题予以肯定，认为“简阳市政府根据当地实际存在的道路严重超负荷、空气和噪声污染严重、‘脏、乱、差、挤、堵、窄’等问题进行整治，符合城市管理的需要，符合人民群众的意愿，其正当性应予肯定”。但同时又对简阳市政府相关措施违反正当法律程序要求的问题予以否定性评价，认为“1996 年的经营权许可行为，行政机关作出行政许可等授益性行政行为时，应当明确告知行政许可的期限。行政机关在作出行政许可时，行政相对人也有权知晓行政许可的期限”，因此在“行政程序上存在瑕疵，属于明显不当”。在这个意义上，最高人民法院在肯定城市交通难题综合治理措施的正当性的同时，也强调相关措施需要遵循正当法律程序，从而为城市政府正确处理交通难题提供很好的司法指引。

第二节 一名交警现场处罚纠纷案件

一、基本案情

2005 年 7 月 26 日 8 时 30 分，原告廖某驾驶车牌号为渝 A×××× 的小轿车，沿重庆市滨江路向上清寺方向行驶。在大溪沟滨江路口，被告交警二支队的执勤交通警察陶某某示意原告靠边停车。陶某某向廖某敬礼后，请廖某出示驾驶执照，指出廖某在大溪沟嘉陵江滨江路加油（气）站的道路隔离带缺口处，无视禁止左转弯交通标志违规左转弯。廖某申辩自己未左转弯，警察未看清楚。陶某某认为廖某违反禁令标志行车的事实是清楚的，其行为已违反《道路交通安全法》的规定，依法应受处罚，遂向廖某出具 516 号处罚决定书。廖某拒不承认违法事实，拒绝在处罚决定书上签字，陶某某均在 516 号处罚决定书上注明，并将该处罚决定书的当事人联交给廖某。廖某不服 516 号处罚决定书，向重庆市公安局申请行政复议。2005 年 9 月 13 日，重庆市公安局作出行政复议决定，维持了 516 号处罚决定书。廖某仍不服，遂提起行政诉讼。

二、判决结果

重庆市渝中区人民法院认为，《道路交通安全法》第五条规定：“县级以上地方各级人民政府公安机关交通管理部门负责本行政区域内的道路交通安全管理工作。”第八十七条规定：“公安机关交通管理部门及其交通警察对道路交通安全违法行为，应当及时纠正。”根据上述规定，对辖区内的道路交通安全进行管理，是被告交警二支队的法定职责。陶某某作为交警二支队派遣执行勤务的交通警察，对在辖区内发生的道路安全违法行为，有权力及时纠正。根据陶某某陈述，2005 年 7 月 26 日 8 时 30 分，原告廖某驾驶车牌号为渝 A×××× 的小轿车，在大溪沟嘉陵江滨江路加油（气）站的道路隔离带缺口处，无视禁止左转弯交通标志违规驾车左转弯。经查，大溪沟嘉陵江滨江路加油（气）站道路隔离带确实有一缺口，此处确实树立着禁止左转弯的交通标志，而且 2005 年 7 月 26 日 8 时许廖某确实驾车途经此处。对廖某是否在此处违反禁令左转弯，虽然只有陶某某一人的陈述证实，但只要陶某某是依法执行公务的人员，其陈述的客观真实性得到证实，且没有证据证明陶某某与廖某之间存在利害关系，陶某某一人的陈述就是证明廖某有违反禁令左转弯行为的优势证据，应当作为认定事实的根据。

《行政处罚法》确实有当场对公民作出的罚款只能在 50 元以下，行政机关调查或者检查时执法人员不得少于两人的规定。但《行政处罚法》制定于 1996 年，此后的 2003 年 10 月 28 日，第十届全国人民代表大会常务委员会第五次会议通过了《道路交通安全法》。其中第一条规定：“为了维护道路交通秩序，预防和减少交通事故，保护人身安全，保护公民、法人和其他组织的财产安全及其他合法权益，提高通行效率，制定本法。”说明该法是处理道路交通安全问题的专门法律。为了落实《道路交通安全法》，国务院于 2004 年 4 月 28 日颁布了《中华人民共和国道路交通安全法实施条例》，公安部也于 2004 年 4 月 30 日发布了《道路交通安全违法行为处理程序规定》。一切因道路交通安全管理产生的社会关系，应当纳入上述法律、行政法规和规章的调整范畴。

道路交通安全管理具有其特殊性。道路上的交通违法行为一般都是瞬间发生的，对这些突发的交通违法行为如果不及时纠正，就会埋下交通安全隐患，甚至当即引发交通安全事故，破坏道路交通安全秩序。但要及时纠正这些突发的交通违法行为，则会面临取证难题。交通警察发现交通违法行为后应当及时纠正，如果必须先取证再纠正违法，则可能既无法取得足够的证据，也无法及时纠正违法行为，甚至还可能影响现场车辆、行人的通行。考虑到上述因素，为了遵循《道路交通安全法》第三条确立的依法管理，方便群众，保障道路交通有序、安全、畅通的原则，《道路交通安全法》第七十九条规定：“公安机关交通管理部门及其交通警察实施道路交通安全管理，应当依据法定的职权和程序，简化办事手续，做到公正、严格、文明、高效。”第一百零七条规定：“对道路交通违法行为人予以警告、二百元以下的罚款，交通警察可以当场作出行政处罚决定，并出具行政处罚决定书。”《道路交通安全违法行为处理程序规定》第八条规定：“公安机关交通管理部门按照简易程序作出处罚决定的，可以由一名交通警察实施。”因此，交通警察一人执法时，当场给予行政管理相对人罚款 200 元的行政处罚，是合法的具体行政行为。

综上所述，原告廖某违反禁令行车的事实可以认定。被告交警二支队的执勤交通警察当场作出 516 号处罚决定书，决定对廖某的违法行为给予罚款 200 元的行政处罚，适用法律正确，符合法定程序，依法应予维持。廖某的诉讼请求不能成立，不予支持。据此，重庆市渝中区人民法院依照《中华人民共和国行政诉讼法》第五十四条第（一）项规定，于 2006 年 8 月 22 日判决：维持被告交警二支队作出的 516 号处罚决定书。

一审宣判后，双方当事人在法定期限内均未提出上诉，一审判决发生法律效力。

三、案件启示

本案系收入《中华人民共和国最高人民法院公报》2007 年第 1 期案例。

道路交通特别是城市道路领域的机动车交通违法行为呈现量大、发生频繁的特点，而且大部分机动车驾驶人均有被现场或非现场处罚的经历，因此机动车驾驶人不服公交交通管理部门的行政处罚提起诉讼的典型案例，往往引起社会公众的普遍关注，如本案仅有一名交警在现场目击且无其他证据作出的行政处罚，就因其具有典型意义被最高人民法院收入公报案例，在一定意义上具有明确城市交通管理规则的作用。

具体而言，本案判决具有在简易行政案件中适用优势证明标准的积极意义，有利于推动公安交通管理部门积极有效履行法定职责。现行行政实体法与诉讼法并无细分不同类型案件的证明标准，但是基于案件类型、对当事人权益影响程度等因素，实际上有不同证明标准的适用空间，如类似本案的适用简易程序的行政案件与适用正式听证程序的吊销许可证照类的行政案件之间，就应有不同证明标准适用的空间。2002 年最高人民法院在起草《关于行政诉讼证据若干问题的规定》的过程中，曾将行政诉讼证明标准作为一项重要内容专章予以规定，其草稿中证明标准部分主要包括优势证明标准、清楚而有说服力的证明标准、排除合理怀疑的证明标准三类。虽然最后正式出台的《关于行政诉讼证据若干问题的规定》未设证明标准部分，但有关行政案件中适用不同证明标准在法理上仍然是成立的，本案纳入公报案例即最高人民法院在一定程度上肯定行政案件适用不同证明标准的体现。基于不同类型案件适用不同证明标准的法理，一般认为，包括本案在内的简易行政案件属于优势证明标准的适用对象，而参照《最高人民法院关于民事诉讼证据的若干规定》（法释〔2001〕33号）第七十三条规定："双方当事人对同一事实分别举出相反的证据，但都没有足够的依据否定对方证据的，人民法院应当结合案件情况，判断一方提供证据的证明力是否明显大于另一方提供证据的证明力，并对证明力较大的证据予以确认。"正是在优势证明标准的意义上，本案判决指出："虽然只有陶某某一人的陈述证实，但只要陶某某是依法执行公务的人员，其陈述的客观真实性得到证实，且没有证据证明陶某某与廖某之间存在利害关系，陶某某一人的陈述就是证明廖某有违反禁令左转弯行为的优势证据，应当作为认定事实的根据。"

第三节 违法记录未处理不予车辆年检纠纷案件

一、基本案情

唐某系牌照湘A ××××× 车辆的所有人。2016年12月20日，唐某向车管所在长沙市兴腾机动车辆检测服务有限公司设立的业务办理窗口，递交了湘A ××××× 车辆的机动车行驶证、机动车牌证申请表、机动车交通事故责任强制保险单、机动车安全技术查验表以及机动车安全技术检验报告、长沙市在用机动车排气检测报告等材料，申请领取机动车检验合格标志。车管所工作人员以该车辆有违章行为未处理，不符合《机动车登记规定》第四十九条的规定为由，拒绝受理唐某的申请，并口头告知唐某在受理其申请前必须将该车的交通违法行为处理完毕。自2013年12月31日至2017年1月17日，湘A ××××× 车辆共有4次违章记录未处理。2016年12月26日，唐某向车管所去函要求核发该检验合格标志，车管所回函仍以相同的理由予以拒绝。唐某不服，遂提起行政诉讼，请求：①判令车管所立即向唐某发放湘A ××××× 车辆的检验合格标志；②判令车管所赔偿因其不履行法定职责而给唐某造成的误工及交通损失费1000元。

法院审理期间另查明：机动车检验合格标志统一由公安交通管理综合应用平台打印，该系统软件由国家公安部设计和管理，当车辆有违章记录未清除或交通事故未处理完毕时，此应用平台则无法打印该合格标志。

湖南省长沙市岳麓区人民法院于2017年7月5日作出（2017）湘0104行初10号行政判决，判决驳回唐某全部诉讼请求。唐某不服，向湖南省长沙市中级人民法院提起上诉。该院于2017年10月27日作出（2017）湘01行终577号行政判决，判决驳回上诉，维持原判。唐某仍不服，向湖南省高级人民法院申请再审。湖南省高级人民法院于 2018 年 4 月 23 日作出（2018）湘行申 44 号行政裁定，裁定提审。

二、判决结果

湖南省高级人民法院认为，本案再审争议焦点主要为以下两个方面：①车管所以唐某车辆有道路交通违法行为未处理完毕为由，不予核发机动车检验合格标志，是否合法；②唐某提出的赔偿请求是否有事实和法律依据。

关于车管所不予核发机动车检验合格标志是否合法的问题。合法行政的要求之一即为“法律优先”，法律已经规定的不能违反。即在行政立法方面，行政机关的任何规定和决定都不得与法律相抵触，行政机关不得作出不符合现行法律的规定和决定；在行政执法方面，行政机关有义务积极执行和实施现行有效法律规定的行政义务，行政机关不积极履行法定义务，将构成违法。《道路交通安全法》第十三条规定：“对提供机动车行驶证和机动车第三者责任强制保险单的，机动车安全技术检验机构应当予以检验，任何单位不得附加其他条件。对符合机动车国家安全技术标准的，公安机关交通管理部门应当发给检验合格标志。”据此，只要申请人提供机动车行驶证、机动车第三者责任强制保险单，且机动车经安全技术检验合格，公安交通管理部门就应当核发检验合格标志。本案中，唐某提供了机动车行驶证、机动车第三者责任强制保险单，且机动车经安全技术检验合格，车管所依法应核发机动车检验合格标志。在已有法律对核发机动车检验合格标志的条件作出规定的情况下，车管所在法律规定的条件之外附加条件，违反了“法律优先”的原则。

关于车管所称依据《机动车登记规定》（公安部令第 124 号）第四十九条的规定，其不予核发机动车检验合格标志符合相关规定的问题。其一，《机动车登记规定》（公安部令第 124 号）是为实施《道路交通安全法》及其实施条例而制定的，属公安部的部门规章，其中第四十九条规定，机动车所有人申请检验合格标志前，应当将涉及该车的道路交通安全违法行为和交通事故处理完毕。该规定将交通违法行为的处理设定为核发车辆检验合格标志的前提条件，与《道路交通安全法》第十三条第一款的规定不一致，应当根据上位法《道路交通安全法》认定被诉行政行为的合法性。其二，交通违法行为被处罚的对象主要是车辆驾驶人，而非机动车，其目的是惩戒和警示、避免违法驾驶行为的再次发生。车辆年检的对象是车辆本身，其目的是及时消除车辆的安全隐患、减少车辆本身的状况导致的交通事故的发生。将交通违法行为的处理设定为核发车辆检验合格标志的前提条件，两者对象不一致，违反行政法上的“禁止不当联接”原则。

诚然，车管所要求先行处理交通违法行为才核发车辆合格标志，可以提高行政效率，亦隐含了对交通秩序的遵守和对个人生命的尊重。但于行政机关而言，法无授权即禁止；于公民个人而言，法无禁止即自由。故，于行政机关，行政效率的提高须在现行法律的框架内进行。但即便如此，因违法驾驶行为可能导致的潜在巨大风险，亦因遵守道路交通安全法律、及时纠正违法行为是驾驶人员和车辆所有人的法定义务，故，对于违法驾驶行为应全力避免，一旦发生交通违法行为理应接受相应处罚。因此，较之对未消除违法驾驶记录的车辆拒发车辆检验合格标志行为的合法性，更值得我们关注的是，有什么同样经济和高效的办法，能替代现行的行政管理方式；共同探寻符合我国实际的替代办法，在自由与效率、秩序甚至是生命之间寻求到一种平衡，才更是和我们每一位公民息息相关的事情。

综上，唐某申请再审的理由部分成立，依法应予支持。一、二审判决适用法律错误，处理结果不当，依法应予纠正。依照《中华人民共和国行政诉讼法》第七十四条第二款（三）项和《最高人民法院关于适用〈中华人民共和国行政诉讼法〉的解释》第一百一十九条第一款、第一百二十二条的规定，判决如下：

“一、撤销湖南省长沙市中级人民法院（2017）湘 01 行终 577 号行政判决和湖南省长沙市岳麓区人民法院（2017）湘 0104 行初 10 号行政判决；

确认长沙市公安局交通警察支队车辆管理所以唐某车辆有道路交通违法行为未处理完毕为由，不予核发机动车检验合格标志的行为违法。”

三、案件启示

近年来，公安机关车辆管理部门执行公安部《机动车登记管理规定》相关规定，要求车主必须处理完毕机动车上的交通违法记录方予发放年检证明的方式，频繁引发行政诉讼。各级人民法院处理的方式各异，有的判决公安机关车辆管理部门违法，如本案中的湖南省高级人民法院判决。事实上，最高人民法院在《关于公安交警部门能否以交通违章行为未处理为由不予核发机动车检验合格标志问题的答复》（〔2007〕行他字第 20 号）也明确：“《道路交通安全法》第十三条对机动车进行安全检验所需提交的单证及机动车安全技术检验合格标志的发放条件作了明确规定：‘对提供机动车行驶证和机动车第三者责任强制保险单的，机动车安全技术检验机构应当予以检验，任何单位不得附加其他条件。对符合机动车国家安全技术标准的，公安机关交通管理部门应当发给检验合格标志。’法律的规定是清楚的，应当依照法律规定执行。”该答复表明最高人民法院对机动车年检与违法记录消除捆绑做法也持否定态度。

不过，即使有最高人民法院的答复，实践中也有不少法院判决不支持行政相对人诉求。如根据中国裁判文书网数据，从 2013 年至 2017 年，交警部门以未处理交通违章为由不核发检验合格证而被车主起诉的案例，判决文书公布的有 44 起，其中有 24 起法院判交警车管部门限期“履行法定职责”，另有 20 起法院驳回了车主诉求。事实上，鉴于本案湖南省高级人民法院查明的情况，因为机动车检验合格标志统一由公安交通管理综合应用平台打印，该系统软件由国家公安部设计和管理，当车辆有违章记录未清除或交通事故未处理完毕时，此应用平台则无法打印该合格标志。即使法院判决公安机关交通管理部门因机动车所有人未处理交通违法记录不予年检通过的行为败诉，胜诉的机动车所有人也很难取得年检合格证，因为败诉的公安机关交通管理部门往往以管理系统由公安部门设定了统一要求不予执行。

基于上述情况，当下机动车年检与交通违法记录消除绑定的争议，已经形成人民法院判决与行政机关工作方式之间的较大冲突，而人民法院就同样问题的不同判决，也在一定程度上影响了司法的权威。有必要为行政管理部门的合理诉求与人民法院的依法裁判寻找一条共同的解决路径，如《广东省道路交通安全条例》第六十七条规定：“机动车有三次以上道路交通违法行为记录，机动车所有人、驾驶人经公安机关交通管理部门依法送达违法行为处理通知书后拒不接受处理的，公安机关交通管理部门可以扣留机动车驾驶证、行驶证；确有必要的，可以扣留机动车。机动车所有人、驾驶人接受处理后，公安机关交通管理部门应当立即返还机动车驾驶证、行驶证或者机动车。”广东省这一地方性法规规定，在尊重国家法律的前提下，通过设定机动车所有人及时处理违法记录的义务以及行政机关的行政强制措施，从而在行政相对人及时履行义务与授予行政机关职权之间达成一定的平衡，可以作为国家修改《道路交通安全法》及《道路交通安全法实施条例》时的借鉴，以消解当前机动车年检与违法记录绑定实践做法形成的争议。

第四节 未经许可从事网约车业务处罚纠纷案件

一、基本案情

2015 年 1 月 7 日，两名乘客通过网络召车软件与原告陈某取得联系，约定陈某驾车将乘客从济南市八一立交桥附近送至济南西站，由乘客支付车费。当日 11 时许，陈某驾驶私人小汽车（车号鲁 AV×××× 号）行至济南西站送客平台时，被告济南客运管理中心的工作人员对其进行调查，查明陈某未取得出租汽车客运资格证，驾驶的车辆未取得车辆运营证。济南客运管理中心认为陈某涉嫌未经许可擅自从事出租汽车客运经营，对其下达《行政强制措施决定书》，暂扣其车辆。济南客运管理中心于 2015 年 1 月 26 日向陈某送达鲁济交 (01) 违通 (2015)8716 号《违法行为通知书》，认为其未经许可擅自从事出租汽车客运经营，拟处 2 万元罚款，没收违法所得。陈某其后要求听证。在听证过程中，济南客运管理中心办案人员陈述了陈某的违法事实、有关证据、处理意见等，陈某对事实认定、法律适用和执法程序均提出质疑。2015 年 2 月 13 日，济南客运管理中心作出鲁济交 (01) 罚 (2015)8716 号《行政处罚决定书》并送达陈某，以其非法经营客运出租汽车，违反《山东省道路运输条例》第六十九条第二款之规定为由，责令其停止违法行为，处 2 万元罚款并没收非法所得。陈某不服，在法定期限内提起行政诉讼。

济南市市中区人民法院审理认为，近年来，随着“互联网 +”与传统行业的融合发展，市场上出现了通过网络约车软件进行客运服务的行为。此案是针对网约车运输经营行为予以行政处罚的案件，争议焦点集中于陈某的行为是否构成未经许可擅自从事出租汽车客运经营和被诉行政处罚决定的处罚幅度是否畸重两个方面。

此案中，陈某在与乘客通过网络约车软件取得联系后，使用未取得运营证的车辆送客，并按约定收取了车费。法院审理认为，陈某的行为构成未经许可擅自从事出租汽车客运经营，违反了现行法律的规定。但考虑到网约车这种共享经济新业态的特殊背景，此行为的社会危害性较小。同时，陈某通过网络约车软件进行道路运输经营，而陈某与网络约车平台的关系及与乘客最终产生的车费是否实际支付或结算完毕，济南市客运管理中心未提供证据证明，具体几方受益也没有证据证明，尚不明确。虽然济南市客管中心可以对未经许可擅自从事出租汽车客运的行为依法进行处罚，但陈某在本案所涉道路运输经营行为中仅具体实施了其中的部分行为，在现有证据下，济南市客管中心将本案行政处罚所针对的违法行为及其后果全部归责于原告，并对其个人作出了较重的行政处罚，处罚幅度和数额畸重，存在明显不当。

2016 年 12 月 30 日，济南市市中区人民法院作出一审行政判决，判决撤销被告济南市城市公共客运管理服务中心作出的鲁济交（01）罚（2015）8716 号《行政处罚决定书》。

济南城市公共客运管理服务中心不服济南市市中区人民法院一审判决，于法定时限内向济南市中级人民法院提起上诉。

二、判决结果

济南市中级人民法院经审理认为，本案被诉行政处罚决定存在两方面违法情形：一是行政处罚决定明显不当。比例原则是行政法的重要原则，行政处罚应当遵循比例原则。对当事人实施行政处罚必须与其违法行为的事实、性质、情节和社会危害程度相当。网约车作为客运服务的新业态和分享经济的产物，有助于缓解客运服务的供需矛盾，满足公众多样化出行需求，符合社会发展趋势和创新需求，对其应当保持适度宽容。另一方面，这种新业态又给既有客运管理秩序带来负面影响，甚至存有安全隐患等问题，确需加强规范引导。《网络预约出租汽车经营服务管理暂行办法》的出台，也从侧面对此予以佐证。当一种新生事物在满足社会需求、促进创新创业方面起到积极推动作用时，对其所带来的社会危害的评判不仅要遵从现行法律法规的规定，亦应充分考虑是否符合社会公众感受。本案被上诉人陈某通过网络约车软件进行道路运输经营的行为，社会危害性较小符合一般社会认知。行政机关在依据现行法律法规对其进行处罚时，应当尽可能将对当事人的不利影响控制在最小范围和限度内，以达到实现行政管理目标和保护新生事物之间的平衡。另外，该行为中有几方主体受益、最终产生的车费是否已经实际支付或结算完毕，上诉人济南客运管理中心未提供证据予以证明。在上述事实尚不明确以及该行为社会危害性较小的情况下，将该行为的后果全部归于被上诉人，并对其个人作出较重处罚，有违比例原则，构成明显不当。二是本案行政处罚决定书记载事项违反法律规定。《中华人民共和国行政处罚法》第三十九条第一款第（二）项规定，行政处罚决定书应当载明违反法律、法规或者规章的事实和证据。上述法律条款虽未对其中的“事实”记载应达到何种程度作出明确规定，但行政处罚决定书作为行政机关对当事人作出处罚的书面证明，记载的事实应当明确具体，包含认定的违法事实的时间、地点、经过、情节等事项，让当事人清楚知晓被处罚的事实依据，以达到警示违法行为再次发生的目的。本案中，行政处罚决定书载明的被上诉人陈某违法事实为“非法经营客运出租汽车”，但未载明被上诉人的具体违法事实，即违法事实的时间、地点、经过以及相关运输经营行为的具体情节等事项。行政处罚决定书中记载的事实是行政机关最终认定的违法事实，其他法律文书中对具体违法事实的记载不能代替行政处罚决定书中对事实的记载。济南城市公共客运管理服务中心关于已在其他法律文书中记载具体违法事实、未侵犯被上诉人合法权益等主张不能成立。据此，山东省济南市中级人民法院判决驳回济南客运管理中心上诉，维持原判。

三、案件启示

本案系收入《中华人民共和国最高人民法院公报》2018 年第 2 期案例。

本案审理期间，正处于网约车合法性问题引发社会高度关注的阶段，因此法院如何处理本案也引发了普遍的关注，有媒体也将本案称之为“网约车第一案”。这说明，近年来不断涌现的交通新业态在推动交通变革的同时，相关法律问题甚至司法部门的裁判也是影响其发展方向的重要环节。

具体到本案而言，从事出租汽车客运服务需要取得行政许可，私家车主在未通过法定许可程序变更小汽车属性（从非营运变更为营运）、未取得从业资格证的情况下，通过网络约车软件从事客运服务的确为现有法律所不允许，如本案判决书中就指出：“这种新业态又给既有客运管理秩序带来负面影响，甚至存有安全隐患等问题，确需加强规范引导。《网络预约出租汽车经营服务管理暂行办法》的出台，也从侧面对此予以佐证。”但是，由于法院又以被告举证责任没有履行到位的角度，裁判撤销本案涉诉的行政处罚角度，并间接表达了对网约车交通新业态的审慎包容态度，如判决书中指出：“当一种新生事物在满足社会需求、促进创新创业方面起到积极推动作用时，对其所带来的社会危害的评判不仅要遵从现行法律法规的规定，亦应充分考虑是否符合社会公众感受。”法院通过本案裁判甚至最高人民法院将本案选入公报案例，其中表达的对交通新业态审慎包容态度也在一定程度上影响了网约车立法，为 2016 年交通运输部等七部委正式出台《网络预约出租汽车经营服务管理暂行办法》，推动网约车新业态合法化提供了司法助力。

不过，值得注意的是，现行网约车立法仍然确定车辆需要转为营运车辆，而驾驶员仍然需要取得专业的网约车驾驶员证才能从事网络预约出租汽车业务，其本质上仍然属于一种职业化的运输业务，与传统的出租汽车业务（也就是巡游出租汽车）在很大程度上不断趋同，与本案发生时各方面从分享经济的交通业态讨论网约车的合法性角度已经有了质的区别，在城市交通中如何利用闲置资源，同时也能在一定程度疏解现行职业化的网约车与巡游车供给无法解决的城市交通的潮汐现象，仍然是一个值得持续关注的问题。

第五节 黄灯通行处罚纠纷案件

一、基本案情

2010 年 7 月 20 日上午 8 时 05 分许，舒某某驾驶其所有的浙 F××××× 小型轿车沿海盐县武原镇勤俭路由南向北行驶至勤俭路与秦山路交叉口时，被交通技术监控记录。视频记录显示时间为 8 时 05 分 27 秒时，交通信号灯由绿灯转为黄灯，当时舒某某驾驶的小型轿车尚未越过停止线，该车未停车而继续由南向北直行，在越过停止线接触感应系统时由照相机拍摄下显示时间为 2010 年 7 月 20 日上午 8 时 05 分 31 秒的高清照片。舒某某于 2011 年 7 月 11 日前往指定地点接受处理时，海盐县交警大队按简易程序作出编号为 xxxxxxxxxx34785 的《公安交通管理简易程序处罚决定书》（非现场）。该决定书认定，舒某某驾驶机动车不按交通信号灯规定通行的违法行为违反了《道路交通安全法》第三十八条规定，依据《道路交通安全法》第一百一十四条、《浙江省实施〈道路交通安全法〉办法》第七十六条第一款第一项，决定对舒某某处以 150 元罚款。舒某某接受处罚并缴纳罚款，海盐县交警大队出具了《浙江省道路交通违法罚没专用收据》。舒某某对该处罚决定不服，于 2011 年 7 月 14 日向海盐县公安局提起行政复议，海盐县公安局于 2011 年 9 月 9 日作出盐公行复字（2011）01 号行政复议决定，认为海盐县交警大队作出的公安交通管理简易程序处罚决定认定事实清楚，证据确凿，适用依据正确，程序合法，遂维持该处罚决定。舒某某对复议决定不服，诉至法院，要求撤销该行政处罚决定。

一审法院审理后认为，《道路交通安全法》第二十六条规定："交通信号灯由红灯、绿灯、黄灯组成。红灯表示禁止通行，绿灯表示准许通行，黄灯表示警示。"《中华人民共和国道路交通安全法实施条例》（以下简称《道交法实施条例》）第三十八条第一款第（二）项规定："黄灯亮时，已越过停止线的车辆可以继续通行。"据此可知，车辆、行人应当按照交通信号灯包括黄灯的指示通行。从法条规定黄灯表示警示的含义来分析，黄灯应该为红灯与绿灯之间的过渡，系告知车辆、行人红灯即将亮起。在黄灯亮起的一刹那已越过停止线的车辆可以继续通行，但黄灯不是鼓励未越过停止线的车辆加速通行。否则黄灯不仅不能起到应有的警示作用，还可能造成交叉口交通的混乱从而减弱道路的通行能力，带来安全隐患，因此不符合《道路交通安全法》等道路交通管理法律、法规立法所要达到的真正目的。依照上述法规规定，黄灯亮时已越过停止线的车辆可以继续通行，如未越过停止线的也可以继续通行的话，黄灯的设置则失去了意义。因此设置黄灯的真正意图是，车辆只有在符合"黄灯亮时，已越过停止线"时才可以继续通行，即除此之外均不得通行。故可以认定舒某某的行为违法并应予以处罚。《道路交通安全法》第一百一十四条规定，"公安机关交通管理部门根据交通技术监控记录资料，可以对违法的机动车所有人或者管理人依法予以处罚……"；《浙江省实施〈道路交通安全法〉办法》

第七十六条第一款规定，“机动车驾驶人不按交通信号灯指示通行的处一百五十元罚款”；中华人民共和国公安部令第 105 号《道路交通安全违法行为处理程序规定》第五十条规定，“对交通技术监控设备记录的违法行为，当事人应当及时到公安机关交通管理部门接受处理，处以警告或者二百元以下罚款的，可以适用简易程序”。根据上述法律、法规、规章，海盐县交警大队按简易程序作出行政处罚有法律依据，并无不当，因此判决维持海盐县交警大队于 2011 年 7 月 11 日作出的编号为 xxxxxxxxxx34785《公安交通管理简易程序处罚决定书》。舒某某不服一审判决，向嘉兴市中级人民法院提起上诉。

二、判决结果

二审法院经审理后认为，行政诉讼的基本功能之一是对行政行为的司法监督，通过司法监督促使行政机关依法行政；同时，行政诉讼也应当维护依法行政的效力，对依法行政的结果加以司法确认。因此，在审查具体行政行为是否合法时，必然要审查作为具体行政行为诱因的行政相对人的行为是否合法。本案中，上诉人“闯黄灯”的行为是否合法涉及重大公共利益：一方面，作为个体的驾驶人在黄灯亮时有什么样的通行权，事关每个驾驶人的通行效率和利益；另一方面，作为公共的道路交通安全体系，接受怎样的黄灯通行方式才能确保安全优先，是必须要面对的问题。因此，对闯黄灯行为的性质必须审慎分析。

现代交通的第一要素是确保安全，道路交通亦不能例外。而运行中的机动车是高度危险之物，驾驶机动车也成了高度危险行为。在外部条件相同的情况下，对该高危行为的控制，唯赖驾驶人的谨慎规范驾驶，方能达到“安全交通”之目的。故以安全优先的“谨慎规范驾驶”实为机动车驾驶之核心理念。闯黄灯行为是否违法，涉及对《中华人民共和国道路交通安全法实施条例》（以下简称《道路交通安全法实施条例》）的条文“黄灯亮时，已越过停止线的车辆可以继续通行”的理解，是一个法律解释问题。法律解释应当具有合目的性，即法律解释应当符合立法的目的与宗旨，同时要以法律体系与语义的内在逻辑为基础。

《道路交通安全法》第二十六条规定，“黄灯表示警示”。该条对应了《道路交通安全法实施条例》中规定的两种情形：情形一为条例第四十二条所规定，即在某些道口的某些时段只设定黄灯闪烁，不设定红黄绿三色灯的变换，这时黄灯的指示作用在于“提示车辆、行人通行时注意瞭望，确认安全后通过”；情形二则为条例第三十八条第一款第二项所规定，在红黄绿三色灯变换的情况下，“黄灯亮时，已越过停止线的车辆可以继续通行”。由此可见，所谓“黄灯表示警示”，既不是完全禁止通行，也不是等同绿灯一样通行，其具体含义应当为“附条件谨慎通行”。在这种语义环境下，与1955年的《城市交通规则》和1988年的《中华人民共和国道路交通管理条例》相关法条相比，《道路交通安全法实施条例》第三十八条第一款第二项省略掉“黄灯亮时禁止车辆通行”字样，直接规定“黄灯亮时，已越过停止线的车辆可以继续通行”，言简意赅，更加符合立法语言的要求。

同时，《道路交通安全法》第一条开宗明义确定了该法的立法目的，在于“维护道路交通秩序，预防和减少交通事故，保护人身安全，保护公民、法人和其他组织的财产安全及其他合法权益，提高通行效率”。而基于《道路交通安全法》产生的法规《道路交通安全法实施条例》自然亦秉承该立法宗旨。黄灯作为绿灯充分放行之后向红灯的过渡，其设置目的应当是缓冲绿灯转换为红灯的时间，使得在绿灯放行过程中正常驶入交叉口但还没有通过的车辆迅速安全通过，清空交叉口的滞留车辆，为冲突方向的绿灯放行作好准备。此时的通行重心已转移到冲突方向。

因此，出于安全驾驶目的，对该条文的理解应当基于“谨慎规范”之理念，即黄灯亮时，只有已经越过停止线的车辆可以继续通行，除此之外，车辆不得继续通行。若认为“黄灯亮时没有禁止未越线车辆继续通行，因此所有车辆均可继续通行”，不仅违反了该法条语义及体系上的内在逻辑，使得黄灯与绿灯指示意义雷同，更违背了道路交通安全法的立法目的。该项规定实际上意味着，黄灯亮时驾驶人的通行权受到限制，限制的目的在于维护道路交通的安全。立法的价值取向在此非常明显，即为了保障公共安全，必须在合理范围内限制个人的通行权利。因此，现有道路交通安全法体系下，闯黄灯系违法行为。

据此，嘉兴市中级人民法院认为上诉人未按照《道路交通安全法实施条例》第三十八条第一款第二项规定的黄灯信号指示通行，违反了《道路交通安全法》第三十八条的规定，依法应当受到行政处罚。被上诉人对上诉人的行政处罚程序合法，适用法律正确，处罚结果适当。因此，原判决维持被上诉人的具体行政行为正确，判决驳回上诉，维持原判。

三、案件启示

目前在我国，对于黄灯启亮时未越过停止线的车辆继续通行，是否属于违反信号灯通行的行为，在现行法律上仍然没有一个比较清晰的处理，导致实践中形成混乱，如本案嘉兴中院的判决支持交警对黄灯通行车主的行政处罚，甚至在不清晰的法律规定影响下，一度引发主管部门在全国层面推行黄灯处罚的要求，进而引发诸多争议，最后不得不搁置[1]。

目前，在全国人大出台的法律层面，仅有《道路交通安全法实施条例》第三十八条设定了黄灯通行的规则，即“(二)黄灯亮时，已越过停止线的车辆可以继续通行”。从“亮时”的文义解释角度，可以理解为“黄灯启亮的时点”，也可理解为“黄灯启亮到结束的时段”。依法律解释的方法，文义解释有歧义，可依系统解释、目的解释的次序进一步探寻立法本义。从《道路交通安全法实施条例》第三十八条上下文的系统解释切入，理解为黄灯从启亮到结束的“时段”更为合适，也就是说，黄灯启亮至结束的时段越过停止线的车辆可以通行，并未明确黄灯启亮时点未越过停止线的车辆不得通行的要求。本案嘉兴中院判决在文义解释有歧义时，直接越过系统解释进入目的解释，应该说存在对法律解释方法运用不当的地方。当然，如果黄灯时段的车辆均可通行，其实质等同于绿灯规则，又显然不合立法目的，有必要进一步从《道路交通安全法》有关黄灯的意义准确理解黄灯期间的车辆通行规则。

《道路交通安全法》第二十六条规定：“交通信号灯由红灯、绿灯、黄灯组成。红灯表示禁止通行，绿灯表示准许通行，黄灯表示警示。”该条规定中的“黄灯表示警示”，实质上设定了驾车人黄灯期间通过路口的谨慎义务。也就是说，即使依《道路交通安全法实施条例》第三十八条规定，黄灯期间越过停止线的车辆可以通行，但仍然需要基于法定谨慎义务，斟酌情况或者通行或者不通行。根据交通科学研究，黄灯启亮时接近停止线的车辆，驾驶人减速停车（制动决策）和不停车通过（通过决策）之间，仍然会有进退两难区，因此联合国及相关国际组织通过的交通信号灯国际标准，明确黄灯启亮时并不禁止车辆通过路口。如 1968 年联合国发布的《道路交通标志和交通信号协定》中规定：“黄灯是一种警告信号，表示信号灯即将变为红灯，当红灯亮时，车辆不能进入交叉口。”1974 年，欧洲 18 个国家参与，且美、加、澳、日等国派观察员参加的“欧洲各国交通部长联席会议”协议商定的《欧洲道路交通标志和信号协议》中规定：“黄灯表示即将亮红灯，除黄灯刚亮时已经接近停止线而无法安全制动的车辆可以驶出停止线外，其他车辆应该停止。”

因此，准确理解现行法律有关黄灯的规则的实质要求以及国际通行规则，并不能禁止黄灯期间车辆通行，黄灯信号意指行与不行之间驾车人具有谨慎判断的义务，我国现行的相关地方立法与执法实践当基于此方为妥适。

---

① 参见 http://www.gov.cn/gzdt/2013-01/06/content_2305977.htm，公安部交管局：违反黄灯信号以教育为主暂不处罚。

第六节 顺风车业务合法性争议案件

一、基本案情

曾某某系湘H ××××× 小汽车的车主，住址为湖南省沅江市。2017 年 5 月 17 日，曾某某驾驶车辆（牌号为湘H ×××××）通过滴滴平台接到一笔搭载顺风车的订单，订单显示出发地为茅草街，目的地为长沙市火车站。上午 11 时许，曾某某车辆行驶至长沙市岳麓区，长沙市岳麓区交通运输局执法人员将正在行驶途中等待红绿灯放行的曾某某车辆在路中拦截，扣押了曾某某车辆，并向曾某某出具了《公共客运管理行政强制决定书》《行政处罚事前告知书》，拟作出罚款二万元的处罚决定。曾某某向长沙市岳麓区交通运输局申请举行听证，长沙市岳麓区交通运输局于 6 月 8 日下午举行了行政处罚听证会，曾某某参加了该听证会。6 月 20 日，长沙市岳麓区交通运输局以长沙市交通行政执法局岳麓区分局的名义向曾某某作出了罚款二万元的《行政处罚决定书》（岳交处罚决定〔2017〕0711 号）。曾某某不服该处罚决定，于 8 月 17 日向长沙市交通运输局申请行政复议。长沙市交通运输局以长沙市交通行政执法局岳麓区分局适用《长沙市城市公共客运条例》对曾某某作出行政处罚决定适用法律依据错误为由，于 10 月 13 日作出《行政复议决定书》，确认长沙市交通行政执法局岳麓区分局作出的《行政处罚决定书》（岳交处罚决定〔2017〕0711 号）违法，并责令其重新作出处罚决定。

10 月 31 日，长沙市岳麓区交通运输局再次向曾某某送达了《行政处罚事前告知书》，告知曾某某未取得道路运输经营许可证，擅自从事道路运输经营的行为违法，拟依据《中华人民共和国道路运输条例》第六十三条的规定，对曾某某作出罚款三万元的行政处罚决定。并告知曾某某依法享有陈述、申辩及要求组织听证的权利，逾期未提出陈述、申辩及听证要求的，视为放弃上述权利。11 月 7 日，长沙市岳麓区交通运输局对曾某某作出《处罚决定书》，罚款二万元。曾某某不服长沙市岳麓区交通运输局作出的《处罚决定书》，于 12 月 4 日向长沙市岳麓区人民政府申请行政复议。2018 年 1 月 30 日，长沙市岳麓区人民政府向曾某某送达了《复议决定书》，决定维持长沙市岳麓区交通运输局所作的行政处罚决定。曾某某认为，长沙市岳麓区交通运输局的《处罚决定书》及长沙市岳麓区人民政府的《复议决定书》均违法，应予以撤销，故诉至法院。请求撤销岳麓区交通局作出的《处罚决定书》；请求撤销岳麓区政府作出的《复议决定书》。

二、判决结果

一审法院长沙市岳麓区人民法院经审理认为，根据《网络预约出租汽车经营服务管理暂行办法》（2016 年 11 月 1 日起施行）第三十八条规定，私人小客车合乘，也称为拼车、顺风车，按城市人民政府有关规定执行。根据《长沙市私人小客车合乘管理规定》（长政办发〔2017〕16 号，2017 年 4 月 1 日起实施）第二条规定，私人小客车合乘（也称拼车、顺风车），是指不以盈利为目的，由合乘出行提供者通过互联网方式事先发布个人驾车出行信息，由出行线路相同的人选择乘坐合乘出行提供者的非营运小客车，分摊部分出行成本或免费互助的共享出行方式。第四条规定，本市私人小客车合乘出行服务范围限于本市行政区域内，合乘平台不得提供跨省市、跨区域的合乘信息服务。本案中，虽然曾某某在滴滴平台注册成为顺风车车主，涉案行程系曾某某从滴滴平台接到的顺风车订单业务，滴滴平台根据其出行分摊费用计算规则，推荐该行程价格为 240.4 元。但涉案行程系从益阳市到长沙市的长途客运行程，滴滴平台发布跨区域的合乘信息服务系违法行为，曾某某从滴滴平台接受跨区域的合乘行程同样属于违法行为。故曾某某从滴滴平台接受跨区域合乘行程的行为不符合私人小客车合乘出行范围限于本市行政区域内的要求，不符合私人小客车合乘（拼车、顺风车）的定义特征，依法不能适用《长沙市私人小客车合乘管理规定》的相关规定。长沙市岳麓区交通运输局按照《中华人民共和国道路运输条例》第十条的规定，认定曾某某属于通过网络平台预约从事非法营运行为，适用《中华人民共和国道路运输条例》第六十三条及《中华人民共和国行政处罚法》第二十七条第一款第（四）项对曾某某进行行政处罚，适用法律、法规正确，判决驳回曾某某的全部诉讼请求。

曾某某不服上诉，二审法院经审理后，认为上诉理由不成立，判决驳回上诉，维持原判。

曾某某不服，向湖南省高级人民法院院申请再审。

湖南省高级人民法院审理后认为，曾某某在滴滴平台注册成为顺风车车主，涉案行程系曾某某从滴滴平台接到的顺风车订单业务，滴滴平台根据其出行分摊费用计算规则，推荐该行程价格为 240.4 元。长沙市岳麓区交通运输局根据曾某某登记的车型、排量计算出曾某某涉案行程盈利 161.7 元，此计算方法仅简单地以该车型油耗及合乘人合乘里程作为依据，忽略了滴滴平台服务费、车龄、绕路及拥堵产生的油耗及实际产生的能耗等各项客观因素。《长沙市私人小客车合乘管理规定》第八条中所指“能耗成本”不应简单地理解为“油耗”，二者并非同一概念，能耗成本的计算应综合考虑多项合理因素，故其作出的曾某某涉案行程盈利 161.7 元的结论属于事实依据不足。且该行程价格由合乘平台根据既定的规则计算并明示，其金额多少并不由再审申请人曾某某决定收取。另外，从申请人注册为顺风车司机以来从事的运送乘客的次数及路线等情况看，申请人亦非以此为盈利手段。故对申请人曾某某的该载客行为不宜认定为以盈利为目的。曾某某家住益阳，在长沙工作，在滴滴顺风车平台注册为顺风车司机，通过滴滴平台接到本案中搭载顺风车的订单，与搭载出行线路大致相同的人共同分担出行成本，属于顺道搭乘乘客，符合私人小客车合乘的特征。故再审申请人搭载乘客的行为不以盈利为目的，由出行线路大致相同的人分摊部分出行成本，该行为应当认定为顺风车合乘。

湖南省高级人民法院认为，《长沙市私人小客车合乘管理规定》第六条规定，私人小客车合乘不属于道路运输经营行为……合乘平台应当提供合乘出行服务协议，合乘者响应后，需网签合乘出行服务协议，明确合乘出行提供者、合乘人和合乘软件运营商的权利、义务和责任。第十二条规定，合乘平台在本市开展合乘信息服务的，应向市道路运输管理机构备案，并将服务平台数据库接入市道路运输管理机构监管平台，按要求实时、完整地提供合乘数据。合乘数据包括合乘出行提供者的姓名、车牌号、车型、处罚时间、起讫地点、行使线路、合乘人的地点、合乘费用等。从平台、车主、乘客三者关系来看，车主和乘客均向平台发布出行信息，平台整合信息后进行匹配确定订单，平台向车主和乘客发布该信息，经车主和乘客确认后即达成协议。车主按平台的指示完成行程，乘客向平台支付费用，平台在扣除服务费后再向车主支付费用。在此关系中，车主按照平台提示的行程接单，费用也不由车主决定而由平台计算得出。应认为与乘客建立搭乘服务关系的是平台而非车主，平台应承担承运人责任和相应社会责任。《长沙市私人小客车合乘管理规定》第四条也规定，合乘平台不得提供跨省市、跨区域的合乘信息服务。该条规定应理解为若平台违反该规定，提供了跨省市、跨区域的合乘服务信息，则平台应承担责任，而非车主承担责任。故交通运输局仅对再审申请人进行处罚而未处罚真正的责任主体平台公司属于处罚对象错误。

湖南省高级人民法院认为，岳麓区交通运输局以《中华人民共和国道路运输条例》第十条、第六十三条为依据对再审申请人作出处罚，其适用该条款的前提是对申请人涉案行为的性质界定为“道路旅客运输经营”。《道路旅客运输及客运站管理规定》第三条明确了“道路旅客运输经营”的含义，即是指用客车运送旅客，为社会公众提供服务，具有商业性质的道路客运活动，包括班车（加班车）客运、包车客运、旅游客运。本案再审申请人搭载乘客的行为如前所述应认定为私人小客车合乘，不符合道路旅客运输经营行为的特征，不属于道路旅客运输经营的范畴。《长沙市私人小客车合乘管理规定》第七条也明确，私人小客车合乘不属于道路运输经营行为。故再审申请人曾某某的涉案行为不适用《中华人民共和国道路运输条例》的相关规定。岳麓区交通运输局因对再审申请人曾某某的行为定性错误从而适用《中华人民共和国道路运输条例》相关规定进而作出处罚，适用法律错误。

湖南省高级人民法院主要基于以上理由，判决撤销原一、二审人民法院判决，撤销岳麓区交通运输局涉案行政处罚决定与长沙市交通运输局涉案行政复议决定。

三、案件启示

在法律上，顺风车活动属于友好互助的民事行为，是车主与搭乘人为了实现共同目的、共享利益、共担风险的普通合伙关系。但在我国，一直又存在顺风车友好互助民事行为与非法营运之间的区分难题，而近年来互联网平台介入，作为顺风车信息撮合平台，又使得这一问题更为复杂，一旦涉及执法查处时，在事实认定、性质界定、法律适用等方面均为难题，本案即为典型。

以互联网平台撮合顺风车行为引发的问题为观察重点，本案涉及两个方面的法律问题尤其值得关注。

第一，对互联网平台与车主实行“单罚制”还是“双罚制”的问题。湖南省高级人民法院在再审判决中指出，从平台、车主、乘客三者关系中，车主是按照平台提示的行程接单，费用也不由车主决定而由平台计算，与乘客建立搭乘服务关系的是平台而非车主，平台应承担承运人责任和相应社会责任。因此，若平台违反规定提供了跨省市、跨区域的合乘服务信息，则平台应承担责任，而非车主承担责任。类似问题也存在于互联网平台提供的网约车服务中，即当网约车平台向未取得合法资质的司机派单时，是单独处罚司机还是同时处罚平台，或者单独处罚平台？从法律上，不论是顺风车车主，还是网约车司机，当其未按照相关政策法规要求提供搭乘或网约车运输服务时，其仍然存在未遵守相关法律法规的行为，只不过因其通过互联网平台方式实现，因此，不能断论所有通过互联网平台实行的顺风车活动或网约车经营服务，均由平台承担责任。有必要通过相关法律法规的细化，或者处罚裁量基准的建设，在平台与车主之间科学厘定法律责任。

第二，市内交通与城际交通的法律规范适用问题。在我国，道路客运管理（包括对于非法客运的执法查处）主要以城际交通特别是公路交通为对象，其最高法规依据即为《中华人民共和国道路运输管理条例》。而市内交通特别是路面交通主要包括公共交通与出租汽车客运，而未取得合法资质从事出租汽车客运则是城市交通管理部门的执法查处重点，其执法依据往往是出租汽车客运管理法规规章，如本案中就涉及交通运输部等六部门《网络预约出租汽车经营服务管理暂行办法》的适用问题。但是，不论是本案中再审申请人的顺风车搭乘行为，还是其他的非法小客车营运行为，其涉及的范围往往又跨越市内交通与城际交通的管理边界，特别是随着移动互联网技术的发展，依托互联网平台开展的交通业务日渐普及，而互联网平台的重要特点就在于“一点接入，全域运行”，因此传统以市内交通与城际交通为区分的管理法规就受到严峻的挑战，如交通运输部今年公开的《中华人民共和国道路运输管理条例（修改征求意见稿）》就将出租汽车客运纳入其中，体现了市内交通与城际交通管理的融合。但是，对于互联网平台提供的跨越市内交通与城际交通的顺风车撮合行为，目前的法律法规仍然是一个空白，仍然需要深入研究后寻求科学的法律规制方案。

第十八章
刑事案件

刑罚手段是城市交通治理最具震慑力的法律手段，如本章所选取的机动车驾驶人醉驾案，因被告人违法行为性质恶劣、影响重大，直接推动2011年的《中华人民共和国刑法修正案（八）》“醉驾入刑”，将醉酒驾驶机动车纳入危险驾驶罪范围，弥合了早期醉驾案适用刑法的争议，在很大程度上通过刑法修订推动了交通难题的治理。不过，权利保障也是刑法的重要价值，本章所选取的骗免收费公路通行费案中，正是因为对被告人启动刑事重审程序，使得原审法院认定被告人骗免通行费368万元被重新认定为49万余元，进而大大改变了量刑幅度，实现了对被告人权利的最大保障。而本章所选取的危险驾驶案，则以“情节显著轻微，危害不大的，不认为是犯罪”相关规定在醉驾案件中的适用争议入手，从交通犯罪专门立法的科学性和体系性建设的角度，在一定程度上揭示了交通安全刑法保护功能进一步改进的空间。

第一节 机动车驾驶人醉驾案

一、基本案情

2009 年 6 月 30 日中午，被告人张某某在南京市江宁区高尔夫（南京）房地产有限公司项目部食堂与汤某某等人吃饭并饮用了一瓶“老村长”牌白酒。其中，被告人张某某饮用了约 150 mL 白酒。18 时许，被告人张某某邀请汤某某、于某某等人在南京市江宁区东山街道金盛路的“徐州土菜馆”吃饭。席间，被告人张某某共饮用了 2 杯多“今世缘”牌白酒（每杯约 160mL）、2 杯杨梅酒及 1 瓶啤酒。经鉴定：案发当晚，被告人张某某血样中的乙醇含量为 381.5mg/100 mL。

当日 20 时许，被告人张某某在醉酒的状态下独自驾驶一辆别克君越牌轿车（自动挡，车牌号为：苏 ATHxxx）从“徐州土菜馆”门口沿南京市江宁区金盛路由南向北行驶。当车驶出约 137.5 米时，撞倒了行人张某（男，27 岁）。被告人张某某在意识到肇事后，向左打方向继续向前行驶，车辆越过路中黄色双实线后驶入逆行车道，先后撞击金盛路西侧的 1 辆保洁车及西瓜摊主李某某（女，30 岁）和王某某（男，45 岁）。

继而，被告人张某某向右打方向继续向前行驶。当车行驶至路中黄色双实线西侧附近时，撞击了骑自行车的沈某（女，殁年 48 岁），致沈某被抛出约 20 米坠地后死亡，沈某所骑自行车被抛落在一辆由北向南正常行驶的桑塔纳牌轿车（出租车，车牌号：苏 A90xxx）的引擎盖上。

此后，被告人张某某穿越路中黄色双实线驶入正常行驶车道，与路东侧的一辆奥德赛牌轿车（车牌号：浙 JLYxxx）相擦后，先后撞击了郑某（孕妇，殁年 28 岁）、康某某（男，殁年 27 岁）夫妻及骑电动自行车的汪某某（男，殁年 56 岁）。郑某被撞后被抛落至路东侧停放的一辆北京现代牌轿车（车牌号：苏 APVxxx）的后车厢上又坠落地面当场死亡，胎儿由腹中脱出；康某某被撞入路东侧停放的一辆江淮牌轿车（车牌号：苏 A07xxx）的后车箱内，经医院抢救无效死亡；汪某某当场死亡。

其后，被告人张某某继续驾车向北行驶。当车行驶至金盛路华联超市附近时，又撞倒董某某（男，殁年 25 岁）、洪某某（女，26 岁）夫妻，致董某某死亡。

之后，被告人张某某继续驾车向北行驶，又撞上停在金盛路东侧的一辆东风雪铁龙牌轿车（车牌号：苏 AFGxxx）的尾部，致该车与前方停放的一辆骊威牌轿车（车牌号：苏 AFWxxx）追尾。此时，被告人张某某所驾车辆的安全气囊弹开，在继续向北行驶了

437 米后，停在金盛路明月港湾幼儿园门前，后被公安机关抓获。

被告人张某某在上述连续肇事的过程中，共造成 5 人死亡、4 人受伤及 6 辆机动车不同程度受损。经法医鉴定：张某、王某某的损伤程度为轻微伤；李某某、洪某某的损伤程度为轻伤；沈某符合车辆作用致胸腹部闭合性损伤而死亡；郑某符合车辆作用致创伤性休克而死亡；康某某符合车辆作用致颅脑损伤而死亡；汪某某符合车辆作用致颅脑损伤合并创伤性休克而死亡；董某某符合车辆作用致颅脑损伤合并胸部闭合性损伤而死亡。经车损价格鉴定：6 辆机动车的损失共计人民币 54359 元。

二、判决结果

南京市中级人民法院经审理认为，被告人张某某明知酒后驾车违法、醉酒驾车会危害公共安全，却无视法律醉酒驾车，放任危害结果的发生，并在肇事后继续驾车连续冲撞多名行人及车辆，其行为构成以危险方法危害公共安全罪，且造成包括一名怀孕妇女在内的 5 人死亡、4 人受伤及数辆机动车受损的严重后果，依法应予严惩。被告人张某某在案发当日中午及晚间大量饮酒系其自主行为，案发时其血液中的乙醇含量高达 381.5mg/100 mL，属于醉酒状态。在此状态下，其作为一个合法申领了驾驶执照的成年人，却无视法律规定和不特定多数人的生命财产安全醉酒驾车，尤其是在肇事后继续驾车冲撞，造成重大人员伤亡，说明其主观上对持续发生的危害后果持放任态度，具有危害公共安全的故意，故对辩护人提出的构成过失以危险方法危害公共安全罪的辩护意见，不予采纳，公诉机关指控的罪名正确，予以支持。

在本案中，被告人张某某归案后能如实供述自己的罪行，对起诉书指控的犯罪事实供认不讳，认罪态度较好；对东山街道代其向被害人或被害人亲属垫付的赔偿款均表示认可，其已向东山街道返还垫付款人民币 110 余万元，并主动表示将进一步清理其债权，以继续偿还东山街道代为垫付的赔偿款，有悔罪表现；其在醉酒致辨认和控制能力下降的情况下酿成惨祸，主观上并不希望和积极追求严重危害结果的发生，与以危害公共安全为目的恶意驾车撞人并造成重大伤亡后果的直接故意犯罪相比，张某某犯罪的主观恶性相对较低。故对辩护人请求酌情从轻处罚的辩护意见，予以采纳。综合以上情节，应酌情对被告人张某某从轻处罚。为维护社会秩序，保护社会公共安全，惩罚刑事犯罪，依照《中华人民共和国刑法》第一百一十五条第一款、第五十七条第一款之规定，南京市中级人民法院判决被告人张某某犯以危险方法危害公共安全罪，判处无期徒刑，剥夺政治权利终身。

三、案件启示

张某某醉驾案件发生后，在南京、江苏，甚至全国引起了强烈的反响，南京当地的电视台、广播电台、报刊，国内主流新闻媒体、网站，几乎每天都在发布各种报道，其中的重点便是对张某某涉嫌罪名的争论。在张某某醉驾案之前，有“成都孙伟铭醉驾案”和“广东佛山黎景全醉驾案”，在这两起醉酒驾驶致多人死亡的案件中，判处被告人死刑的要求并不如此强烈。但是，在张某某醉驾案当中，社会态度呈现明显的一边倒趋势，希望张某某被判死刑。事实上，南京市当地检察院即以涉嫌“以危险方法危害公共安全罪”对张某某批准逮捕，并以该罪名对其进行起诉，最终张某某也被“以危险方法危害公共安全罪”判处无期徒刑，进而在一定程度上引发刑事案件是否应受社会影响的讨论。

从刑法视角，本案存在交通肇事罪与以危险方法危害公共安全罪适用的不同处理。根据《刑法》第一百三十三条规定，交通肇事罪是指行为人因违反交通运输管理法规而发生重大交通事故，致人重伤、死亡或者使公私财产遭受重大损失，从而危害公共安全的行为。以危险方法危害公共安全罪和交通肇事罪同属刑法分则第二章的危害公共安全罪，二者具有同类的犯罪客体，但是二者的直接客体是不同的。以危险方法危害公共安全罪的直接客体就是公共安全，而交通肇事罪的直接客体则为交通运输安全，二者存在法条竞合，公共安全事实上包括交通运输安全。由于张某某醉驾案受害者有多人，且一名死者是孕妇，腹中的胎儿经抢救未能挽救生命，这同社会的伦理道德严重背离，于是引起了社会的广泛关注和愤慨。而多年来，醉驾行为长期以来得不到有效的整治，几乎每年都有醉酒驾车引发的命案，由此导致社会各界强烈不满，进而使人们对法律的功能或者是实效产生质疑，这次不论是人民检察院的批捕还是人民法院判决，都得到社会多数人的认同，在一定程度上实现了法律效果与社会效果的统一。

2011 年 2 月 25 日，第十一届全国人大常委会第十九次会议通过《刑法修正案（八）》，在刑法分则第二章（危害公共安全罪）增加了一条危险驾驶罪，即第一百三十三条之一，规定：“在道路上驾驶机动车，有下列情形之一的，处拘役，并处罚金：（一）追逐竞驶，情节恶劣的；（二）醉酒驾驶机动车的。有前两款行为，同时构成其他犯罪的，依照处罚较重的规定定罪处罚。”这一修正案就是通常所说的“醉驾入刑”立法，弥合了早期醉驾案适用刑法的争议，有力回应了社会公众要求严格治理酒驾行为的呼声，在很大程度上通过刑法修订推动了交通难题的治理。

第二节 骗免收费公路通行费案

一、基本案情

2008 年 5 月的一天，一个自称是许昌市武警支队的男子来到下汤收费站，说所在的部队正在搞土建工程，两辆军车需经过下汤收费站，要办理免费通行手续，两辆车的牌号为“WJ19-30xxx”“WJ19-30xxx”。经请示平顶山分公司的领导后，下汤收费站就将两辆军绿色的斯太尔后八轮自卸车列为免收通行费车辆。下汤收费站工作人员发现，直到 2008 年底，这两辆车仍在拉沙并在下汤收费站出入。根据以往经验，工作人员对两辆军车的真实性产生了怀疑。他们把情况反映给平顶山分公司，平顶山分公司又反映给省公司，省公司通过省治超办与河南省武警总队进行协调。2009 年 1 月，河南省武警总队派出军检部门在郑尧高速下汤段，将这两辆军车连同司机带走。同年 6 月，省武警总队警备司令部出具了这两辆货车为假冒武警车辆的证明。收到该证明后，郑尧高速公路的管理公司——河南中原高速公路股份有限公司报案。

经了解，两辆货车核载量为 25 吨，通常情况下会超载 150% 左右。空车行驶一趟，需缴纳过路费 200 元左右，荷载时的缴费数额取决于荷载重量。根据省高速公路联网监控收费通信服务有限公司出具的通行信息统计表，在 2008 年 5 月 4 日至 2009 年 1 月 1 日，两辆车共计通行 2361 次，合计逃费金额为人民币 368.2 万余元。

2009 年 12 月 18 日，两辆车的车主时某某因涉嫌诈骗罪被刑事拘留，2010 年 1 月 22 日被批准逮捕。时某某交代，他的两辆车是在许昌一家销售公司，用他人名义分期付款购买的。买车后，时某某在禹州的路边看到有办理假军车手续的电话，就联系办了两副假军牌，还买了假军装，办了假军车行驶证、驾驶证，都是以河南武警总队许昌支队的名义办的。

时某某交代，车改成假军车是为了不缴高速过路费，多挣钱。他从 2008 年 5 月开始拉沙、石子等，基本上都是跑的鲁山下汤至许昌长葛这条线路，偶尔也从下汤往禹州跑。从 2008 年 5 月到 2009 年 1 月，每天跑二三趟。因为担心被收费站人员看出破绽，时某某不停地更换司机，每个司机只开一个月左右，工资比普通司机也高出一截。

二、判决结果

2010 年 10 月 17 日，平顶山市检察院指控时某某犯诈骗罪，向平顶山市中级人民法院提起公诉。同年 11 月 19 日，平顶山市中院公开审理此案。

法院审理查明，2008 年 5 月 4 日至 2009 年 1 月 1 日，被告人时某某为牟取非法利益，非法购买伪造武警部队士兵证、驾驶证、行驶证等证件，并购买两副假军用车牌照，在郑石高速公路下汤收费站、长葛西收费站、禹州南收费站、鲁山收费站多次骗免通行费，共计人民币 368 万余元。平顶山市中院审理认为，时某某以非法占有为目的，虚构事实、隐瞒真相，骗取河南中原高速公路股份有限公司免收其通行费，财物损失达 360 多万元，数额特别巨大，其行为符合诈骗罪的构成要件，已构成诈骗罪。2010 年 12 月 21 日，法院作出判决，时某某犯诈骗罪，判处无期徒刑，剥夺政治权利终身，并处罚金 200 万元，并追缴违法所得的一切财物。

2011 年 1 月 14 日，时某某弟弟时某锋向公安机关投案自首，承认其兄长时某某替自己顶包。

2011 年 12 月 15 日，河南省鲁山县人民法院重新开庭审理时某锋、时某某偷逃高速公路通行费一案。

法院经审理查明：2008 年初，被告人时某锋通过武警干部李金良、张新田取得了伪造的武警部队车辆号牌、武警部队车辆行驶证、驾驶证、士兵证及作废的武警部队派车单等物品。2008 年 5 月 4 日至 2009 年 1 月 1 日，时某锋使用上述假牌证及两辆货车，经由郑尧高速部分路段运送河沙。运行过程中车辆多次被查扣，由李金良、张新田出面协调，使得两辆货车顺利通行。经会计师事务所审计：2008 年 5 月 4 日至 2009 年 1 月 1 日，悬挂武警号牌的两辆货车在郑尧高速公路通行共计 2363 次，骗免高速公路通行费计 492374.95 元。被告人时某某在明知拉沙车辆所用武警部队车辆号牌、证件等均系伪造的情况下，从 2008 年 10 月底开始全面参与沙场经营活动。经会计师事务所审计：2008 年 11 月 1 日至 2009 年 1 月 1 日，悬挂武警号牌的两辆货车在郑尧高速公路通行，骗免高速公路通行费计 117660.63 元。

庭审结束后法官当庭宣判：被告人时某某犯诈骗罪，判处有期徒刑两年零 6 个月，并处罚金人民币 1 万元。时某锋犯诈骗罪，判处有期徒刑 7 年，并处罚金人民币 5 万元。两名被告人均当庭表示服判。

三、案件启示

本案第一次判决被媒体披露后，被称为“天价高速公路案”，引发了社会公众对公路收费高的热议。重审后，原审法院认定被告人骗免通行费 368 万余元被重新认定为 49 万余元，进而改变了量刑幅度，在一定程度上回应了社会的关切。

同样的 2363 次通行，两次审理过程中却产生了近 300 万元的差距，让人不禁困惑于通行费计算标准的问题。而这一问题的产生，源于两次法院认定通行费标准的不同。

第一次审理中，法院以高速公路公司日常收费过程中执行的计费标准对骗免费用进行统计。如案件发生时，河南省高速公路通行费收取标准采取的是累进加重计费方式，超过车辆承载标准重量收费方式带有一定的惩罚性质。按照标准，未超过车辆核定载质量的收费标准是载货类汽车基本费率即 0.11 元 /km，15t 及以下部分按基本费率计收，15t 以上部分按 0.04 元 /km 计收。超过车辆核定载质量的收费标准是，超出 30% 的重量部分暂按基本费率收费，超过 30% 以上部分，暂按基本费率 3 倍线性递增至 5 倍收费，超过 100% 以上的重量部分按基本费率 5 倍计算通行费。第二次审理时，法院按照核定载质量的收费标准计算骗免费用，超过货车核定载质量部分并未计算在内，理由是超过核定载质量的货车应在通行时先行整改后才能通行。如以其中一笔为例进行比较，就可清楚了解其中的区别：2008 年 5 月 5 日，两车中的一辆载重 71.4t，车辆核载量为 25t，从下汤站至长葛西，路程一共是 110.6km。其中，15t 符合基本费率，通行费为 15×0.11×110.6=182.5 元；低于核载量的 10t 符合优惠费率，通行费为 10×0.04×110.6=44 元；超出核载 30% 的仍按基本费率，即是说 7.5t 仍符合基本费率，通行费为 7.5t×0.11×110.6=91.2 元；除此之外的 38.9t 属于超载部分，通行费为 38.9×0.11×5×110.6=2326.3 元。按照第一次审理计算标准，该次通过骗免通行费为 2684 元，第二次审理标准则为骗免通行费 226.5 元，两者之间有 2000 多元的差距。

不同计算标准导致量刑的明显差异，实质上也反映了管理收费公路的不同思路。本案发生时，河南省高速公路采取的累进加重计费标准，是一种对超载车辆采取所谓“经济杠杆”调控，没有考虑车辆超载行为对交通安全的影响，没有体现对超载违法行为的治理思路，第一次法院审理时机械地适用计费标准，导致出现了引发社会普遍质疑的裁判结果，而后一次法院审理中则依据法理，改变了计费标准，在一定程度上较为公正地处理了这一案件。

正是因为时氏兄弟案件等方面的影响，后期交通主管部门对收费公路收费标准采取了更为合理的改革。2019 年 5 月 21 日，国务院办公厅印发《深化收费公路制度改革取消高速公路省界收费站实施方案》，在不允许超过核定载质量车辆进入收费站的同时，要求从 2020 年 1 月 1 日起，全国收费公路统一按车（轴）型收费，确保不增加货车通行费总体负担，同步实施封闭式高速公路收费站入口不停车称重检测，从而在很大程度上协调了货车按照核定质量通行与收费的关系，在源头上杜绝了类似时某某被判无期徒刑错案的发生。

第三节 危险驾驶案

一、基本案情

廖某某系广西壮族自治区上思县水利局司机。2011 年 6 月 11 日 18 时许，廖某某下班后将其单位车牌号为桂 Pxxxxx 的三菱汽车开回其居住的上思县思阳镇龙江半岛花园小区内停放，然后坐三轮车外出与同事吃饭。当日 21 时许，廖某某酒后坐三轮车回到小区，发现三菱汽车停放的位置离其居住单元楼有一段距离，决定将车开到其居住的 6 至 7 栋楼下停放。廖某某驾车行驶约 50m 到其楼下，在倒车入库时汽车尾部与停放在旁边的车牌号为桂 ASJxx 的汽车前部发生碰撞。发生事故后，被撞汽车车主报警，公安人员立即赶到现场将廖某某抓获，并认定廖某某负事故全部责任。经鉴定，廖某某血液乙醇含量大于 300mg/100 mL。案发后，廖某某赔偿被害人经济损失人民币 800 元。

二、判决结果

上思县人民法院认为，被告人廖某某违反道路交通安全法规，在道路上醉酒驾驶机动车，其行为构成危险驾驶罪。公诉机关指控廖某某犯危险驾驶罪事实清楚，证据充分，指控罪名成立。廖某某醉酒驾驶机动车，血液中酒精含量远超出醉酒驾驶标准，达到 300mg/100 mL 以上，且在驾驶中与他人车辆发生碰撞，负事故全部责任，应当酌情从重处罚。鉴于廖某某是为了挪车而在小区内醉酒驾驶机动车，到案后能如实供述自己的罪行，且积极主动赔偿被剐蹭车辆车主损失，认罪态度较好，依法可以从轻处罚。关于廖某某的辩护人提出廖某某患有严重疾病的意见，与本案判罚没有直接关联性，不属于刑罚适用情节范围，故该项辩护意见不予采纳。据此，依照《中华人民共和国刑法》第一百三十三条之一、第六十七条第三款、第五十二条、第五十三条之规定，上思县人民法院以被告人廖某某犯危险驾驶罪，判处拘役三个月，并处罚金人民币二千元。

一审宣判后，被告人廖某某不服，以犯罪情节轻微且真诚悔罪，请求对其宣告缓刑为由向防城港市中级人民法院提出上诉。其辩护人亦提出相同的辩护意见。

广西壮族自治区防城港市中级人民法院经公开审理认为，一审法院综合廖某某犯罪事实、悔罪表现和认罪态度以及积极赔偿被撞车辆损失等情节，对其判处拘役三个月，并处罚金人民币二千元，并无不当，遂依照《中华人民共和国刑事诉讼法》第二百二十五条第一款第一项之规定，裁定驳回上诉，维持原判。

三、案件启示

2011 年刑法修正案（八）实施以来，醉驾正式入刑，在很大程度上遏止了酒驾行为。由于早期追惩力度大，民间往往将“醉驾入刑”称为“醉驾一律入刑”，这也在一定程度上影响了人们对于各地细化醉驾入刑标准的努力的认知，也影响了我国刑法第十三条中规定的“情节显著轻微，危害不大的，不认为是犯罪”在醉驾案件中的适用，本案的处理就是典型。

2017 年最高人民法院印发《关于常见犯罪的量刑指导意见（二）（试行）》，在全国第二批试点法院对 8 个常见罪名进行量刑规范改革试点，其中就包含了涉及“醉驾”的危险驾驶罪的量刑意见。意见称，应当综合考虑被告人的醉酒程度、机动车类型、车辆行驶道路、行车速度、是否造成实际损害以及认罪悔罪等情况，准确定罪量刑。对于情节显著轻微危害不大的，不予定罪处罚；犯罪情节轻微不需要判处刑罚的，可以免予刑事处罚。

2019 年 10 月，浙江省高级人民法院、浙江省人民检察院、浙江省公安厅三部门印发《关于办理“醉驾”案件若干问题的会议纪要》（以下简称《纪要》），对醉驾的认定、查处、定罪标准作了细化，特别明确“对于醉酒在广场、公共停车场等公众通行的场所挪动车位的，或者由他人驾驶至居民小区门口后接替驾驶进入居民小区的，或者驾驶出公共停车场、居民小区后即交由他人驾驶的，不属于刑法第一百三十三条之一规定的‘在道路上醉酒驾驶机动车’”。浙江三部门纪要的这一条文，就是对最高法院量刑规范化试点的回应，是综合考虑犯罪嫌疑人、被告人行为危害性、认罪悔罪态度等后作出的一种定罪量刑标准的细化，有助于更为科学合理地惩治醉驾，也为我们揭示了交通犯罪专门体系建设的发展方向，并非人们所说的“醉驾入刑松绑的信号”。

2011 年我国刑法修正案（八）不仅将醉驾入刑，还将在道路上驾驶机动车追逐竞驶，情节恶劣的行为入刑，改变了原刑法中仅有交通肇事罪这一事后针对违法驾驶追究刑责的专门交通犯罪的规定的情况。将最常见最突出的醉驾、追逐竞驶危险行为直接入罪，并设计了比一般危险驾驶行政违法行为更严厉的刑事惩罚，这是适应我国进入机动化时代交通安全形势日趋严峻，运用刑法调控功能，尽可能提前预防危险行为，化解交通安全社会风险的体现。2015 年施行的我国刑法修正案（九）将“从事校车业务或者旅客运输，严重超过额定乘员载客，或者严重超过规定时速行驶”与“违反危险化学品安全管理规定运输危险化学品，危及公共安全的”两类行为入罪，体现了我国刑法确立的交通犯罪体系从以交通肇事罪为代表的实害犯向以醉驾入刑为代表的抽象危险犯扩张。

不过，从交通犯罪专门立法的科学性和体系性要求的角度看，目前我国交通犯罪专门体系仍不完善，已经成为限制交通安全刑法保护功能发挥的障碍。不论是上述最高人民法院量刑规范改革试点将涉及“醉驾”的危险驾驶罪纳入，还是浙江、江苏等地细化“醉驾入刑”认定、查处、定罪标准的努力，都可以说是交通犯罪专门体系建设的方向。但由于《纪要》仅是一种司法政策文件，专门的交通犯罪体系建设仍需立法方式，如我国《道路交通安全法》中醉酒的标准是由国家质监局发布并实施的《车辆驾驶人员血液、呼气酒精含量值与检验》国家标准，但这种国家标准作为一种行政规范性文件，能否作为国家基本法之一的刑法“醉酒”标准，尚存疑问。

因此，有必要在最高人民法院及各地司法政策细化“醉驾入刑”标准的基础上，通过立法方式发展完善危险驾驶罪及其为核心的交通犯罪专门体系，在交通安全领域不断强化刑法的社会风险调控功能。

附录
国外城市交通的法律体系

一、日本城市交通法律法规情况

二、德国城市交通法律法规情况

三、美国城市交通法律法规情况

四、典型案例

法律样式是指某一国家或地区法律实践活动的基本方式，即立法和司法的基本工作程序或方法。世界主要“法律样式”有三类：①大陆法系（民法法系）国家的“成文法”；②英美法系（普通法系）国家的“判例法”；③包含中国在内等国家的“混合法”[1]。三种法律样式本身都起源于欧洲。普通法系由英格兰和美国的法官发展而来，并仍然在发展中。民法法系由法国、德国和荷兰法学家的著作发展而来。混合法法系建立在普通法和民法系双重基础上[2]。混合法有并列式和循环式两种类型。并列式混合法是同一国家或地区的某些法律领域实行“成文法”，在另外的法律领域实行“判例法”，两者并行。这一类型在先后受“大陆法系”和“英美法系”影响的国家和地区较为明显。循环式混合法是成文法—判例—成文法的发展过程，以判例弥补成文法典的不足，在特定历史时期发挥独立作用；然后立法机关将判例加工上升为法条，最后被成文法典吸收[1]。

普通法最大的特色在于法院审理所有涉及违法、侵权及违约所引起的法律诉讼时，有解释法律的权利和义务。当法院在解释法律时，其实法院即在进行“造法”，所以普通法系事实上是法官借由每一个具体案件判决所发展而成的法律。民法系则是以立法方式制定国家所有的基本法律，并将这些成文法编纂为法典。当处理法律争议时，必须从法典中找到涵盖争议的规定并适用于法律争议。在法规不足时，法院必须广泛依据法典编纂之原理加以推理，有时甚至必须对法规条文类推适用，以填补法规之不足，并达到一致性[3]。尽管普通法和民法系有上述差别，但从近年来各国法律制度的发展来看，两大法系早已互相影响，已无纯粹的普通法系或民法系国家。以美国为例，成文法日益增加，大部分州已自行制定民事诉讼法，所有的州均已制定刑法及刑事诉讼法。只是在普通法之下，制定的法律仍需经过法院的司法审查和司法解释。与之对应，民法系国家也越来越重视司法判例的影响作用，下级法院参考上级法院判决的情况逐渐增多。

城市交通事务涉及个体之间、个体与组织之间、组织与组织之间、个体 / 组织与政府之间、政府与政府之间的五对关系，映射到法律关系，在民法系视角下可以归结为私法和公法两类。本附录以下内容分别介绍典型民法系国家日本、德国与城市交通有关的法律体系，典型普通法系国家美国、英国与城市交通有关的法律体系，展示不同行政建制、法律样式社会处理城市交通有关议题的法律体系差异性。

一、日本城市交通法律法规情况

日本立法体制是一种中央集权和地方自治共存的立法体制。根据《日本国宪法》第四十一条规定，国会是国家唯一的立法机关，统一行使国家立法权，对需由国家以立法管制、调控的事项，均可制定法律[4]。

日本城市交通相关法律包含基本法和单行法两类。基本法规定了国家制度和政策的原则和基本政策，并规定应根据这些政策采取措施[5]。单行法是针对某一具体行为而制定的具体的措施。基本法是单行法的上位法。目前日本在交通领域只有两部基本法，一是 1970 年制定的《交通安全对策基本法》；二是 2013 年制定的《交通政策基本法》。下位的单行法则包含道路交通安全管理、小汽车使用、公共交通发展、污染治理、能源与弱势群体出行等各方面（见附图 1）。

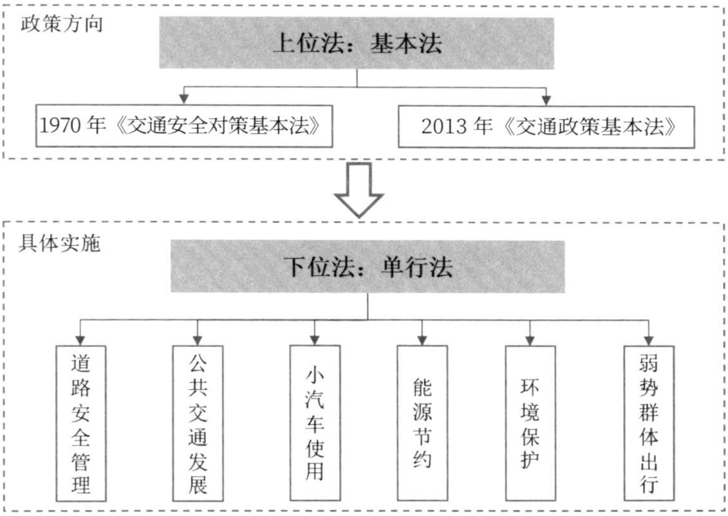

附图 1　日本城市交通有关的法律文件

1. 基本法

在 1970 年《交通安全对策基本法》颁布之后，日本设置了中央政府及地方政府交通安全对策会议，并定期制定交通安全计划。2013 年《交通政策基本法》的制定体现了日本交通政策重要性的提升，被认为是日本交通立法领域的一个重要事件，对交通政策的制定和实施产生深远影响[6]。该法明确了一定时期内交通政策的基本框架，规定了各级政府及其他相关方面在政策实施过程中的责任与义务。其中提出：交通安全是最重要的基本事项，政策制定必须与《交通安全对策基本法》及其他交通安全法律及政策相协调，确保交通的充分安全。

2. 单行法

1）道路交通安全

自20世纪50年代中期汽车成为日本主要交通工具之后，小汽车引发的死伤人数逐年上升，道路交通安全也逐渐受到重视。1960年6月25日，日本公布实施了其规范人们道路交通行为最基本的法律——《日本道路交通法》[7]。该法是日本交通管理的主干法，也是日本道路交通管理的代表性法律，至2017年先后作了近30次修订[8]。以该法为核心，日本在道路交通安全管理上制定了一系列的法律。1966年制定了关于交通安全设施建设的紧急措施法，1970年颁布了《交通安全对策基本法》，并先后实行了公路交通安全设施的两个“五年计划”[9]。1989年死于道路交通事故的人数突破1.1万人，为此日本总务厅向全国发表了史无前例的交通事故非常事态宣言，同时修订了提高汽车安全性的法规[10]。

此外，日本道路交通安全相关法律法规还包含日本道路交通法执行令、日本道路交通法实施细则、交通方法教则、交通安全教育指南、道路法、道路运输法、道路运输车辆法以及汽车损害赔偿法等。

2）公共交通发展

日本是世界上公共交通最发达的国家之一，其公共交通出行比例也位居世界前列。这一效果一方面是源于政府对公共交通，尤其是轨道交通的积极支持政策和完备的法规制度保障; 另一方面是对小汽车使用的约束，通过提高小汽车的使用成本使更多人使用公共交通。

（1）城市轨道交通相关法律法规

日本政府通过各种筹融资制度、税制优惠以及一体化轨道交通—土地开发策略，在为轨道交通建设所需的巨额资金提供政策保障的同时又减轻了建设运营企业的债务负担，使城市轨道交通建设和运营能够持续进行，促进其稳步发展。1986年日本制定了“特定城市铁道建设促进特别措施法”，把工程费的一部分附加在车票上，计算为损金，用增收的部分建立免税的“特定城市铁道建设基金”用于工程建设，基金额度可达认定工程费的50%。1994年又对特别措施法进行了修正，扩充完善了这一制度[11]。

1989年日本政府制定了“关于大城市宅地开发及铁道整备一体化推进的特殊措施法”，以推进住宅开发与铁路建设一体化。该法案主要解决如何保障轨道开通后的运送需求和如何筹备资金及用地的问题。因此，该法案规定要让熟悉沿线状况的地方公共团体成为工程推进过程中的关键主体，并由其提出一体化建设的基本规划，此外采取发行地方债的特别措施以保证铁路用地和建设资金。

（2）私家车相关法律法规

日本汽车的销售价格相对便宜，但小汽车的保有和维护成本是家庭支出的重要项目。在保有方面，1962 年颁布了《车库法》，规定在申请车辆牌照登记时，须提供具有相应停车位的证明，经警察实地查看和确认后，才能获得牌照发放许可 [12]。在土地资源稀缺的日本，能够拥有一个停车位是相当昂贵的。此外，私家车需要交纳各种费用，如中型私家车每年要交纳 4 万日元（近 2600 元人民币）以上的车辆使用税等 [13]。

3）能源节约与环境治理

日本属于能源相对匮乏的国家，因此很重视节约能源，通过对车辆能效的要求以及对新能源汽车的鼓励，打造能源节约型的交通系统。1979 年通商产业省和运输省颁布了关于确定机动车能源效率的省令。1993 年日本政府颁布了合理用能及再生资源利用法。该法于 1998 年、2003 年进行了修正，对企业、机动车辆、耗能设备提出了要求更为严格的能效标准。1998 年 10 月日本政府通过了关于推进地球温暖化对策的法律，要求运输部门采取各种措施，对能源消费设备进行改善以提高效率。此外，日本还实施了新能源汽车制度和绿色税收计划，制定了新能源汽车的减税政策；支持充电基础设施建设，对设施建设税收费用一律减免 [12]。

在应对环境污染方面，日本政府从 20 世纪 60 年代开始着手对机动车环境污染防治加强立法。1968 年通过了大气污染防治法，规定了机动车尾气排放污染防治的原则性，授权地方政府制定实施细则并加以实行。1978 年制定了限制汽油机轿车废气排放标准，对于各类污染物都提出了严格的减少排放要求。1992 年通过了指定区域机动车排放氮氧化物总量控制特别措施，在机动车尾气污染防治中引入了排放总量控制制度。

4）弱势群体出行

日本的无障碍设计在世界位居前列，这与其周全的法律法规体系是密不可分的。随着人口老龄化愈发严重，2006 年 12 月日本实施了《有关方便老年人、残疾人行动的法律（无障碍新法）》。以往的无障碍政策都是各个设施“各自为政”地展开，缺乏系统性。随着该法律的实施，超过一定面积的车站、机场、客运码头等公共交通设施，以及道路和停车场等，都开始统一推进无障碍设施。如人行盲道和过街盲道的设置；专用过街按钮和盲人使用的信号灯设置；大型公共场所都设有残疾人专用停车场和安全通行区，且专用停车场的尺寸要大于一般停车场尺寸，方便残疾人使用轮椅等 [14]。此外，《日本道路交通法》中也对未成年人、老年人的过街和驾车、乘车有特别保护规定，如日本将儿童安全座椅的配置和使用法定化，设置初驾车标识和年长者驾车标识等，各类细节都体现了对弱势群体的关怀。

二、德国城市交通法律法规情况

根据 1949 年颁布的《德意志联邦共和国基本法》（以下简称《基本法》），德国的立法体制主要是联邦与州的分权。德国联邦政府是中央政府，主要任务是负责“为了普遍的利益必须统一进行处理的事务”，即整个国家的国防外交、社会安全、社会保障和高速公路等，其他事务多由各州和地方政府负责。德国立法权主要集中在联邦政府，每个州享有一定的立法权，但州立法必须符合《基本法》，以保证国家大政方针的稳定协调，而行政权和司法权则主要由各州行使，以充分调动地方的积极性 [15]。

交通方面，德国联邦运输部主要负责全国交通运输行业的法律政策制定和监督执行，具体管理工作一般通过“委托合同”的方式由各个州政府来执行。在实际执行过程中，联邦拥有联邦长途公路（包括联邦高速公路和联邦公路）的立法权，各州拥有自己的州级公路、县市级公路、乡镇公路以及农用经济道路的立法权，各个州实际承担联邦长途公路的行政管理任务 [16]。德国交通法律体系主要包含以道路交通法为主的道路交通管理法规以及与交通规划相关的一系列法案。

1. 道路交通管理法律法规

欧盟制定了一系列规范为各成员国在交通法领域确立了统一的最低标准，包含运输犯罪标准、驾驶执照标准以及车辆登记文件等。其中德国道路交通管理法律主要由以下几个领域组成：

（1）民事交通法，特别是责任法（交通事故后的损害赔偿和痛苦赔偿）和合同法（购车、租赁以及合同设计以及相关的保修索赔）；

（2）交通法规，特别是通过罚款和在弗伦斯堡机动车登记簿（FAER，类似中国的违法记点）登记和禁止驾驶的方式；

（3）交通刑法，通常指事故逃逸、危险干扰道路运输或危害道路运输，通常存在驾驶禁令或吊销驾驶执照的风险；

（4）交通管理权，驾驶执照的发放和吊销、保留和牵引措施；

（5）保险法，特别是与责任保险、部分或综合保险有关的法律。

1952 年的《德国道路交通法》（StVG）对车速、保险等作出了强制规定。《道路交通管理条例》（StVO）和《道路交通运输许可条例（道路空间使用条例）》（StVZO）则包含了为所有道路使用者在公共道路、街道和广场制定的行为规则。此外，基本交通法规还包含《车辆行驶证授予条例》（FZV）和《驾驶许可条例》（FeV）等。各项法律法规有各自明确的适用范围，不同的当局（如道路运输管理局、条例办公室、检察官办公室）和私人（受委托行使公务职能的法人，最著名的例子是技术检测机构 - TÜV）负责每一个法律领域，既规范了交通管理部门的执法尺度和透明度，又规定了执法者和违法者的权利和义务。

2. 交通规划相关法律

除了道路交通管理法规外，德国城市交通法律体系还包含交通规划相关法规。尽管这并非传统的法律领域，但仍对德国城市交通的发展有重大意义，尤其是公共交通和慢行交通相关法规体系。

为了保障公交优先发展，德国 1979 年颁布了《有关公共客运法》[12]。为了从资金上保证公交优先政策以及明确资金分配和使用权限，德国联邦政府制定了地方交通财政资助法（GVFG）和近程公交财政区域分配法（RegG）。同时制定了保障轨道交通投资的铁路与公路交叉法（EKrG）、德国铁路股份有限公司资助法（DBGrG）以及德国铁路扩建法（BschwAG）等[17]。

德国同样注重慢行交通发展，鼓励自行车交通出行已经成为德国促进可持续发展的国家战略。自行车交通法规被纳入城市交通法规的整体结构之中，设立并规定了多种自行车道路交通专用标识及相关的交通管理措施[12]。如设置自行车专用带和自行车保护带，自行车与步行者混行和分离的标识，要求自行车安装前后灯，规定 8 岁以下儿童在人行道上行驶等。拥有“汽车王国”之称的德国，还修建了专属自行车的高速公路，正在实现“四轮”交通到“两轮”的回归。

此外，德国把城市中心步行区作为城市规划的一项策略，同时制定了明确的法律法规以保障步行区的规划实施。1976 年 10 月，德国联邦运输部颁布了各城市的街道交通法规，确定了步行区的明确标识和规定，将部分道路分阶段地转变为交通方式受限制的道路，原则上只允许步行交通，部分道路在特定时段可允许供货车辆与自行车通行[18]。

3. 道路交通相关技术规范

德国交通立法权属于联邦政府，而交通相关的各种技术规范和标准则是由德国道路和交通研究会负责编写和出版的，共计 2100 位专家为该研究会工作。研究会包含交通运输和公路建设两大板块，下设 8 个工作组，分别为交通规划、公路设计、交通管理、基础设施管理、土方工程和地基工程、人行道铺设、沥青路面以及混凝土路面。研究会制定的规范标准分为 R1、R2、W1、W2 四类，强制性由强到弱，如德国信号灯控制规范属于 R1，即一类规范，具有最高的强制性。

三、美国城市交通法律法规情况

美国城市交通相关法律建设与研究具有显著的时代特征，其建设进程的演变通常是为了解决城市交通面临的重大关切和主要问题。因此美国动态地制定法律法规以应对城市交通及其他相关领域出现的新问题，如新的规划内容（由公路规划向城市交通规划转变）或新的关注问题（环境、能源等）。美国主要通过制定相关的法案（Act）来体现交通发展政策的变革，法案制定包含以下四个步骤：①国会议员提出草案；②院内委员会审议；③全院表决和参、众两议院协调；④送交总统签署 [19]。

1. 城市交通法律法规演变

1）联邦道路资助法案

美国早期的交通规划内涵仅限于公路网络规划，目的在于为全国范围内的主要城市提供能够保障全天候出行的公路交通条件 [20]。如 1934 年联邦道路资助法案允许各州使用不超过联邦资助款 1.5% 的资金来进行未来公路建设项目的调查、规划、工程和经济分析。在此之后联邦道路资助法案共经历了 8 次修订，以应对不同时期新问题的出现，内涵不断扩展。1944 年法案大大提高了联邦道路资助项目的资金，规定 25% 的联邦年度资金可以用于城市交通项目。1956 年法案则将城市地区的公路建设项目联邦资助份额提升到 90%，并首次明确可以通过提高燃油和轮胎税来保证交通建设资金来源。1962 年法案的通过与执行使得城市交通规划正式得到法律的承认与资助，标志着美国交通规划开始进入城市交通规划时代。该法案提出需要密切关注城市交通和交通规划，要求建立独立的机构负责城市交通规划事务，与以往一直强调公路而对城市交通未加严格区分的态度有着明显的不同；并规定联邦政府提供给各地交通项目资金的 1.5%，必须专门用于交通规划和研究 [21]。

2）公共交通资助

公共交通由于对交通设施利用效率高、资源消耗少，日益受到立法关注。1961 年的住房法案是美国第一个明确为公共交通提供单独条款的法案，该法案为大都市和城市地区的交通调查、研究和规划提供了资金支持，某种程度上公共交通部门也能从这部分资金中获益。1962 年美国国会报告提出“必须平衡私人机动车和公共交通的使用才能建立宜居、高效的城市系统”。

1964 年城市大运量交通法案第一次从法律上明确了联邦政府将对公共交通提供经济资助以及其资金来源 [22]。规定如果审核通过，各地的公共交通项目将可以从联邦政府处核报最高达 2/3 的费用，在尚未完成全面规划的地区，联邦资助份额应不超过 50%，且所有联邦资金必须通过公共机构引导至地方性项目。1966 年城市大运量交通法案修正案确定纲要，给予有可能获得联邦授权申请的地区公共交通项目规划、工程实施以及设计 2/3 的支持，并授权开展了公共交通管理培训。

1970 年城市大运量交通援助法案是联邦资助城市公共交通发展的里程碑。该法案提出，联邦将在后续 12 年间投资 100 亿美元进行城市公共交通研究、规划和建设，同时提出了保障老年人和残疾人使用公共交通的权利。之后的 1970 年和 1973 年联邦道路资助法案赋予了将道路交通设施建设资金用于发展公共交通的灵活性。1974 年全国大运量交通援助法案首次规定联邦资金可以用于补贴公共交通运营。至此，联邦资助覆盖了城市公共交通规划、建设和运营各个阶段。以上的相关法案有效改善了大运量交通服务水平，减少了道路交通需求。

3）区域交通协调

早期城市交通规划项目都是各级政府独立编制与审批，很少考虑与其他层次相关项目的协调。20 世纪 60 年代，区域性交通规划以及各级政府的协调问题越来越受到关注。1962 年的联邦公路资助法案要求开展大都市区交通规划，把规划范围定义在区域层次而不是原来各个分立的市镇，并规定只有开展了大都市区域规划，地方政府才能获得联邦政府对该区域交通项目的资金支持。1965 年住房与城市发展法案授权准予进行全面的区域交通组织规划，要求相应部门为区域性机构的资料收集和规划提供资金。

1966 年都市发展与示范城市法案设立了一个项目监察程序协调联邦和地方政府合作，以确保所有联邦资助项目不会重复投资，保证各项目符合地方发展规划并使投资效益最大化。为强化这种协调关系，1968 年多政府协调法案规定任何项目的规划和建设必须交于一个负责当地的区域机构审议，且该机构必须在州法律体系下建立，并要求联邦提前告知各州所能给予的资助金额和资助目的，以使州政府能更好地制定当地的发展规划，即最大限度地考虑来自国家、州、区域以及地区的观点。

1973 年联邦公路资助法案则正式将人口超过 5 万的大都市地区政府联合会、区域性合作组织、区域规划委员会等各类区域性合作规划组织统一归类为大都市区规划组织（MPO），并赋予其一定的财权开展区域综合交通规划的编制。

4）安全、污染等特定议题

20 世纪 60 年代至 70 年代前半期，一些新问题的出现开始影响城市交通相关法律法规的制定，包括安全性、环境污染、公园土地和自然区的保护、能源保护以及残疾人交通保障等。

（1）交通安全

美国较早涉及交通安全的法规为 1930 年颁布的驾车规则，随后又制定了统一机动车辆法，开始了道路交通安全管理法规体系的建设[27]。1964 年，美国道路死亡人数达 48000 人，且死亡率逐年上升，约翰逊总统称之为“全国最严重的问题”，交通安全开始受到人们的重视。

1966 年道路和机动车安全法案成立了国家交通安全局，要求建立机动车和设备的最低安全标准，进行授权研发，并扩大了终止或撤销执照的个人驾驶员登记册。1966 年公路安全法案则在商务部建立了国家公路安全局，旨在通过向各州提供财政援助来提供协调一致的国家公路安全计划。之后这两个安全机构合并进入交通运输部的国家公路安全局。这两项安全法案为实施全面的美国公路安全计划提供了基础。在此之后的各项交通相关法案中，交通安全都被放在了基础地位。如今在美国纽约等大城市的总体规划中，也提出了交通零伤亡的美好愿景。

目前美国主要的道路交通安全法规有：道路交通法、交通法庭组织法、交通警务服务守则、驾驶员教育规定、行人安全教育规定、汽车驾驶员执照规定、学生安全驾驶规章、紧急医疗服务制度、机动车辆注册法、机动车辆定期检验法、摩托车安全行驶规定、交通资料记录法、交通事故调查与报告规定、交通事故地点的鉴别与监护、饮酒与交通安全关系法等[9]。

（2）环境保护

1965 年美国颁布了机动车辆空气污染控制法案，授权联邦“健康、教育与福利机构”为新机动车辆设定排放标准。同年国会首次修正清洁空气法案，将汽车排放标准纳入其中。1969 年国家环境政策法案首次宣布了一项旨在预防或消除对环境的破坏的广泛的国家政策。该法案指出“在人类和其生活的环境之间，形成一种建设性的、令人愉悦的协调”是国家政策，成立了美国“环境质量委员会”，要求联邦机构对影响环境的规划和决策采用系统的跨学科方法。

1970 年环境质量改进法案弥补了国家环境政策法案作为一部主要规定政策目标指导性、原则性的法律的不足，推动了美国各项（公共交通）规划、建设活动与环境保护之间的有机关联。1970 年清洁空气修正法案成立了环境保护委员会，予以授权制定周边空气质量标准，要求完善州执行计划以达到上述标准，并要求未达标地区在限定时间内达到标准。1977 年清洁空气修正法案要求未达到国家空气质量标准的地区公布州执行计划，要求在一些城市化地区执行改善交通控制的计划，包含减少交通排放物的各项策略。

1990 年清洁空气修正法案要求各州向环境保护委员会提交州执行计划，说明达到空气质量标准的执行步骤大纲，同时要求交通项目中的计划排放量满足州执行计划中对于排放量减少的要求。1994 年克林顿总统发布名为“针对少数族裔人口和低收入人口的环境公正的联邦行动”12898 执行令，目的在于关注少数民族和低收入社区的环境和健康状况，保证联邦计划及活动不使用种族、肤色或血统歧视标准和方法 [23]。

（3）历史及自然保护

1966 年国家历史保护法案设立了历史保护咨询委员会，以提供有关国家保护政策的建议，减少工程项目对于历史遗迹的影响。同年交通运输部法案中提出要保护野生动植物、活动空间、公园以及历史遗迹，以免受公路建设影响。1973 年濒危物种法案则规定禁止有可能危害列于联邦濒危物种名单的现存动植物的行动。

（4）能源节约

在石油危机的冲击下，为了节约能源和提高能源效率，1975 年美国国会颁布了能源政策与节约法案，主要采用税收政策鼓励清洁燃料车辆的使用。1978 年国家能源法案规定交通规划以及项目进行的所有阶段都要求尽力保护能源。同年通过了能源税收法案，对达不到法定燃油效率的新运输工具的销售实行特殊征税。1988 年颁布了汽车替代燃料法案以鼓励发展可替代燃料。根据 1990 年清洁空气修正法案的授权，联邦环保局制定了关于清洁燃料汽车的管理条例，并颁布了清洁燃料汽车的排放标准。

1992 年通过了能源政策法案，该法案涉及面较广，覆盖了能源生产、保护，废料处理，替代燃料，税收和税收激励措施；确定了分阶段推进使用替代燃料车辆的时间节点；在电动汽车的发展方面提供了资金支持；并要求政府公务用车购买一定比例的替代燃料车辆。同年国会批准油老虎车税法，规定对大排量的宝马、兰博基尼等车型征收油老虎车税。2005 年通过的能源政策法案鼓励开发和使用乙醇燃料，规定抵免混合动力汽车的税额。

（5）残障人士出行

1970 年城市大运量交通援助法案提出交通规划要考虑保障残障人士的出行需求。1982 年陆路交通援助法案要求交通运输部公布对老年人和残障人士的交通服务最低标准，公众参与交通系统监管等。1990 年美国残疾人法案要求制定交通服务开发和改善项目时必须吸纳公众，尤其是残疾人群体参与；需要为残障人士提供道路交通服务，公共交通执行机构须向无法使用混合路线公交服务的残障人士提供类似的公交服务，以保障残疾人的出行权利。

2. 向近期规划转变和可持续发展

随着社会经济的发展，美国开始更加关注道路交通与公共交通同步联合发展，并于1975 年由城市交通规划委员会与联邦公路管理局共同制订了城市交通规划的原则、政策和制度。1978 年陆路交通援助法案将公路、公共交通和公路安全授权结合为一项法规，要求交通运输部为州际高速公路项目维护设定指导方针；并将能源保护作为一项新的目标加进交通规划和交通系统管理方案中。1982 年陆路交通援助法案则为公路和公共交通工程提供了额外的资金，协助并建立了规划、运营和资金相关的规则。1987 年陆路交通和统一布局援助法案将新的混合型轨道交通工程标准条文化，明确公交系统自由授权项目所占公共交通资金比例，并要求制定远期财政计划用于地区公共交通改善。

20 世纪 90 年代以来，美国城市交通需求持续增加并对城市发展构成了压力，城市交通规划转变为统筹考虑远、近期交通规划，步入可持续发展阶段。1991 年通过的冰茶法案（陆上综合运输效率法案，ISTEA）是美国具有里程碑意义的交通规划制度，该法案是美国现行的三部主要交通法案之一（三部主要法律为 1991 年“冰茶法案”、1998 年“续茶法案”以及 2005 年以用户为导向的“安全、可控、灵活、高效交通公平法案”）[24]。冰茶法案进一步强化了大都市区交通规划的事务并扩大了大都市区规划机构的项目决策权力，要求在大都市交通规划中考虑与人、货物机动性和灵活性、系统运营状况和维护以及生活环境质量等 15 个因素；同时还制定了当一个地区同时接受两个大都市区规划机构管理的情况下，大都市区规划机构之间的协调办法；进一步强调了交通规划过程中的公众提前参与。

伴随着城市交通规划内容和内涵的丰富，美国联邦除了制定相关法案以应对新的问题及关切外，同时会进行技术层面的研究以支撑具体交通规划及项目的顺利实施。如美国联邦公路局（Bureau of Public Road，BPR）所做的一系列工作，包括从 20 世纪 30 年代开始的道路交通流理论研究；1950 年发布第一版《公路通行能力手册》；20 世纪 40 年代开始的城市交通规划理论技术探索，至 50 年代形成四阶段城市交通规划模型，并进行了包括芝加哥交通规划在内的早期城市交通规划实践； 60 年代初颁布城市交通规划导则，明确指出规划工作必须遵循 3C 原则，即连续性、综合性和合作性。再如 1991 年秋，美国交通运输部和环境保护署制定出行模型改进计划（Travel Model Improvement Program，TMIP）以适应 1991 年冰茶法案和 1990 年清洁空气法案修正案的要求，TMIP 在于改进客、货运出行分析和预测技术，为州和地方机构提供应用性[23]。

3. 城市交通法案的具体实施

美国交通法案均是由国会制定的，而联邦政府执行机构如交通运输部（DOT）可以制定相应的法规（Regulation），具体的落地实施一般是由地方政府执行的。美国国会众参两院和交通有关的专门委员会包括：众议院交通与基础设施委员会（负责绝大部分的路面交通事务），参议院环境与公共工程委员会（负责高速公路交通事务），参议院商业、科学和交通委员会（负责与交通有关的安全事务），以及参议院银行、住房和城市事务委员会（负责大运量公共交通）[25]。

国会制定的法案涉及各个方面，并由交通运输部下属的各个部门分别负责落实（见附图 2）。如联邦公路管理局（FHWA）负责道路资助法案等；联邦公共交通管理局（FTA）负责公共交通相关法案；国家道路交通安全管理局（NHTSA）则负责交通安全相关法案[26]。此外，环境保护相关法案由环境保护管理局（EPA）负责，弱势群体权益保障由司法部（DOJ）负责，但其中均会涉及城市交通相关内容，交通运输部在制定法规时也会参考这些相关部门的意见。

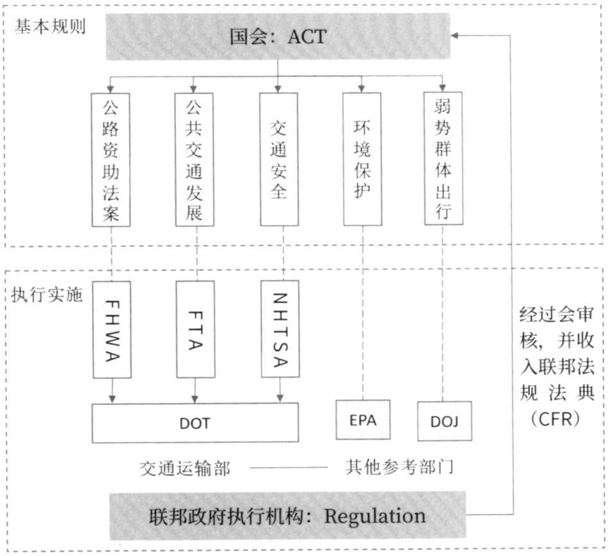

附图 2　美国与城市交通有关的法律体系

国会制定的法案必须转化成各式各样的项目，法案可能会为某个特定项目设置一个框架，但是项目落地实施前还需要充实各种细节，这通常由行政管理机构组织如各州政府实施。各州要制定并向联邦运输部上报州的长期交通规划（STP）和中期改进计划（SIP），同时要接受州内各大都市区 MPO 上报的大都市区长期交通规划 MTP、中期改进计划 MTIP 和年度规划执行方案 UPWP 并负责汇总[27]（见附图 3）。

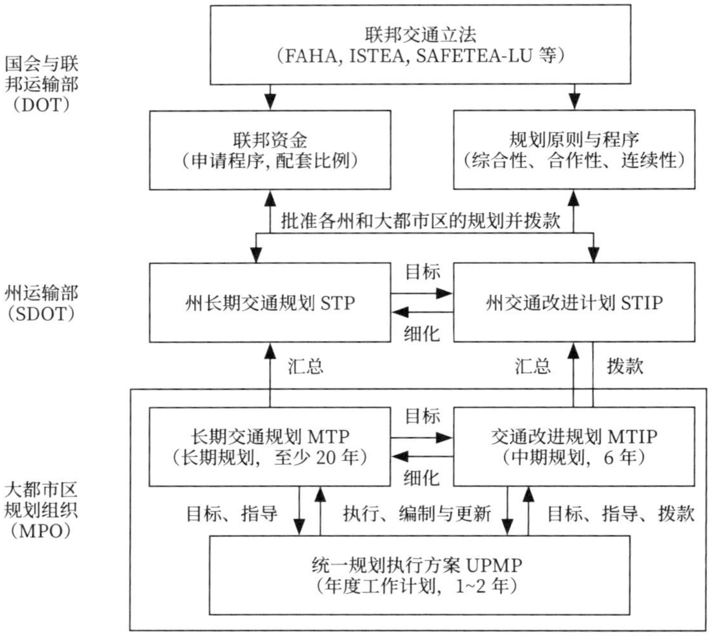

附图 3　美国与城市交通有关法律在不同层级政府的传导体系

四、典型案例

城市交通方面的法律除了如道路交通管理法中对于违法行为的惩罚之外，更多的是规范或激励交通行业发展的一些法案或政策的出台。英美法系为判例法系，即其对某一事项的审理会参考以往类似事项的处理。因此对其对于典型交通对象的立法与监管的解读，可以给我们提供一定的借鉴意义。本节选取了伦敦网约车的监管和纽约拥堵收费政策两个案例，分别从应对新兴交通方式的监管措施和一项交通政策的推动过程两个方面探索英美城市交通法律体系的特点。

1. 英国伦敦网约车的法律规制

英国伦敦作为网约车在欧洲的最大市场之一，在网约车发展与监管方面具有较多实践经验，其立法背景、政府态度和监管重点均具有一定的典型性。在网约车出现之前，伦敦出租车有两类：第一类是黑色出租车（Black Cab），是在伦敦地区具有营业执照的出租车，车上有计价器，可以在道路上巡游，随叫随停，但价格昂贵；第二类是迷你出租车（Mini Cab），此类车只能电话预约，行车路线和车费在订车时已确定，即使堵车或绕路价格都不会变更，同样的路程一般比黑色出租车便宜 30% 左右。1998 年伦敦通过了《约租车法案》（*Private Hire Vehicles Act*），对其进行管理。

在网络预约出租车进入伦敦市场之后，伦敦市并没有设立新的规范体系，而是将网约车纳入《约租车法案》管辖范围之内。通过立法，对平台公司、车辆和司机设置了准入门槛，符合条件后颁发执照准予运营。伦敦交通局（Transport for London）是法案的执行和监督机构，下属的公共运输办公室专门负责处理平台公司、车辆和司机的执照申请以及后续运营状况的检查（见附图 4）。

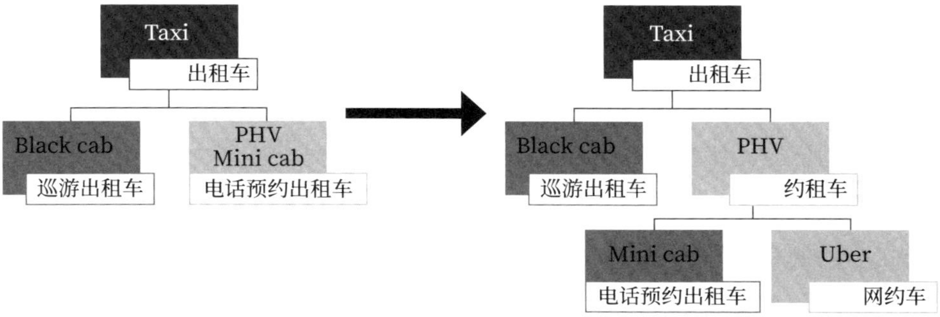

附图 4 英国伦敦对出租车议题的法律规定修订

虽然伦敦政府允许私家车从事网约车运营，个人可申请约租车执照，但其规定了严格的准入门槛及运营规则，以间接限制网约车的数量。如：①车辆的大小、类型、设计须符合法律规定，必须通过指定检测中心进行车检，并安装专门的牌照以作识别；②平台在性质上必须是一个预订平台，任务仅在于处理约租车的订单申请和接单，且在伦敦至少有一个运营中心；③司机必须有权在英国合法生活和工作，须通过由专业机构主持的地理能力评估，且需要通过一个“强化版”的犯罪记录审查；④要求车辆、平台、司机都购买较大数额的保险，以应对一些突发事件；⑤严禁以街边扬招的方式开展营运，以和传统出租车区别管理；⑥在每段车程开始之前，需向乘客提供司机和车辆的有关信息，包括司机的照片，订单过程中完善车辆和司机的实时位置等信息的记录并上传给伦敦交通局，确保执法管理的高效性，并保障乘客的安全性。

在设置了严格的准入门槛之后，如何对网约车进行监管也是棘手任务之一。伦敦创设了“政府监管平台，平台约束司机”的合作监管和治理模式，政府的监管重点放在网约车平台。伦敦交通局安排检查专员不定期对平台公司进行合规检查，包括保险购买、司机和车辆的准入信息以及乘客投诉的处理方式等内容。以少量的专员即可完成伦敦地区网约车的监管，大大提高了效率[28]。以上对于车辆、平台和司机的准入及运营的各项条例规定构成的 “伦敦模式”对于各国的网约车立法监管有很大指导意义。

网约车的出现带来了一些社会问题，如网约车与传统出租车的竞争问题。网约车的出现以其低价优势给传统出租车行业带来了很大冲击，因此受到了出租车司机的抵制。2014 年 6 月伦敦的黑色出租车司机在市中心封锁街道，以抗议优步侵犯了出租车计价器在伦敦的唯一使用权。《约租车法案》第 11 条规定，约租车不允许配备计价器，即能够根据时间或距离计算旅程价格的设备。出租车司机协会坚称优步违反了该项规定，而英国高等法院判决智能手机不是计价器，打车应用不违反法律。这一判决表明了政府对于技术创新的支持态度，对网约车在英国的合法化发展产生了重要意义[29]。

然而伦敦对于网约车发展并非始终持包容态度，其监管和立法始终因受到各方利益群体的游说而动摇。由于出租车协会的抵制，伦敦交通局迫于压力对网约车提出了“司机接单和接到乘客之间必须有五分钟间隔”等制约措施，并表示此举是为了缓解网约车增多所引起的拥堵和污染问题。优步方表示这些提议仅是在缓解出租行业所面临的竞争压力，并不能提升乘客的出行体验，因此提出抗议。在舆论压力下，伦敦交通局最终取消了对优步的制约提议。2017 年优步平台发生的一起性侵事件使其在伦敦的发展再度陷入困境。优步未及时将犯罪事件上报警局，将公司名誉置于公共安全之上，为此伦敦交通局拒绝了其更新执照的申请。优步方面认为政府此举剥夺了市民享受低价便捷出行的权利，利用群众舆论压力迫使伦敦交通局作出妥协。之后优步方面又向市民道歉，并对其平台运营进行大规模整改，最终获得了十五个月的实习执照。

在不断的实践与整改中，优步得以在伦敦继续合法运营。伦敦交通局也开始改变策略，由制约其发展转变为合理监管，通过缩小从业标准差距并改进出租车行业发展缓解两方利益冲突，保持出租车行业开放和充分竞争的市场状态，并将监管重点集中于提高市场的公平性、网约车的安全性以及环保性。伦敦政府在《临时出租车和约租车战略 2015》和《出租车与约租车行动计划 2016》中均提出，要增强约租车司机地形技能测试内容，提高其从业要求，以缩小其与出租车司机的差距；并对司机进行严格审查，进行安全教育与宣传，以提高平台运营的安全性。2018 年 2 月，伦敦交通局发布《政策声明：伦敦约租车服务》，提出了要保障约租车司机的福利；要求平台与政府共享数据，强调企业社会责任；并提出促进约租车清洁化，以实现环保要求[29]。

2. 美国纽约拥堵收费的法律规制

纽约市为缓解市区交通拥堵问题奋斗了数十年。2019 年 4 月，拥堵收费方案最终获得纽约州批准，将对曼哈顿中央商务区 60 街以南区域内的车辆收取费用。该提案自 2007 年由市长 Michael Bloomberg 首次提出，在后续的 13 年间经历了 4 轮修改，其间引起了各类群体的广泛参与，得以获批实施，其政策议程以及相关法律的制定尤其值得我们借鉴 [30]。

2019 年 1 月州长 Cuomo 宣布了一项州预算，暂时将拥堵收费收益作为地铁的资金。次月，Cuomo 和市长 de Blasio 达成一致，共同宣布了一项旨在修缮纽约大都会运输署（Metropolitan Transportation Authority, MTA）运营的计划。作为州预算的一部分，2019 年 4 月 1 日州议会通过了一项《交通出行法案》（*Traffic Mobility Act*, TMA）批准了曼哈顿拥堵收费计划，使纽约成为美国首个即将实施拥堵收费的城市 [31]。

根据 TMA 规定，由 MTA 的 Triborough 桥梁和隧道管理局（TBTA）负责拥堵收费计划的建立、运营和维护。TBTA 董事会将设立交通出行审查委员会（Traffic Mobility Review Board, TMRB），由 TBTA 董事会任命的一名主席和五名成员组成，负责在 2020 年 11 月 15 日至 12 月 31 日之间对拥堵收费计划的具体细节提出建议。

该法案规定该计划最快于 2020 年 12 月 31 日起实施，对驶入纽约曼哈顿 CBD（60 街以南）的车辆每日最多征收一次费用，紧急车辆和运送残疾人的车辆被豁免，同时年收入低于 60000 美元的居民将获得相当于交通拥堵费的税收抵免额；运营日期前有至少 30 天的测试期和至少 60 天的公共宣传活动；从国家预算中拨款 1 亿元用于安装新的收费技术和基础设施；年收入必须足以抵销 2020—2024 MTA 资本计划的 150 亿美元资本支出，其中收入的 80% 用于改善纽约市内公交和地铁系统，剩余 20% 平均分配给长岛和北部的铁路建设; 此外要求 TBTA 与 NYC DOT 一起报告收费计划的影响，例如交通拥堵，空气质量和排放，公共交通乘客以及计划实施后的支出变化 [31]。

拥堵收费计划的实施还涉及其他相关法律的约束，如纽约州公开会议法（Open Meetings Law, OML）。此次拥堵收费提案得到支持的重要原因之一是其承诺收入会用来改善纽约陈旧的地铁和公共交通系统，因此 MTA 必须做到对于资金的合理透明利用。早前以 Liz Krueger 参议员为首的 14 位州参议员致信 MTA 主席 Patrick Foye 和州长 Andrew Cuomo 等，提出即将到来的 2020—2024 MTA 资本计划以及拥堵收费实施过程中必须遵守州公开会议法，以督促资金的合理使用，因为他们在之前的 2015—2019 资本计划过程中并未做到 [32]。

此外，拥堵收费的实施还涉及驾驶人的隐私问题。纽约公民自由联盟（New York Civil Liberties Union, NYCLU）表示，如果对视频监控系统的范围和操作没有任何限制，它可能会严重损害纽约市民的个人隐私权。因此结合信息自由法案的要求，该组织提出建议采取合理措施来保护驾驶员的隐私，例如限制车辆数据的处理，禁止捕获车辆牌照信息以外的图像，提供匿名支付系统，允许车辆无须记录就进入收费，禁止使用或传播车辆的车牌信息，在付款后立即销毁车辆牌照信息等[33]。

当前纽约州拥堵收费计划仅是通过了州议会的批准，距离实施还面临一个很大的障碍：需要联邦的批准。因为计划的拥堵区中的许多道路已获得联邦资金或被视为国家公路系统的一部分，根据联邦法律，在联邦协助下修建的道路不得收费，但是联邦公路官员可以在减少拥堵的条件下批准通行费[34]。因此拥堵收费系统必须获得美国联邦公路管理局（FHWA）的批准后才能实施。联邦公路管理局发言人说，该机构将在批准该计划之前对纽约进行环境审查，包含交通流量、拥堵程度和社区影响等因素。然而目前联邦政府并未确定具体的审查程序，因此纽约州拥堵收费计划的具体实施日期是否会推迟仍未知。

·参考文献·

[1] 武树臣 . 走出“法系”——论世界主要法律样式 [J]. 中外法学 , 1995(02): 1-6.
[2] 霍普勋爵 , 刘晗 . 普通法世界中的混合法系 [J]. 清华法学 , 2012, 6(06): 161-173.
[3] 王泽鉴 . 英美法导论 [M]. 北京 : 北京大学出版社 , 2012.
[4] 李林 . 日本的立法体制 [EB/OL]. (2005-08-30)[2020-09-19]. http://www.iolaw.org.cn/showArticle.aspx?id=1525.
[5] 维基百科 . 基本法 [EB/OL]. (2020-09-30)[2020-09-25]. https://ja.wikipedia.org/wiki/ 基本法 .
[6] 荣朝和 . 立法保障交通权 日本交通政策基本法是如何制定的？ [EB/OL]. (2017-05-04)[2020-09-23]. https://www.sohu.com/a/138204114_468661.
[7] 吴胜国 . 中日道路交通安全法规的比较研究 [D]. 成都：四川大学 , 2006.
[8] 田子强 . 关于日本“道路交通法”制定的历史沿革 [J]. 汽车与安全 , 2015(07): 92-95.
[9] 刘素峰 . 公民道路交通权法律制度研究 [D]. 北京：中共中央党校 , 2006.
[10] 夏顺炎 . 日本的汽车与法规 [J]. 交通世界 , 1994(05): 13.
[11] 孙壮志 , 周晓勤 , 胡思继 . 日本城市轨道交通的相关制度 [J]. 铁道工程学报 , 2002(04): 16-19.
[12] 秦祖伟 . 生态文明背景下的城市交通立法研究 [D]. 南京：东南大学 , 2017.
[13] 百度知道 . 日本交通 [EB/OL]. (2018-10-29)[2020-09-20]. https://zhidao.baidu.com/question/361895162.html.
[14] 来自城市的温柔：日本无障碍设计启示录 [EB/OL]. (2019-06-21)[2020-09-25]. https://www.crexpo.cn/media/news/industry/722.
[15] 李林 . 德国的立法体制 [EB/OL]. (2005-03-17)[2020-09-25]. http://www.iolaw.org.cn/faxuexi/showNews.asp?id=11459.

[16] 李茜．中国与德国、美国道路交通法律法规比较研究 [D]. 天津：南开大学（国际法学），2007.
[17] 何宗华，E. KRATKY, 陈立平．德国城市轨道交通建设投资的有关法规 [J]. 城市轨道交通研究，1998(01): 3-5.
[18] 刘涟涟．德国城市中心步行区规划策略与绿色交通研究 [D]. 大连：大连理工大学，2010.
[19] 李林．美国的立法体制 [EB/OL]. (2005-06-25)[2020-09-13]. http://www.iolaw.org.cn/showArticle.aspx?id=1481.
[20] KAPILA K K. HIGHWAY PLANNING - PAST, PRESENT AND FUTURE[J]. Indian Highways, 1998, 26.
[21] WEINER, EDWARD. Urban Transportation Planning in the United States[J]. 2008, 10.1007/978-3-319-39975-1(Chapter 19): 347-363.
[22] HOLMES E H. The state-of-the-art in urban transportation planning or how we got here[J]. Transportation, 1973, 1(4): 379-401.
[23] 屠敏之．美国城市交通规划的历史性概述 [J]. 上海城市管理，2017, 26(05): 92-95.
[24] 王卫，过秀成，孔哲，等．美国城市交通规划发展与经验借鉴 [J]. 现代城市研究，2010, 25(11): 69-74.
[25] 周江评．美国交通立法和最新的交通授权法 [J]. 城市交通，2006(01): 80-85.
[26] U. S. D O T. Federal Highway Administration[EB/OL]. [2020-09-14]. https://highways.dot.gov/.
[27] 程楠，荣朝和，盛来芳．美国交通规划体制中的大都市区规划组织 [J]. 国际城市规划，2011, 26(05): 85-89.
[28] 朱艳．网约车监管法律问题研究 [D]. 沈阳：辽宁大学，2018.
[29] 张米宁．网约车的发展与监管：英国伦敦 Uber 的案例研究 [J]. 电子政务，2019(06): 41-50.
[30] WIKIPEDIA. Congestion pricing in New York City[EB/OL]. (2020-09-08)[2020-10-10]. https://en.wikipedia.org/wiki/Congestion_pricing_in_New_York_City.
[31] Regional Plan Association. Congestion Pricing in NYC[EB/OL]. (2019-09-30)[2020-10-10].https://rpa.org/work/reports/congestion-pricing-in-nyc.
[32] KRUEGER L. 14 State Senators Call On MTA And Capital Plan Review Board To Comply With Open Meetings Law[EB/OL]. (2019-08-21)[2020-10-09]. https://www.nysenate.gov/newsroom/press-releases/liz-krueger/14-state-senators-call-mta-and-capital-plan-review-board-comply.
[33] NYCLU. LEGISLATIVE MEMO: CONGESTION PRICING[EB/OL]. 2020-10-09. https://www.nyclu.org/en/legislation/legislative-memo-congestion-pricing.
[34] BERGER P. New York City Congestion Pricing Waits for Federal Approval[EB/OL].(2020-02-09)[2020-10-09]. https://www.wsj.com/articles/new-york-city-congestion-pricing-waits-for-federal-approval-11581177600.

后记 AFTERWARD

本书于 2020 年初，按照城市交通交叉学科建设的要求，策划并立项。为了更好地做到理论与实践相结合，根据法律专家和学者的建议，组织了高校从事法学、城市交通学教学与研究的同志和中央与地方有立法、执法实践经验的同志，共同开展了本书的编写工作。2020 年 11 月，中央全面依法治国工作会议召开，会议提出了习近平法治思想，强调其是习近平新时代中国特色社会主义思想的重要组成部分，是全面推进依法治国的指导思想。编委会和参与编写同志认真学习了习近平总书记在会议上发表的重要讲话精神，结合学习全国人民代表大会常务委员会领导同志讲话，学习党中央对实行全面依法治国基本方略的一系列重大决策，深入领会习近平法治思想的内涵。在此基础上，在本书开篇组织编写了“全面依法治国导论”。一方面，将编委会成员的学习体会介绍给本书的读者，帮助大家正确理解习近平法治思想的基本精神、核心要义，把握时代特征。另一方面，编委会根据马克思理论研究和建设工程重点教材《法理学》，力求将社会主义法学原理的基本知识介绍给将从事和已经在城市以及城市交通规划、建设、管理岗位上的人们。编委会清楚地认识到，大家对习近平法律思想认识还很粗浅，相信随着学习和理解的逐步深入，大家的认识必将进一步深化和提高。

从把握新发展阶段、贯彻新发展理念、构建新发展格局的实际出发，在国家治理体系和治理能力现代化建设进程中，习近平法治思想将不断丰富和发展。在建设中国特色社会主义法治体系、建设社会主义法治国家历史进程中，中国特色社会主义法律体系也在不断完善。完善城市化战略，是国家中长期经济社会发展战略的重大问题之一，关键是要把人民生命安全和身体健康作为城市发展的基础目标，让人民生活更美好。城市交通作为民生保障的重要手段，是实现人民共同富裕的重要支撑。地方政府，特别是具有立法权的直辖市、设区的市，不但需要利用信息化等新的技术为人民提供高品质出行服务，更需要通过法律法规提供组织和制度的保障。随着时代的进步，在城市交通人才培养中需要充实“鲜活”的内容，也需要及时按照最新修订的法律法规进行补充和完善。这些工作留给在教学实践和工作实践中的同人们，等待我们共同去展开。

在这里，要感谢本书编委会所有成员及在书稿编写过程中付出辛劳的所有人员。

对于同济大学出版社的责任编辑高晓辉对本书进行的编辑加工整理，在此表示感谢。

最后，要感谢本书编写过程中精心指导、潜心工作的专家学者给予的全力支持；要感谢全国人大常委会和专委会工作机构的有关同志在编写“全面依法治国导论”这篇时提供的帮助和支持。

鉴于编写水平有限，会存在一些不够精到之处，敬请批评指正。

本书编委会

2021 年 6 月